搜广推
策略产品经理

互联网大厂搜索＋广告＋推荐案例

徐修建 著

清华大学出版社
北京

内 容 简 介

本书通过通俗易懂的语言和生动形象的案例向读者介绍互联网大厂的搜广推产品技术体系和前沿的 AI 技术应用，是一本兼具 AI 技术理论和行业策略优化实践的工具书。

本书分为 6 章，第 1 章介绍 AI 时代下的新型产品经理岗位——策略产品经理；第 2 章介绍策略产品经理必备的机器学习基础知识；第 3、4、5 章分别介绍当前互联网大厂的推荐场景、搜索场景和广告场景里的先进策略产品设计以及落地应用效果；第 6 章结合行业实际落地案例介绍前沿的 AI 技术应用。

本书适合任何对搜广推策略产品经理岗位感兴趣的读者阅读。在搜广推领域从事运营和技术工作的读者也可通过阅读本书了解更多产品视角的策略设计和优化思路。

图书在版编目 (CIP) 数据

搜广推策略产品经理：互联网大厂搜索＋广告＋推荐案例 / 徐修建著 . —北京：清华大学出版社，2024.1

ISBN 978-7-302-64810-9

Ⅰ . ①搜… Ⅱ . ①徐… Ⅲ . ①互联网络－应用－企业管理－产品管理 Ⅳ . ① F273.2-39

中国国家版本馆 CIP 数据核字 (2023) 第 204538 号

责任编辑： 施 猛 王 欢
封面设计： 杨玉兰
版式设计： 方加青
责任校对： 成凤进
责任印制： 沈 露

出版发行： 清华大学出版社
   网 址： https://www.tup.com.cn，https://www.wqxuetang.com
   地 址： 北京清华大学学研大厦 A 座   **邮 编：** 100084
   社 总 机： 010-83470000   **邮 购：** 010-62786544
   投稿与读者服务： 010-62776969，c-service@tup.tsinghua.edu.cn
   质 量 反 馈： 010-62772015，zhiliang@tup.tsinghua.edu.cn
印 装 者： 三河市龙大印装有限公司
经 销： 全国新华书店
开 本： 185mm×260mm **印 张：** 21.25 **字 数：** 491 千字
版 次： 2024 年 1 月第 1 版 **印 次：** 2024 年 1 月第 1 次印刷
定 价： 98.00 元

产品编号：100281-01

谨以此书献给在 AI 时代渴望通过
技术应用和产品创新来为这个世界带来
更多新意和暖意的你、我、他

推荐序1

过往接到许多老同事为新书作序的要求，通常不敢答应。原因就是作为一个业内人，不能违背初衷，只说好话不说真话，但说真话容易得罪人，还不如不写。然而当修建找到我时，我毫不犹豫地答应了下来。

距离上一次与他见面已过去多年，在我的印象里，他还是那个刚刚毕业，面露羞涩的青年才俊，也记得他向公司请求离开，坚定地要去海外留学，学习 AI 和机器学习的决心。他认为未来的产品经理一定要懂数据、懂算法，单纯画原型、懂用户已经不能满足新时代对于产品经理的能力要求。我非常认同他的想法，也鼓励他去海外开阔眼界、拓展思维，但内心深处极度惋惜，他在公司业务蒸蒸日上的最好时刻离开，使公司损失了一个极具发展潜力的人才。

最近几年，我帮助很多企业进入到数字化转型的大潮之中。对于很多企业来说，在转型过程中，最难的部分其实是无法真正理解数字化的意义和内涵。但是一些有远见的企业家，在看到数字化比较成功的企业取得不错的成绩后，即便没有完全理解数字化，也选择快速跟进。在数字化转型初期，多数企业在完成数字底座、业务上云等一系列企业数字化基础设施建设后，都陷入了同样的困局——如何创造实际的业务价值？如何实现第二曲线？其实，数字化的本质是变革，最终要利用数据重构新的生产要素或者升级商业模式，构建下一代的数字化作战能力，从而形成行业内独特的核心竞争力。

这本书就是讲解在特定场景下 (尤其是搜索、广告和推荐场景) 的商业模型重构方式，作者进行了深度的拆解和剖析，包括新的组织形态、新的生产方式和生产工具等。虽然这是一本写给产品经理的书，但是对于企业数字化转型，仍然可以给予很多方向性的战略指导和落地性的执行方案。如何帮助企业从 0 到 1 建设推荐系统和搜索引擎？如何针对企业现有的推荐系统和搜索引擎进行智能化重塑？我相信你都可以从这本书里找到答案。

我和修建相处共事的时间其实并不长，但是他给我留下了极其深刻的印象。他是一个意志坚定、追求完美的人，因此我相信他认定了方向，必将耗尽心血、苦心钻研。修建从开始工作到现在，所追求的职业方向未曾改变，为了寻求职业发展，他在工作期间不断深造且持续学习。我相信书中内容必定是他的真知灼见。强烈推荐大家阅读此书，必定有所收获。

王志远
安永大中华区数字化与新兴科技主管合伙人

推荐序2

初识修建，是在 2014 年的冬天。那时他即将大学毕业，已经拿到了某大型国企的 offer，想在毕业前再实习一段时间赚点毕业旅行费 (最后他的毕业旅行也没花多少钱，独自一人骑行几千公里，穿越了祖国大半河山)，于是这一次长达半小时的面试开启了我们俩志同道合的十年，以及未来的几十年。

我们在很多个赛道一起打拼过，回过头看，虽然没成为"被吹上天的猪"，但我们都顺应正确的趋势，做了正确的事情，持续积累和学习。2015 年，我们赶上了"人人都是产品经理"的互联网金融时代。2019 年，我们也踏上了 AI 的列车，通过亲身实践，体验到从创新技术到行业应用落地的不易。如今我们在各自的领域继续狂奔，纵使在不同的空间，享受着不同的节奏，我们还是会经常分享经验、碰撞思维。

感谢修建邀请我为他的这本专业性极强的书写序，我尝试结合过往帮助诸多机构开展数字化转型规划和落地的实践谈谈我对搜索、广告、推荐策略产品实践的理解。

我们已经深陷数字化时代，用户的习惯、用户的认知、用户的行为都发生了翻天覆地的变化，企业想要获得长远发展，必须要走数字化的道路。数字化是什么？我称它是一场分辨率的革命。我们利用数据和技术不断放大对事物的观测颗粒度，视角越来越精细，且以极致为目标。所以这个革命的过程，背后是大量的策略应用，是企业用数据、技术重塑管理基因的过程。如果我们用火箭来类比数字化，那么策略是动力系统，以数据为燃料；技术平台及工具是结构系统，设计决定效率；量化的评价体系是控制系统，管理有据可依。只有这些要素齐备，企业的数字化才有可能在正确的轨道上飞速前进。

所有面向 C 端消费者的企业，经营核心都是要解决目标用户触达精准度和触达效率的问题，本质是让企业花更少的成本，实现更多的产出 (用户数、收入、利润等)。我们通过搜索、广告、推荐等不同的用户触达形式，来追求客户经营的极致投产比，向客户提供更精准的内容、更个性化的服务、更高时效的反馈。用户触达既可以依托专家经验，也可以基于 AI 智能，唯效果是衡量标准。

在这套运转机制背后，有一个各工种人才高度协同的策略团队。我看到很多数字化进程中的企业被这样一个团队驱动着向前，这个团队就像企业的发动机，推动着企业实现更高的经营效能。企业的数字化是不断挑战自身及行业过往成绩的过程，正是这种"内卷"让我们不曾预见的创新不断发生，让我们不曾预见的未来正在到来。

见微知著，行将致远，我想这是本书可以带给你的启迪。

沈晔

暖哇科技数字化咨询总监，前第四范式解决方案总监

序

本书的创作由来

大部分书籍都是特定时代下的产物，本书也不例外。

我在研究生毕业后到第四范式为企业做 AI 咨询，当时基本上所有企业都希望通过 AI 技术来降本增效。随着移动互联网流量红利的逐渐消退，很多企业的 C 端（消费者端）用户流量已经见顶，它们需要针对现有流量进行更加精细化的运营，提升现有流量的变现和转化效率，实现企业下一个阶段的持续性增长。同时企业的人力成本不断上升，这些企业又希望用 AI 来替代人工，降低企业的人力成本。所以当时大量的咨询是与推荐系统、搜索引擎、智能定价和销量预测有关的。

当我因为工作需要希望深入学习推荐系统和搜索引擎相关知识时，发现市面上关于搜索引擎的专业书籍少之又少，关于推荐系统的书籍虽然很多但基本上都是写给技术人员看的，书的内容偏重底层技术，和实际业务存在非常大的差别，对于非技术类的工作人员来说阅读起来比较困难，即使阅读完以后也不知道如何在自己的工作中运用。当时自己就希望市场上可以有一本面向非技术人员介绍快速搭建推荐系统和搜索引擎，并能结合行业先进案例来进行持续迭代优化的书籍。

后来我来到互联网公司做商业化广告策略，发现有专门的策略产品经理岗位来负责各个场景的策略优化。对应的岗位有推荐策略产品经理、搜索策略产品经理、广告策略产品经理和反欺诈策略产品经理等。大厂（大型互联网公司）设置这么多细分策略产品经理岗位，也是因为大厂面临着我之前做咨询服务时那些 B 端企业面临的问题，即如何借助 AI 技术来实现降本增效。虽然岗位是策略产品经理，但实际工作中很多时候扮演着需求的对接人和项目经理的角色，因为很多策略产品经理本身对于机器学习和 AI 技术并不是很了解，和算法工程师的沟通只能浮于表面，完全没法参与到整个策略优化当中，并没有发挥出策略产品经理的核心价值。

现在"人人都是产品经理"的时代已经过去了，只懂竞品调研、懂用户分析、会画产品原型的产品经理已无法满足市场需求。AI 时代的产品经理需要懂数据，更需要懂策略优化。未来大量的 C 端产品经理和功能型产品经理需要兼具策略制定和策略优化的能力。这两年市场上对于策略产品经理的需求越来越大，大厂希望招聘有专业技术背景和算法基础并能够主导策略优化的专业产品经理。中小厂（中小型互联网公司）希望招聘有大厂策略优化经验并能进行各类场景策略构建的经验丰富的策略产品经理。相关岗位越来越多，但是专业人才极度匮乏。目前市面上关于策略产品经理的书籍很少，没有一本结合大厂落地案例进行策略优化的书籍，也没有一本可以全面覆盖三大主流策略场景——"搜索、广告、推荐"的书籍。

从 2020 年开始，我就一直在网上发表关于机器学习、推荐系统和搜索引擎的文章，2021 年年初，知乎官方编辑找我合作出版一本面向非技术人员科普 AI 的书籍，当时我觉得自己才疏学浅，很难胜任，而且自己也没有那么充足的动力去写一本几十万字的书。一年半以后，2022 年 9 月，清华大学出版社的编辑邀请我写一本策略产品经理方面的书籍，此时的我已经积累了较多的行业经验，经过几天思考我就答应了。我决定用一年的时间来对自己过往经验进行总结，写作一本关于搜索、广告、推荐策略的书籍。既然市场上没有，那么就自己来填补这方面的空白吧。

为什么我可以撰写本书？首先我研究生的专业是数据科学 (data science)，主修机器学习，并以优异成绩毕业。虽然我现在主要做产品策略工作，但之前也做过算法工作，对于工作中常见的算法自己大部分都实践过。研究生毕业回国后，我的第一份工作是以 AI 解决方案专家的身份帮助多家大型零售企业从 0 到 1 搭建推荐系统和搜索引擎，从中积累了大量的实战经验。我的第二份工作是在互联网行业做商业化广告，将自己之前的搜索、推荐经验结合到广告业务中，同时积累了大量商业化的经验。至此，关于"搜广推"三大场景我全部实践过，有着丰富的策略设计和后续策略优化经验。本书通过通俗易懂的语言和生动形象的案例为大家介绍底层的 AI 技术，让大家在工作中和算法工程师的沟通更加顺畅。同时本书还介绍了先进的策略体系和优化经验，为大家后续工作中的持续迭代优化提供指导性建议。

自 2022 年 10 月 1 日正式动笔到成稿大约用了一年时间，在这一年时间里，几乎所有的节假日和下班后的时间我都在不停地思考、学习和创作，这期间也对自己的策略体系和知识进行了重塑和迭代。为了向读者分享更多行业前沿的技术应用和实际落地案例，我咨询了多家互联网大厂的专业人士，也阅读了大量文章。创作的过程也是倒逼自己成长的过程。如果本书可以对读者的工作或者求职有所帮助，那么这些付出都是值得的。

希望本书可以成为当今时代产品经理的策略锦囊。

本书的特色

这不是一本教材，这是一本兼具 AI 技术理论和行业策略优化实践的工具书。

在 AI 技术理论方面，本书只介绍和工作紧密相关的机器学习知识，旨在让读者更加深入理解策略优化的底层逻辑。我一直认为一个优秀的策略产品经理必须要懂常见算法的数学逻辑和机器学习建模的全流程。本书通俗易懂地介绍了策略产品经理日常和算法工程师沟通时所需要知道的基本技术术语和常见算法，确保读者可以理解并可以与算法工程师进行无障碍沟通。本书同时介绍了一些行业前沿技术，让大家拥有更加宽阔的视野。

在策略优化实践方面，本书全面介绍了市面上三大主流策略产品经理——搜索、广告和推荐策略产品经理的日常工作内容，针对搜索引擎、广告系统和推荐系统的各个模块进行了非常详尽的介绍，同时结合阿里、京东、字节和美团等互联网大厂实际应用案例进行讲解。

我本身具有算法背景，所以对 AI 技术的底层逻辑十分熟悉。之前从事咨询工作时，经常为完全不懂算法的甲方讲解各类模型的构建，从业务的角度出发确保不同背景的人都可以听懂并理解。因此，本书关于技术的部分全部采用通俗易懂的语言和生动形象的案例进行讲解，确保毫无技术背景的读者也可以读懂并且理解。

本书的核心内容

本书的核心内容包括 6 章。

- **第 1 章**：介绍 AI 时代对产品经理的新要求、策略产品经理需要做什么工作、相关工作职责和能力要求，结合目前互联网大厂内部实际部门设置和工作内容进行说明。
- **第 2 章**：通俗易懂地介绍了策略产品经理应该了解的机器学习基本知识，讲解了机器学习全流程建模以及互联网行业常用的机器学习经典算法，如决策树、逻辑回归、贝叶斯定理等。
- **第 3 章**：介绍市面上三大主流策略方向中的推荐策略，基于推荐系统的架构、召回、粗排、精排、重排、样式、创意等模块全面介绍先进的推荐系统架构和推荐系统优化策略，同时结合淘宝推荐进行实战讲解。
- **第 4 章**：介绍市面上三大主流策略方向中的搜索策略，基于搜索引擎的架构、查询处理器、意图识别、召回、粗排、精排、样式、创意等模块全面介绍先进的搜索引擎架构和搜索引擎优化策略，同时结合阿里云开放搜索 (open search) 进行实战讲解。
- **第 5 章**：介绍市面上三大主流策略方向中的广告策略，基于广告的基础知识、投放、流量、计费、出价、归因、创意等模块全面介绍先进的广告投放、流量分发、智能出价和智能创意策略等，同时结合阿里妈妈和京东京准通产品线进行实战讲解。
- **第 6 章**：介绍目前工业界应用的一些前沿技术，比如强化学习 (ChatGPT 和 AlphaGo 使用的技术)、联邦学习、隐私计算和边缘计算等，通过前沿技术去解决实际业务中的问题，拓宽视野。

6 章内容循序渐进，建议读者从第 1 章开始阅读，因为后续章节的很多内容在前面章节进行了铺垫，前面章节介绍过的很多通用策略和方法在后续章节也不再赘述。

本书面向的读者

- 已经在大厂从事策略产品经理工作，希望深入了解 AI 底层技术和系统化学习策略知识的人士；
- 在中小厂从事策略产品经理工作，希望了解先进"搜广推"系统和策略优化方法的人士；
- 从事其他产品经理工作，但希望了解更多 AI 技术和策略知识，未来想从事策略产品经理工作的人士；
- 从事数据分析、商业化分析等工作，已经具备一定的数据分析能力，希望以后转向策略方向的人士；
- 从事数据智能化转型咨询工作，希望了解先进的推荐系统和搜索引擎的设计方法从而更好地为甲方提供解决方案的人士；

- 从事"搜广推"算法相关工作，希望更多地了解业务，从业务视角出发进行算法优化的算法工程师；
- 目前在校，未来希望从事策略产品经理工作，想要为职业生涯做好规划的学生；
- 任何对策略产品经理工作和 AI 产品经理工作感兴趣的人士。

勘误与支持

　　本书涉及面非常广泛，同时我本人知识和经验有限，虽然我在撰写各个板块时都请教了行业资深人士，但书中仍然难免会有一些不够准确的地方。如果读者发现书中有任何不足或不严谨的地方，或者有任何宝贵意见，欢迎发送邮件到邮箱 shim@tup.tsinghua.edu.cn 进行反馈，您的宝贵意见将促使我不断完善本书，谢谢大家的支持。

徐修建

2023 年 10 月 31 日

推荐语

Datawhale | 国内领先的 AI 开源组织

本书通过通俗易懂的语言和生动形象的案例向读者科普前沿 AI 知识以及搜广推产品技术体系。对于产品经理来说，阅读完本书，可以快速熟悉搜广推的业务场景以及关键技术，书中涉及的算法以通俗易懂的方式呈现，适合没有太多算法经验的产品经理了解基本原理，提升产品经理与算法工程师的沟通效率；在后续工作中，还可以把本书当作一本工具书用于查询。对于算法工程师来说，阅读完本书，可以获得大量产品视角的策略优化方案，能够让技术和策略迭代更加贴近用户和业务视角。总体来说，本书干货满满，值得搜广推产品经理和算法工程师阅读。

范朝盛 | 京东广告资深算法专家

本书是一本针对搜广推产品经理的技术类书籍。作者从产品经理的视角出发，深入阐述了搜广推的经典产品理念和技术体系，并介绍了前沿的强化学习和隐私计算等技术的重点内容。本书内容丰富且实用，通过阅读本书，读者能够提高对搜广推的整体认识，深入对比学习三个领域的相同点和不同点。强烈推荐广大策略产品经理深入阅读本书。

李彪 | 快手推荐算法总监

随着互联网进入存量阶段，为了提升用户体验，企业需要更细致地打磨产品策略，策略产品经理的角色也越来越重要。作为策略产品经理，深入且全面地理解搜索、广告、推荐算法系统极其必要，但难度很大。本书深入浅出地介绍各种算法，辅之以生动形象的实例，有助于读者理解内容。另外，本书内容覆盖搜广推的核心策略系统，并介绍了不同系统之间的差异。更难能可贵的是，本书的算法策略都来自各大互联网公司，有很强的实用性。理论联系实践，如此佳作，值得阅读。

吕晶晶 | 京东广告算法总监

本书是一本难得的面向策略优化实践的工具书，其最大特色是从实际应用的角度出发，系统性地介绍了搜广推各个核心环节以及相关知识点，并结合一些主流 App 场景，用大量翔实的案例帮助读者快速了解搜广推系统的基础知识，同时聚焦于策略产品经理的实际工作内容以及经常遇到的难题，给出相应的解法。本书非常适合策略产品经理阅读，也是互联网搜广推一线工程师不可错过的一本好书。

王红川 | 第四范式泛零售解决方案事业部总经理

搜索、推荐及策略数字化的能力不仅适用于头部互联网大厂，同样适用于 to B 市场。金融、零售等泛零售行业依然存在围绕私域流量经营，提升广义的"人"—"货"—"场"等生产要素精细化效率匹配的诉求，推荐、搜索及策略数字化能力可以帮助 B 端企业不断优化个性化 C 端体验、提升流量变现能力、增强数据运营赋能、提高运营效率等，这也是泛零售企业数字化的一个分支。本书作者基于亲身实践，深入浅出地讲述了 AI 时代产品经理的见解、AI 算法基础知识、搜索系统及实践、广告策略及实践、推荐系统及实践和前沿大模型，内容丰富精彩，理论和实践相结合，对于 B 端相关从业者或企业内部相关从业者来说，本书是不可多得的佳作。

吴吉 | 字节巨量千川流量策略负责人

伴随着搜广推场景在国内外的快速发展，以及大语言模型 LLM 的实际落地应用，基于具体业务场景需求来设计相应模型策略的能力逐渐成为当下市场产品经理的标配。本书涵盖市面上主流的策略产品方向，是少有的同时包含搜索、广告和推荐 3 个场景策略内容的书籍。本书通过介绍各家互联网大厂在搜广推场景中的实际应用案例，将用户体验、业务需求等拆解为具体的策略逻辑。读者阅读本书，不仅可以了解行业先进的策略应用案例，也可以了解具体策略的底层设计逻辑，从而在实际业务场景中快速复制并应用所学知识。不管是否从事相关工作，这本书都值得一读，可以帮助广大读者完善策略产品知识体系。

朱晗 | 阿里妈妈资深广告算法专家

当代互联网的搜索、广告和推荐服务，在许多方面提高了我们获取信息的效率，并在持续塑造新的信息消费模式。本书深入浅出地讲解互联网业务策略，超越了单纯面向策略产品的定位，涵盖从产品策略到算法技术再到业务实践的全方位内容，堪称"互联网主流业务领域的百科全书"。作者在书中用平实的语言巧妙地解读了复杂的算法原理，让互联网服务中信息匹配的底层逻辑变得易于理解，其深厚的专业背景和丰富的实践经验令人印象深刻。相信无论是该领域的新人还是资深人士，都能通过阅读本书增进对相关业务的理解，获得更多的灵感与启示。

周兴 | 字节巨量千川流量技术负责人

互联网行业变化迅速，新的商业模式和创新产品如雨后春笋般层出不穷。在当今数字化和技术驱动的商业环境中，产品经理不仅需要具备敏锐的商业嗅觉，同时也需要了解更多底层的策略机制，从而推动产品的迭代更新。本书作为一本介绍搜广推三大核心场景策略设计的书籍，通过业务、产品和技术视角深度剖析各场景下的产品和流量分发机制设计，深度解读如何通过策略来驱动业务发展和提升用户体验。建议从事搜广推相关工作的人员将这本书作为常备工具书，常看常新。

目录

第4章 搜索策略

第5章 广告策略

第6章 工业界前沿技术应用

总结与致谢

第 1 章

AI时代下的产品经理

不同时代对产品经理工作职责和能力的要求不一样，互联网发展至今，产品经理岗位已经迭代了多轮。本章以时代变化为切入点，首先为读者介绍三个不同时代下产品经理工作职责和能力要求的变化；其次重点介绍新时代下的产品经理——策略产品经理各个细分方向的工作内容和能力要求，同时从能力和思维两个方面介绍如何成为一名优秀的策略产品经理；最后介绍目前互联网大厂里实际的策略部门设置及其人员组织架构，为读者后续的择业提供一定参考。

1.1 产品经理岗位的变迁

工作岗位是特定时代下的产物，在不同时代下，产品经理的岗位细分、岗位职责和技能要求完全不一样。目前，国内产品经理岗位已经演进到了第三代。

1. 个人计算机 (PC) 互联网时代 (1995—2009 年)

第一个时代是 PC 互联网时代，网络内容的载体主要是各种门户网站，如新浪、搜狐、网易等；同时随着内容的不断丰富，逐步出现各种垂直类网站和应用工具，比如汽车之家、土豆、淘宝、QQ、360 等。最初流量分发是去中心化的，各个网站彼此之间是信息孤岛。后来出现综合性网站，比如 "hao123"，这些综合性网站进行统一中心化，最后搜索成为 PC 时代的最大赢家，百度是 PC 时代的流量王者。巅峰时期，国内运行的网站数超过 600 万家，截至 2022 年底，国内网站数仅为 387 万家 (数据来源：中国互联网络信息中心)。

PC 时代互联网公司开始招聘产品经理岗位，大约可以追溯到 2006 年，比如阿里、腾讯等一线互联网公司自此开始设置产品经理岗位。在 PC 时代，产品经理对产品优化起到的作用比较有限，那时产品经理的主要工作是页面布局、交互设计、功能模块设计等，产品经理更像一个交互设计师和项目经理。

PC 时代有代表性的产品经理是百度贴吧之父俞军，人们耳熟能详的多是那些互联网企业创始人例如李彦宏、张朝阳、周鸿祎、马化腾等，这些创始人全部是技术出身。人们能记住的 PC 时代的互联网产品更多是一些大型产品，而不是一些小而美的产品或者一个大产品中的某一个小功能。

2. 移动互联网时代的上半场 (2010—2020 年)

第二个时代是移动互联网时代的上半场。自 2010 年起，随着 3G 网络的普及以及智能手机的出现，人们可以随时随地上网，互联网也开始由 PC 时代进入移动互联网时代。移动互联网时代内容的载体主要是手机应用程序 (App)。移动互联网时代的前几年，市场上的 App 呈井喷之势，甚至一天之内有上万个 App 上架。2016 年，国内 App 数量达到巅峰，可使用的 App 超千万个。

在此背景下，产品经理的岗位需求也呈井喷状态，企业大量招聘 App 产品经理、用户产品经理、交互产品经理、功能产品经理等。正是因为产品经理供不应求，开始出现大量产品经理培训机构，这些机构开设短期培训班对学员进行用户调研、竞品分析、原型设计等方面的培训，然后将学员快速输出到求职市场上，也让市场产生了一种"人人都是产品经理"的假象，似乎移动互联网时代的产品经理门槛很低，略懂一些原型设计、需求分析的人就可以胜任。其实移动互联网时代对产品经理的综合素质要求更高，相较于 PC 时代的产品经理需要懂交互设计、功能设计等，移动互联网时代的产品经理需要清楚产品的目标用户是谁，产品的市场空间有多大，产品提供的价值是什么，价值背后对应的功能应该如何设计，甚至需要考虑用户的个性和心理，移动互联网时代的用户对产品体验要求更高。

在移动互联网时代，产品经理对于产品本身的主导作用已经超过技术本身，人们开始关注那些为这个时代创造了有意思的产品的产品经理，而不再仅仅关注那些顶级互联网企业创始人。2011 年张小龙主导开发的微信上线，可以说微信是移动互联网时代国内最好的互联网产品。2014 年微信推出了微信红包功能，让人们记住了微信红包的产品团队。2016 年另一个流量王者抖音上线，人们记住了抖音的产品经理张楠。

3. 移动互联网时代的下半场 (2021 年至今)

移动互联网经过最初 10 年的疯狂发展，在 2021 年进入了一个拐点，市场出现了很明显的变化。

变化一：移动互联网的流量红利基本到头，市场进入存量时代。

国内手机网民数量近些年虽然还在不断上涨，但是增速明显放缓，网民数基本已到上限。如图 1-1 所示，2015—2022 年国内手机网民数增长速度逐渐放缓，且 2022 年全国人口开始负增长，在 2024 年左右全国手机网民数可能也要迎来负增长。因为国内手机网民数快速上涨带来的移动互联网流量红利基本过去，抖音 App 的 DAU(daily active user，日活跃用户数量) 从 2022 年至今一直停留在 6 亿多，没有再大幅增长。淘宝主站 App 的 DAU 从 2021 年开始也没有再大幅增长。过去移动互联网流量那种粗暴增长的状态在 2021 年基本结束，移动互联网时代的上半场已经过去。

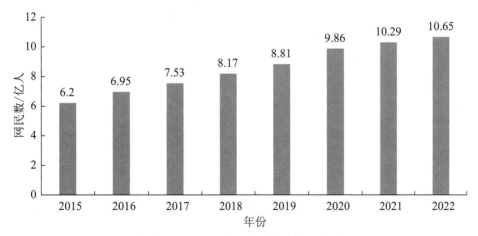

图 1-1　2015—2022 年国内手机网民数

数据来源：中国互联网络信息中心

移动互联网时代的下一个时代是什么，众说纷纭。笔者认为移动互联网时代还远远没有结束，本书将 2021 年以后称为移动互联网时代的下半场。

移动互联网时代上半场的"流量增长"思维已经过时，就像前面介绍过的，各大 App 的日活跃用户数量已经达到上限，国内的手机网民数量也基本接近上限。下半场需要"流量精细化运营"思维，拉新 (指拉来新用户) 已经不再是企业增长的主要方式了，企业需要对现有用户和场景进行精细化运营，提升用户停留时长和场景的转化效率，从而实现企业下一个阶段的持续性增长。2022 年阿里巴巴集团总裁戴珊将淘宝和天猫的核心目标从追求 GMV(gross merchandise volume，商品交易总额) 的增长调整为全面聚焦用户体验、客户价值，也从侧面反映出阿里的妥协，阿里要从找增量转变为保存量。

移动互联网时代的下半场除了上文介绍的流量变化，还呈现以下两个非常明显的变化，这三个变化共同导致市场对产品经理岗位的整体需求、岗位职责和能力要求发生非常大的变化。

变化二：App 数量持续减少，单个 App 的功能模块越来越多。

图 1-2 呈现了 2017—2022 年国内 App 的数量。从图中可以看出，2018 年国内 App 数量最多，将近 450 万个，截至 2022 年底只有 258 万个。App 数量的持续减少代表未来市场对 App 产品经理、C 端产品经理、交互产品经理的需求将持续降低。虽然 App 数量持续下降，但是单个 App 的功能模块越来越复杂，单个 App 的大小已经由最开始的几十兆字节变成几百兆字节。以前可能由 3 ~ 5 个人负责一个 App 的运营，现在可能需要 30 ~ 50 个产品经理来负责一个 App 的运营，像淘宝、京东这样的头部 App 甚至需要几百个产品经理来负责客户端。产品经理按照 App 功能模块进行分工，单个产品经理负责的模块变少，但对单个模块的要求越来越高，产品经理要对所负责模块的 DAU、转化量、转化效率、投入产出比负责。产品经理不再只做简单的原型设计，交互体验已经不再是 App 的核心体验了。移动互联网时代的下半场更注重 App 整体效率的提升，更关注如何让用户使用更方便、如何让 App 更加懂用户，普通交互样式对于用户体验的提升已经起不到多大作用了。

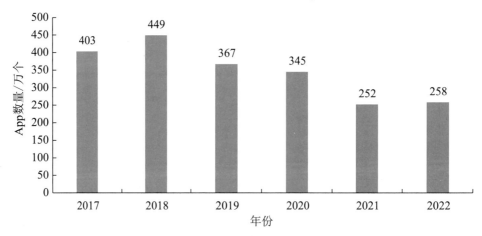

图 1-2　2017—2022 年国内 App 数量

数据来源：中国工信部

变化三：AI 技术的应用将渗透到 App 的每个模块，智能化的方式将慢慢替代大部分人工运营的方式。

从 2014 年开始，人脸识别技术在 App 上得到广泛使用；2016 年，深度学习技术在推荐场景得到大规模应用。如今 AI 技术越来越成熟，应用门槛越来越低，覆盖场景也越来越广。现阶段产品经理大多借助 AI 提升流量分发效率、降低人工运营成本，传统的硬规则和数据分析方式虽然也奏效，但很难达到最优效果。产品经理需要学会借助 AI 来帮助产品降本增效，需要学会用数据分析来进行策略优化。以前产品经理必须懂原型设计，未来 5 年产品经理必须懂数据分析和 AI。

市场的变化以及技术的革新导致产品经理岗位衍生出一个新的细分岗位——策略产品经理。

1.2　策略产品经理概览

策略产品经理到底是做什么工作的？互联网大厂需要招聘哪些策略产品经理？

1.2.1　策略产品经理的具体工作

本书将策略产品经理定义为：**在一定条件约束下，为了完成单一或多个可量化的业务目标，制定整体策略和效果评估体系，对最终业务目标达成负责的产品经理。**

通过下面的例子我们可以具体理解策略产品经理的工作内容和工作输出。比如淘宝首页的推荐场景，假设业务目标是提升用户在首页的点击量及浏览深度。作为首页的推荐策略产品经理，工作职责就是制定首页整体的内容分发策略，建立效果评估指标体系，比如 CTR(click through rate，又称为点击率，计算公式为：点击次数 / 曝光次数) 和下拉深度监控，然后不断优化策略以提升这些指标。实际工作就是在该场景下筛选出用户感兴趣的内容，并推荐给用户。首先需要构建一个模型以预估用户对某内容的点击率，点击率预估模型就是该场景下的核心目标函数。实际推荐时不能完全按照预估点击率进行倒排序，还需要同时保证推荐的内容没有敏感信息，站在整体生态和用户体验的角度保证内容的新颖性、多样性、时效性等。这些都是约束条件，还需要加上重排和过滤等环节。所以策略产品经理需要处理的问题一般可以拆解成一个数学问题，具体包括学习目标是什么、目标函数是什么、约束条件是什么，最终输出的是模型或策略规则。(实际工作内容比此处介绍的更加复杂，详见本书第 3 章。)

最早的策略产品经理岗位具体负责哪些工作我们已经无从考证，但从应用场景进行倒推，这个岗位应该诞生于搜索和广告场景，毕竟这两个场景在 PC 互联网时代应用就已经十分广泛，推荐场景在移动互联网时代才慢慢兴起。

1.2.2　策略产品经理分类

目前市场上有很多种策略产品经理，互联网大厂内部常见的策略产品经理岗位主要细分为五大方向：推荐策略、搜索策略、广告策略、增长策略和风控策略，如图 1-3 所示。下面我们针对每一个细分岗位，从工作目标和工作内容两方面分别展开介绍。

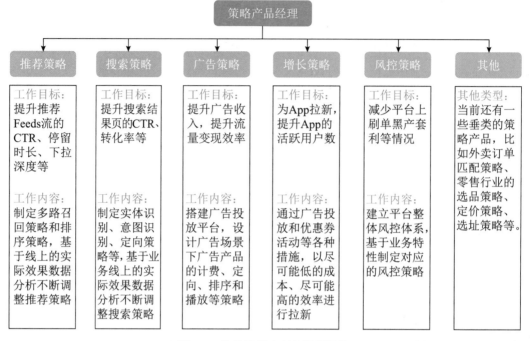

图 1-3　常见的策略产品经理岗位

1. 推荐策略产品经理

推荐策略产品经理是目前市场上招聘需求量最大的策略产品经理，随着各大 App 都开始做推荐信息流，懂推荐系统的策略产品经理供不应求。

● 工作目标

提升推荐信息流的点击率、提升停留时长和提升下拉深度等，配合平台整体的生态建设和业务目标达成。

● 工作内容

制定整体的流量分发策略，和算法工程师一起制定多路召回、重排策略，参与精排环节的特征工程建设，设计推荐场景的内容样式和创意策略等。通过数据分析不断调整推荐策略，持续优化线上效果。

2. 搜索策略产品经理

搜索策略产品经理对于电商平台以及综合类搜索引擎来说是非常重要的产品经理岗位，负责平台绝大部分流量分发和转化的工作。

● 工作目标

提升查询与搜索结果页的相关性和准确性，完善搜索引擎的整体功能模块，不断提升搜索场景的点击率和转化率。

● 工作内容

负责搜索引擎整体功能模块的设计，包括但不限于搜索底纹、搜索下拉、热门搜索、搜索结果样式、搜索结果创意等；同时参与搜索引擎整体策略的设计，包括但不限于查询处理器、实体体系、意图识别、召回策略、排序策略、重排策略等。

3. 广告策略产品经理

广告是各大互联网公司的主要营收手段，而广告也可能是策略产品经理诞生的场景，广告策略产品经理处理的业务是所有策略产品经理中最复杂的。

- **工作目标**

提升平台的广告收入，在保证广告主和用户体验的前提下，不断提升流量的变现效率。

- **工作内容**

搭建广告投放、创意制作和数据处理平台 (data management platform，DMP) 等，制定广告的投放和流量分发策略，设计广告的计费、出价、定向、跟单、创意样式和售卖模式等一系列策略。

4. 增长策略产品经理

增长策略产品经理是前几年新兴的一个岗位，专门负责产品的用户增长和流量增长。

但随着移动互联网的流量红利到头，从 2021 年开始，这个岗位的招聘需求开始下降，因为单纯的流量增长已经不太现实，各大公司的工作重心已经转为各个模块的精细化运营。

- **工作目标**

为 App 拉新用户，提升 App 的 DAU，同时服务于各个细分业务方向，为各个细分业务拉新用户；老客促活，提升老客的复购率等。

- **工作内容**

通过广告投放、优惠券、推送和首购礼金等一系列措施，以尽可能低的成本、尽可能高的效率拉新用户，提升拉新的投资回报率 (return on investment，ROI)。对用户进行分层，基于分层用户设计转化路径和转化策略。

5. 风控策略产品经理

风控策略诞生于金融行业，金融行业通过风控策略降低整个金融体系的风险和信贷的逾期率。后来电商行业也开始设置相关风控策略岗位，主要负责反作弊，防止黑产套利和商家刷单。本书主要介绍互联网行业的风控策略产品经理岗位。

- **工作目标**

减少平台的刷单和黑产套利情况，识别平台上营销作弊点击、刷单、恶意差评及骗保等行为。

- **工作内容**

建立平台整体的风控体系，基于业务特性制定对应的风控策略，设计从风险监控、识别、拦截、回溯再到后续赔付的完整机制。

各大互联网公司通常都会设置上述五类主流策略产品经理岗位，此外还会设置一些细分方向产品经理岗位，比如定价策略产品经理、调度策略产品经理、内容安全策略产品经理。定价策略产品经理主要负责对商品进行合理定价，动态化调整定价以实现收入最大化。调度策略产品经理主要在出行和配送行业中负责合理安排运力，实现需求与运力的合理匹配。内容安全策略产品经理主要负责制定相应策略以识别平台上的色情、暴力等不合规的内容，确保平台整体展现的内容都是合规且安全的，不存在任何舆论和政策风险。

1.3 策略产品经理的能力要求

作为新时代的新岗位，策略产品经理需要提升哪方面的能力去更好地适应市场的要求？虽然策略产品经理的岗位有很多种，但底层能力是共通的。以前产品经理必备的原型设计能力、沟通能力、项目管理能力在此不再赘述，这些能力现阶段都已经是产品经理的标配。下面只介绍策略产品经理需要的能力，这些能力能够提高策略产品经理的工作效率并能产生更大的价值。

1. 数据分析能力

数据分析不仅是策略产品经理的必备能力，也是所有产品经理的必备能力。对于产品经理来说，使用 SQL 来进行数据查询的能力必不可少，不过现在很多公司提供数据可视化查询平台，产品经理不用写底层 SQL 代码了。但是保持对数据的敏感度，能够基于数据变化发现业务问题，最终得出分析结论并明确下一步调整的方向，是每一个策略产品经理必备的能力。

2. 算法逻辑能力

策略产品经理到底有没有必要懂算法和技术？本书的观点是一定要懂，而且该项能力未来将是这个岗位的标配。这里所说的算法逻辑能力指的是了解机器学习的基本建模流程和常规机器学习算法的基本数学逻辑，了解不同算法适用的场景是什么。这个能力并不是写代码的能力。懂算法逻辑和可以将算法写成代码是完全不同的，后者比前者难太多。如果策略产品经理完全不懂 AI 和机器学习，日常工作中根本无法和算法工程师进行交流，也给不出建设性的意见。这种情况下，策略产品经理对于产品的主导作用基本上回到了PC 时代的水平，甚至对于产品优化起到的作用还不如 PC 时代。策略设计是策略产品经理的核心能力，如果连基本的 AI 和机器学习算法都不懂，策略设计也无从谈起，策略产品经理最终就完全变成了项目经理。

3. 系统架构能力

系统架构能力指的是熟悉常见的搜索引擎、广告系统和推荐系统等底层功能模块的作用以及各个功能模块之间的串联关系。策略产品经理在进行策略优化时，需要对整个系统架构进行梳理；要依据当前业务设计一套最合理的系统架构，需要基于业务和策略视角，而不是技术视角，在技术落地时再和对应的架构师进行沟通。策略产品经理在日常工作中需要和系统各个功能模块的技术人员进行沟通，具备基本的系统架构能力可以提升策略产品经理的工作效率。

对于上述能力的培养，不能仅依赖工作实践，尤其是算法逻辑能力，建议进行系统性的学习，本书第 2 章会详细介绍策略产品经理在和算法工程师沟通中使用最多的机器学习知识。

1.4　策略产品经理的思维要求

策略产品经理除了需要具备前文提及的工作能力，还需要具备以下思维模式。

1. 业务思维

策略产品经理需要为业务服务，所有的策略设计都是为了更好地发展业务，无论是搜索和推荐的流量分发，还是广告的产品设计，全部需要为业务服务。所有的产品设计需要从业务需求出发，而不是闭门造车。当然业务诉求并不能全部满足，产品经理需要有自己的判断。很多时候策略产品经理和业务人员多沟通有利于后续的策略设计和优化，尤其是那些和业务强关联的策略，比如广告策略。

2. 全局最优思维

策略产品经理在设计策略时要具有全局视角，专注于平台整体北极星指标 (唯一关键指标) 的提升，而不能只关注单模块、单指标的增长。虽然不同的策略产品经理负责不同的功能模块，但是所有的策略最终都要服务于平台整体的北极星指标或者对应大部门的核心指标。如果只是为了实现单模块、单指标的增长，可以采用很多投机取巧的做法，但是这些做法会损害平台整体的利益。

3. 模型思维

策略针对的问题一般是比较抽象的业务问题，比如如何预估用户的兴趣度，如何给商品科学定价，如何预估商品的销量等。策略需要将业务问题拆解成一个数学模型或者模型组合，确认模型整体的结构是什么，模型的输入输出是什么。将业务问题拆解成模型的思维模式对于策略产品经理来说非常重要。

4. 数据驱动思维

所有的策略优化和效果评估都需要基于数据。数据的统计口径和统计周期非常重要，不同统计口径和统计周期产生的数据结果和数据结论可能完全不一样。策略产品经理需要制定科学的效果评估体系，所有的策略优化方案都要基于数据，而不是基于臆想。

5. 智能化思维

策略产品经理在某种意义上也是 AI 产品经理，现阶段大厂里的策略落地基本都会借助 AI，所以策略产品经理在进行策略产品设计时需要本着智能化的原则，尽量借助 AI 的力量来实现更好的用户体验和落地效果，简单粗暴的策略仅适用于产品前期。策略产品经理需要关注市场上的前沿技术和智能化产品，然后将其引进到自己公司的产品线上，比如边缘计算和联邦学习技术等。

上述思维模式需要在实际工作中不断培养，有一些思维甚至是策略产品经理工作中必须要去坚持的习惯，比如数据驱动。

1.5 互联网公司的策略部门

前文介绍了策略产品经理的细分方向以及能力和思维要求，那么在互联网大厂里策略部门是怎么设置的？互联网大厂里的策略部门也基本上按照五大常见的策略产品经理岗位划分为 5 个部门。下面重点介绍这 5 个部门的工作职责和人员组织架构。

1. 推荐中台

大厂里一般将推荐作为中台能力，不同 App 对应的推荐产品和推荐算法团队可能不一样，尤其是像字节跳动、阿里巴巴这样存在多个超级 App 的公司。一般情况下，DAU过亿的 App 背后的推荐产品团队有几十人，但不会超过 50 人；算法、数据、引擎服务团队成员有 150 人左右。现阶段，很多中小互联网公司只有推荐算法团队而没有推荐策略产品团队，在公司里面搭建推荐系统时会先组建推荐算法团队，后面才会有对应的推荐策略产品。在推荐系统运营的初期，很多时候推荐策略产品发挥不了多大价值。

2. 搜索中台

搜索和推荐一样，一般都是作为中台能力对外赋能，不同 App 对应的搜索产品和搜索算法团队也不一样。一般情况下，App 搜索产品团队的成员数量会比推荐算法团队的成员数量少 50%，因为 App 里面主要搜索场景一般只有 1 个，各种细分场景加起来应该也不会超过 10 个。但是现在 App 里面推荐场景太多了，对应的算法、数据、引擎服务团队成员也会比推荐团队成员少 30% 左右。很多公司的搜索和推荐团队属于一个大部门，比如阿里巴巴搜索推荐事业部。

3. 商业化部门

广告团队一般属于商业化团队，通常会作为一个独立的事业部而存在，比如阿里妈妈事业群。广告策略产品团队应该是整个策略产品团队中最庞大的，广告按照场景可以分为推荐广告和搜索广告，按照类型又可以分为品牌广告和效果广告，这些类别之间是可以交叉的。广告在整个链路上分为投放、定向、播放、样式、创意和归因等业务线，每条业务线都有对应的策略产品团队。DAU 过亿的 App 背后的广告产品团队至少 100 人。与广告产品团队合作的算法、数据、研发、销售、运营等团队，合计人数超过 500 人。商业化部门会有独立的销售人员和运营人员，而搜索和推荐中台一般只有少量的运营人员，但是不会有销售人员。搜索和推荐中台的业务方来自平台下的各条业务线，而广告部的业务方就是广告部内部的销售人员以及销售人员对接的各大广告主。

4. 用户增长部

在很多公司里，增长部是分业务线设置的，不同的业务线会有单独的增长部门，平台整体也会有负责整体用户增长的团队，像阿里巴巴、字节跳动这样的头部互联网，负责平台整体用户增长的策略产品团队一般不超过 20 人，增长策略产品的岗位数量不多。现阶段随着移动互联网流量红利到头，增长部门的压力很大，尤其是对于头部 App 来说，比如淘宝和抖音，DAU 都已经接近上限。企业的思维也由传统的流量增长变为流量精细化运营。在很多时候，增长策略产品经理的实际工作是由数据工程师甚至算法工程师来做的，基本上没有单纯做策略而不涉及模型和数据的增长策略产品经理。

5. 风控部

风控部的人数是 5 个策略产品部门中最少的，即使像阿里巴巴、字节跳动这样的头部互联网企业，风控部的产品经理应该也少于 15 人。因为风控部门的业务需求很少，比搜索、广告、推荐少很多，所以不需要过多的产品经理。其他 4 个策略产品部门实际上都在做"增长"，只有风控部门负责保证增长的健康和正常。风控部门的工作非常重要，它能确保整个生态的健康发展。但风控部门的价值和工作相对于其他部门更难量化，保证公司业务健康发展是其职责所在，如果出现一次大规模风险就可能导致公司对风控部门整体工作的否定。

1.6　小结

策略产品经理目前在求职市场上还属于蓝海方向，当前主要是互联网大厂招聘该职位。未来越来越多的中小型公司也会招聘策略产品经理，移动互联网的下半场需要对流量进行精细化运营，自然会衍生出大量和策略相关的岗位需求。即使读者当前不是策略产品经理，也可以通过学习提升自己的相关能力和思维。在 AI 和大数据时代下，企业和个人都要学会用数据运营产品，要用更加智能化的方式来提升用户体验和业务效果。

第 2 章

策略产品经理必备机器学习知识

在正式介绍搜索、广告、推荐之前，先向各位读者普及策略产品经理日常工作中必备的机器学习知识。第 1 章已经介绍了策略产品经理必备的三大能力之一——算法逻辑能力，策略产品经理可以不会写代码，但是必须要懂常用的算法逻辑。很多读者在面对技术语言和数学逻辑时会产生抵触情绪，但这是一个优秀策略产品经理必须攻克的难关。

本章从策略产品经理与算法工程师沟通的角度进行编写，使用通俗易懂的语言为读者介绍机器学习的相关知识，同时结合工作中的案例进行讲解，确保生动形象，毫无技术背景的读者也可以读懂。充分阅读并理解本章内容才能更好地理解后续 4 章内容，本章是本书后续内容的基础。读者阅读完本章以后，就会觉得算法逻辑其实比实际工作中遇到的问题简单多了。

2.1　机器学习入门

策略产品经理要了解 AI 技术和算法知识，必须先理解什么是机器学习。

1. 机器学习的概念

机器学习，简单来说就是从历史数据中学习规律，然后将规律应用到未来中，如图 2-1 所示。南京大学周志华教授在其著作《机器学习》中如此定义机器学习。

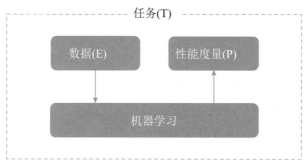

图 2-1　机器学习示意图

机器学习是机器从历史数据中学习规律，从而提升系统某个性能度量的过程。机器学习本身是一个非常宽泛的概念，它是一门学科，可以理解为和数学、物理一样的学科。

● 简单点讲

我们从小到大学习数学的时候，做过大量的练习题。老师和我们强调要学会总结，从做过的题目中总结经验和方法，这些经验和方法可以理解为机器学习产出的模型。有些人可以利用经验和方法得到很高的分数，说明他总结的经验和方法是对的，他总结出的模型是一个好模型。

● 复杂点讲

例如，在金融领域利用机器学习来构建一个反欺诈模型。银行开展金融贷款业务时，会碰到欺诈客户，他们专门骗取贷款。根据历史还款记录良好的好客户和首次贷款即逾期的欺诈客户的数据，能够找出"好客户"的特征和"欺诈客户"的特征，然后利用机器学习构建一个模型来区分客户的欺诈度。模型的好坏取决于识别客户欺诈能力的高低。

● 学术界

周志华教授在其著作《机器学习》中如此介绍机器学习："机器学习是这样一门学科，它致力于研究如何通过计算的手段，利用经验来改善系统自身的性能。"在计算机系统中，"经验"通常以"数据"形式存在，因此，机器学习所研究的主要内容，是关于计算机基于数据产生"模型"的算法，即"学习算法"。有了学习算法，我们把经验数据提供给它，它就能基于这些数据产生模型；在面对新的情况时，模型会帮助我们做出相应的判断。

总的来说，机器学习是一门研究"学习算法"的学科。

● 工业界

实际上在工业界，很多时候并不需要研究"学习算法"，重点在于如何应用算法，很多算法是现成的，类似于物理学领域，求解力学问题可运用牛顿第一、第二、第三定律，而不需要解题者专门研究一套新的定律。算法工程师要做的工作更多是应用现算法来解决实际问题，以及在实际落地中对现有算法进行部分优化。所以学术界研究的内容更多是"理论机器学习"，理论研究的突破难度是非常大的，而工业界研究的内容主要是"应用机器学习"。

本书用图 2-2 来呈现机器学习的原理。

当我们有了学习算法，在工业界实际应用的时候，算法工程师还需要做特征工程、模型训练、模型评估等工作，最终才能做出一个效果不错的模型。而在工业界应用机器学习的场景下，很多时候后者的重要性大于前者（后面会专门介绍此部分）。

总结：机器学习，是一门研究如何让计算机从历史数据中去更好地学习，从而产生一个优秀模型以提升系统某项性能的学科，但实际应用远远不是研究算法这么简单。

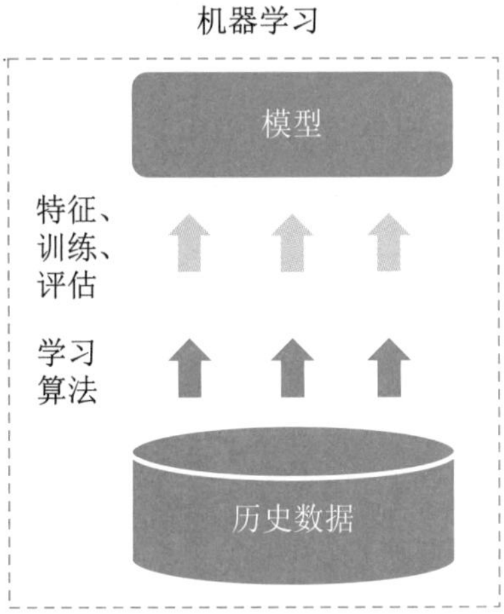

图 2-2　机器学习原理示意图

2. 机器学习名称的由来

国际学术界研究机器学习很久了。1952 年，IBM 的工程师 Arthur Samuel 开发了一个西洋跳棋程序，后来一些知名棋手都输给了这个程序，它有点像 20 世纪 50 年代的阿尔法狗。1956 年，Arthur Samuel 受邀在达沃斯会议上介绍自己的这项研究，第一次提出了"machine learning"这个词汇，Arthur Samuel 也因此被称为"机器学习之父"，他将"machine learning"定义为**"不需要确定性编程就可以赋予机器某项技能的研究领域"**，让机器像人一样学习起来。

2.2　机器学习和 AI 的关系

现实生活中，我们经常会听到机器学习、AI、深度学习、强化学习这些词，那么这些词之间到底有什么关系？通过图 2-3 我们可以清晰知道 AI、机器学习、深度学习和强化学习等之间的关系。

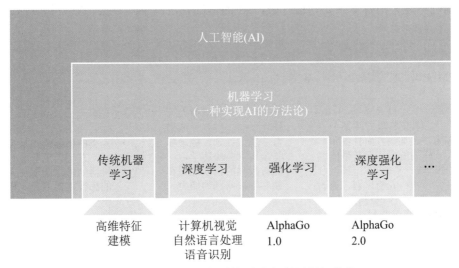

人工智能是一个领域。1956 年 8 月，在美国汉诺威小镇的达特茅斯学院中，几位科学家在会议上正式提出了"人工智能"这一概念，这一年也被称为"人工智能元年"。在此之前，人类已经制造出各种各样的机器，如汽车、飞机等，但这些机器都需要由人来操作。科学家探讨能不能制造出一种可以像人类大脑一样思考的机器，使其拥有人类的智慧，这就是人工智能。

人工智能包括三大要素：数据、算法和算力。机器学习就是其中的算法，算力指的是计算资源，核心是芯片。很多人认为算法才是决定人工智能上限的因素，其实并不是。现阶段人工智能的上限是由数据决定的，算法和算力只能辅助人工智能不断地逼近这个上限。

机器学习是实现人工智能的方法论。机器学习本身是一门非常庞大的学科，又可以细分为深度学习、强化学习、深度强化学习和传统机器学习等，强化学习和深度学习都是机器学习的两个子技术，属于两个不同的研究领域，可以通俗地将其理解为物理学里面的力学和电学，也可以将深度强化学习理解为力学和电学的融合。现在工业界常说的"机器学习"，通常指图 2-3 中的"传统机器学习"。AlphaGo 2.0 版本就是将深度学习和强化学习结合到一起，通过深度强化学习来实现的。

如图 2-4 所示，目前科学家普遍认为人工智能的发展分为三个阶段：**弱人工智能、强人工智能和超人工智能**。当前人工智能正处在弱人工智能阶段，弱人工智能阶段的 AI 专注于某一个方面的能力，智商高，情商基本为零，很难和人类进行情感沟通，比如很难实现人与人之间的普通对话。不过 OpenAI 公司发布的 ChatGPT4.0 预示着人工智能开始进入下一个阶段，即强人工智能。强人工智能阶段的 AI 媲美人脑，可以像人类一样有情感、批判性地思考，是智商和情商双高的 AI。强人工智能阶段的 AI 基本要素体系会发生重构，数据、算力和算法三者之间的关联和重要性会发生变化。我们在电影里面看到的那种机器和人类一样思考和行动的强人工智能时代还离我们很遥远，ChatGPT4.0 只是推开了强人工智能时代的一扇窗。人工智能的最后一个阶段就是超人工智能，此时的 AI 已经在情商和智商方面全面超越人类,这时候 AI 的基本要素体系完全被打破,科学家现在还没法给出准确描述。不管体系如何被打破,AI 的基础肯定离不开数据、算力和算法。

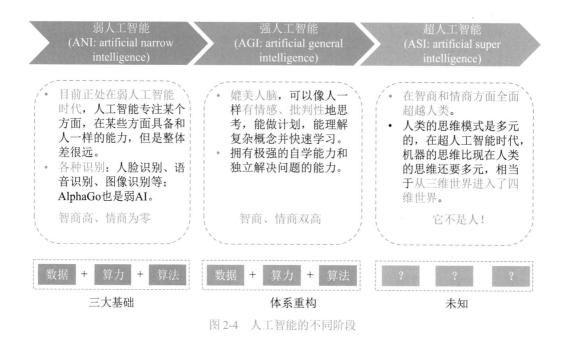

图 2-4　人工智能的不同阶段

2.3　机器学习全流程

　　前文介绍了机器学习的概念以及它与 AI 的关系,那么如何使用机器学习来构建模型?算法工程师经常说的建模到底是什么?使用机器学习建模的常见步骤有哪些?本书以电商推荐系统中的 CTR(click-through rate,点击率) 预估模型为例,全流程为读者介绍如何使用机器学习构建一个 CTR 预估模型。如图 2-5 所示为机器学习建模流程,共分为六大步骤。

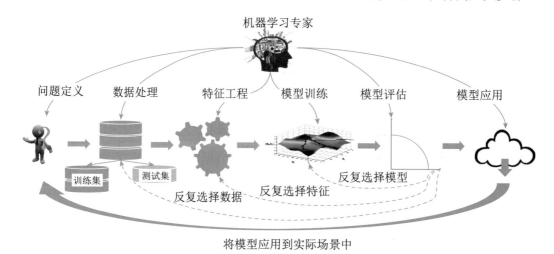

图 2-5　机器学习建模流程

2.3.1　问题定义

首先要清楚本次建模需要解决的问题是什么？想利用机器学习构建模型来满足什么需求？**问题定义清楚后再考虑以下 3 个问题。**

1.机器学习的任务类型是什么

确定机器学习的任务类型类似于我们在高中做数学题，我们首先需要确认这是一道哪方面的数学题，是三角函数题、数列题还是平面解析题，不同题目使用的解法和公式完全不一样。机器学习的任务类型可以分为两大类：一类是预测类任务，比如销量预测、人群分类、推荐系统等，针对新的输入数据做出判断即可；另一类是生成类任务，比如 ChatGPT 的构建，基于历史数据学习后，模型可以从零生成新的内容。本书主要介绍机器学习预测类任务，机器学习预测类任务还可以细分为以下 3 种，如图 2-6 所示。

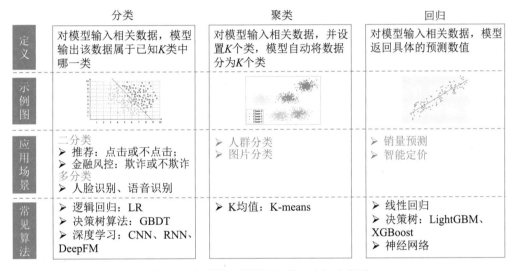

图 2-6　机器学习预测类任务 3 个细分类型

● **分类任务** (classification)

对模型输入相关数据，模型输出该数据属于已知 K 类中的哪一类。分类任务又可以分为二分类和多分类，比如推荐系统 CTR 预估就是二分类任务，模型预估用户会点击还是不会点击特定内容。人脸识别就是多分类任务，因为人脸的种类非常多。很多读者认为推荐是回归任务，认为模型最终输出了用户对于推荐内容的兴趣度，是一个具体的数值。但实际上线上用户给的反馈就是点击或不点击，我们并不知道用户对于内容的真实兴趣度是多少，无法量化。模型训练时所输入的训练数据的标签也只是点击和不点击，并不是用户兴趣度是多少，所以需要特别注意不能把推荐系统 CTR 预估任务的类型弄混淆了。分类任务示例图如图 2-7 所示。

● **聚类任务** (clustering)

对模型输入相关数据，并设置希望将整体数据分成 K 个类，模型自动将数据分为 K 个类。如图 2-8 所示，我们将全部数据分成 5 个 cluster(簇)，也就是 5 个类。常见的应用场景有人群分类和图形分类等，比如将全部用户按照彼此之间的相似度分为 K 个类。

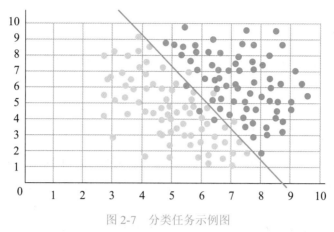

图 2-7　分类任务示例图

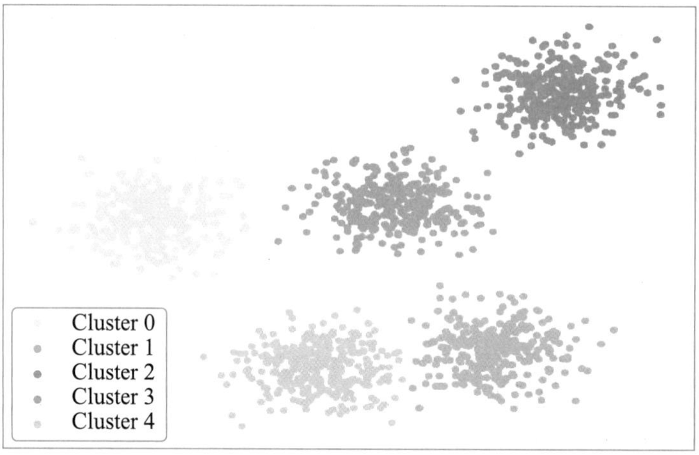

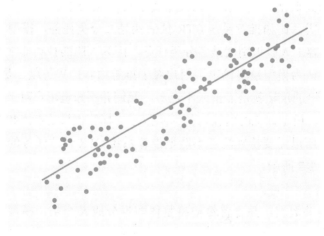

图 2-8　聚类任务示例图

● **回归任务** (regression)

对模型输入相关数据，模型返回具体的预测数值，结果是一个连续值。分类和聚类任务最终的模型输出都是这个样本属于哪一个类，但是回归任务最终输出的是一个具体的数字。回归任务常见的应用场景有销量预测和智能定价。回归任务示例图如图 2-9 所示。

图 2-9　回归任务示例图

2. 使用什么算法来构建模型

在数学计算中，当我们明确了题的类型以后，我们就知道要运用什么公式。比如在三角函数题中，我们需要运用三角函数公式；在数列题中，我们需要运用等差数列和等比数列求和公式。在机器学习中，任务类型确定以后，再结合具体的场景我们就可以确定使用什么算法了。以 CTR 预估模型为例，工业界早期普遍使用 LR(logistic regression，逻辑回归) 算法，现阶段一般使用 DNN(deep neural network，深度神经网络) 算法。这些算法本身都已经很成熟了，在工业场景下也得到了大量的应用和验证。这就和物理学中力学场景下离不开牛顿三大定律一样，定律本身已经成熟，就看算法工程师怎么使用了。人们经常调侃算法工程师是"调包侠"，就是因为这些算法是现成的，工程师只需要在程序包里面调用一下就行了，当然实际工作要比这复杂得多。

3. 如何评估模型的好坏

数学题解答完以后，我们需要对照答案判断是否正确；而机器学习模型完成训练后，我们同样需要评估模型效果。不同的任务类型决定了我们需要使用不同的指标来评估模型的效果。对于上述列举的 CTR 预估模型，在离线训练时我们使用 AUC(area under curve，曲线下的面积) 指标进行评估，在线上进行实际效果评估时工业界一般使用 CTR、用户下拉深度和用户停留时长等指标进行综合评估。

总结：推荐系统中的 CTR 预估模型是一个分类任务，本次我们使用 LR 算法，在进行离线效果评估时使用 AUC 指标，在进行线上评估时使用 CTR 指标。关于 AUC 指标，本书后面章节会进行详细介绍。

2.3.2　数据处理

定义问题后，我们需要进行历史数据处理，算法需要基于历史数据进行学习，然后得出一个模型。数据处理一般分为四大核心步骤，如图 2-10 所示。

图 2-10　数据处理四大核心步骤

1. 数据收集

首先，我们需要收集实际曝光给用户的物料 (item) 信息，以及这些物料对应的标签，明确当时用户对哪些物料进行了点击，对哪些物料没有进行点击。我们将用户点击的物料称为正样本，将用户没有点击的物料称为负样本。正样本是用户明确给我们的反馈，他可能对这些物料更感兴趣，我们需要让模型去学习这部分物料的特征。而负样本是用户看了但没有点击的物料，他可能对这些物料不感兴趣，我们也需要让模型学习这部分物料的特征，后续避免再给用户推荐这部分物料。训练 CTR 预估模型时还需要使用用户的基本信息，比如性别、年龄、爱好、职业等，这些特征会辅助我们预测用户的兴趣。通常这些数据会分布在数据库不同的表里面，为了方便建模，我们一般将其合并成一张大宽表。有时候历史数据太多，而且有些历史数据太久远，不具有参考意义，所以我们一般选择近期的用户数据。如果数据过多，导致训练时间过长，我们也会采用随机抽样的方法。

2. 数据清洗

数据质量对模型效果的影响非常大。很多时候历史数据比较乱，有很多脏数据，比如，某条记录是测试人员当时测试的数据，并不是真实数据，对于这种数据我们要将其剔除；还会碰到数据缺失的情况，很可能某些记录的某些字段内容缺失，这时候就需要考虑能不能补充；也有数据字段意义不统一的情况，比如，在某个时间点前，数据库显示用户性别是男或女，而在这个时间点后用户性别变成了 A 或 B，A 代表男，B 代表女，这时需要统一字段意义。数据清洗往往占据算法工程师大量时间。

3. 数据标注

清洗完数据后，有时候我们需要进行数据标注，尤其是在计算机视觉的相关应用场景，很多数据都需要人工标注，对图片进行打标。比如动物识别分类模型，需要人工对每一张图片打标，标注图片中的动物是哪一种动物，明确每一张图片的类别。对于 CTR 预估模型来说，在进行数据标注时，只需要将实际的线上曝光点击记录确认清楚即可，用户已经明确告诉我们点击了什么物料，没有点击什么物料。点击即为正样本，曝光未点击即为负样本。

4. 数据切分

当我们把一切数据都处理完毕后，我们需要对数据进行随机切分，一部分作为训练集，一部分作为测试集。模型在训练集上训练，在测试集上测试效果。因为模型训练完以后，需要进行测试来评估好坏，所以我们需要一个测试集。最开始我们就应该将训练集和测试集区分开，一个数据集不可能既作为训练集又作为测试集。就好比学生用模拟试卷做日常练习，如果最终的考卷和模拟试卷一模一样，就不能反映学生的真实水平。一般训练集和测试集中数据的比例是 9:1，但实际工作中这个比例不是固定的。

在数据处理环节同时需要特别注意"数据穿越"。比如，我们构建一个金融反欺诈模型来判断 2023 年 8 月 30 日来申请贷款的用户是正常用户还是欺诈用户。那么我们只能使用 2023 年 8 月 30 日之前的用户历史数据来进行训练，而不能使用超过 2023 年 8 月 30 日的用户数据，因为此时此刻我们已经知道绝大部分 2023 年 8 月 30 日来申请贷款的用户是正常用户还是欺诈用户，用此时此刻的数据来训练模型相当于作弊，站在了后验视角，训练出来的模型即便效果很好也不具备运用价值。因为实际模型上线后，我们是不可能知道未来用户的行为变化的。

2.3.3　特征工程

我们将数据处理完毕，同时又确定了使用什么算法，下面就迎来了机器学习中最重要的一个环节——特征工程。模型效果，一部分是由数据质量决定的，另一部分是由特征工程决定的。什么是特征工程？现实生活中，当我们评估一个男生是不是帅哥时，我们会看男生的面部整体轮廓、鼻子、眼睛、发型、嘴等特征，然后综合评估。在 CTR 预估模型中评估用户对物料的兴趣度也需要采用一系列特征组合。用户的地域、年龄、婚姻状态、经济情况、受教育程度、职业、消费品类偏好、价格偏好等都将影响用户对物料的兴趣度，挑选该场景下最适合、最有效的特征并加入模型，这就是特征工程的工作。

在很多场景的建模过程中，算法工程师需要请教业务专家，因为业务专家知道哪些特征和规则对于该场景的用户识别是有帮助的，比如金融反欺诈和互联网风控就是十分需要业务经验输入的建模场景。业务专家的经验输入，可以让算法工程师锁定一些有效的特征，而舍弃一些无效的特征，对建模过程起到一定的指导作用，提高了效率。策略产品经理可以参与机器学习建模的特征工程工作，产品经理可以基于自己对业务的理解给算法提供更多的输入，尝试去构建更多有效的特征。关于特征工程，本书会在第 3 章、第 4 章和第 5 章详细介绍。

2.3.4　模型训练

当我们构建完模型特征工程后，就可以让模型在训练样本上进行训练了。机器学习在进行训练时主要应用以下 4 种学习方式，如图 2-11 所示。

监督学习	已知训练数据的标签(label)。比如在金融反欺诈场景中，已经明确训练数据中哪些客户是好客户，哪些客户是欺诈客户，目的非常明确地去学习不同标签数据的特征
无监督学习	未知训练数据的标签。造成未知的原因有很多，可能是训练数据比较杂乱、标注成本太高、区分难度太大等。有一些任务先天就是无监督学习，比如聚类
半监督学习	将"监督学习"和"无监督学习"融合在一起。在训练数据中，可能一部分数据有标签，另外一部分数据没有标签，为了使用所有数据，可采用用半监督学习的方式
强化学习	基于环境的反馈而行动，通过不断与环境交互、试错，最终完成特定目的或者使整体行动收益最大化。强化学习不需要训练数据的标签，但是它每一步行动都需要环境给予反馈，比如是奖励还是惩罚，反馈可以量化，模型基于反馈不断调整训练对象的行为

图 2-11　常见的 4 种机器学习方式

1. 监督学习

在监督学习中已知训练样本的标签，在分类任务中知道哪些是正样本，哪些是负样本，相当于有参考答案可以对照。比如 CTR 预估模型就采用监督学习的训练方式，我们已经知道用户点击了哪些物料，没有点击哪些物料，每条物料都有明确的样本标签。

2. 无监督学习

在无监督学习中完全不知道训练样本的标签，没有参考答案可以对照，原因可能是历史数据混乱，已经无法知道对应的标签是什么。还有一种先天性的无监督学习任务，即聚类任务。

3. 半监督学习

半监督学习将监督学习和无监督学习融合在一起。在训练数据中，可能一部分数据有标签，另外一部分数据没有标签。如果已知标签的数据太少就无法进行有效的训练，这时候就需要使用无监督学习，通过聚类进行打标，扩充有标签的训练数据，然后进行训练。

4. 强化学习

强化学习与上述 3 种学习方式完全不一样，上述 3 种学习方式都与数据的标签有关。强化学习基于环境的反馈来进行学习，通过不断与环境交互、试错，最终完成特定目的或者使整体行动收益最大化。强化学习不需要训练数据标签，但是它需要环境给予每一步行动的反馈，是奖励还是惩罚，反馈可以量化，模型基于反馈不断调整训练对象的行为。比如，AlphaGo 和 ChatGPT 的学习方式就是强化学习，本书将在 6.1 节详细介绍强化学习。

那么模型到底是怎么学习的？学习的结果又是什么？首先，有了数据和算法输入，构建完特征工程后，我们就可以生成初版的模型了，模型是算法加上数据的产物。模型的表现形式是一个函数。假设在 CTR 预估模型中，函数为

$$P_{CTR}=ax_1+bx_2+cx_3+d$$

式中：P_{CTR} 表示最终模型输出的预估 CTR，取值为 [0,1]；x_1、x_2、x_3 表示输入的特征；a、b、c、d 表示模型的参数 (此处为了方便理解列举了一个比较简单的模型函数。本书将在第 3 章进行详细介绍)。

那么模型训练什么？模型训练的内容就是参数，得出一组最优的组合 $\{a、b、c、d\}$，在该组合下训练出的模型通过测试集预估的数据和测试集真实的数据之间差异最小，其实模型训练就是一个求最优解的过程。最开始的时候我们会给 a、b、c、d 设置一个初始值，假设都设置为 1。接下来通过训练集来训练模型，不停地调整模型参数。训练的过程可以理解为不停地尝试各种参数组合，使得每条记录评估出来的预估标签和真实的样本标签接近。当然尝试是有技巧性的尝试，而不是穷举。实际模型训练方法是梯度下降法，本书将在 2.6 节详细介绍。每一次模型训练的时间，短的以"天"为单位，长的甚至可能以"周"为单位，模型训练的时间主要取决于数据量和算力资源。模型训练的三种状态如图 2-12 所示，实际模型训练中经常出现过拟合 (overfitted) 问题。

为了在训练集上取得一个好的效果，可能出现如图 2-12(b) 所示的模型状态。该模型在训练集上会有非常好的效果，但是在测试集上大概率效果不佳，比较好的模型状态如图 2-12(c) 所示。所以在实际模型构建中，我们不能让训练过于集中在某些特征和某些样

本上，不然模型的泛化能力会降低，在测试集上效果不佳。比如当我们构建一个模型评估男生是不是帅哥时，训练集中帅哥的发型全部是短发，眼睛全部是单眼皮。在这种情况下，模型就会认为短发加上单眼皮的男生是帅哥，很明显这个判断过于绝对，这样的模型就处于过拟合状态。在很多情况下，算法工程师会训练好几版模型，这几版模型在训练集上的表现差异不大，但特征工程不一样，最后我们统一将模型放到测试集上进行评估，最终选择在测试集上表现最优的模型。

(a) 欠拟合　　　　　　　　(b) 过拟合　　　　　　　　(c) 正常

图 2-12　模型训练的 3 种状态

2.3.5　模型评估

　　模型评估在此处指的是离线效果评估，而不是在线上做一个小流量的 AB Test 实验，我们需要在测试集上进行验证。对于分类任务，主要关注召回率、精准率和 AUC 指标；对于聚类任务，主要关注聚类纯度和兰德系数；对于回归任务，主要关注 MSE(mean-square error，均方误差)、RMSE(root mean squared error，均方根误差)、R-Squared(R^2) 指标。关于这些指标的说明和计算逻辑，本书将在 2.4 节详细介绍。

2.3.6　模型应用

　　机器学习建模的最后一个环节是将离线效果最好的模型在线上真实环境中进行测试。在线上真实环境中进行效果测试，才是对模型真正的考验。即使模型在测试集上表现效果很好，也有可能在线上真实环境中表现效果一般。因为用户的行为不停地变化，数据也在更新，以前的一些特征工程可能不再适用于当下的环境。所以模型正式上线后，算法工程师需要持续地关注模型的表现，再根据新积累的数据不断地对模型进行调优。总之，这是一个不断更新迭代的过程，并不能一劳永逸。

　　以上就是机器学习建模流程的 6 个步骤，不管什么样的场景，什么样的任务，使用机器学习建模都离不开上述 6 个步骤。在实际工作中建模不会一气呵成，如果模型评估效果不佳，就需要重新做特征工程，甚至可能从头开始，使用新算法，最终经过反复调整后得到一版效果良好的模型，再进行线上测试，观察线上小流量 AB Test 实验效果。在这 6 个步骤中，算法工程师花费时间最多的就是第二步数据处理和第三步特征工程，需要使用算法时可以调用开源库里的算法包，比如调用 TensorFlow 里现成的算法。模型训练本身则是直接将构建好的模型和数据上传到服务器上，由服务器来进行计算，算法工程师只需要等待训练结果即可。这也是有时候算法工程师被调侃为 "调包侠" 和 "调参侠" 的缘故。

2.4 机器学习常见指标

机器学习建模流程中的第五步是模型的效果评估，在进行离线效果评估时，任务类型不同，使用的评估指标也不一样。策略产品经理不能只知道在线效果评估指标，还必须清楚离线效果评估指标，否则和算法工程师沟通模型效果时根本不知道通过哪些指标来判断，最终只能通过 AB Test 实验观察实际效果。本节还会介绍离线效果评估时，正常指标应达到多少线上才会有效果，策略产品经理需要知道大致的行业标准。

2.4.1 分类模型离线评估指标

常见的分类模型有搜索、广告、推荐场景里面的 CTR 预估模型和 CVR(conversion rate，转化率) 预估模型，在这里我们仍然以 CTR 预估模型为例。

对分类任务进行模型效果评估时，首先要基于测试集的实际结果和评估结果构建一个混淆矩阵 (confusion matrix)，如图 2-13 所示。图 2-13 中的模型预估用户 A 对 100 个物料的点击情况，预估用户点击了哪些物料，没有点击哪些物料，这是一个二分类任务，即 "点击" 或 "不点击"。图 2-13 中深蓝色代表模型对于测试集数据的预估类别，浅蓝色代表测试集数据的实际类别。

预测/真实	positive	negative
positive	true positive = 8 (模型预测为正，实际也为正)	false positive =10 (模型预测为正，实际为负)
negative	false negative = 2 (模型预测为负，实际为正)	true negative = 80 (模型预测为负，实际也为负)

▇ 代表测试集数据的实际类别
▇ 代表模型对于测试集数据的预估类别

图 2-13　混淆矩阵

1. TP(true positive，真正例)

预测为正样本且真实也为正样本的个数，也就是预估用户会点击，实际用户已点击的样本个数，上述混淆矩阵中 TP 为 8。

2. FP(false positive，假正例)

预测为正样本但真实为负样本的个数，也就是预估用户会点击，实际用户未点击的样本个数，上述混淆矩阵中 FP 为 10。

3. FN(false negative，**假负例**)

预测为负样本但真实为正样本的个数，也就是预估用户不会点击，但实际用户已点击的样本个数，上述混淆矩阵中 FN 为 2。

4. TN(true negative，**真负例**)

预测为负样本且真实也为负样本的个数，也就是预估用户不会点击，实际用户也没有点击的样本个数，上述混淆矩阵中 TN 为 80。

5. ACC(accuracy rate，**准确率**)

准确率是指模型整体预测结果的准确性，即模型是否能够将正样本和负样本准确地区分开，既没有错判也没有漏判，计算公式为

$$ACC = \frac{TP+TN}{TP+FP+TN+FN} = \frac{8+80}{100} = 88\%$$

但是准确率存在一个误区，比如，在金融反欺诈场景里，欺诈用户整体占比很小，可能只有 1/1000。如果欺诈用户识别模型将所有的用户都预测为负样本 (此场景下欺诈用户是正样本，正常用户是负样本)，那么模型的准确率也是 99.9%，所以当样本中正负样本比例严重失调时，准确率不具备参考意义。

6. R(recall rate，**查全率或召回率**)

查全率或召回率是指模型能够将数据中所有正样本找到的覆盖度，计算公式为

$$R = \frac{TP}{TP+FN} = \frac{8}{8+2} = 80\%$$

本案例中真实的正样本一共有 10 个，模型挑选出来 8 个，所以查全率是 80%。查全率同样存在误区，如果模型预估时召回大量的样本作为正样本，恰好这些预估的正样本把所有真实的正样本都包含了，这样计算出来的查全率就是 100%。这样就会存在很多误判，如果金融反欺诈模型误判太多，就会影响正常用户的金融服务体验，所以我们在看查全率的时候也要看模型预估的精确性，也就是查准率。

7. P(Precision rate，**查准率或精准率**)

查准率或精准率是指模型预估的正样本中有多少是真实的正样本，它评判的是模型预估的精准性，计算公式为

$$P = \frac{TP}{TP+FP} = \frac{8}{8+10} = 44.4\%$$

本案例中模型预估了 18 个正样本，但实际只有 8 个才是真实的，所以查准率是 44.4%。查准率同样存在误区，很多模型在设计时为了避免误判，将模型设计得非常严苛，虽然模型最后筛选出来的正样本都是准确的，查准率是 100%，但是模型也漏筛了大量的正样本，对比查全率的误区，从一个极端走向另一个极端。

8. F_β-Score

由于查全率和查准率都存在弊端，我们需要将查全率和查准率综合在一起进行效果评估，也就是 F_β-Score，计算公式为

$$F_\beta = \frac{(1+\beta^2)RP}{R+\beta^2 P}$$

当 $\beta = 1$ 时，场景均衡考虑查全率和查准率的重要性；当 $\beta > 1$ 时，场景更侧重查全率；当 $0 < \beta < 1$ 时，场景更侧重查准率。不同场景对模型查准率和查全率的要求不一样，比如推荐场景更看重查准率，确保推荐给用户的内容都是用户真实喜欢的，避免引起用户的负反馈。而金融欺诈场景更看重查全率，确保准确识别所有有风险的客户。

9. TPR、FPR、ROC 曲线与 AUC 指标

前文介绍了很多基础指标，但即使我们采用 F_β-Score 也很难规避因为正负样本不均衡导致的查全率和查准率不能客观真实地反映模型真实水准的情况。样本不均衡，要么是正样本太多、负样本太少，要么就是正样本太少、负样本太多，那么我们能不能构建两个指标，分别站在真实的正样本和真实的负样本视角去统计评估效果？这样即使样本不均衡，但由于我们对两边都进行了统计，就不会因为样本不均衡导致模型效果评估的片面性。这样的两个指标就是真正率 (true positive rate) 和假正率 (false positive rate)。

$$\text{真正率} = \text{True Positive Rate} = \text{TPR} = \frac{\text{TP}}{\text{TP}+\text{FN}}$$

真正率的计算公式和查全率的计算公式一样，站在所有正样本视角，统计模型能够将所有真实正样本找出来的概率。

$$\text{假正率} = \text{False Positive Rate} = \text{FPR} = \frac{\text{FP}}{\text{FP}+\text{TN}}$$

假正率则完全站在所有负样本视角，统计模型将真实负样本误识别为正样本的概率。

TPR 代表的是模型预测响应的覆盖度，FPR 代表的是模型预测响应的虚报程度。一个好的模型应符合：TPR=1，FPR=0。模型能够将所有的真实正样本识别出来，同时也不会虚假上报。

那么我们如何用 TPR 和 FPR 两个指标综合评估模型的分类效果呢？因为我们在分类任务中构建的是一个打分模型，模型不能直接告诉我们某个样本是正还是负，模型针对每个样本进行打分。当模型训练好以后，我们需要设定一个分类阈值 (threshold)，当分数＞阈值时，则此样本为正；当分数≤阈值时，则此样本为负。每一个阈值都会对应一组 (FPR, TPR)，我们以 FPR 为横坐标，以 TPR 为纵坐标，一组 (FPR, TPR) 就是一个点。那么我们应该将阈值设置为多少才合适？阈值的设置很关键，它将会影响模型在线上的效果。如何找出最佳阈值？通用的方法是模型按照所有预测样本的打分从高到低排序，将每一个预测值分别作为分类阈值，这样就可以得到多组 (FPR, TPR)。将预测值中的最大值作为阈值时，只有大于该值的样本才能是正样本，那么所有样本均为负样本，TPR 和 FPR 均为 0；将预测值中最小的值作为阈值时，那么所有样本均为正样本，TPR 和 FPR 均为 1。

基于多组 (FPR, TPR)，我们可以得到如图 2-14 所示的一个曲线图。

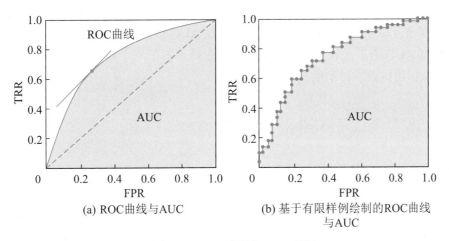

图 2-14　ROC 曲线与 AUC 指标

　　图 2-14 中的曲线，我们一般称为 ROC 曲线。ROC 曲线 (receiver operating characteristic curve，接收者操作特征曲线) 最开始应用于第二次世界大战期间的雷达分析技术，后来被引进到机器学习中。图 2-14(b) 是一个将实际预测值作为分类阈值遍历后得到的 ROC 曲线，当预测的样本够多时，ROC 曲线就变成一条如图 2-14(a) 所示的平滑曲线。一个效果表现优异的 ROC 曲线，TPR 越大，同时 FPR 越小，模型曲线越陡，而 ROC 曲线本身基本不随着正负样本比例的变化而变化。针对当前训练出来的模型，我们如何取一个合适的阈值来作为正负样本的分割线？如图 2-14(a) 所示，我们一般选择 ROC 曲线上离 (0,1) 点最近的阈值作为当前模型最佳阈值取值，因为 (0,1) 点是 TPR 和 FPR 的最优取值，离 (0,1) 点最近的点兼顾了 TPR 和 FPR。

　　假设我们现在针对同样一个分类任务训练出来两个模型，我们需要从中选择一个最优模型，能否借助 ROC 曲线？我们针对两个模型分别画出 ROC 曲线，如果模型 A 的 ROC 曲线完全将模型 B 的 ROC 曲线包围，那么在 FPR 相同的情况下，模型 A 的 TPR 指标永远高于模型 B，很明显模型 A 的效果要优于模型 B。但实际情况一般是模型 A 和模型 B 各自的 ROC 曲线有交叉，一部分重叠，一部分不重叠，这种情况应如何评估？这时候就需要引入一个新指标 AUC，AUC 指标全称为 area under curve(曲线下的面积)。我们计算 ROC 曲线下的面积，理论上 ROC 曲线越陡越好，FPR 越小，TPR 越大，所以 AUC 的取值范围是 [0,1]，AUC 越大，代表模型效果越好。

　　AUC 指标的业务意义是模型对样本的排序能力。在 CTR 预估模型里，AUC 代表的业务含义是在一个正样本和一个负样本中，模型将正样本排在负样本前的概率。再通俗一点说就是随机选两个内容，模型能够将用户更感兴趣的内容排在前面的能力。当我们将 ROC 曲线上 (0,0) 和 (1,1) 这两个点直接连起来时，AUC = 0.5，一个随机分类模型的 AUC 是 0.5，而实际模型的 AUC 值都是大于 0.5 的。

　　在进行离线效果评估时，模型在测试集上的 AUC 指标一般需要超过 0.7 才可能在线上有比较明显的正向效果，低于 0.7 则线上效果不显著，因为随机模型的基准 AUC 就是

0.5。AUC 指标如果在 0.8 至 0.9 之间，模型的效果就非常好了。实际业务中，分类模型的 AUC 指标不太可能大于 0.9，大于 0.9 意味着测试集数据选取有问题或者数据穿越了。工业界还没有哪家互联网公司的 CTR 预估模型离线 AUC 指标可以大于 0.9。作为策略产品经理需要知道 AUC 的正常取值范围，当算法工程师训练了一个新的分类模型时，策略产品经理首先应该询问这个模型的离线 AUC 指标。

2.4.2　回归模型离线评估指标

回归模型都可以使用表 2-1 中的指标进行效果评估，比如工作中常见的销量预测、智能定价模型。

回归模型离线评估指标一共有 4 个，前 3 个指标包括 MSE(均方误差，又叫方差)、RMSE(均方根误差，又叫标准差)、MAE(平均绝对误差)，这 3 个指标都是绝对数值，会受到数值具体量纲的影响，不同量纲下无法直接对比模型效果。为了消除量纲的影响，我们一般使用 R^2 指标，R^2 的正常取值范围为 [0,1]，越接近 1 效果越好。如果 R^2 小于 0，说明此场景并不是一个回归任务，不适合使用回归模型。

表 2-1　回归模型离线评估指标

指标	计算公式	备注
MSE(均方误差) (mean squared error)	$MSE = \dfrac{1}{n}\sum\limits_{i=1}^{n}(y_i - \hat{y}_i)^2$	➤ 通过测试集进行整体效果评估； ➤ y_i 为实际值，$\hat{y}_i$ 为预测值；$\bar{y}$ 为平均值； ➤ MSE、RMSE、MAE 都是绝对数值，如果要在不同量纲下比较不同模型效果的好坏，使用 R-Squared(R^2)； ● $R^2=1$，R^2 达到最大值，完美模型； ● $0 < R^2 < 1$，正常范围，越接近 1 越好； ● $R^2=0$，预测效果等于平均值； ● $R^2 < 0$，说明此场景并不能使用线性模型，模型选择错误
RMSE(均方根误差) (root mean squared error)	$RMSE = \sqrt{\dfrac{1}{n}\sum\limits_{i=1}^{n}(y_i - \hat{y}_i)^2}$	
MAE(平均绝对误差) (mean absolute error)	$MAE = \dfrac{1}{n}\sum\limits_{i=1}^{n}\lvert (y_i - \hat{y}_i)\rvert$	
R-Squared(R^2)	$R^2 = 1 - \dfrac{\sum\limits_{i=1}^{n}(y_i - \hat{y}_i)^2}{\sum\limits_{i=1}^{n}(\bar{y} - \hat{y}_i)^2}$	

2.4.3　聚类模型离线评估指标

聚类任务是无监督学习，评估聚类结果的好坏主要看以下两大核心指标：簇内相似度 (intra-cluster similarity)，它用于表示同一簇内样本的相似程度，该指标越高越好；簇间相似度 (inter-cluster similarity)，它用于表示不同簇样本的相似程度，该指标越低越好。

在实际评估聚类模型时，一般可采用以下两种聚类模型评估方式。

1. 内部方法

内部方法指的是基于聚类结果本身，没有任何样本真实标签或者外部可以参照的模型效果进行比对。我们一般使用卡林斯基 - 哈拉巴斯指数 (Calinski-Harabaz，CH) 进行评估。

CH 指数通过计算簇中各点与簇中心 (质心) 的距离平方和来度量类内的紧密度，紧密度用于衡量簇内相似度。CH 指数通过计算各簇中心点与整个样本数据中心点的距离平方和来度量簇的分离度，分离度用于衡量簇间相似度。CH 指标的计算公式为

$$CH = \frac{分离度}{紧密度}$$

CH 越大代表各个簇本身越紧密，簇与簇之间越分离，聚类效果也就越好。

2. 外部方法

外部方法是指进行效果评估时有外部信息可以参考。一种外部信息是已知训练样本真实类别的信息，另一种外部信息是参照某个模型预估样本类别的信息。在这两种情况下可以使用外部方法进行效果评估，常用的指标有聚类纯度 (purity) 和兰德系数 (Rand index)。这种场景在应用的时候属于无监督任务，进行效果评估时又变成了监督任务，因为有实际的样本类别可以参考。但实际工作中很少出现此种情况，如果已知训练样本的标签，可以直接使用分类算法。如果需要参照另外一个模型的聚类结果，在实际工作中意义不大。

如图 2-15 所示，聚类模型对 13 个图形进行聚类，划分成 3 个簇：Cluster 1、Cluster 2、Cluster 3。每个簇里哪一个类别的样本最多，那么该簇就属于哪一个类别，所以簇 1 的类别是正方形，簇 2 的类别是圆形，簇 3 的类别是三角形。

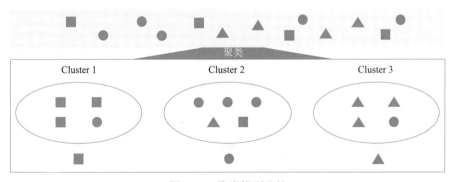

图 2-15　聚类模型分簇

1) 聚类纯度

聚类纯度 (purity) 指的是聚类后每个簇里面占比最高的同一个类别的样本数占整个簇样本数的比例。因为聚类后我们不清楚当前这个簇属于哪个类别，所以需要先确定该簇里面占比最高的类别是哪一个，具体的计算公式为

$$purity = (\varOmega, C) = \frac{1}{N} \sum_k \max_j \left| \omega_k \cap c_j \right|$$

式中：purity 的取值为 [0,1]，取值越接近 1，表示模型聚类的效果越好；N 表示总体样本数，案例中 N 为 13；$\varOmega$ 表示聚类后所有簇的集合，案例中一共有 3 个簇；C 表示聚类后所有簇对应

的类别，图 2-15 中簇 1 类别是正方形，簇 2 类别是圆形，簇 3 类别是三角形；ω_k 表示第 k 个簇中所有的样本；c_j 表示第 j 个类别中所有真实的样本，图 2-15 中一共有 3 个类别。

簇 1 中，正方形有 3 个，圆形有 1 个，三角形有 0 个，所以簇 1 中占比最高的样本数是 max(3,1,0)。同理簇 2 中占比最高的样本数是 max(1,3,1)，簇 3 中占比最高的样本数是 max(0,1,3)。

整体加权后的纯度为：$\text{purity} = \dfrac{3+3+3}{13} \approx 69.23\%$

聚类纯度存在一个认知误区，就是对于同样一个样本集合，细分的簇越多，对应的整体纯度一般越高。聚类纯度无法平衡簇的数量和聚类质量。

2) 兰德系数

兰德系数 (Rand index) 的计算公式和分类任务里准确率的计算公式一模一样，我们也需要构建一个混淆矩阵，只是此处混淆矩阵里面各个指标的业务含义不一样。此处的混淆矩阵一般称为对混淆矩阵 (pair confusion matrix)，如图 2-16 所示。

对混淆矩阵（pair confusion matrix）		
	同簇	不同簇
同类	true positive (两个同类样本在同一个簇里出现此类情况的次数)	false negative (两个同类样本分别在两个簇里出现此类情况的次数)
不同类	false positive (非同类样本在同一个簇里出现此类情况的次数)	true negative (非同类样本分别在两个簇里出现此类情况的次数)

图 2-16　聚类模型下的混淆矩阵

- TP

两个同类样本在同一个簇的情况的数量，计算结果为

$$\text{TP} = C_3^2 + C_3^2 + C_3^2 = 9$$

3 个簇里面均有 3 个同类的样本，第 1 个簇是正方形，第 2 个簇是圆形，第 3 个簇是三角形。两个同类样本在同一个簇里出现此类情况的次数就是简单组合 C_3^2。

- FP

非同类样本在同一个簇的情况的数量，计算结果为

$$\text{FP} = (C_4^2 - C_3^2) + (C_5^2 - C_3^2) + (C_4^2 - C_3^2) = 3 + 7 + 3 = 13$$

每个簇里面分别随机抽两个样本里出现此类情况的次数减去 TP 的数量即为 FP 的数量。

- FN

两个同类样本分别在两个簇里出现此类情况的次数

$$
\begin{aligned}
\text{FN} = &(C_3^1 \times C_1^1) && \text{—— 正方形}\\
&+(C_3^1 \times C_1^1 + C_3^1 \times C_1^1 + C_1^1 \times C_1^1) && \text{—— 圆形}\\
&+(C_3^1 \times C_1^1) && \text{—— 三角形}\\
&=3+7+3=13
\end{aligned}
$$

● TN

非同类样本分别在两个簇里出现此类情况的次数

$$TN = C_3^1 \times C_4^1 + C_1^1 \times C_2^1 \qquad\qquad —— 簇 1 与簇 2$$
$$+ (C_3^1 \times C_4^1 + C_1^1 \times C_3^1) \qquad —— 簇 1 与簇 3$$
$$+ (C_3^1 \times C_3^1 + C_1^1 \times C_1^1 + C_1^1 \times C_4^1) \qquad —— 簇 2 与簇 3$$
$$= 14 + 15 + 14 = 43$$

● RI

$$RI = \frac{TP + TN}{TP + FP + FN + TN} = \frac{52}{78} \approx 66.7\%$$

RI 取值范围为 [0,1]，取值越大表示聚类效果越好。

本节主要介绍 3 类不同任务模型在进行离线效果评估时使用的科学指标，同时介绍了工业界目前应用上述指标进行离线评估时的大致取值范围。策略产品经理不能只知道在线的 AB Test 小流量实验效果评估指标，还应非常熟悉离线模型效果评估指标。

2.5　工业界常见算法

日常工作中，我们经常会听到算法工程师提到 LR(逻辑回归)、决策树、DNN 等算法，那么这些算法的底层逻辑是什么？它们适用于哪些任务类型？本节将结合实际案例详细介绍几种常见算法，保证毫无技术背景的读者也可以读懂。

2.5.1　逻辑回归

逻辑回归 (logistics regression，LR) 是一种监督学习算法，适用于分类任务。

"搜广推"场景中经常使用逻辑回归模型，很多中小公司都使用逻辑回归模型来进行 CTR 和 CVR 预估，金融风控场景也使用逻辑回归模型来进行用户风险度预估。逻辑回归模型的复杂度比较低，可解释性很强，实际线上效果较好。逻辑回归的函数公式为

$$y = \frac{1}{1 + e^{-\omega^T x}}$$

式中：y 表示模型预估值；x 表示输入模型的特征值，本书 2.3.3 节里介绍过特征工程，这里的 x 可以理解为最终使用的一系列特征对应的具体数值；T 表示矩阵的转置，并没有实际数值含义；ω 表示本书 2.3.4 节介绍的模型为每一个特征训练出来的对应参数。

如图 2-17 所示，逻辑回归模型的函数取值为 (0,1)。在 CTR 预估模型中，逻辑回归模型输出的预测值代表的业务意义是用户对物料的兴趣度。特别强调一下线性回归 (linear regression)，有部分读者会混淆线性回归和逻辑回归，虽然两者缩写都是 LR，但

是线性回归模型解决的是回归问题，逻辑回归模型主要解决的是分类问题，逻辑回归模型包含线性回归模型，$\omega^T \times x$ 就是一个线性回归模型。

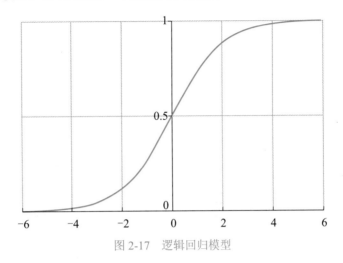

图 2-17　逻辑回归模型

2.5.2　K 近邻算法

K 近邻算法 (K-nearest neighbor，KNN) 是一种监督学习算法，适用于分类和回归任务。KNN 算法在实际工作中使用得并不多，但是 KNN 算法背后的思想是每一位策略产品经理都需要了解的。

1. 分类任务

如图 2-18 所示，已知有圆形、三角形和正方形 3 种类别，现在我们要预估中间灰色方块所属的类别。我们使用 KNN 算法，首先计算待分类点 (灰色方块) 与其他已知类别点的距离，然后按照距离正排，距离最小的点排在最前面。取前 K 个点，确定前 K 个点中每个类别的占比，占比最高的那个类别就是待分类点的类别。假设 $K=3$，那么待分类点的类别就是正方形；假设 $K=10$，那么待分类点的类别就是三角形。在计算不同样本之间的距离时有多种计算方式，假设样本 A 的坐标为 $(x_1, \cdots, x_n)$，B 的坐标为 $(y_1, \cdots, y_n)$，常见的计算距离方法有如下两种。

图 2-18　KNN 算法用于分类任务

● **欧式距离**

欧式距离，又称欧几里得距离，它用于计算点与点之间的距离，计算公式为

$$d(A,B) = \sqrt{(x_1 - y_1)^2 + \cdots + (x_n - y_n)^2}$$

欧式距离是指两点之间的直线距离。

● **曼哈顿距离**

曼哈顿距离表示城市街区的距离，计算公式为

$$d(A,B) = |x_1 - y_1| + \cdots + |x_n - y_n|$$

现实生活中，我们从一个点走到另一个点时，很难走直线，总需要走一些弯路。曼哈顿距离和欧式距离示意图如图 2-19 所示。

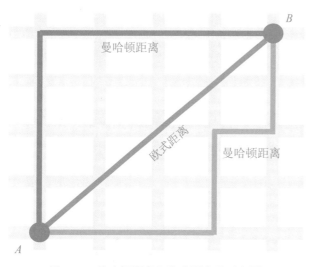

图 2-19　曼哈顿距离和欧式距离的示意图

曼哈顿距离是在欧几里得空间里两点之间的直线映射到对应坐标轴产生的线段距离总和。具体使用哪种方法计算距离，需要结合业务的具体场景来定。

2. 回归任务

使用 KNN 算法处理回归任务时，整体思路与分类任务一样，只是预测点的值等于离预测点最近 K 个点的平均值。

KNN 算法与逻辑回归算法不同，它没有前期的模型训练环节，而是直接应用，所以 KNN 算法在训练环节的时间复杂度为 0，但是在应用环节，随着样本数的增加，时间复杂度陡增，因此对效率要求极高的场景无法使用 KNN 算法。

3. K 值的选择

KNN 算法中 K 的取值非常关键，如果 K 太小，那么就会由较小邻域的样本决定待预测点的值，预测结果会对近邻样本点非常敏感，如果邻域的点是噪声则预测就会出错；如果 K 太大，则由较大邻域的样本决定，即样本中哪一类数量最多，预测的结果就是哪一类。所以在实际应用中，我们需要通过交叉验证法来得到最优的 K 值。

那么什么是交叉验证法 (cross validation) 呢？交叉验证法又称 K 折交叉验证 (K-fold cross validation)，这里的 K 和 KNN 的 K 不一样，此处的 K 是指将原始数据平均切分为多少份，一般将 K 设置为 10。

如图 2-20 所示，首先将原始数据切分为 10 份，每次选择 1 份作为测试集，剩下的 9 份作为训练集，如此循环 10 次，然后将 10 次测试结果的平均结果作为模型的最终结果。交叉检验有两点好处：一是充分利用了所有数据，而不会因为将某一部分数据作为测试集导致模型无法学习这部分数据的特征；二是通过多次训练取平均值的方式会尽可能减少模型过拟合情况的出现。

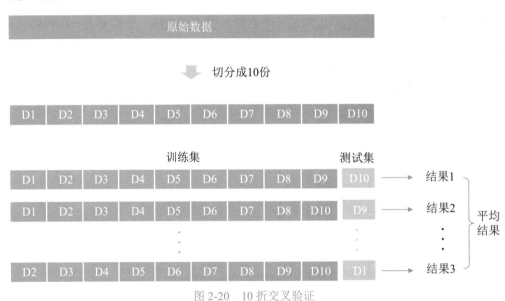

图 2-20 10 折交叉验证

那么如何通过交叉验证法确定当前场景下使用 KNN 算法时最合理的 K 值？在分类任务里我们使用 KNN 算法时，首先设置 K 为 1，然后使用交叉验证法得到 $K=1$ 时，模型在测试集上的平均 AUC 指标 (此处使用 AUC 指标作为衡量指标)。逐渐增加 K 值，得到每一个 K 值下模型最终在测试集上的平均 AUC 指标。最初的 AUC 指标会随着 K 值的增长慢慢增长，最终会开始下降，而 AUC 最高点对应的 K 值就是本场景下最合理的 K 值。正常情况下，最合理的 K 值不会超过 20。

2.5.3 贝叶斯模型

贝叶斯模型 (Bayes model) 是一种监督学习算法，适用于分类任务，在很多场景下都可以使用该算法，比如垃圾邮件分类、天气预测等，它的核心思想是基于已经发生的事件去合理预估其他未发生事件发生的概率。

1. 引入

贝叶斯定理是由英国科学家托马斯·贝叶斯 (Thomas Bayes) 提出的，因此以他的名字来命名。贝叶斯生前一直在研究"逆概率"的问题。很久以前，人们就已经知道如何计算"正概率"，比如有一个黑盒，黑盒里面装了 2 个白球，3 个黑球，5 个红球，那么随机从黑盒里面抽选一个白球的概率就是 P(白球)=2/10。而"逆概率"问题是不知道黑盒里面白、黑、红球的比例，只能不断地从盒子里面随机抽选一个球，然后看球的颜色，通过不断尝试最终反推出黑盒中白、黑、红球的比例。"逆概率"问题在现实中普遍存在，其实就是已知某种现象发生，然后据此推导其背后隐藏的规律。贝叶斯将自己的研究汇总成一篇文章，直到他去世后才由他的朋友 Richard Price 在 1763 年代为发表，这篇文章就是 *An Essay towards Solving a Problem in the Doctrine of Chances*，此篇文章正式提出了贝叶斯公式。

2. 贝叶斯公式

$$P(A|B) = P(A) \times \frac{P(B|A)}{P(B)} \tag{2-1}$$

公式 (2-1) 即贝叶斯公式，为了了解贝叶斯公式的思想，我们首先要了解先验概率和后验概率分别是什么。

● **先验概率**

基于历史数据分析得到的结果，不依赖任何当前的条件，实际计算时基于统计结果，事件 A 发生的先验概率就是 $P(A)$。比如今天下雨为事件 A，过去 30 天里有 10 天都在下雨，我们基于历史数据可以大概预测今天还下雨的概率为：$P(A)$=10/30。

● **后验概率**

事件 A 发生的先验概率为 $P(A)$，事件 B 发生的先验概率为 $P(B)$，则在 B 事件已经发生的前提下，A 事件发生的概率即为后验概率，又叫条件概率，记为 $P(A|B)$。

我们想预测今天下雨 (事件 A) 的概率，基于历史数据得到了一个先验概率。我们同时观察到今天刮大风 (事件 B)，那么在已知今天刮大风的情况下，今天下雨的概率又是多少？肯定不再是 $P(A)$，我们需要基于已经得到的信息对 $P(A)$ 进行调整，这个调整系数就是 $P(B|A)/P(B)$，所以贝叶斯公式是 $P(A|B) = P(A) \times P(B|A)/P(B)$。$P(B|A)$ 是已知当天下雨、刮大风的概率，$P(B)$ 是单纯刮大风的概率。

如果调整系数 > 1，则说明事件 B 的发生对事件 A 的发生有增强作用；

如果调整系数 = 1，则说明事件 B 的发生对事件 A 的发生没有任何作用；

如果调整系数 < 1，则说明事件 B 的发生对事件 A 的发生有削弱作用。

● **全概率公式**

那么如何计算 $P(B)$？这时候又引出一个全新的公式——全概率公式。若事件 A_1，A_2，$\cdots A_n$ 构成一个事件组，且都有对应的先验概率，当事件 B 和这个事件组重叠时，则对于任意一个事件 B 都有公式 (2-2) 成立，即

$$P(B) = \sum_{i=1}^{n} P(B|A_i) \times P(A_i) \tag{2-2}$$

3. 实际案例

下面我们通过实际案例来进行讲解。

● 案例一

天气预报 1 如表 2-2 所示。

表 2-2 天气预报 1

时间	是否刮大风	是否下雨
周一	是	是
周二	否	否
周三	是	是
周四	否	是
周五	是	否

表 2-2 统计了过去 5 天的天气情况，已知周六刮大风，现在预测周六下雨的概率。

$$P(下雨|刮大风) = P(下雨) \times \frac{P(刮大风|下雨)}{P(刮大风)} = \frac{3}{5} \times \frac{\frac{2}{3}}{\frac{3}{5}} = \frac{2}{3}$$

$P(下雨)$、$P(刮大风)$ 和 $P(刮大风|下雨)$ 的值都是基于表 2-2 的数据统计得出的，都是统计概率。

● 案例二

在实际生活中，一个事件的发生会受到非常多其他因素的影响。

现在我们对天气预报表进行升级，如表 2-3 所示，我们新增了一个因素"是否有朝霞"。

表 2-3 天气预报 2

时间	是否刮大风	是否有朝霞	是否下雨
周一	是	是	是
周二	否	否	否
周三	是	否	是
周四	否	否	是
周五	是	是	否

假设下雨为事件 A，刮大风为事件 B_1，有朝霞为事件 B_2。现在已知周六刮大风，也有朝霞，那么周六下雨的概率为

$$P(A|B_1B_2) = P(A) \times \frac{P(B_1B_2|A)}{P(B_1B_2)} \tag{2-3}$$

公式 (2-3) 为理想化的公式，我们应该将多种因素汇聚在一起去统计一个联合概率：$P(B_1B_2|A)$ 和 $P(B_1B_2)$。此案例中只有两个因素，我们可以基于表 2-3 进行统计。当因素达

到成百上千时，很多时候统计出来的联合概率可能为 0，尤其是在样本数很小的情况下统计出来的概率值误差很大，导致最终结果不可信。所以，贝叶斯公式做出了一个假设：假设各个事件之间是相互独立的，也就是不同的因素会独立地对最后的结果产生影响，则公式演变为

$$P(A|B_1B_2\cdots B_n) = \prod_{i=1}^{n} \frac{P(B_i|A)}{P(B_i)} \times P(A) \tag{2-4}$$

式中：∏表示累乘。

公式 (2-4) 也被称为朴素贝叶斯公式 (naive Bayes model)。回到案例二的计算中，则有

$$P(下雨 | 刮大风 \& 有朝霞) = P(下雨) \times \frac{P(刮大风 | 下雨)}{P(刮大风)} \times \frac{P(有朝霞 | 下雨)}{P(有朝霞)}$$

$$= \frac{3}{5} \times \frac{\frac{2}{3}}{\frac{3}{5}} \times \frac{\frac{1}{3}}{\frac{2}{5}} = \frac{5}{9}$$

当然，在实际生活中，很多时候各因素之间不是完全独立的，是存在一定相互影响的，在这种场景下，不适合使用朴素贝叶斯公式。贝叶斯公式的思想已经渗透到我们生活中的每一个角落，比如男生阿哲追求一名女生，他根据以往追求女生的经验和当前目标女生的日常反馈，在心里已经有了一个初步主观判断 (先验概率)：这个女生有点喜欢自己，但自己也不是特别肯定。今天这个女生突然给阿哲送了一个贴心小礼物，阿哲根据女生今天的行为再对之前的判断做出进一步调整 (后验概率)，女生的行为进一步强化了阿哲之前的判断，最终阿哲向女生表白，两人成功在一起了。

2.5.4　K 聚类算法

K 聚类 (K-Means) 算法是一种无监督学习算法，适用于聚类任务。K-Means 算法的核心思想是 "物以类聚，人以群分"，它将相似的样本划为同一个簇 (clustering)，将所有的样本分为 K 个簇，K 的值是由人工设定的。

1. K-Means 算法的执行步骤

K-Means 算法和 KNN 算法一样都没有前期的模型训练环节，但 K-Means 算法是通过启发式方法来进行迭代的。

首先确定将所有样本分为几个簇，也就是设定 K 值。如图 2-21 所示，假设 $K=2$，随机选择两个数据点作为初始簇的质心 (簇的中心点)；然后计算所有样本与这两个质心的距离，样本距离哪一个质心更近，该样本就归为哪一类。当模型将样本重新归类并划分为两个新簇时，我们需要重新计算新簇的质心，新簇的质心即为该簇下所有样本数据坐标位置的平均值。得到新的质心后，再次对样本进行重新归类，不断重复图 2-21 中的第三步和第四步，直至簇的质心位置不再变化或者变化值处于模型最初设定的阈值以内。最终所有样本就被归到了两个簇里。如果 $K=3$ 或其他值，那么整体执行步骤不变，只是最终结果里簇的数量不一样。

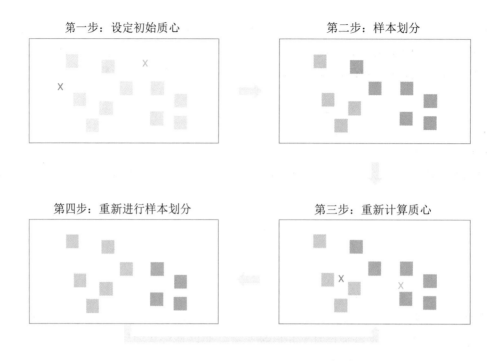

重复执行第三步和第四步，直至质心位置变化不大或收敛

图 2-21　K-Means 算法执行步骤

2. K 值的选择

实际工作应用时，K 值主要由业务场景的需求决定。如果没有明确的需求，可以设置不同的 K 值，然后计算各种 K 值下聚类后整个样本相关指标的变化，再对比不同 K 值下的指标，最终确定一个相对合理的 K 值。本书 2.4.3 节介绍了聚类任务相关效果的评估指标，此处不再赘述。

3. 初始质心的选择

初始质心的选择对最终簇的分布有较大影响，一般情况下，初始质心的选择都是随机的，但我们需要确保初始质心之间存在一定距离的区分度，不能过于集中，每两个质心之间需要有一定距离。如果初始质心比较集中，最终划分出来的簇的区分度就会不够明显。

我们一般会在图片分类的业务场景中使用 K-Means 算法，假如在某 App 首页推荐场景中，业务方希望展示给用户的图片不能连续都是相似的图片，这时候可以通过 K-Means 算法将图库中所有图片分为 K 个类，在前端展示时将处于同一个簇的图片打散即可，本书将在 3.8 节详细介绍相关的图片打散和类目打散策略。

2.5.5　决策树

决策树 (decision tree) 算法是一种监督学习算法，适用于分类和回归任务，主要应用于分类任务。决策树是非常经典的算法，在实际工作中，尤其是在风控场景中，基本都使用决策树算法进行样本分类，有时候还会结合使用逻辑回归算法。

1. 基本概念

决策树算法的核心思想就是从数据中挑选具有区分性的变量，将数据集拆分为两个或两个以上的子集合，一步一步拆分，最终形成一棵"树"，"树"的每个叶子节点代表该分支最终的预测结果。决策树模型基本框架如图 2-22 所示。

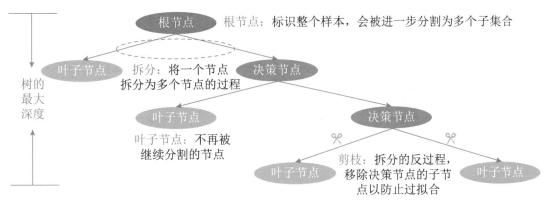

图 2-22　决策树模型基本框架

决策树模型基本框架包含以下一些要素。

● **根节点**

根节点代表所有原始样本数据，会被进一步分割为多个子集合。将一个节点拆分为多个节点的过程称为"拆分"。

● **决策节点和叶子节点**

通过条件判断而进行分支选择的节点称为决策节点，而不再被继续分割的节点称为叶子节点。这里的关键是"不再被分割"，而不是"不能被分割"。

● **父节点及子节点**

被分割成子节点的节点称为子节点的父节点。

决策树分为两种：一种是分类树；另一种是回归树。当一条新数据进入分类树的某个子节点时，分类树模型会使用该子节点内所有数据标签 (label) 的众数作为新数据的标签；当一条新数据进入回归树的某个子节点时，回归树模型会使用该子节点内所有数据的目标变量的平均数作为新数据的预测值。

2. 分类树

下面我们通过一个金融反欺诈的例子详细介绍分类树。

表 2-4 是某家银行 10 位用户的个人信息，一共有 4 个特征：年龄、性别、年收入和学历。4 个特征为输入变量，最后一列是样本标签"是不是欺诈用户"。依据上述信息构建一个欺诈用户识别模型，识别出样本中的欺诈用户。下面以年龄、性别、年收入和学历 4 个特征，分别构建 4 组决策树模型，如图 2-23 所示。

表 2-4 用户基本信息及对应用户标签

序号	年龄	性别	年收入/万元	学历	是不是欺诈用户
1	20	男	10	本科	是
2	30	男	20	本科	否
3	40	女	10	高中	是
4	50	女	6	高中	是
5	55	男	10	本科	否
6	45	女	40	高中	否
7	30	男	20	研究生	否
8	30	女	10	高中	是
9	18	男	5	高中	是
10	60	女	10	初中	是

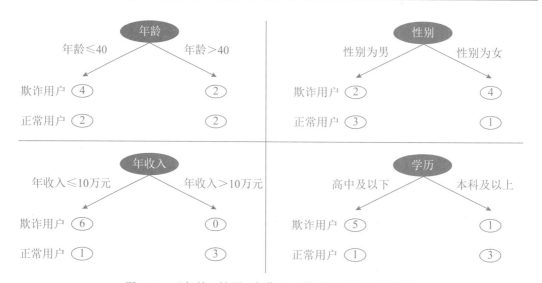

图 2-23 "年龄、性别、年收入、学历" 4 组决策树模型

我们可以简单评估出第三棵"基于年收入"的决策树分类效果是最好的，"欺诈用户"和"正常用户"的区分度是最高的。图 2-23 是基于单个特征构建决策树，我们也可以基于多个特征构建决策树，比如同时使用年收入和性别特征构建决策树，如图 2-24 所示。

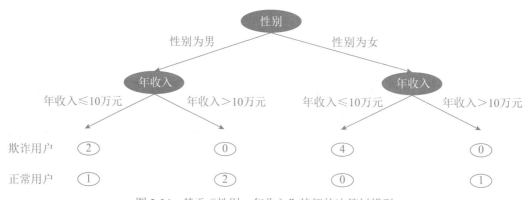

图 2-24 基于"性别＋年收入"特征的决策树模型

基于"性别 + 年收入"特征构建的决策树模型一共有 4 个叶子节点,如果输入的样本为"性别男,年收入 =10 万元",那么模型就会判定为"欺诈用户";如果输入的样本为"性别女,年收入 =11 万元",那么模型就会判定为"正常用户"。

3. 回归树

我们仍然使用表 2-4 的样本数据,但这次我们将"年龄"作为特征,将"年收入"作为模型的目标变量,基于"年龄"特征预测"年收入"的回归树如图 2-25 所示。

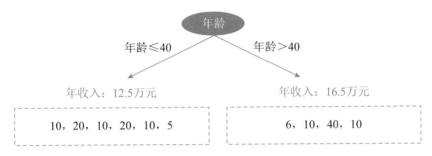

图 2-25　基于"年龄"特征预测"年收入"的回归树

回归树模型使用叶子节点所有数据的目标变量的平均数作为新数据的预测值,假如一条新的输入样本为"年龄 =38",那么上述模型预测该用户的"年收入"即为 12.5 万元。

4. 决策树模型的效果评估

上述样本数据的特征只有 4 个,且每个特征内的值都很少,我们可以快速地看出选择哪个特征来构建决策树模型效果更好。但在实际场景中,数据的特征很多,每个特征的值也会非常多,那么应该选择哪些特征或者特征组合来构建决策树模型?针对单个特征,通过哪个值进行拆分?拆分得好与坏通过什么指标来衡量?下面分别介绍相关方法和评估指标。

● 分类树模型的效果评估

分类树模型主要使用"基尼不纯度"指标。很多书籍在介绍树模型的时候把基尼系数 (Gini coefficient) 和基尼不纯度 (Gini impurity) 混淆在一起,但两者是有差异的。基尼系数是用来衡量国家民众收入水平差异和贫富情况的,在 1912 年由意大利科学家 Gini 提出。基尼系数越接近 1,说明国家民众收入水平差异越大;基尼系数越接近 0,说明国家民众收入水平差异越小。而我们在评估分类树模型的分支效果时一般用的指标称为基尼不纯度,而不称为基尼系数。

基尼不纯度用于描述系统的"纯"度,从数据集中随机选择一个子项,衡量其被错误地分类到其他类别的概率,计算公式为

$$G(P) = \sum_{i=1}^{n} P_i(1 - P_i) = 1 - \sum_{i=1}^{n} P_i^2$$

式中:P_i 表示当前节点中属于 i 类的比例;$G(P) \in [0,1]$,越接近 0,表示它越"纯",分类效果越好。

图 2-26 是基于"年龄"和"性别"特征构建的两组分类树模型,我们分别计算一下

对应的基尼不纯度指标。

图 2-26 左侧是基于"年龄"特征构建的决策树，两个叶子节点的基尼不纯度分别为 0.44 和 0.5，加权后得到总的基尼不纯度为：$0.44 \times \frac{6}{10} + 0.5 \times \frac{4}{10} = 0.464$。右侧基于"性别"特征构建的决策树总的基尼不纯度为：$0.48 \times \frac{5}{10} + 0.32 \times \frac{5}{10} = 0.4$。基尼不纯度越接近 0，代表模型的分类效果越好，所以上述两个决策树模型中，基于"性别"的决策树模型分类效果更好。

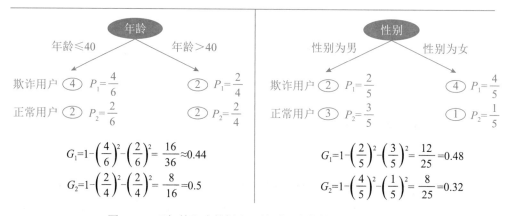

图 2-26 "年龄"决策树和"性别"决策树的基尼不纯度

● 回归树模型的效果评估

回归树模型主要使用"方差"指标，本书 2.4.2 节介绍过回归模型的离线评估指标，方差是其中的核心指标。通过计算每个叶子节点的方差，然后对所有的方差进行加权汇总，最后选择方差值最小的决策树模型。方差值越小，代表模型的拟合效果越好。

如图 2-27 所示，分别以"年龄"和"性别"为特征，以"年收入"为目标变量构建两棵回归树模型，左侧的回归树两个叶子节点的方差分别是 31.25 和 186.75，加权后得到总方差为：$31.25 \times \frac{6}{10} + 186.75 \times \frac{4}{10} = 93.45$。右侧回归树，两个叶子节点的方差分别是 36 和 156.16，加权后的总方差为：$36 \times \frac{5}{10} + 156.16 \times \frac{5}{10} = 96.08$。左侧回归树的加权方差更小，所以左侧以"年龄"特征构建的回归树模型拟合效果更好。

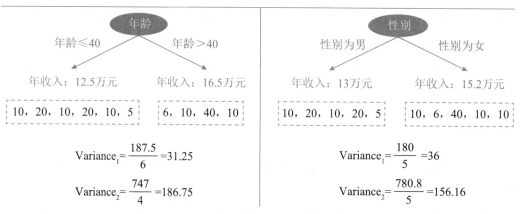

图 2-27 "年龄"决策树和"性别"决策树的方差

5. 决策树模型的关键参数

前文介绍了如何选择输入变量让决策树的拆分效果更好。我们在构建决策树模型时，会设置一些关键参数来控制树的深度和叶子节点的数量，主要是为了控制树模型过拟合，因为从理论上来讲，不对决策树模型进行控制，决策树模型对训练样本的预测准确率可以达到100%，但这样就会严重过拟合，所以实际构建决策树模型时会用几个关键参数进行限制。

● 节点拆分包含的最小样本数

决策节点包含的样本数如果过大会导致模型欠拟合，如果过小会导致模型过拟合，需要使用交叉验证的方式进行调参。

● 叶子节点包含的最小样本数

为了控制过拟合，如果样本数过小会分出大量的叶子节点，所以会存在一个最小值来进行限制。一般对于正负样本比例严重不均衡的分类，可以将此参数设置得相对较小。

● 决策树的最大深度

决策树的深度过小，模型可能会欠拟合；深度过大，模型可能会学习到一些特定样本才有的特征，同样需要使用交叉验证的方式进行调参。

● 总体的叶子节点数量

一般来说，在决策树深度为 n 的情况下，最多允许产生 2^n 个叶子节点。

● 整体分裂中使用最多的特征数

样本数据中包含非常多的特征，从中挑选哪些特征进行组合和拆分是构建决策树模型过程中非常重要的工作。根据建模经验，对总特征数开根号得出的特征数是最佳特征数，使用过多特征会导致模型过拟合。

2.5.6　深度神经网络

工作中我们经常听到算法工程师提到深度学习，深度学习技术的背后就是深度神经网络 (deep neural network) 算法。目前深度学习在大厂的"搜广推"场景得到了广泛应用，是算法工程师日常使用最多的技术，也是策略产品经理必知的技术。前文介绍了大量机器学习的算法，我们可以把这些算法统称为传统机器学习算法，这些算法诞生得很早，虽然现在仍在使用，但对于解决很多"智能"问题效果不佳，无法实现真正的"智能"，就像牛顿三大定律无法解释一些天文现象。1905 年，爱因斯坦提出了"相对论"，解释了牛顿三大定律无法解释的天文现象，深度学习技术有点像机器学习界的"相对论"。

深度学习技术的基础神经网络算法诞生于 20 世纪。最早的麦卡洛克 - 皮茨 (McCulloch-Pitts，MP) 神经网络在实际应用的时候训练速度慢，同时经常出现过拟合的情况，整体效果并不比其他算法更优，所以实际应用得很少。其后很长一段时间，关于神经网络算法的研究一直处于停滞状态。早期的神经网络算法，如果网络的层级比较少，则效果不佳；如果网络的层级较多，虽然效果有很大提升，但是对所有层同时训练的计算量太大，根本无法训练。

一直到 2006 年，多伦多大学的 Geoffrey Hinton 教授提出了一种新的解决方案——通过无监督预训练对权值进行初始化＋有监督训练微调，才在一定程度上解决了上述多层神经网络的训练问题。他在此基础上提出了 deep neural network(也就是现在工业界常说的 DNN 算法) 的概念，并在 *Science* 上发表了一篇论文，引起了学术界研究深度学习的热潮。2012 年，Geoffrey Hinton 的课题组在参加业界知名的 ImageNet 图像识别大赛时，他们构建的 CNN 网络 Alex Net 一举夺得冠军，且比赛成绩碾压第二名 (SVM 方法)。也正是因为该比赛，深度学习引起了工业界的关注。同时随着互联网时代数据的大爆发和算力的进步，原本深度学习训练时间过长、算力无法满足需求以及数据量太少的问题都解决了，所以从 2012 年开始，深度学习被大规模推广到工业界的应用上。深度学习最早被应用在计算机视觉领域，然后慢慢拓展到 ASR(automatic speech recognition，语音识别) 和推荐系统等场景中。

深度学习技术解决了很多传统机器学习算法应用效果不佳的"智能"问题，尤其是图片识别、语音识别和语义理解等。某种程度上，深度学习就是机器学习领域的"相对论"。那么深度学习到底是一门什么技术，何为"深度"？

1. 生物神经网络

要了解深度学习就必须先了解神经网络，因为深度学习基于神经网络算法。其实最开始只有神经网络算法，上文也提到 2006 年 Geoffrey Hinton 提出了深度学习，核心还是人工神经网络算法，只是换了一个新叫法，基本的算法没有变。生物神经网络如图 2-28 所示。

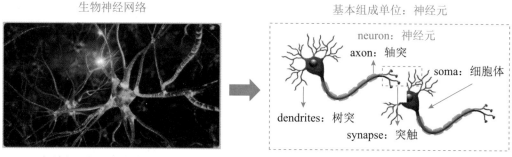

生物神经网络

基本组成单位：神经元

900亿神经元组成了大脑的神经网络

每个神经元存在 1000～10000个突触链接，人大脑里大概存在 10^{14} 个突触，猫大脑里大概存在 10^{12} 个突触

图 2-28　生物神经网络

人类的大脑之所以可以实现如此复杂的计算和记忆，是因为大脑有 900 亿神经元组成的神经网络。那么生物神经网络是如何运作的？

如图 2-29 所示，神经元接收外界信号，达到一定阈值，触发动作电位，通过突触释放神经递质，可以是兴奋性递质或抑制性递质，影响突触后神经元，从而实现大脑的计算、记忆、逻辑处理等，进而人类做出一系列行为。大脑不断地在不同神经元之间构建新的突触连接并对现有突触进行改造。

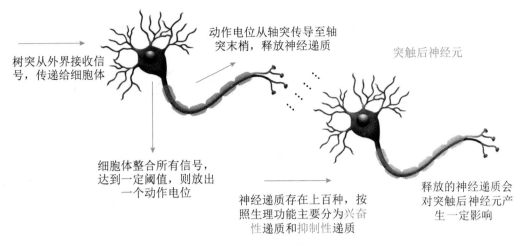

图 2-29　生物神经网络的运作机制

2. 人工神经网络

科学家从生物神经网络的运作机制得到启发，构建了人工神经网络。其实人类的很多发明灵感都是从自然界得来的，比如飞机和潜艇等。图 2-30 是经典的初级 MP 神经元模型，它于 1943 年由科学家 McCulloch 和 Pitts 提出，他们将神经元的整个工作过程抽象为下述模型。

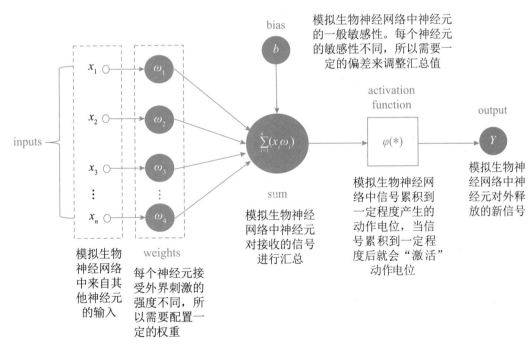

图 2-30　初级 MP 神经元模型

- x_1, x_2, x_3, ..., x_n

模拟生物神经网络中来自其他神经元的输入。

- ω_1, ω_2, ω_3, ..., ω_n

每个神经元接受外界刺激的强度不同，所以，需要配置一定的权重。

- $\sum_{i=1}^{n} \omega_i x_i$

模拟生物神经网络中神经元对接收的信号进行汇总。

- **bias(偏差)**

模拟生物神经网络中神经元的一般敏感性。每个神经元的敏感性不同，所以需要一定的偏差来调整汇总值。

- **activation function(激活函数)**

模拟生物神经网络中信号累积到一定程度产生的动作电位，当信号累积到一定程度就会"激活"动作电位。实际使用时，我们运用 Sigmoid 函数，在 Sigmoid 函数中我们一般使用本书 2.5.1 节提到的逻辑回归公式，最终将取值映射到 (0,1) 的区间里。

- **output(输出)**

模拟生物神经网络中神经元对外释放的新信号。

3. 人工神经网络算法的实际应用

我们使用 MP 神经元模型来构建一个最简单的二分类模型。假设有两组数据，如表 2-5 所示。

表 2-5　训练集

x	y(class)
0	1
1	0

为了简化计算过程，本例中我们仅设置两组数据，当 $x=0$ 时，$y=1$；当 $x=1$ 时，$y=0$。然后我们运用如图 2-31 所示的 Sigmoid 函数 (Activation Function)。

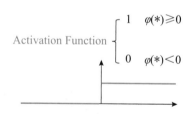

图 2-31　Activation Function 函数示意图

当 $\varphi(*) \geqslant 0$ 时，$y=1$；当 $\varphi(*)<0$ 时，$y=0$。$\varphi(*) = \omega_0 + \omega_1 * x_1$，这里的 ω_0 就是前文介绍的 bias，ω_1 就是前文介绍的权重。我们先为 ω_0 和 ω_1 赋予一个初始值，假设 $\omega_0 = -1.5$，$\omega_1 = 2$。下面我们要通过上面两组训练数据，将正确的 (ω_0，ω_1) 学习出来。对于参数的更新规则，我们使用 sequential delta learning rule(序列学习规则) 和 back propagation(反向传播) 算法，对于该规则和算法就不详细介绍了，这些算法就像数学领域一些科学家发现的普适性定理和公式，已经得到了证明，我们在此处直接运用即可。更新公式为

$$\omega^T \leftarrow \omega^T + \alpha(y - y')x^T$$

(2-4)

将此处的学习率 α 设置为 1，我们将初始的 ω_0 和 ω_1 代入公式 (2-4) 中并结合 x^T 和 y 的实际值计算得到 y'，然后基于公式 (2-4) 得到新的 ω_0 和 ω_1。这里的 x^T 是在原始的 x 上又加入一个 "1"，实际为 $[1,x]$，因为 ω_0 需要有一个系数和它相乘，这个系数恒为 1，而 ω_1 则用真实的 x 与它相乘，T 为矩阵的转置。循环使用上述两条样本数据，直到预测的结果 y' 和真实的 y 完全一致，且 ω^T 不再变化。图 2-32 是整个更新迭代的学习过程。

设置初始的 $\omega_0=-1.5$，$\omega_1=2$，学习率 $\alpha=1$；$\omega^T \leftarrow \omega^T + \alpha(y-y')x^T$						
x	y	x^T	ω^T	$y'=\varphi(\sum_{i=1}^{n}\omega_i x^T)$	$\alpha(y-y')x^T$	ω^T
0	1	[1,0]	[-1.5,2]	$(-1.5\times1+2\times0)<0, y'=0$	$1\times(1-0)\times[1,0]=[1,0]$	[-0.5,2]
1	0	[1,1]	[-0.5,2]	$(-0.5\times1+2\times1)>0, y'=1$	$1\times(0-1)\times[1,1]=[-1,-1]$	[-1.5,1]
0	1	[1,0]	[-1.5,1]	$(-1.5\times1+1\times0)<0, y'=0$	$1\times(1-0)\times[1,0]=[1,0]$	[-0.5,1]
1	0	[1,1]	[-0.5,1]	$(-0.5\times1+1\times1)>0, y'=1$	$1\times(0-1)\times[1,1]=[-1,-1]$	[-1.5,0]
0	1	[1,0]	[-1.5,0]	$(-1.5\times1+0\times0)<0, y'=0$	$1\times(1-0)\times[1,0]=[1,0]$	[-0.5,0]
1	0	[1,1]	[-0.5,0]	$(-0.5\times1+0\times1)<0, y'=0$	$1\times(0-0)\times[1,1]=[0,0]$	[-0.5,0]
0	1	[1,0]	[-0.5,0]	$(-0.5\times1+0\times0)<0, y'=0$	$1\times(1-0)\times[1,0]=[1,0]$	[0.5,0]
1	0	[1,1]	[0.5,0]	$(0.5\times1+0\times1)>0, y'=1$	$1\times(0-1)\times[1,1]=[-1,-1]$	[-0.5,-1]
0	1	[1,0]	[-0.5,-1]	$(-0.5\times1-1\times0)<0, y'=0$	$1\times(1-0)\times[1,0]=[1,0]$	[0.5,-1]
1	0	[1,1]	[0.5,-1]	$(0.5\times1-1\times1)<0, y'=0$	$1\times(0-0)\times[1,1]=[0,0]$	[0.5,-1]
0	1	[1,0]	[0.5,-1]	$(0.5\times1-1\times0)>0, y'=1$	$1\times(1-1)\times[1,0]=[0,0]$	[0.5,-1]

图 2-32　ω^T 的更新迭代过程

最终 ω^T 收敛于 $[0.5,-1]$，所以最终学习模型学习出来的参数是：$\omega_0=0.5$，$\omega_1=-1$。模型训练的结果是得出各个参数值，无论是逻辑回归还是深度学习。那么上述整个过程就是一个通过神经网络 MP 模型学习的全过程。图 2-33 是最终学习出来的分类器。

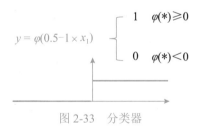

$$y = \varphi(0.5-1\times x_1) \begin{cases} 1 & \varphi(*)\geqslant 0 \\ 0 & \varphi(*)<0 \end{cases}$$

图 2-33　分类器

我们带入一个新数据，就可以预测类别了。比如 $x_1=5$，预测出来的类别即为 0。

4. 深度学习中的"深度"是什么

上文我们已经介绍了人工神经网络经典的 MP 模型，那么深度学习中的"深度"到底指的是什么？如图 2-34 所示，在输入层和输出层之间加 hidden layer(隐藏层)，加得越多就越"深"。

前面已经介绍过，最早的 MP 神经网络在实际应用的时候因为训练速度慢、容易过拟合、经常出现梯度消失以及在网络层次比较少的情况下效果并不比其他算法更优，所以实际应用得很少。人们也尝试模拟人脑结构，在中间加入更多的隐藏层，和人脑一样，输入到输出中间要经历很多层的突触才会产生最终的输出 (output)。加入更多层的网络可以进行更加复杂的运算和逻辑处理，效果也会更好。

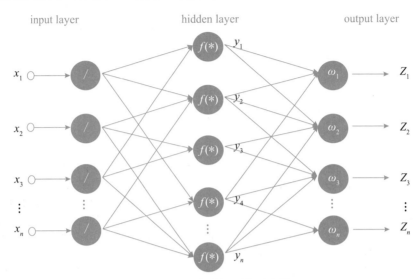

图 2-34　深度神经网络示意图

在传统的训练方式中，随机设定参数的初始值，计算当前网络的输出，再根据当前输出和实际标签 (label) 的差异去更新之前设定的参数，直到收敛。这种训练方式也称为反向传播 (back propagation) 方式。反向传播方式在层数较多的神经网络训练中不适用，经常会收敛到局部最优上，而不是整体最优。而且反向传播要求训练数据必须有标签，但实际应用时，很多数据都是不存在标签的，比如人脸。

当人们加入更多的隐藏层时，如果对所有层同时训练，计算量太大，根本无法实现；如果每次训练一层，偏差就会逐层传递，最终训练出来的结果会严重欠拟合 (因为深度网络的神经元和参数太多了)。一直到 2006 年，Geoffrey Hinton 提出了一种新的解决方案：通过无监督预训练对权值进行初始化 + 有监督训练微调。

归纳一下，深度学习与传统的神经网络算法具有 3 点不同之处。

● 训练数据不同

传统的神经网络算法必须使用有标签的数据；而深度学习可以使用无标签数据进行预训练。

● 训练方式不同

传统的神经网络算法使用反向传播算法；而深度学习使用自下而上的非监督学习方式，再结合自上而下的监督学习方式。对监督学习和非监督学习概念不清楚的读者，可以重新阅读本书 2.3.4 节。

● 层数不同

传统的神经网络算法有 2 ~ 3 层，即使增加层数，训练效果也不会有比较大的提升，甚至会衰减，而且训练时间更长，甚至无法完成训练；而深度学习可以有非常多的隐藏层，并且效果很好。

不管怎么样，深度学习还是在传统的神经网络算法基础上演变而来的，它还是一种基于神经网络的算法。

5. 深度学习框架

我们在工作中经常会听到 TensorFlow、Caffe、PyTorch 等单词。TensorFlow 是 Google 旗下的开源软件库，它包含深度学习的各类标准算法应用程序接口 (API) 和数据集等；PyTorch 是 Facebook 旗下的开源机器学习库，它也包含大量的深度学习标准算法应用程序接口和数据集等；Caffe 是机器学习领域的著名专家贾扬清 (原阿里巴巴集团副总裁) 在 UC Berkeley 读博士时开发的深度学习框架，于 2018 年并入 PyTorch 中。

深度学习发展至今，很多算法是通用的，已经得到验证，所以有些公司就将一些标准算法一次性开发好，封装起来，后续如需使用，直接调用即可，不需要重新写一遍。正如英文字典有牛津版本的，也有朗文版本的，其中收录的英文单词如何使用、如何造句等，已经有了标准用法，我们在学习时只需要查阅这些字典即可，而 TensorFlow、Caffe、PyTorch 其实就是计算机领域的牛津、朗文英文大词典。目前国内的百度也有自己的深度学习框架 Paddle-Paddle。

目前，学术界常用 PyTorch，PyTorch 更适合新手，上手快；工业界常用 TensorFlow，它更适合工业界的落地和部署等。

6. 深度学习在工业界的应用

目前，深度学习在传统机器学习算法解决不了的领域或者运用效果不佳的领域应用最广泛，比如视觉、自然语言和语音识别领域。当样本数量少的时候，传统机器学习算法还可以通过一些结构化特征对样本进行区分。比如对于汽车和摩托车，就可以通过轮子数量来区分。但对于人脸，由于相似特征的太多，无法通过鼻子、头发、眼睛这些简单的特征组合进行区分，需要将更多且更复杂的特征组合在一起才能将不同的人脸区分开来。这时候就需要深度学习构建多层神经网络，探索更多的特征组合。深度学习之所以能实现上述功能，是因为现阶段有了更多的数据可以用于训练，同时有了更好的算力可以快速完成训练。使用传统的 CPU(central processing unit，中央处理器) 进行训练，可能几周都得不到结果，GPU(graph processing unit，图形处理器) 的出现和改进加速了训练过程。

目前，深度学习应用最广的领域包括如下几个。

● **计算机视觉** (computer vision)

人脸识别、物体识别和文字识别 OCR(optical character recognition，光学字符识别) 随处可见，计算机视觉广泛应用于安防领域，零售行业也通过计算机视觉技术实现线下门店的数字化。国内计算机视觉头部公司包括商汤、旷视、云从、依图。

● **自然语言处理** (natural language processing)

如今整体的自然语言处理技术还不够成熟，中文自然语言处理也是最难做的，因为同一句中文可能会有不同意思。人有时都很难理解，更何况机器。国内自然语言处理头部公司主要包括百度和达观。2023 年，OpenAI 公司推出的 ChatGPT4.0 将自然语言处理技术提升了一大步，ChatGPT 可以和人类顺畅自如地对话，而且可以完成各式各样的创作，已经接近强人工智能。

● 自动语音识别 (automatic speech recognition)

目前，国内自动语音识别领域实力最强的企业是科大讯飞，它甚至能精准识别很多方言。语音识别主要应用在语音客服上，有时候大家接到的推销电话其实就是电话机器人打的。电话机器人能够和用户进行对话，在一定程度上也需要运用自然语言处理技术，因为它需要理解用户的意思。

● 自动驾驶 (autopilot)

自动驾驶离不开计算机视觉技术。目前，世界上自动驾驶技术实力雄厚的汽车公司是特斯拉。国内百度的阿波罗 (Apollo) 自动驾驶开放平台在自动驾驶技术方面居于领先地位。

● 搜索、广告、推荐

深度学习技术在 2013—2014 年被引入 CTR 预估模型中，目前国内头部大厂的 CTR 预估模型都使用深度学习模型，而不是传统的机器学习模型。深度学习覆盖了搜索、推荐和广告三大核心场景。深度学习在 CTR 预估模型中的应用使 CTR 预估的准确率提升很多，场景的推荐效果也有了大幅提升。

本节介绍了策略产品经理在实际工作中经常碰到的六大常见算法。算法的本质是数学，而算法基于数据学习训练最终输出的结果是模型。在实际工作场景中，数据决定了效果的上限，算法和算力只能帮助模型不断逼近这个上限。数据、算法、算力恰好是 AI 的三要素。

2.6 梯度下降法

前文我们介绍了大量算法，也介绍了模型训练的目的是得出模型的参数，那么模型到底是怎么训练的？有没有什么方法论？模型训练本质上是一个不断求最优解的过程。

$$P_{CTR} = ax_1+bx_2+cx_3+d \tag{2-5}$$

公式 (2-5) 是本书 2.3.4 节提到的简易版 CTR 预估公式，公式里的 a、b、c、d 是模型的参数。要想基于训练样本得到一组最优解 $\{a、b、c、d\}$，就需要经过大量的计算，这个计算是有法可依的，这个"法"就是梯度下降法。梯度下降法可以让模型训练更加高效，快速地求解模型的参数，而不是像无头苍蝇一样试验各种参数的组合。

2.6.1 案例引入

下面通过一个简单的案例来引入梯度下降法，表 2-6 是北京市海淀区的一组房屋面积以及对应的房价信息 (房价信息为虚构)。

表 2-6　北京市海淀区房屋价格信息

面积/m²	房价/元/m²
60	10 000
75	15 000
80	25 000
90	30 000
100	35 000
110	38 000
120	41 000

在坐标轴上以面积为 X 轴，以房价为 Y 轴，画出上述 7 个点的坐标，如图 2-35 所示。

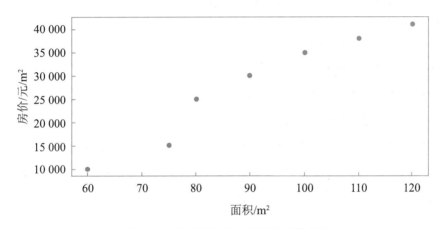

图 2-35　房屋面积及对应价格的散点图

现在拟合一个线性函数来表示房屋面积和房价的关系。假设一元一次函数表达式为：$y = kx + b(k \neq 0)$。很明显不可能有一对组合 (k, b) 全部经过图 2-35 上的 7 个点，我们只能尽可能地找到一对组合，使得该线性函数离图 2-35 上的 7 个点的总距离最近。假设 y_i' 为函数的预测值，y_i 为实际值，那么上述函数的方差为

$$\text{loss function} = \text{variance} = \frac{1}{n}\sum_{i=1}^{n}(y_i' - y_i)^2$$

表示实际值与预测值之间差异的方差称为损失函数，也可称为成本函数或者代价函数。损失函数值越小，代表模型的拟合效果越好，我们需要找到一个组合 (k, b) 使得损失函数的值最小。上述函数只有一个输入变量 x，如果多加入几个输入变量，比如卧室的数量、离最近地铁站的距离，最终目标变量可以表达为

$$y_i' = \sum_{i=1}^{n}\theta_i x_i + \theta_0 \tag{2-6}$$

式中：θ_0 表示函数的截距或者 bias(偏差)。

损失函数可以表达为

$$J_{\theta} = \frac{1}{n} \sum_{i=1}^{n} (\text{Error}_i)^2, \text{Error}_i = y_i' - y_i$$

现在我们的任务就是求出一组 θ_i，在已知 $\{x_i, y_i\}$ 的前提下使得损失函数的值最小。首先回到损失函数表达式本身，损失函数为 $y = x^2$，这是一个开口向上的抛物线方程，如图 2-36 所示。

我们如何找到这个函数的最低点？图 2-36 是一个二维图，我们很轻松就可以看出当 $x=0$ 时，y 最小。如果增加更多维度，就需要经过计算。图 2-36 的横坐标是 x，纵坐标是 y，函数表达式 (2-6) 里的 θ 是已知的，所以需要找到最合适的 x，使得 y 最小。本案例中已知 $\{x_i, y_i\}$，未知 θ_i，所以需要将 θ_i 作为输入变量 (也就是横坐标，纵坐标是损

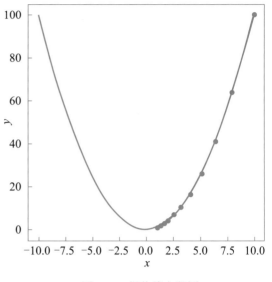

图 2-36　抛物线方程图

失函数的值) 来求解一组 θ_i，使得损失函数的值最小，也就是图 2-36 中的最低点。如果找到最低点，那么最低点对应的横坐标就是我们想得到的 θ_i，而对应的纵坐标就是损失函数的最小值。那么有没有一种方法可以让我们慢慢定位最低点？这个方法就是梯度下降法。

2.6.2　梯度下降法简介

1. 梯度下降法的思想

假设登山者现在站在某座山峰的峰顶 (如图 2-37 所示)，要在天黑前到达山峰的最低点，那里有食品供给站。登山者不需要考虑下山的安全性，即使选择从最陡峭的悬崖下山，也可以确保安全，那么如何下山最快？

★食品供给站

图 2-37　下山图

　　最快的方法就是以当前的位置为基准，寻找最陡峭的地方，然后沿该方向往下走。走一段距离后，再以当前位置为基准，重新寻找最陡峭的地方，一直重复，直至到达最低点。登山者需要不停地重新定位最陡峭的地方，这样才不会受限于局部最优。在整个下山过程中，登山者面临以下两个问题。

　　问题一： 如何测量山峰的"陡峭"程度？

　　问题二： 每一次走多长距离才需要重新测量陡峭程度？如果走的距离太长，那么整体的测量次数就会比较少，可能导致登山者走的不是最佳路线，容易错过最低点；如果走的距离太短，测量次数过于频繁，会导致整体耗时太长。那么步长应该如何设置？ 3 种不同步长可能导致的后果如图 2-38 所示。

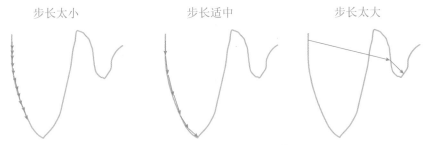

图 2-38　3 种不同步长可能导致的后果

　　本书 2.6.1 节的开口向上的抛物线定位最低点的问题和下山的场景是相似的，抛物线就相当于一座山峰，我们的目标就是找到抛物线的最低点，也就是山底。最快的下山方式就是基于当前位置找到最陡峭的地方，然后沿着此方向向下走，对应到抛物线上，就是计算给定点的梯度 (这里的梯度其实就是初中数学课程介绍的斜率)，然后朝着与梯度相反的方向，就能让抛物线值下降得最快，同时我们也要不停地定位新位置，再计算新位置的梯度，然后按照新方向下降，直至慢慢定位到抛物线的最低点。

2. 梯度下降法的计算

　　上文已经介绍了梯度下降法的思想，下面讲解另两个问题。第一个问题是如何测量山峰的"陡峭"程度，即测量梯度，用 ∇J_θ 来表示。第二个是步长问题，我们用 α 学习率来代表步长。α 越大，代表步长越大。知道了这两个值，那么如何得到 θ 参数的更新表达式？

　　J_θ 是关于 θ 的一个函数，假设初始时登山者在 θ_1 这个位置，他要从这个点走到 J_θ 的最小值点，也就是山底。首先确定前进的方向，也就是梯度的反向 "$-\nabla J_\theta$"；然后走一步的距离，也就是 α，就到达 θ_2 这个点。

　　如果 θ 是单变量，那么它的更新迭代如图 2-39 所示，它是一个很简单的数学函数；如果 θ 是多变量，整体迭代方式也是一样的，按照如图 2-39 所示，一直不停地更新 θ 的值，一直到 θ 收敛不变为止。当登山者到达山底时，此时函数的梯度是 0，θ 值不会再更新，因为表达式的后半部分一直是 0。图 2-40 是一个使用梯度下降法进行 θ 更新迭代的例子。

　　对于函数 $J_\theta = \theta^2$，很明显当 $\theta = 0$ 时，J_θ 最小。如图 2-40 所示，设置步长 $\alpha = 0.2$，θ 初始值为 1，经过六轮迭代，θ 开始慢慢逼近 0。

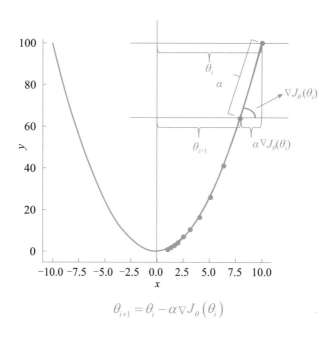

$$\theta_{i+1} = \theta_i - \alpha \nabla J_\theta\left(\theta_i\right)$$

图 2-39　梯度下降法参数更新迭代示例

θ_i	$J_\theta = \theta_i^2$	求导 $\nabla J_\theta(\theta) = 2\theta_i$	输入变量更新 $\theta_{i+1} = \theta_i - \alpha \nabla J_\theta(\theta_i)$，假设 α 为0.2
设置初始 θ_1 为1	1	2	$\theta_2 = \theta_1 - 0.2 \times 2 = 0.6$
$\theta_2 = 0.6$	0.36	1.2	$\theta_3 = \theta_2 - 0.2 \times 1.2 = 0.36$
$\theta_3 = 0.36$	0.1296	0.72	$\theta_4 = \theta_3 - 0.2 \times 0.72 = 0.216$
$\theta_4 = 0.216$	0.047	0.432	$\theta_5 = \theta_4 - 0.2 \times 0.432 = 0.1296$
$\theta_5 = 0.1296$	0.017	0.259	$\theta_6 = \theta_5 - 0.2 \times 0.259 = 0.0778$
$\theta_6 = 0.0778$	0.006	0.1556	$\theta_7 = \theta_6 - 0.2 \times 0.1556 = 0.0467$
……	……	……	……

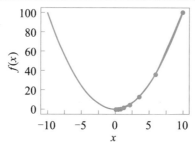

图 2-40　梯度下降法参数更新迭代过程示例

梯度下降法是学习机器学习必须了解的一种思维和方法，本书介绍的很多算法都是通过该方法进行训练的，最后让模型参数进行收敛，这是一种最快的训练方式。

2.7　工业界算法的选择

前文介绍了大量算法，对于同样的业务场景，可能适用多种算法。在实际应用时，我们需要重点考核模型的两大要点：模型预测的准确率以及模型的可解释性。

图 2-41 是不同算法对应的模型可解释性和准确率。现阶段，基于神经网络算法的深度学习模型在大部分场景中的应用效果是最好的，但可解释性是最差的，可以说完全无法解释，特征被升维和降维后就不再具有具体的业务含义。而传统规则型的策略模型，在大数据和 AI 时代的应用效果是最差的，但可解释性是最强的。对于像"搜广推"这种以 CTR 预估为核心的场景，目前工业界主要应用深度学习，因为这些场景更关注模型效果而不是模型的可解释性。但是对于金融风控这样受到强监管的场景，我们在使用任何模型时都需要做好后续向监管机构解释的准备，这种场景模型的可解释性的重要程度要高于模型的准确率，因为只有可解释才可监管，完全不可解释对于监管机构来说就是"黑盒"，所以此种场景下，我们一般使用逻辑回归和决策树模型。策略产品经理针对不同场景选择模型时，一方面需要结合业务的实际诉求和监管情况，另一方面需要了解行业头部公司使用哪种模型，综合考虑后再做出最终的选择。

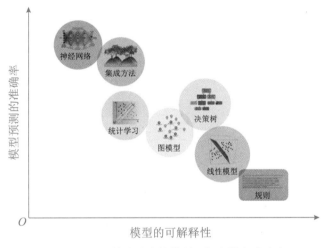

图 2-41　不同算法对应的模型可解释性和准确率

2.8　小结

本章主要向读者介绍基础的机器学习知识和"搜广推"工作中常用的算法。策略产品经理只有掌握基本的机器学习知识和常见的算法才能更好地主导后续的策略设计和优化以及更高效地与算法工程师沟通。可能部分读者会觉得本章内容有一定难度，但这就是策略产品经理和其他产品经理不一样的地方，策略产品经理需要花时间学习一些技术知识，这样在后续学习"搜广推"场景策略时才能理解得更加透彻，理解本章内容是阅读后续章节的基础。

第
3
章

推荐策略

本章将正式介绍目前 AI 应用最广泛的场景——推荐及推荐策略。本章将推荐系统里各个细分模块 (比如召回、粗排、精排、重排、样式、创意等) 全部拆分出来进行详细讲解，同时结合行业内先进的推荐系统案例，使读者对于推荐系统有全面且贴合实际业务的理解。

3.1　引入

3.1.1　推荐系统应用的标志性事件

2023 年，推荐系统作为信息分发的方式已经司空见惯，但推荐系统在头部互联网大厂各个场景的全面应用也就是最近三四年的事情。推荐系统是随着最近十年移动互联网的发展而不断发展起来的，它代替了传统规则、数据分析等非智能的流量分发方式。推荐系统发展期间，行业内发生了几个标志性的大事件。不管是产品人员还是技术人员，都需要清楚地了解行业发展的历程。

1. 2006 年，国内第一个推荐系统在豆瓣上线

推荐系统起源于美国，早期在一些电影网站、音乐网站上应用。最早的推荐算法——"基于内容标签的推荐"也和这些实际的业务场景息息相关。2005 年底，杨勃 (阿北) 创建了豆瓣，豆瓣从上线开始，首先要解决的问题就是高效匹配平台的内容和用户。阿北认识到推荐系统是一个有效的解决方案，于是他自己动手开发了第一版推荐系统，这也是国内的第一个推荐系统。2007 年，豆瓣首先定义并且提出招聘"算法工程师"。在此之后，广大算法人才终于有了自己专属的岗位。

2. 2012 年，今日头条 App 上线

如果说豆瓣是国内第一个尝试用推荐系统来做信息分发的企业，那么今日头条 App 的上线将推荐系统正式推向移动互联网的台前。2012 年，张一鸣带着自己积累多年的推荐算法从"九九房"辞职开始自己的第五次创业，成立了"字节跳动"，随后推出的第一款产品就是今日头条 App。在 2012 年，张一鸣就已经意识到未来是移动互联网的时代。而移动互联网必将给人们带来海量信息，使人们面对的选择越来越多，面对信息超载，人们常常无所适从。在这种情况下，传统人工运营的信息分发模式已经不能适应发展需求，一方面效率低下；另一方面人工成本太高，而通过推荐系统来实现更加智能和个性化的推荐就是最好的方式。今日头条是国内第一款全面使用推荐系统作为信息分发方式的 App。相信用过今日头条 App 的读者对于它的推荐能力都很清楚，可以称之为第一代"时间熔炉"，那时候还没有抖音。

3. 2015 年，淘宝"双 11"开启"千人千面"新时代

上面两个大事件都发生在内容领域，而推荐系统在国内电商领域的应用是从淘宝开始的。国内推荐领域的专家谷文栋和项亮(《推荐系统实践》的作者)创办了"ResysChina推荐大会"，2009 年在豆瓣举办第一届，2010 年在淘宝举办第二届。淘宝内部当时对推荐系统在电商领域的应用非常感兴趣，希望引入更多推荐算法方面的人才。后来从 IBM 离职的袁泉来到淘宝，推动应用了淘宝第一版推荐算法。淘宝开始在各大场景使用推荐系统作为信息分发方式，2010 年淘宝"双 11"的成交金额是 9.36 亿元，此时基本依靠人工运营。到了 2013 年，淘宝仅靠推荐引导的交易额就达到 56.8 亿元。而在 2015 年"双 11"，淘宝正式开启"千人千面"的新时代，淘宝首页所呈现的推荐商品、频道等都是基于用户的兴趣所进行的千人千面的分发，而不再依靠传统的人工流量分发方式。

4. 2020 年底淘宝首页改版

虽然淘宝首页在 2015 年就已经实现了"千人千面"，但是淘宝首页仍然有非常多的人工运营的活动会场和频道页，如图 3-1(a) 所示，包括最上方的横版首页焦点图。2020 年"双 11"前夕，淘宝对首页进行大改版，将原来首页最上方的横版焦点图移到下方推荐信息流模块第一张图片的位置，而中间的各种频道和活动会场全部下线，最下方的"猜你喜欢"模块大幅上移，首屏即呈现，如图 3-1(b) 所示。淘宝为什么这么做？因为以往首页的信息模块和信息分发方式已经不是全局最优的信息分发模式了。淘宝在内部进行了半年多的试验后，确定新版首页的信息分发效率更高，因此做出上述改变。

(a) 旧版淘宝 App 首页

(b) 新版淘宝 App 首页

图 3-1 淘宝首页改版

上述事件是推荐系统在国内互联网领域应用的标志性事件，而这些事件的发生都是基

于这样的需求：如何用推荐系统来实现爆炸性增长的信息与用户不断变化的兴趣和需求之间的高效匹配。

3.1.2 推荐系统兴起的原因

推荐算法在 20 世纪 80—90 年代就已出现，最近十年推荐系统才在各大场景应用起来。为什么以前没有将推荐系统作为信息分发的主要方式？推荐系统近些年的蓬勃发展主要是因为下面 4 个因素。

1. 时代的变化

2010 年开始，随着移动互联网时代的到来，用户用手机上网的时间大大增加。随后 4G 网络的普及使网速更快，流量也更便宜了。人们有更多时间在网上冲浪，在网上生产更多的内容，同时也产生了一系列问题：如何更好地匹配爆炸式的信息增长和爆炸式的用户增长？如何更好地挖掘用户的个性化需求？如何更好地让长尾物料得到有效曝光？针对这些问题，推荐系统是很好的解决方案。

2. 数据的积累

在个人电脑时代，用户上网不方便，有时候一台设备由很多人使用，无法收集到用户的个性化信息。到了移动互联网时代，用户随时在线，也就产生了大量的个人行为数据，通过埋点等技术可以收集大量用户的个人信息。有了更多用户的个人行为数据，推荐模型可以更好地学习，进一步了解用户的兴趣和需求，推荐系统也可以推荐得更"准"，推荐系统的信息分发效率就可以超过传统规则、数据分析、人工运营等方式。

3. 技术的进步

数据是 AI 的基础，那么如何更好地利用数据？数据和算法相结合才能真正发挥推荐系统的作用。2010 年以前，国内推荐系统主要使用传统的协同过滤和基于内容标签的算法。2010 年以后，算法工程师在推荐系统领域不断研究，将大规模机器学习框架引入推荐系统领域，大幅提升了推荐系统模型分发的效率和效果。2014 年左右，深度学习模型开始在推荐系统中落地应用，进一步提升了推荐效果。

4. 算力的进步

AI 的三要素包括数据、算法和算力。作为 AI 在工业界应用最广的场景——推荐场景，推荐系统的发展自然也离不开算力的进步，当复杂的模型需要基于海量数据进行模型训练时，就需要性能高的算力来支持。使用传统的 CPU 训练一个推荐模型可能需要 3 天，效率太低。如果使用最新的 GPU 来训练深度学习推荐模型，可能只需要 3 小时，大幅提升了模型的训练和迭代效率，算法工程师的工作效率更高，模型的迭代也会更快。

上述 4 个因素可以总结为：互联网环境的变化造成了信息过载和长尾问题，而推荐系统恰好是这些问题的有效解决方案，随着 AI 的发展以及 AI 在推荐系统中的应用，推荐系统解决这些问题的效率越来越高，最终变成绝大部分场景下解决这些问题的最优方案。

3.2　推荐系统概述

上一节对推荐系统在行业应用的标志性事件及其兴起原因做了详细介绍，本节从整体的角度，概括性介绍推荐系统的各个模块以及实际应用推荐系统时经常使用的效果评估指标等。

3.2.1　推荐系统简介

1. 推荐系统的定义

推荐系统到底是什么？本书将推荐系统定义为：**推荐系统，本质是一种信息过滤系统，用来预测用户对于物料的评分和偏好，建立用户与物料之间的连接**。这里的"物料"既可以是物品也可以是用户，这里的"连接"既可能是强的也可能是弱的。

2. 推荐系统解决了什么问题

推荐系统能解决什么问题？上一节提到了**信息过载和长尾问题**。随着信息技术和互联网的发展，人们已经从信息匮乏的时代进入信息过载的时代。什么是信息过载？信息过载就是指社会信息已经超过个人或系统所能接受、处理或有效利用的范围，并导致故障的状态。简单点说，就是社会上的信息太多了，人已经无法处理了。站在用户的角度，如何从海量的信息中找到自己感兴趣的信息？站在信息生产者的角度，如何让自己生产的信息从海量的信息中脱颖而出并得到关注？这里面既包含信息过载问题，也包含长尾问题，长尾问题本质上还是信息过载造成的。在没有推荐系统之前，我们通过人工运营、数据分析等方式进行信息的有效分发。但是在信息过载的状态下，传统方式的效率过于低下，这时候就需要一种更加高效的信息过滤系统，也就是推荐系统。推荐系统能够挖掘用户的个性化需求，帮助用户发现那些他们感兴趣但是很难发现的内容，将长尾内容准确地推荐给对它感兴趣的用户。

3. 推荐系统需要什么输入

预测新连接就一定需要旧连接的输入，所有的机器学习模型都是这样，都需要基于历史数据来进行学习。在电商领域，系统基于用户购买、点击、加购、收藏过的商品，为用户推荐相似商品；在内容场景下，系统基于用户浏览、点赞、分享、评论、收藏过的内容，为用户推荐他可能感兴趣的新内容。

4. 推荐系统是怎么实现的

推荐系统是如何预测用户对于物料的评分和偏好的？推荐系统本身是非常复杂的，其中有非常多的模块，比如召回、排序、重排等，后面章节也会展开介绍。每个模块都很重要，但核心的还是兴趣度预估模型，也就是 CTR 预估模型。算法基于用户历史行为数据进行训练，最终得到 CTR 预估模型。CTR 预估模型可以相对准确地预测用户对于物料的评分和偏好。CTR 预估模型如何构建？本书将在 3.7 节详细介绍。

3.2.2　推荐系统发展的 4 个阶段

推荐系统从 20 世纪 70—80 年代开始发展，到现在差不多经历了 4 个阶段 (如图 3-2 所示)。我们可以从推荐系统的发展看出不同阶段人们对推荐系统理解的差异。

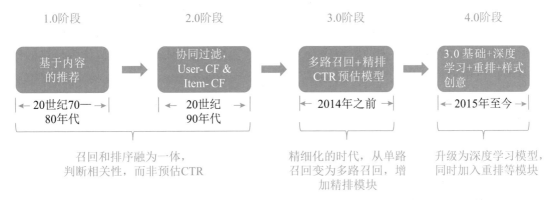

图 3-2　推荐系统发展的 4 个阶段

1.0 阶段：基于内容的推荐

推荐系统起源于美国的电影和音乐网站，早期这类内容网站基于内容标签进行推荐，判断用户的兴趣偏好标签和内容标签之间的相关性。比如，在电影网站上，用户 A 经常看武侠类电影，例如《新龙门客栈》《卧虎藏龙》，那么电影网站就会向他推荐相似的武侠类电影，例如《笑傲江湖》。1.0 阶段的推荐非常依赖标签体系，需要基于业务知识建立一个全面的领域标签体系，比如电影领域标签、音乐领域标签等。有了标签体系后，如何针对内容打标又是一个大问题，当时主要依赖人工。

2.0 阶段：协同过滤

2.0 阶段处于 20 世纪 90 年代，这时候诞生了协同过滤算法，尤其是亚马逊提出的 Item-CF 算法 (基于物料的协同过滤)，目前这个算法在推荐领域也很流行。在 2.0 阶段和 1.0 阶段，推荐系统都需要评估用户与物料的相关性，评估两者之间的关联度。但是在 1.0 阶段，系统没有使用用户的历史行为数据，主要依靠打标，计算标签之间的重合度。而从 2.0 阶段开始，系统使用用户的历史行为数据，通过用户与物料的交互数据来评估物料与物料、用户与用户之间的关联度，不再仅依靠标签体系。算法的升级使得整个推荐系统更加自动化、个性化和智能化。

3.0 阶段：多路召回 + 精排

1.0 阶段和 2.0 阶段的推荐系统重在评估物料与用户的相关性，但是推荐系统在线上的效果要通过用户的实际点击率 (CTR) 来考核。3.0 阶段相对于 1.0 和 2.0 阶段有两个非常大的变化，第一个变化是由预估用户与物料的相关性改为直接预估用户对物料的点击率，因为考核推荐系统效果的核心指标就是 CTR，那为什么不以 CTR 为核心指标呢？ 1.0 阶段和 2.0 阶段的相关性指标其实是中间指标，不是结果指标，所以在 3.0 阶段，推荐系统加入了精排模型，精排模型全部以 CTR 预估为核心目标，以预估的 CTR 值来作为最终的排序参考，此阶段使用的机器学习算法主要是传统的机器学习算法，比如逻辑回归 (LR)、梯度提升决策树 (GBDT)。第二个变化就是将召回和排序分开，同时将召回的架构改为多路召回架构。在 1.0 阶段和 2.0 阶段的算法里，召回和排序是基本融合在一起的，使用召回算法计算的相关性分数就已经决定了最终推荐物料的顺序，并没有单独的排序模型。3.0 阶段首先将召回环节单独拆分出来，首先召回用户初步感兴趣的物料，然后在排序环节对初筛出来的物料进行 CTR 预估，最后以预估的 CTR 值作为最终的排序参考。以电商推荐场景为例，常见的召回策略有高点击率、热销、复购、高质量分、Item-CF 等。此时的推荐系统已经变为非常复杂和精细化的系统，推荐算法也有了非常多的分支。

4.0 阶段：深度学习 + 重排 + 样式创意

2014 年左右，深度学习技术被应用到推荐场景。原来深度学习技术主要被应用在计算机视觉领域，但因为深度学习技术整体的先进性，将其应用到推荐的召回和排序环节后，推荐效果有了大幅提升。相对于 3.0 阶段，4.0 阶段各个模块都用深度学习技术代替了传统的机器学习算法。深度学习的引进提升了推荐效果，但是推荐系统的可解释性越来越差了。在 4.0 阶段，在精排环节之后又加入了重排模块，在推荐内容的样式创意上做了大量的策略优化，对于这些内容后续章节会详细介绍。整个推荐系统模块越拆越细，每个模块的策略越来越精。

在现阶段的推荐系统中，深度学习技术是核心技术。当然，推荐算法工程师除了不断优化现有技术，也在不断尝试引入新技术，比如联邦学习、隐私计算、强化学习等。如何满足合规的需求，如何在已经十分精细化的前提下继续提升推荐系统的效果，这些也是推荐算法工程师目前需要发力的地方。本书将在第 6 章详细介绍这些新技术。策略产品经理需要了解不同阶段推荐系统的发展逻辑，这样才能对现阶段推荐系统的设计有更加深刻的理解。

3.2.3　推荐系统整体架构

上一节介绍了推荐系统发展的 4 个阶段，其中提到了推荐系统的各个功能模块，下面详细介绍一下目前工业界比较先进的推荐系统架构。

图 3-3 呈现了一个完整的推荐系统应该有的功能模块，用户打开 App 看到系统为自己推荐的物料，正常需要经过 5 ～ 6 个环节。常见的流程有建立物料索引、召回、粗排、过滤、精排、重排，最终展示在 App 前端，为用户推荐感兴趣的物料。下面我们以电商推荐场景为例，对每个功能模块分别进行详细介绍。

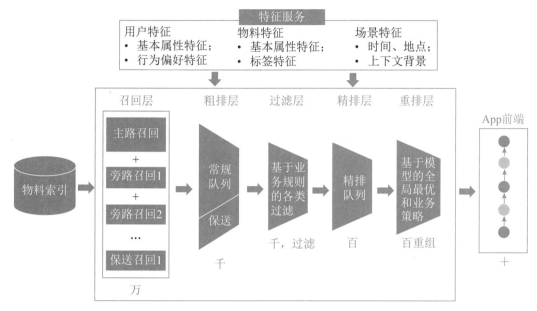

图 3-3 推荐系统架构

1. 物料索引

App 里有一个可以推荐给用户的物料池，物料池本身存储在数据库中。同时为了查询时更加方便快捷，我们需要提前构建好物料索引，尤其是基于标签进行召回的情况较多时，更加需要提前构建好倒排索引。物料清洗和索引构建是推荐系统的基础工作。

2. 召回层

构建完物料索引后，我们需要初筛出用户感兴趣的物料。既然现在推荐系统处于 4.0 阶段，以预估用户的点击率为核心，那么我们是不是可以基于用户对每个物料的预估点击率 P_{CTR} 来进行倒排？这是一种理想的方式，实际上却无法执行，也没必要。

● **为什么无法执行**

物料库的量级太大，像淘宝这种平台，物料能够达到亿级别，如果用户每次请求时系统都去预估上亿商品的 P_{CTR}，需要大量的机器资源，而且时延会非常长。用户打开淘宝首页可能需要几个小时，且不一定能加载出来。

● **为什么没有必要**

几亿个商品，其中有很多商品是冷门商品，有 99% 以上的商品和用户毫无关联，所以完全没有必要精细化地预估用户对几亿个商品的兴趣度。

推荐系统先通过召回层初步筛选出用户可能感兴趣的一些物料，比如选出 1 万个物料。然后进入粗排和精排，其他几亿个物料在召回阶段就被过滤了。这样的架构设计大大减轻了推荐系统的计算压力，同时也不影响推荐系统的整体效果。上文也介绍过目前召回的方式是多路召回，同时多路召回包含主路召回和旁路召回，也就是有一路或几路是主要的召回路数，再辅助一些旁路召回，这些召回策略是辅助性的。有时候还会有一些保送召回的路数，一般是为了满足非常迫切的业务需求而针对这些物料单独设计的一路召回策略，同时还要做策略倾斜，保证返回物料融合进最终的粗排里面。召回模块返回的物料量级一般为万级别，这是将物料库里面的亿级别物料初筛后的结果。

3. 粗排层

召回层中多路召回的每一路都会召回很多物料，各路之间的物料需要进行融合，然后将重复的物料去除，再进行统一排序，取排在前几位的物料。粗排层的粗排策略有两种，一种是基于统计的，一种是基于模型的，核心思想都是对各路召回的物料进行再排序，然后取排序靠前的物料。基于统计的粗排策略，就是对原本在单一召回路里面的相关性分数进行归一化和加权，然后彼此进行比较，选出排在前几位的物料。基于模型的粗排策略，就是用粗排的 CTR 预估模型预估召回点击率，然后按照召回点击率进行排序。粗排层正常只取头部千级别的物料，最终输出 1000 以内的物料数。

4. 过滤层

粗排完需要对整体的物料进行过滤，有些公司的推荐系统把过滤放在最后一步，但通常都把过滤层放在精排层之前，放在粗排层之后或者召回层之后均可。过滤层的主要作用是将那些最终不能在 App 前端展示的物料过滤掉，比如电商领域里将那些没有库存、没有上架、位列黑名单等的物料过滤掉，确保进入精排环节的物料最终都能在 App 前端展示。这样既不会造成无谓的算力损耗，也可以保证推荐的整体效果。比如粗排层返回了 1000 个物料，最终过滤层过滤了 100 个，那么还剩下 900 个物料进入精排层和重排层。因为物料经过精排层和重排层的排序已经是模型认为的最优排序，如果将过滤层放在最后，可能会导致重排序后排名前十的物料中有三个被过滤掉，这样对模型的整体效果是有损的。如果提前将这些不能展示的物料过滤掉，既能保证模型挑选出来物料整体最优，又能保证填充率，还可以节省精排和重排的算力资源。

在后续的模块讲解中我们会经常使用电商场景来举例，所以先统一介绍 SKU 和 SPU 这两个常用的专业术语。SKU(stock keeping unit) 是库存量单位，即库存进出计量的基本单元，可以是件、盒等。SKU 现在已经被引申为产品统一编号的简称，每种产品均对应唯一的 SKU 号。对一种商品而言，当其品牌、型号、配置、等级、花色、包装容量、单位、生产日期、保质期、用途、价格、产地等属性中的任一属性与其他商品存在不同时，均可称为一个 SKU。比如，属性为 "iPhone13 + 4GB(CPU) + 256GB(内存) + 黑色" 的一部手机为一个 SKU。SPU(standard product unit) 是指标准化产品单元，是商品信息聚合的最小单位，是一组可复用、易检索的标准化信息的集合，该集合描述了一个产品的特性。通俗点讲，属性值、特性相同的商品就可以称为一个 SPU，比如 iPhone 13。SKU 从属于SPU。

5. 精排层

如图 3-4 所示，精排层的中心任务是预估粗排层返回的前几位商品的 P_{CTR} 或 P_{CVR}。前文已经提到粗排层也有一个 CTR 预估模型，粗排层和精排层的 CTR 预估模型有以下两个核心差异。

- 建模目标
✓ 根据用户的基本属性、历史行为数据、订单数据等，针对召回的前几个商品进行精排，将符合用户偏好的商品排序在前，而不是将相关度分数高的商品排序在前，从而提升曝光商品的点击率和转化率。

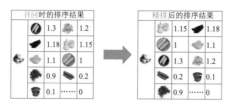

- 样本定义
✓ 正样本：用户点击的数据；用户下单的数据。一个以点击为学习目标，一个以转化为学习目标。
✓ 负样本：用户浏览但未点击的数据；用户点击但未下单的数据。

图 3-4　精排层的 CTR 预估模型和 CVR 预估模型

● 差异一：模型训练样本不一样

粗排模型预估的 CTR 称为召回点击率，精排模型预估的 CTR 称为曝光点击率。粗排模型和精排模型的正样本都是最终用户点击的行为数据，但是负样本完全不一样。粗排模型的负样本是召回层召回但是用户没有点击的物料，这些物料可能最终都没有曝光。精排模型的负样本是最终在 App 前端曝光了但是用户没有点击的物料。

● 差异二：模型复杂度完全不一样

目前互联网大厂使用的 CTR 预估模型基本都是基于深度学习的 DNN(deep neural network，深度神经网络) 模型，粗排层和精排层的 CTR 预估模型都是 DNN 模型。但因为粗排层主要用于初步筛选出用户感兴趣的物料，整个推荐系统对召回和粗排层的性能要求是很高的，TP99 的时延不能太长 (TP99 时延是指 Top 99% 的网络请求所需要的最低耗时)，所以粗排层的 CTR 预估模型的特征和 DNN 模型的网络结构都比较简单，不会使用非常复杂的网络结构和高维特征，因为这样势必会造成时延很长。而精排层的模型一般非常复杂，整个推荐系统对精排模型 TP99 的时延容忍度更高，所以精排模型使用的特征维度更多，DNN 模型的网络结构也更加复杂。

精排层一般以 P_{CTR} 为核心排序指标，在部分场景下会考虑 P_{CVR} 指标，在电商推荐场景下会将商品的历史销量、好评率等作为辅助排序指标，在内容推荐场景下会将内容的质量、发布账户的等级等作为辅助排序指标。精排模型是推荐系统中最复杂的模型，也是运行耗时最多的模型。通常情况下，精排层返回的物料量级只有百级别。

6. 重排层

在有些公司，精排完的物料就可以直接在 App 进行前端展示了，但通常情况下，精排完的物料需要再经过重排层，由重排层确定物料最终在 App 前端呈现的顺序。重排层从全局最优的角度微调物料顺序，因为实际线上呈现给用户的展示是连续性的，比如淘宝首页通常一屏展示 4 个商品，用户一次性可以浏览 4 个商品，不同商品之间的组合会影响整体推荐模块的 CTR。重排层还会基于用户体验和业务诉求进行一些类目打散、同图过滤和相关物料调权等操作。经过上述一系列重排操作后，最终将重排后排序靠前的几种物料返回给 App 前端，通常情况下这时的物料量级都在十级别，可能是 10 或者 20，一般不会超过 30。

7. App 前端

通常情况下 App 前端不会再做相关策略，经过重排层的物料顺序不会再发生变化。App 需要基于推荐系统返回的物料进行相关样式和创意信息的补充，最终将完整的信息展示在 App 前端。淘宝首页就包括各种各样的样式、风格和创意信息。

如图 3-5 所示，淘宝推荐的普通商品样式和相关创意都是 App 前端需要补充的。App 前端发起翻页请求，通常情况下一次请求后端会返回 10 个商品。当用户浏览数量超过 10 个时 App 前端会再次向后端发出请求，后端会重新返回全新的推荐结果。

图 3-5　淘宝推荐的普通商品样式和创意信息

8. 特征服务

任何有模型预估的环节基本上都会和特征服务层有交互。上文介绍的各个环节彼此之间是串行的，而特征服务是一个底层的基础服务，服务于召回、粗排、精排和重排环节，所以它在各个环节和模型进行交互。特征服务里有大量用户的特征、物料的特征、场景的特征等，这些都是已经加工好的，模型直接调用即可，无须进行专门的处理。

通过前文的介绍，读者对推荐系统的整体架构设计以及各个功能模块的作用会有基本认知，关于各个模块的具体策略设计，本书将在后续章节进行阐述。

3.2.4　常见效果评估指标

本书 2.4.1 节详细介绍过推荐系统离线效果评估指标，因为推荐本身是一个二分类任务，所以离线效果评估的核心指标就是 AUC 指标。下面我们按照电商推荐场景、内容社区推荐场景和短视频 App 推荐场景分别介绍相应的推荐系统线上效果评估指标。

1. 电商推荐场景

以淘宝为例，如表 3-1 所示，电商推荐场景通常会用 8 个指标来进行效果综合评估。

表 3-1 电商推荐场景的线上评估指标

指标	指标的业务含义	指标的计算公式
CTR	点击率,用于衡量用户对推荐物料的兴趣度,能看出用户是否有点击查看详情的意愿	点击数 / 曝光数; (UV、PV、曝光件次口径)
加购率	CVR 前的中间指标 (是否加购)	加购商品数量 / 点击数
CVR	转化率,最终是否转化成交	订单数 / 点击数
CTCVR	曝光转化率	订单数 / 曝光数
PGMV	单次曝光转化 GMV	GMV / 曝光数 (下单或成交口径)
多样性	展示给用户商品的多样性 (类目多样性)	曝光的不同类目数 (PV 口径)
新颖性	展示给用户的商品中有多少商品或者类目是近期用户从来没有接触过的,该指标是一个探索性指标	曝光的"新"类目或 SKU 数目 (PV 口径)
停留时长	用户在推荐模块的停留时长	按照单次 PV 来进行统计
浏览深度	用户在推荐模块的下拉深度	按照单次 PV 来进行统计

● **CTR(点击率)**

点击率是推荐系统的核心评估指标,可以拆分为 3 种口径:UV 口径,PV 口径和曝光件次口径。UV 即 user view,指用户维度的浏览量;PV 即 page view,指页面浏览量;曝光件次指的是曝光的总结果数。下面我们以案例来讲解各项指标的计算方法。

用户 A 打开淘宝首页推荐 1 次,浏览 20 个商品,点击了 1 个商品,既没有加购也没有下单。

用户 B 打开淘宝首页推荐 2 次,分别浏览了 20 个商品和 15 个商品,分别点击了 2 个商品和 1 个商品。第一次浏览点击时全部下单了,在一笔订单里,订单金额为 200 元;第二次浏览点击时进行了加购,暂未下单。

用户 C 打开淘宝首页推荐 2 次,分别浏览了 15 个商品和 30 个商品,分别点击了 0 个商品和 1 个商品。第一次浏览既没有加购也没有下单,第二次浏览下单了 1 个商品,订单金额为 50 元。

$$CTR_{曝光件次口径} = \frac{点击结果数}{曝光结果数} = \frac{1+2+1+0+1}{20+20+15+15+30} = 5\%$$

$$CTR_{UV 口径} = \frac{点击UV数}{曝光UV数} = \frac{1+1+1}{1+1+1} = 100\%$$

$$CTR_{PV 口径} = \frac{点击PV数}{曝光PV数} = \frac{1+1+1+0+1}{1+1+1+1+1} = 80\%$$

具体使用哪种统计口径要根据公司业务情况判断。以淘宝首页推荐场景为例,曝光件次口径的 CTR 在 3% 左右。

- 加购率

加购率是介于 CTR 和 CVR 之间的中间指标，值得注意的是，正常情况下加购率的分母是点击数，不是曝光数。当然具体使用哪种口径要看每家公司的业务诉求。

$$加购率_{点击件次口径} = \frac{加购数}{点击结果数} = \frac{0+2+1+0+1}{1+2+1+0+1} = 80\%$$

- CVR(转化率)

转化率是最终的结果指标，转化率计算公式的分母一般都是点击数，不是曝光数。分子是订单数，订单数有两种口径，一种是订单量，一种是订单行。

$$CVR_{点击件次口径 - 订单量} = \frac{订单量}{点击结果数} = \frac{0+1+0+0+1}{1+2+1+0+1} = 40\%$$

$$CVR_{点击件次口径 - 订单行} = \frac{订单行量}{点击结果数} = \frac{0+2+0+0+1}{1+2+1+0+1} = 60\%$$

订单量指的是用户下了多少笔订单，订单行指的是一笔订单里有多少个不同的商品，单个商品购买 10 个也算一个订单行。CVR 也可以统计 UV 和 PV 口径。

$$CVR_{UV 口径} = \frac{下单 UV 数}{点击 UV 数} = \frac{0+1+1}{1+1+1} \approx 66.7\%$$

$$CVR_{PV 口径} = \frac{下单 PV 数}{点击 PV 数} = \frac{0+1+0+0+1}{1+1+1+0+1} = 50\%$$

- CTCVR(曝光转化率)

以曝光数为分母计算 CVR，这种计算口径的 CVR 我们称为曝光转化率，以点击数为分母计算的 CVR 我们称为点击转化率。

$$CTCVR_{曝光件次口径 - 订单量} = \frac{订单量}{曝光结果数} = \frac{0+1+0+0+1}{20+20+15+15+30} = 2\%$$

- PGMV(单次曝光转化 GMV)

电商企业最关注的指标是 GMV(gross merchandise value，总成交金额)，有些场景下需要重点关注推荐带来的 GMV。GMV 有两种口径，一种是下单，一种是成交。下单指的是用户提了订单但可能没有付款。成交指的是用户已经付完款。案例中的口径指的是成交口径。

$$PGMV_{成交口径} = \frac{订单总金额}{曝光结果数} = \frac{200+50}{20+20+15+15+30} = 2.5$$

这里需要特别注意的是，CTR、CVR、PGMV 三个指标不是完全正相关的，推荐系统初期的优化可能会同时带来 CTR、CVR 和 PGMV 的提升。但是当推荐系统十分精细的时候，CTR 和 CVR 基本是负相关的，CVR 和 PGMV 基本也是负相关的。用户对于喜欢并点击的商品不一定会下单，比如那些稀奇古怪的商品点击率很高，但是用户不一定买。用户有需求的商品的 PGMV 可能不高，在 PGMV 的计算逻辑里，成交一个大单的效果可能抵得上几百个小单。

- 停留时长

用户在推荐模块的停留时长，可以分别按照 PV 和 UV 口径来进行统计。对于推荐模块来说，用户能"逛"起来是最理想的，所以停留时长也是一个核心评估指标。

● 浏览深度

对于用户在推荐模块单次的浏览深度，电商领域通常按照单次 PV 下总共曝光坑位来进行统计，"停留时长"和"浏览深度"指标都是评估用户能否真的在推荐场景"逛"起来的核心指标。

● 多样性

多样性指标是从平台整体生态的视角进行衡量的。在电商领域，一般关注单次 PV 给用户展示了多少个不同的三级类目；在内容领域，一般关注单次 PV 给用户展示了多少种不同的内容题材。站在电商平台视角，类目越多就代表各个类目都可以得到曝光，如果类目很少，那么大部分曝光量就会集中在头部类目上，这样马太效应就会持续加剧。多样性指标是推荐系统效果评估的辅助指标。

● 新颖性

新颖性是从用户视角来考虑的。推荐系统经常导致信息茧房，给用户推荐的物料基本都是用户看过的或者相似的，很难推荐新物料。新颖性用于衡量单次 PV 推荐的 SKU 或者三级类目中有多少个在最近一段时间没有向用户曝光过或者用户没有点击过，这里的时间周期可以自定义。之所以设定新颖性指标就是希望推荐系统能向用户推荐更多新物料，不让用户产生审美疲劳。新颖性指标也是推荐系统效果评估的辅助指标。

实际在对电商领域的推荐系统进行效果评估时，一般以一个核心指标作为北极星指标，然后结合其他辅助指标进行综合评估，没办法兼顾所有指标。北极星指标由公司根据自己的业务阶段和业务诉求设定。推荐系统前期可以 CTR 为核心评估指标，后期可以根据公司业务发展阶段将转化率作为核心评估指标，比如 CVR 或者 PGMV 指标。

2. 内容社区推荐场景

电商领域的 CTR、浏览深度、停留时长、多样性、新颖性指标对于内容社区 (如小红书) 推荐场景同样适用。CTR 和停留时长是内容社区推荐场景需要关注的核心指标。内容社区推荐场景的另一个指标是互动率，对于内容社区来说，需要让用户在里面互动起来。互动率的计算公式为

$$互动率 = \frac{互动数}{曝光数}$$

式中：互动数 = 点赞数 + 评论数 + 分享数。

推荐系统推荐内容的质量和用户个性化兴趣的匹配程度，决定了用户愿不愿意和博主以及内容互动，当然这也和内容本身的质量强相关。

3. 短视频 App 推荐场景

对于短视频 App(如抖音和快手) 来说，核心的信息分发方式就是推荐系统，而且产品形态是单列沉浸式视频信息流，所以在该场景下没法直接统计传统的 CTR 指标，但可以通过以下指标来进行推荐系统的效果评估。当然下面的指标不仅仅和推荐系统的分发效

果有关，也和视频供给量和视频质量息息相关。

- 人均视频播放量

$$人均视频播放量 = \frac{视频播放总量}{DAU}$$

人均视频播放量反映了平台视频的整体质量，以及是否为用户推荐了其感兴趣的视频，尤其对于抖音和快手这种亿级别 DAU 的平台来说，该指标很重要。

- 人均观看时长

$$人均观看时长 = \frac{视频播放总时长}{DAU}$$

人均播放量和人均观看时长是短视频平台的核心指标，这两个指标能够直接反映用户对于平台推荐的视频是否感兴趣，是否愿意在平台上消磨自己的时间。截至 2022 年底，抖音的 DAU(含极速版) 约 7 亿人，人均观看时长约 120 分钟，不愧是"时间熔炉"。

- 视频有效播放率

$$视频有效播放率 = \frac{视频有效播放量}{视频播放总量}$$

视频有效播放率是一个辅助指标，短视频 App 的用户只能不断上滑来观看新视频，用户没有选择视频的权利，如果用户对播放的视频不感兴趣，只能滑走，再看一个新视频。用户观看很短就快速滑走的视频播放被定义为无效播放，代表用户对视频不感兴趣。行业里一般将这样的观看时长阈值设置为 3s，3s 以内的视频播放被视为无效播放，即单次播放时长 > 3s。目前行业里短视频平台的视频有效播放率都在 90% 以上。

- 视频完播率

$$视频完播率 = \frac{视频完整播放量}{视频播放总量}$$

视频完播率是一个辅助指标，相对于视频有效播放率，视频完播率从另外一个视角反映推荐效果和视频质量。视频完播率指的是用户看完完整视频的比例。这里的完整播放一般是指单个视频的播放时长等于视频时长，不过有时候也可以设置一个系数，比如播放时长等于视频时长的 95% 也可以视为完整播放。目前行业里短视频平台的视频完播率基本在 40% ~ 50%。

上述 4 个指标就是短视频平台衡量推荐系统线上效果的核心指标，当然也可以参考互动率指标进行综合评估。

上文介绍了这么多线上效果评估指标，实际业务中使用哪些指标来进行效果监测需要结合业务诉求。一般情况下，我们选择 1 ~ 2 个指标为北极星指标，再选择几个辅助指标来进行综合效果评估。

3.3　推荐策略产品经理画像

通过前文的介绍，读者对于推荐系统整体已经有了初步的了解，那么对推荐系统负责的推荐策略产品经理的具体工作是什么？下面正式为读者介绍推荐策略产品经理在互联网大厂的具体工作。

早期推荐系统的策略优化全部是由推荐算法工程师自己决定的，即使是现在，很多公司也没有专门的推荐策略产品经理，推荐算法工程师就是推荐策略产品经理。不过随着推荐系统的发展，一方面推荐系统模块越来越多，各个模块越来越精细化，需要有人负责整体的策略设计和优化；另一方面推荐系统应用的场景越来越多，对接的业务方也越来越多，需要满足不同业务方的业务需求。此时推荐系统产生了很多新的工作内容，而这些工作内容不适合由算法工程师来承担，因此就产生了推荐策略产品经理的岗位。早期的大多数推荐策略产品经理是由算法工程师转岗的，后来推荐系统承接的业务需求越来越多，需要有更多基于业务视角和用户体验视角的 C 端（消费者端）产品经理来做推荐策略产品。

目前市场上主要有两种推荐策略产品经理：电商推荐策略产品经理和内容推荐策略产品经理。

1. 电商推荐策略产品经理

电商推荐策略可以细分为以下 6 个策略：平台策略、商家策略、用户策略、内容策略、场景策略和创意策略。

● 平台策略

平台策略即平台整体的推荐流量分发策略。比如淘宝、天猫、淘特都有自己单独的平台策略团队，每个平台的流量分发策略不一样。平台策略调整会影响到所有用户和商家，所以平台策略要基于全局最优和平台整体生态来考虑。

● 商家策略

商家策略也可以理解为行业策略或者垂类策略，因为电商企业有很多不同的业务线。例如，京东有数码产品、时尚居家、大健康、生活服务、同城业务等，不同的业务对推荐流量的需求不一样，大型事业部需要设置专门的策略产品经理。此部分策略调整主要影响对应的垂直业务，不太会影响平台整体。

● 用户策略

用户策略可以分为用户体验策略、用户画像策略和用户分层策略等。用户策略是通用类服务，服务于所有业务。

● 内容策略

电商企业需要分发的物料类型比较多，比如视频、店铺、直播普通商品等，各项业务都需要制定专门的推荐策略和方式。

● 场景策略

以淘宝为例，淘宝 App 的推荐场景超过 100 个，不同场景的要求不一样，服务对象也不一样，所以需要制定专门的推荐策略。电商的主要推荐场景有首页推荐、商品详情页推荐、购物车推荐和我的主页推荐，这几大场景占据整个 App 推荐流量的 50% 左右。

● 创意策略

策略产品经理负责整个推荐场景的创意设计，包括但不限于图片、标题、推荐理由、附加创意等。

有些细分策略是需要闭环的，策略产品经理需要参与到召回、排序、前端展示等各个环节中，比如平台策略、场景策略。

2. 内容推荐策略产品经理

下面以抖音、快手为例说明内容推荐策略产品经理所负责的策略类型，此处不包含抖音、快手电商模块，主要介绍非电商、非广告类视频的推荐策略。

● 平台策略

策略产品经理负责平台整体流量分发机制的设计。短视频平台流量分发机制和电商平台是完全不一样的。短视频平台主要采用分级流量曝光机制，而电商平台虽然也有这个机制，但是级数很少，而且出发点完全不一样，本书后续在介绍短视频平台的流量分发机制时会单独介绍这方面内容。

● 垂类策略

电商平台的垂类策略主要涉及数码产品、时尚美妆等。短视频平台的垂类策略主要涉及发现页、同城页等。

● 内容策略

策略产品经理负责短视频内容理解方面的策略和模型设计，输出相关的特征，供推荐系统各个环节的模型使用，同时负责内容标签体系搭建及人工打标的相关工作。

● 样式创意策略

策略产品经理负责整个推荐模块的样式和创意策略设计工作，以及和前端用户体验相关的工作。

上文虽然进行了工作方向细分，但实际上在大部分公司里，一个策略产品经理往往身兼多职，过于精细的分工会导致人力的冗余和效率的低下。

后面章节会详细介绍各个模块的策略设计，推荐策略产品经理需要深度参与其中。

3.4　数据处理

在正式介绍策略设计前，我们需要先学习如何对数据进行处理，因为所有的策略设计都离不开数据，必须先将数据处理好才能进行后续的操作。策略产品经理需要先理清公司已有的数据，了解公司拥有哪些数据表，数据表里面数据的质量如何。作为策略产品经理一定要清晰公司已有的数据，因为在日常工作中需要经常和数据打交道，掌握一些常见的数据处理方法能为工作提效。下面介绍一些数据表和数据处理方法。

3.4.1　常见的底层数据表

表 3-2 列举了电商领域常见的 7 张离线 Hive 数据表：商品信息表、品类信息表、店铺信息表、订单表、用户注册信息表、用户画像表、埋点数据表。在不同公司，表名可能不一样，一份数据可能存在多张表里。

表 3-2　电商领域常用数据表

表名	存储的信息	表类型	选取时间
商品信息表	商品的基本信息：标题、价格、图片等	切片	最新切片
品类信息表	品类的基本信息：品类名、品类 ID	切片	最新切片
店铺信息表	店铺的基本信息：店铺名、开店时间、店铺拥有商品	切片	最新切片
订单表	平台历史交易的所有订单信息：成交时间、金额、用户等	增量	近 3 个月
用户注册信息表	用户注册的基本信息：手机号、用户名等	切片	最新切片
用户画像表	基于各种数据表加工后的用户画像：商品偏好、品类偏好等	切片	最新切片
埋点数据表	平台上各个模块的埋点数据，记录用户的各种行为数据	增量	近 3 个月

这些表可以进一步细分为切片表和增量表。切片表指的是按照时间分区，将每天产生的新数据放在一个独立的时间分区里，比如将 2023 年 8 月 1 日和 2023 年 8 月 2 日的数据放在两个单独的分区里。商品信息表就是分区表，平台上的商品每天都会增加，原有的商品信息也会发生变化，如果直接对历史数据进行更新就会导致历史数据无法回溯。增量表指的是将所有的数据汇总在一起，新增数据直接在原始表里添加，不增加新分区。订单表和埋点数据表都是增量表，因为统计订单和埋点时需要选择某一个时间段或者历史所有的数据，直接在一张表里面截取即可。如果每一天的数据存在于不同的分区表里，数据处理起来会过于烦琐。

3.4.2　数据表的加工

如表 3-2 所示，数据表里面除了用户画像表是加工过的表，其他表都是原始数据表。因为底层表数据过于庞大，而且数据非常复杂，很多时候只需要使用其中一小部分数据，因此需要基于原始数据表进行加工，将很多表的数据进行汇总，然后得出一张加工好的最上层的表，实际使用时直接查询这张最上层的表即可。从底层数据表抽取数据，然后进行清洗加工，最终得到上层表，这个过程称为 ETL(extract-transform-load，抽取—转换—加载)。ETL 是一个定时任务，上层表需要进行更新，可能是按天或者按小时更新，所以 ETL 是一个不断重复的过程，不断地抽取、加工、加载最新处理好的数据，然后更新上层表。

3.4.3　数据归一化和标准化

对数据进行初步整理和清洗还远远不够，很多时候还需要对数据进行进一步处理，比如把各个方面的数据或者特征统一到同一个量纲上进行比较，简称归一化或者标准化。在后面的召回模块里面介绍的热门召回、质量分等召回策略，都需要将物料的质量分、热门度进行归一化处理，这样各个物料之间才可以比较。模型在处理一些特征时，比如本书2.5.2 节里介绍的 KNN 算法，在分类任务中计算待分类点和所有样本数据中其他点的距离时，假设每个点的位置由 N 个坐标构成，如果不对各个坐标进行标准化处理，那么绝对值特别大的坐标将会成为影响距离的核心因素，其他坐标基本起不到作用。在上述这种情况下，我们需要对数据进行归一化 (normalization) 或者标准化 (standardization) 处理。归一化和标准化的本质是一种线性变换 (缩放 + 平移)。

1. 归一化
归一化是将数据归一到某个固定区间中，常见的为 [0,1]。常用的归一化方式有 3 种。
● Min-Max(最小最大值) 归一化
Min-Max 归一化是工业界最常用的一种方式，是一种线性归一化方式，计算公式为

$$x' = \frac{x - \min(x)}{\max(x) - \min(x)}$$

Min-Max 归一化的取值范围为 [0,1]。 $\max(x)$ 是样本中的最大值，但是实际数据里面会有极大值，如果直接使用极大值会导致整个数据分布非常不均匀，虽然归一到了 [0,1]，但是数据可能集中在 0 ~ 0.1，完全没有区分度。通常情况下，我们需要将所有数据进行倒排，观察头部的极值，然后挑选一个最合理的值作为 $\max(x)$。$\min(x)$ 是样本中的最小值，选择方法和 $\max(x)$ 一样，需要先观察数据的分布，再决定 $\min(x)$ 的取值，不能直接使用最小值作为 $\min(x)$。Min-Max 归一化适用于数据分布相对比较集中的场景，极值和正常值的差异不会特别大。

表 3-3 是某超市商品近一周的销量数据，假设我们对表 3-3 中的数据使用 Min-Max 归一化的方式，以商品"大葱"为例，计算结果为

$$大葱' = \frac{40 - 10}{200 - 10} = 0.16$$

表 3-3　某超市商品近一周的销量数据

商品名	销量/个
白菜	10
萝卜	30
西红柿	40
生姜	50
青椒	70
土豆	100
蒜	200
大葱	40

● 均值归一化

均值归一化的计算和 Min-Max 归一化一致，分母完全一样，只是分子是样本 x 减去整个样本的均值 $\text{mean}(x)$，计算公式为

$$x' = \frac{x - \text{mean}(x)}{\max(x) - \min(x)}$$

均值归一化的取值范围为 $(-1,1)$。均值归一化适用的场景是样本数据中存在极值，但站在业务视角来看极值的出现是合理的。如果仍然使用 Min-Max 归一化的方式可能导致数据分布非常极端，这时候采用均值归一化的方式更加科学。

假设在表 3-3 的数据中又多了两条新数据，分别是"美呆鹅"和"饺子"的销量数据（如表 3-4 所示），这两条数据明显比其他样本数据大很多，这种情况下可以使用均值归一化的方式。以商品"美呆鹅"为例，计算结果为

$$美呆鹅' = \frac{1000 - 304}{1500 - 10} \approx 0.47$$

表 3-4　某超市商品近一周的销量数据

商品名	销量/个
白菜	10
萝卜	30
西红柿	40
生姜	50
青椒	70
土豆	100
蒜	200
大葱	40
美呆鹅	1000
饺子	1500

● Log 对数函数归一化

Log 对数函数归一化的计算公式为

$$x' = \frac{\log_{10}(x)}{\log_{10}(\max)}$$

Log 对数函数归一化的取值范围为 $[0,1]$，这是一种非线性的归一化方式。通过 Log 函数来缩小样本数据之间的差距，使得数据最终的分布更加均衡。Log 对数函数归一化适用场景为所有的样本数据都大于 1，样本数据本身跨度非常大，且头部极值出现的频率相对比较高，并不是异常值。

假设表 3-3 的数据变为表 3-5 的数据，样本数据之间的跨度非常大，我们可以使用 Log 对数函数归一化的方式。以商品"鸡蛋"为例，计算结果为

$$鸡蛋' = \frac{\log_{10}(100)}{\log_{10}(10\,000)} = 0.5$$

表 3-5 某超市商品近一周的销量数据

商 品 名	销量/个
白菜	500
萝卜	1000
西红柿	300
生姜	2000
鸡蛋	100
土豆	5000
蒜	10 000
大葱	400

2. 标准化

和归一化不同的是，标准化是将所有数据变换为均值为 0、标准差为 1 的分布，绝大部分情况下都是正态分布，计算公式为

$$x' = \frac{x - \mu}{\sigma}$$

式中：μ 表示该变量在所有样本中的平均值；σ 表示该变量在所有样本中的标准差；x' 表示经过标准化处理后的变量值。

此种方式也被称为 Z-score normalization。标准化的处理方式使得原本可能分布相差较大的特征对模型结果有相同权重的影响。

以表 3-6 的数据为样本数据，以商品"大葱"为例，计算结果为

$$大葱' = \frac{40 - 67.5}{56.07} \approx -0.49$$

表 3-6 某超市商品近一周的销量数据

商品名	销量/个
白菜	10
萝卜	30
西红柿	40
生姜	50
青椒	70
土豆	100
蒜	200
大葱	40

3. 归一化和标准化的选择

归一化和标准化都是将数据统一到同一个量纲下进行比较，消除不同数据之间量纲差异巨大带来的无法可比性。如果样本数据中的异常值和噪声比较多，优先考虑使用标准化的数据处理方式。标准化在模型特征中的应用也消除了不同特征在模型中差异化权重的影响，使得所有的特征占有的权重是完全一样的；而归一化则保留了原始数据中由标准差所反映的潜在权重关系。

对于 KNN 和 K-Means 这一类涉及距离计算的算法，实际应用时需要结合具体的业务场景，如果该场景下各个特征变量对最终距离产生的影响是一样的，那我们就需要先使用标准化的方式对数据进行预处理。本书在后面各个模块会结合实际案例详细介绍归一化和标准化的具体应用。

本节介绍的数据处理方法在后续工作中会经常用到，不管是什么细分方向的策略产品经理都需要熟练掌握这些方法。

3.5 推荐系统召回策略

数据处理完毕以后需要设计推荐系统的召回策略，召回决定了整个推荐系统效果的上限。如果用户对召回环节返回的物料兴趣度很低，在后续的精排和重排环节无论如何"精挑细选"，整个推荐系统的推荐效果都会很差。

3.5.1 3 种召回策略

目前行业里流行的召回策略有 3 种，如图 3-6 所示。

图 3-6 3 种召回策略

1. 规则召回

规则召回策略是最常用的召回策略，也是解释性最强的召回策略。常见的规则召回策略有基于内容标签的召回、基于商品销量或者内容热度的召回、基于高点击率的召回、基于平台评价和质量分的召回、基于复购的召回。

● 优点

策略逻辑清晰明了，业务意义明确，可解释性极强。

● 缺点

个性化弱，千人一面，为每个用户推荐的商品比较相似。容易引起马太效应，头部物料得到越来越多的曝光机会，尾部物料的曝光机会越来越少。

此类策略适合在最开始搭建推荐系统时使用。

2. 协同过滤

协同过滤 (collaborative filtering) 的召回算法可以说是推荐系统最经典的算法，甚至可以说有了协同过滤算法推荐系统才算真正诞生。经典的协同过滤算法有以下两种：第一种算法是基于物料 (Item-CF) 的算法。用户 A 喜欢物料 a，为用户 A 推荐和物料 a 相似的物料 b。该算法的核心问题是如何计算物料 a 和物料 b、c、d、e…的相似度。该算法起源于电商企业亚马逊。第二种算法是基于用户 (User-CF) 的算法。用户 A 和用户 B 很相似，为用户 A 推荐用户 B 感兴趣且用户 A 之前没有接触过的物料 a，因为两者是相似的，所以我们认为用户 B 感兴趣的物料用户 A 也会感兴趣。该算法的核心问题是如何计算用户与用户之间的相似度。

● 优点

算法逻辑相对比较简单，容易实现，同时又有不错的效果，具备一定的个性化。

● 缺点

协同过滤和规则召回具有同样的问题，冷启动的问题比较明显，同样存在一定的马太效应，头部热门商品更容易和其他商品产生更多关联，但是协同过滤算法的出现已经促使推荐系统进步了一大截。

3. 向量召回

无论是规则召回，还是协同过滤算法，都是通过一定规则或者方法计算物料与物料之间的相似度，以及用户与用户之间的相似度，而协同过滤算法主要基于用户行为数据进行统计。如果我们知道用户的一些基本信息，我们能不能在这些基本信息的基础上比较用户之间深层次的相似度？这种情况下可以采用基于向量的方法来计算相似度。

如图 3-7 所示，将两个用户的特征全部 embedding(嵌入) 相同的向量维度上，何为 embedding？ embedding 是指"嵌入"或"向量映射"，是用一个数值向量"表示"一个对象 (object) 的方法。我们将图 3-7 中的文本特征和数值特征全部表达为向量，映射到一个特征空间里，在这个空间里，我们可以通过余弦相似度或者欧式距离公式等来计算两个样本之间的相似度。常见的将特征表达为向量的方式有隐语义模型，本书第 3.5.5 节会详细介绍。核心思想还是通过嵌入分别表达用户 (user) 和物料 (item) 的特征，然后再计算相关性。

● 优点

特征理解更加深刻，线上模型效果更优。

● **缺点**

模型可解释性很差，对算力要求更高。

> 核心思想：将物料(item)或用户(user)的特征用低维向量表达，然后计算彼此之间的相似度

举例	用户A：　[年龄：30岁；性别：男；年薪：50万元；爱好：篮球；学历：博士]
	用户B：　[年龄：40岁；性别：女；年薪：30万元；爱好：羽毛球；学历：本科]

如何计算用户A与用户B的相似度

Step1　通过embedding方式，将上述特征用向量表达：
用户A：[4,3,4,7,8].　　　用户B：[2,3,1,5,3]

备注：此处的特征向量表达仅为示例，实际embedding后的向量较复杂

Step2　将上述用户特征用向量表达后，再通过余弦相似度公式或者欧式距离公式等计算两个用户之间的相似度

图 3-7　特征向量化表达

上文概述了 3 种不同的召回策略，本书后面会针对每个方向详细介绍。

3.5.2　多路召回架构

上文我们介绍了常见的召回策略，那么召回模块的系统架构是什么样的？推荐系统有整体的架构，对应的召回模块也有自己的单独架构。

如图 3-8 所示，召回模块的架构称为多路召回架构，可以分为 4 层。

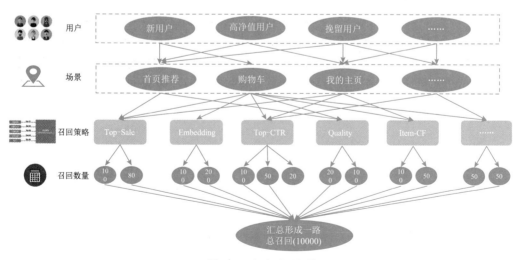

图 3-8　多路召回架构

1. 用户

目前头部互联网公司将召回模块做得非常精细，首先针对用户需要进行分层，不同用

户使用的召回路和每一路召回的数量完全不一样。在电商领域，可以按照消费频率、消费金额、最近一次消费时间对用户进行分层，如表 3-7 所示。

表 3-7 用户分层的核心考量因素

类别	低	中	高
消费频率	每周下单数≤1 次	1＜每周下单数≤3 次	每周下单数＞3 次
消费金额	平均订单金额≤50 元	50 元≤平均订单金额＜500 元	平均订单金额＞500 元
最近一次消费时间	1 个月以上	2 周～1 个月	2 周以内

我们对"消费频率""消费金额""最近一次消费时间"再进行细分，将其拆分为高、中、低 3 个方面，实际工作中可以基于业务情况制定具体标准。基于上述分类，我们可以将用户分为 8 类，如表 3-8 所示。

表 3-8 用户分层

客户等级	最近一次消费时间	消费频率	消费金额	客户属性
L1	高	高	高	高净值用户
L2	高	低	高	核心发展用户
L3	低	高	高	核心保持用户
L4	低	低	高	核心挽留用户
L5	高	高	低	一般价值用户
L6	高	低	低	一般发展用户
L7	低	高	低	一般保持用户
L8	低	低	低	低价值用户

基于表 3-8，我们可以对 L8 等级客户再进行细分，将历史上从没有下过单的纯新用户拆分出来，这样将用户分为 9 类。实际工作中，我们还可以用更多维度对用户进行分层，比如用户登录频次、用户使用时长、用户浏览商品数等。对于内容推荐场景来说也是一样的，可以依据用户登录频次、使用时长、内容浏览数、内容互动数等方面进行分层。对用户的分层决定了后面的召回策略的设计。

2. 场景

对用户进行精细化分层后，需要对不同的推荐场景进行精细化处理，对于不同的推荐场景设计不同的召回策略。在不同场景下，同一个召回策略召回的数量可能是不同的。以淘宝推荐为例，首页推荐、购物车为你推荐、我的淘宝推荐，这些不同的推荐场景都需要设置专门的召回策略，有一些召回策略是共用的，有一些召回策略是专门针对某一个场景的。比如，在购物车为你推荐场景里，用户可以基于当前购物车已经加购的商品来召回和其比较搭配的商品，如鸡蛋、番茄，这个策略在首页推荐场景就不是很适用。

3. 召回策略

为什么一定要使用多路召回？多路召回的目的是提升推荐系统的整体效果和满足业务需求，同时也使得模型整体变得更加灵活。只使用一路召回策略，会让召回的结果比较单一，优化空间也很有限。多路召回层就好比一个召回策略池，头部互联网公司的召回策略一般有 10 ～ 20 种。本书在推荐系统整体架构部分也介绍过，多路召回分为主路召回、旁路召回，甚至还有保送召回。在电商推荐场景下，常见的召回策略有高质量分召回、热销召回、基于物料的协同过滤、基于用户的协同过滤、高点击率的召回、复购召回等。在使用时，"用户＋场景"决定了使用哪种召回策略。比如在"新用户＋首页"场景下，应使用高质量分召回和热销召回，因为新用户没有任何历史数据，所以基于用户的协同过滤、复购召回等策略是无效的，无法召回任何商品。对于一些用户群体，我们可以使用所有召回策略，只需要调整不同召回策略下返回的召回数量即可。

4. 召回数量

"用户＋场景＋召回策略"决定了该路召回应该返回的数量。无论对于哪类用户和哪种场景，召回模块给到粗排环节的整体物料数量基本是一致的。在新用户首页场景下，召回模块需要返回 10000 个物料给粗排层，对于老用户的首页场景也是如此。但是对于不同用户、不同场景可以使用的召回策略是不一样的，比如新用户的首页场景只有 3 路召回策略可以使用，老用户的首页场景有 15 路召回策略可以使用，那么新用户的每一路召回策略需要返回更多的物料才能达到 10000 个物料。

所以整个召回模块一共有 4 层："用户＋场景＋召回策略＋召回数量"，"用户＋场景"决定了使用什么召回策略，"用户＋场景＋召回策略"决定了该路召回策略应该返回的召回数量，最终各路召回的物料汇总在一起给到粗排层。

3.5.3　基于规则的召回

本书 3.5.1 节介绍了 3 种不同的召回策略，从本节开始，本书详细介绍不同召回策略的具体设计方法。

1. 标签召回

标签召回 (或者叫内容召回) 是早期推荐算法的经典召回方式。推荐算法最早应用在音乐和电影网站上时，这些内容有着非常强的标签属性。系统同时对内容和用户进行打标，计算两者之间的标签重合度。

如图 3-9 所示，用户雨桐以前看过电影《卧虎藏龙》，该电影在平台上的标签是"武侠""爱情"和"李安"。平台上还有另外两部雨桐没有看过的电影，一部是《泰坦尼克号》，标签为"爱情""灾难"和"卡梅伦"；另外一部是《新龙门客栈》，标签为"武侠""爱情"和"徐克"。基于标签的重合度，如果从这两部电影里面挑一部向用户雨桐推荐，很明显应该推荐《新龙门客栈》，因为《新龙门客栈》与用户以前看过的电影的标签重合度更高。此种召回方式的核心问题就是如何构建科学全面的标签体系、如何为用户和内容打标，计算标签重合度反而是一件相对比较简单的事。给电影、音乐类的内容打标签需要非常强的专业知识，需要解决将内容分为哪些大类、大类如何进行细分、各个类别之间的界限是什么等专业问题。虽然互联网公司对内容进行打标时也会借助一些 AI 模型，但是目前的主要打标方式还是人工标注。例如，字节跳动在全国大概有几千名外包人员做数据标注工作。对于这种复杂的多模态内容，算法工程师也需要基于人工标注的数据进行模型训练。

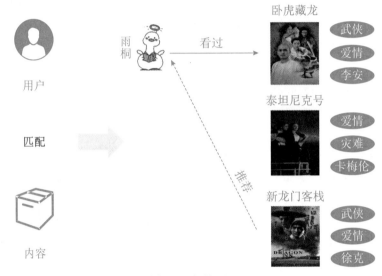

图 3-9　标签召回

在刚刚搭建推荐系统时，标签召回是非常好用的召回方式。如果中小型企业没有专门的算法工程师，在做第一版推荐系统时可以使用简单的标签召回方法，然后基于用户与物料的相似度分数进行排序。此种方法在推荐系统的初建阶段能够发挥积极作用。

2. 质量分召回

第二种常见的召回方式是质量分召回，在电商推荐和内容推荐场景下均可以使用，而且它是一种非常适合给新用户做冷启动的召回方式，在不了解新用户兴趣的情况下，可以先给新用户推荐一些平台上质量分比较高的商品或者内容。

● 质量分的定义

什么是质量分？质量分是用来评估物料质量的分数。在电商领域，我们可以通过商品的历史销量、好评率、收藏数等来综合评估物料的质量分。在内容领域，我们可以通过内容的浏览次数、收藏量、点赞量、分享量等来综合评估内容的质量分。

● 质量分计算公式

下面以电商领域为例介绍如何计算物料的质量分。如表 3-9 所示，我们使用 8 个质量因子来综合评估商品的质量分 (具体选择哪些质量因子视每家企业的实际情况确定)，其中 5 个是正向因子，包括商品订单量、商品点击数、商品点击率、商品关注数和商品好评率，数值越高表示商品质量分越高；另外 3 个是负向因子，包括商品退货率、商品返修率和商品换货率，数值越高表示商品质量分越低。此 8 个因子是电商领域常用的质量因子。

表 3-9　商品质量分考虑因素

质量因子	描述	属性
商品订单量	商品的历史订单量，非销量。单笔订单里一次购买 5 件同一商品只算一单	正向因子
商品点击数	商品在各个场域被用户点击的总数	正向因子
商品点击率	商品点击 PV / 商品曝光 PV	正向因子
商品关注数	商品被用户关注的总数	正向因子
商品好评率	商品好评数 / 商品被评价总数	正向因子
商品退货率	商品退货数 / 商品销量	负向因子
商品返修率	商品返修数 / 商品销量	负向因子
商品换货率	商品换货数 / 商品销量	负向因子

质量因子的计算公式为

$$\text{Quality Score} = a \times 商品订单量 + b \times 商品点击数 + c \times 商品点击率 + d \times 商品关注数 + e \times 商品好评率 - f \times 商品退货率 - g \times 商品返修率 - h \times 商品换货率 \tag{3-1}$$

如公式 (3-1) 所示，我们为每个质量因子配置一个超参数，超参数的大小决定了该部分在整个质量分里面的重要度。如果我们重点关注商品的销量，那么就可以将商品订单量对应的超参数 a 设置得大一些，比如设为 1；商品关注数对商品质量的影响可能不大，我们就可以将对应的超参数 d 设置得小一些，比如设为 0.2。需注意，参数和超参数有一定的区别，本书第 2 章讲到模型训练时会得到各种参数，这些参数需要经过训练才能得到；而超参数一般是人工设定的，不需要经过模型训练，各种因子的权重都是超参数。

● 质量因子归一化

因为上述质量因子的量纲不一样，所以我们需要进行归一化处理，将每个质量因子的分数归到 [0,1]，只有各个质量因子的分数在一个量级上，才能进行综合比较。针对单个质量因子的归一化，我们可以使用本书第 3.4.3 节介绍的 Min-Max 归一化方式。在电商领域中，不同类目商品的曝光量和销量是完全不一样的，比如在京东平台上，家电类目商品和建材类目商品的曝光量是完全没有可比性的，所以对上述各个质量因子进行归一化时，只在各个类目里进行归一化，保证每个类目都会有一些高质量的商品，最后将各个类目的商品质量分汇总到一起进行综合比较。如果将所有类目混合在一起进行归一化，可能最终排名中的头部商品全部集中在某一个类目上。计算完各个类目商品的质量分后，汇总到一起进行综合排序，取排名前几位的商品作为该路召回策略的返回商品。实施质量分召回时，需要维护一张商品及其对应质量分的离线 Hive 表，每天需要重新计算平台上商品的质量分，更新这张 Hive 表。

3. 热门召回

热门召回即召回平台上近期比较热门的一些物料，此召回策略是非常适合面向新用户的召回策略，也是目前各个平台都会使用的召回策略。

● 如何定义"热门"

"热门"没有标准定义，热门商品可以根据不同场景和业务情况设定。比如在电商领域中，我们可以将平台上销量特别好或者用户经常点击的商品定义为热门商品。在内容场景中，我们可以将平台上高赞、高收藏、高分享的物料作为热门内容。

● 整体实现思路

我们以电商推荐场景中的"热销召回"来举例，我们将"热门"定义为"热销"，从平台的商品中筛选出销量比较高的商品。热销召回的整体思路如图 3-10 所示。

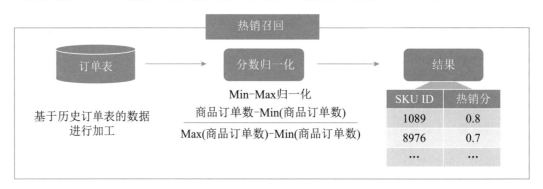

图 3-10　热销召回的整体思路

首先确定要使用的数据表，本案例中要使用的表是"订单表"。然后基于订单表统计每个商品的订单数，特别注意，此处统计的是订单数而不是销量。如果统计的是商品销量，有些商品的销量会明显高于其他商品，比如餐巾纸。这类商品的一笔订单中通常有多个商品，为了降低这种商品购买属性带来的影响，我们通常使用订单数来作为统计口径，而不是销量。有时我们还要剔除那些大促销期间的促销订单，或者降低此部分订单的权重，避免因为这类促销而导致整体策略的不公平。我们仍然采用最常用的 Min-Max 归一化方式，针对每个商品生成对应的热销分，然后存储在离线 Hive 表中，并且每天更新此表。

● 统计周期

通常情况下，我们在进行数据统计时需要设置阶梯性的统计周期，既能够挖掘出近期的爆款商品，又可以保证长期以来在平台上销量一直很好的商品也能够被召回。如果我们仅设置一个统计周期，比如 1 个月，在 5 月初的时候南方已经进入夏季，平台上雪糕的销量开始进入旺季。但有可能在统计最近一个月的销量时，雪糕并没有名列前茅，因为此时雪糕刚上市。如果在 11 月底进行统计，南方开始进入秋季，但此时因为雪糕在过去一个月的累计销量仍然很高，所以在平台上雪糕的销量仍然位居前列。所以通常我们会将统计周期分为长期、中期和短期，比如 3 个月、1 个月和 7 天，然后针对每个周期进行单独的销量统计和分数归一化，再针对每个周期的归一化分数设置一个单独的权重，计算公式为

$$热销分 = a×长期分数 + b×中期分数 + c×短期分数$$

式中：a、b、c 超参数的大小代表更看重哪个时间段商品的热度，可以根据实际场景和业务诉求进行设定。

4. 高点击率召回

因为 CTR 是推荐系统的核心考查指标之一，所以在召回时我们可以单独设置一路去召回平台上那些 CTR 相对比较高的物料。

我们以电商推荐场景下的"高点击率"召回策略来举例。如图 3-11 所示，此召回策略主要使用的数据表为埋点数据表，CTR 统计口径为曝光次数。为了保证 CTR 的置信度，需要设置商品曝光统计次数的最小值，比如设置为 200。因为一个商品可以在平台上呈现的场景非常多，比如搜索结果页、首页、购物车页等，我们在统计商品的点击率时，需要确定该点击率是哪个场景下的点击记录。有些商品在不同场景下点击率差异很大，我们需要进行场景筛选，选择那些和实际应用场景比较接近的场景进行数据统计。最后我们再进行数据归一化，针对每个 SKU ID 生成对应的 CTR 分，存储在离线 Hive 表中，并且每天更新此表。

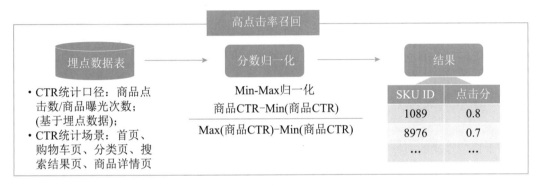

图 3-11　高点击率召回的整体思路

5. 复购召回

复购召回是在生鲜电商领域经常使用的召回策略，实际线上效果非常好，读者在使用盒马 App 时经常会看到"您经常购买"的商品。

● 整体实现思路

如图 3-12 所示，此召回策略主要使用的数据表为订单表，但是要进行基于用户的数据统计。基于规则的召回策略是非常宽泛的，并没有拆分到单个用户维度上，而复购召回需要基于用户维度统计出每个用户经常购买的商品，可使用 Min-Max 归一化方式。最终形成一张表，以用户 ID 为键 (key)，以该用户曾经购买过的商品和商品对应偏好分为值 (value)。

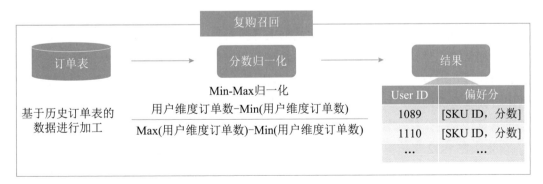

图 3-12　复购召回的整体思路

● 复购召回适用场景

复购召回策略在生鲜电商领域的使用效果非常好，但是在综合性电商领域效果一般，淘宝、京东不常使用这一策略，因为商品的复购频率完全不一样。在生鲜电商平台上，用户可以每天都购买蔬菜、水果，甚至一天可以多次购买。而综合性电商平台上售卖的绝大部分商品复购周期都非常长，比如数码产品等。如果一个用户刚刚买过一部苹果手机，推荐场景马上向用户推荐大量其他品牌的手机，这种用户体验会很差。因为正常情况下，一个用户刚刚买过一部新手机，几个月内一般不会再买另外一款手机，所以在综合性电商平台上，一般应用已购买过滤策略，针对每一个类目的商品构建一个复购周期表。如果用户已经购买过某个类目下的商品，在用户后续没有表现出明显的再次购买意向时，比如搜索、点击、加购等，推荐系统不会在复购周期内向用户二次推荐同类目下其他相似的产品。

上述 5 类基于规则的召回策略是现实工作中经常使用的召回策略，也是推荐策略产品经理一定要知道的召回策略，这 5 类召回策略的实际线上效果都不错。

3.5.4 基于协同过滤的召回

基于协同过滤的召回比基于规则的召回更加个性化和智能化。

1. 协同过滤算法综述

协同过滤算法是一种常见的推荐算法，学习这种算法之前，我们需要先了解什么是协同过滤 (collaborative filtering)，以及它的核心思想是什么。

● 何为协同

"协同"的字面意思就是个体在一起互相配合来做成某一件事情。协同过滤算法里的"协同"指的是利用群体数据去寻找规律，寻找物料与物料、用户与用户之间的相似性。

● 何为过滤

"过滤"的字面意思就是把不符合条件的东西筛选出来并分离。协同过滤算法里的"过滤"指的是当我们基于物料相似度或者用户相似度进行推荐时，需要把那些相似性很低的物料和用户筛选出来并排除。

"协同 + 过滤"，其实就是利用群体数据去寻找规律，去寻找物料与物料、用户与用户之间的相似性，然后再把相似性很低的物料和用户筛选出来并排除，从而挑选出相似性最高的物料和用户。推荐系统 1.0 时代主要应用"基于内容的标签召回"，后来人们开始利用数据本身探讨用户与用户、物料与物料之间的相似性，从而演化出协同过滤算法。协同过滤算法有两个标志性算法，一个是基于用户的协同过滤算法 (下文简称 UserCF 算法)，该算法在 1992 年被提出；另一个是 1998 年亚马逊提出的基于物料的协同过滤算法 (下文简称 ItemCF 算法)。协同过滤算法可以说是推荐领域最经典的算法，甚至可以说协同过滤算法的出现代表了推荐系统的出现。

如图 3-13 所示，协同过滤算法主要有两种实现方法：基于邻域的方法和基于模型的方法。

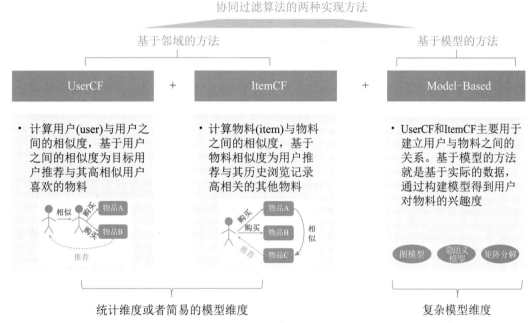

图 3-13　协同过滤算法的两种实现方法

2. 基于用户的协同过滤 (UserCF 算法)

A、B 用户拥有相同的背景和兴趣，基于用户之间的相似性，为 A 推荐用户 B 感兴趣且用户 A 没有接触过的内容。比如日常生活中，我们会让与自己关系特别好的朋友给我们推荐一些电影和书籍，这其实就是简单的 UserCF 算法。好朋友因为彼此相似聚在一起，朋友喜欢的电影和书籍，我们大概率也会感兴趣。UserCF 算法具体包括以下两大步。

● 第一步：挖掘与目标用户相似的用户集合，取相似度排在前几位的用户作为候选集

如表 3-10 所示，一共有 5 个用户和 5 个商品。目标用户是 A，曾经浏览过 a、b、c，没有浏览过 d、e。用户相似度的计算公式为

$$\text{Jaccard 系数} = \omega_{AB} = \frac{\left| N(A) \cap N(B) \right|}{\left| N(A) \cup N(B) \right|}$$

$$\text{余弦相似度} = \omega_{AB} = \frac{\left| N(A) \cap N(B) \right|}{\sqrt{N(A)} \sqrt{N(B)}}$$

表 3-10　用户浏览过的商品

用户	浏览过的商品			
A	a	b	c	
B	a	c	d	e
C	a	d		
D	c	d	e	
E	a	b	c	e

N(A)、N(B) 代表用户 A、B 曾经有过正反馈的物料集合，比如点击、观看等。我们使用 Jaccard 系数计算用户 A 和 B、C、D、E 之间的相似度：ω_{AB}=2/5=0.4，ω_{AC}=1/4=0.25，ω_{AD}=1/5=0.2，ω_{AE}=3/4=0.75，如果 K=2，则排名前 2 位的用户集合就是用户 B 和 E。

● 第二步：挖掘该集合中受欢迎的物料，从中为目标用户推荐他没有接触过的物料

在用户 B 和 E 浏览过的商品中，用户 A 没有浏览过商品 d 和 e，所以可以向用户 A 推荐商品 d 和商品 e，计算用户 A 对两者的兴趣度，计算公式为

$$P_{(u,i)} = \sum_{v \in S(u,K) \cap N(i)} \omega_{uv} r_{vi} \tag{3-1}$$

式中：$S(u,K)$ 表示与用户 u 兴趣度最接近的 K 个用户；$N(i)$ 表示浏览过商品 i 的用户集合；ω_{uv} 表示用户 u 和用户 v 之间的相似度；r_{vi} 表示用户 v 对商品 i 的兴趣度。

例如，用户 A 对商品 d 的兴趣度 =（用户 A 与用户 B 的相似度 × 用户 B 对商品 d 的兴趣度）+（用户 A 与用户 E 的相似度 × 用户 E 对商品 d 的兴趣度）。用户之间的相似度在第一步已经计算过了，用户 B 和用户 E 对商品 d 的兴趣度，我们统一设定：如果浏览过，兴趣度就为 1；如果没有浏览过，兴趣度就为 0。实际业务中可以更加细化，比如以同一时间段用户对商品的浏览次数作为兴趣度计算依据。

$$P_{(A,d)} = \sum_{v \in S(A,2) \cap N(d)} (\omega_{AB} r_{Bd} + \omega_{AE} r_{Ed}) = 0.4 \times 1 + 0.75 \times 0 = 0.4$$

$$P_{(A,e)} = \sum_{v \in S(A,2) \cap N(e)} (\omega_{AB} r_{Be} + \omega_{AE} r_{Ee}) = 0.4 \times 1 + 0.75 \times 1 = 1.15$$

可知，用户 A 对商品 e 的兴趣度为 1.15，对商品 d 的兴趣度为 0.4，所以在商品 e 和 d 中优先为用户 A 推荐商品 e。

1992 年，UserCF 算法就已经在电子邮件的个性化推荐系统上得到了应用，关于 UserCF 算法的优缺点我们在介绍完 ItemCF 算法以后再进行统一对比。

3. 基于物料的协同过滤 (ItemCF 算法)

基于物料之间的相似性，通过用户曾经喜欢的物料，为其推荐相似的物料。比如用户 A 经常看电影《卧虎藏龙》，就为其推荐和《卧虎藏龙》相似的电影。这种方法并不是基于物料之间的标签重合度来计算相似度，和基于内容标签推荐的算法不一样，ItemCF 算法基于用户对物料的历史行为数据来计算物料之间的相似度。ItemCF 算法是由亚马逊公司提出的，目前在各大互联网公司应用十分广泛。ItemCF 算法包括以下两大步。

● 第一步：计算商品之间的相似度

如表 3-11 所示，一共有 6 个用户和 5 个商品。目标用户是 A，曾经浏览过 a、b、c，没有浏览过 d、e。首先需要统计 d、e 被同一用户浏览过的次数，从而构建一个重合度矩阵。比如 pair(d,e) 同时被 3 个用户浏览过，那么重合度矩阵里面就填入 3。最终得到如表 3-12 所示的重合度矩阵。

表 3-11　用户浏览过的商品

用户	浏览过的商品			
A	a	b	c	
B	a	c	d	e
C	a	d		
D	c	d	e	
E	a	b	c	e
F	c	d	e	

表 3-12　重合度矩阵

	a	b	c	d	e
a	4	2	3	2	2
b	2	2	2	0	1
c	3	2	5	3	4
d	2	0	3	4	3
e	2	1	4	3	4

在 6 个用户的浏览记录中，e 和 d 同时出现了 3 次

最后我们使用余弦相似度公式来计算商品之间的相似度，计算公式为

$$余弦相似度 = \omega_{ij} = \frac{|N(i) \cap N(j)|}{\sqrt{N(i)}\sqrt{N(j)}}$$

式中：$N(i) \cap N(j)$ 表示同时喜欢商品 i 和 j 的用户数；$N(i)$ 表示喜欢商品 i 的用户数。

目标用户 A 没有浏览过商品 d 和 e，那么需要计算 d 和 e 与其他商品的相似度。最终得到商品 d、e 和商品 a、b、c 之间的相似度，如表 3-13 所示。

表 3-13　相似度矩阵

	a	b	c
d	$\frac{2}{\sqrt{4}\sqrt{4}} = 0.5$	$\frac{0}{\sqrt{4}\sqrt{2}} = 0$	$\frac{3}{\sqrt{4}\sqrt{5}} \approx 0.67$
e	$\frac{2}{\sqrt{4}\sqrt{4}} = 0.5$	$\frac{1}{\sqrt{4}\sqrt{2}} \approx 0.35$	$\frac{4}{\sqrt{4}\sqrt{5}} \approx 0.89$

● **第二步：基于目标用户历史浏览行为和商品之间的相似度，为其推荐感兴趣且未浏览过的商品**

用户对商品兴趣度的计算公式为

$$P_{(u,j)} = \sum_{i \in S(j,K) \cap N(u)} \omega_{ji} r_{ui}$$

式中：$P_{(u,j)}$ 表示用户 u 对商品 j 的兴趣度；$S(j,K)$ 表示与商品 j 最相似的 K 个商品的集合；

$N(u)$ 表示用户 u 喜欢的商品集合；ω_{ji} 表示商品 j 和商品 i 之间的相似度；r_{ui} 表示用户 u 对商品 i 的兴趣度。

本案例中一共只有 5 个商品，目标用户 A 曾经浏览过 a、b、c，没有浏览过 d、e，所以应预估 $P_{(A,d)}$ 和 $P_{(A,e)}$，因为用户只浏览过 a、b、c，所以我们将这 3 个商品都纳入考虑范围，将 K 设置为 3，计算过程为

$$P_{(A,d)}=\sum_{i\in S(d,3)\cap N(A)}(\omega_{da}r_{Aa}+\omega_{db}r_{Ab}+\omega_{dc}r_{Ac})=0.5\times1+0\times1+0.67\times1=1.17$$

$$P_{(A,e)}=\sum_{i\in S(e,3)\cap N(A)}(\omega_{ea}r_{Aa}+\omega_{eb}r_{Ab}+\omega_{ec}r_{Ac})=0.5\times1+0.35\times1+0.89\times1=1.74$$

这里将用户 A 对曾经浏览过的商品兴趣度统一设置为 1，最终得到 A 对 e 的兴趣度为 1.74，A 对 d 的兴趣度为 1.17，所以优先为用户 A 推荐商品 e。

虽然 UserCF 和 ItemCF 两个算法的思想不一样，但是最终为用户 A 优先推荐的商品都是 e。

3. UserCF 算法和 ItemCF 算法的异同点

图 3-14 概括了 UserCF 算法和 ItemCF 算法的异同点。

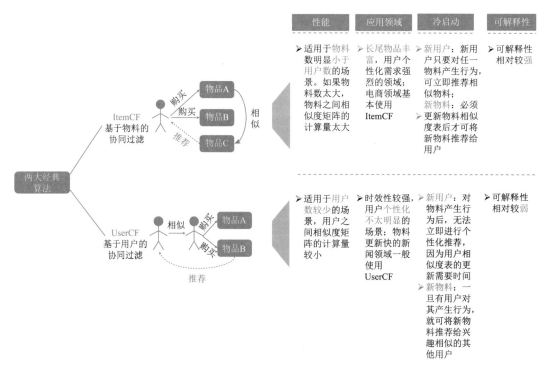

图 3-14　UserCF 算法和 ItemCF 算法之间的异同点

● **性能**

UserCF 算法需要构建一张用户与用户相似度矩阵表，ItemCF 算法需要构建一张物料与物料相似度矩阵表。当活跃的用户数明显多于活跃的物料数时，一般使用 ItemCF 算法，这样构建的矩阵表相对较小，对系统性能的影响也较小。当活跃的物料数明显多于活跃的

用户数时，一般使用 UserCF 算法。在电商领域，使用 ItemCF 算法对系统性能的影响更小。例如，淘宝每日 DAU 上亿，但是活跃的 SKU 只有几百万个，所以构建物料相似度矩阵表的代价更低。

● 应用领域

UserCF 算法在新闻、社交网站等 UGC(用户生成内容) 社区使用得较多，而 ItemCF 算法在电商、电影、音乐等网站使用得较多。一方面因为新闻等网站内容更新快，使用 ItemCF 算法无法满足时效性的要求；另一方面是因为新闻等网站上很多用户群体喜欢阅读同一内容，而在电商、电影等网站上用户兴趣相对比较个性化，使用 ItemCF 算法更能够反映用户的兴趣。

● 冷启动

因为 ItemCF 算法底层是一张物料与物料相似度矩阵表，UserCF 算法底层是一张用户与用户相似度矩阵表，这两张表一般都是离线 Hive 表，每日进行更新，所以用户在当日对物料发生的行为并不会即刻造成底层 Hive 表的变化。在 ItemCF 算法里，新用户只要对任一物料发生点击，可以立即召回其他相似物料。但是新物料刚上架，因为底层 Hive 表里暂没有该物料和其他物料的关系，所以新物料在上架第一天是无法通过 ItemCF 算法召回的。在 UserCF 算法里，新用户第一天登录也无法通过与其他用户的相似度来进行物料召回，因为底层离线表里没有该用户的数据。但是新物料被老用户点击后，就可以立即被推荐给与老用户相似的其他用户，除非点击的用户也是新用户。

● 可解释性

UserCF 算法的可解释性弱于 ItemCF 算法，因为 UserCF 算法侧重于人与人之间的相似，为用户 A 推荐用户 B 感兴趣的商品；而 ItemCF 算法基于用户曾经买过的商品，为其推荐相似的商品。从直观上用户也更愿意相信 ItemCF 算法这种推荐方式。

现阶段的头部互联网公司会同时使用 UserCF 算法和 ItemCF 算法，系统性能的问题可以通过系统架构升级和大数据技术解决。UserCF 算法和 ItemCF 算法的结合使用可以提升整个召回结果的丰富性，进而提升整个召回模块的效果。

4. 基于图模型的方法 (graph-based model)

协同过滤是一种思想，协同过滤算法中有很大一部分是基于模型的协同过滤算法。下面为读者介绍基于图模型的协同过滤算法，具体包括两大步。

● 第一步：将数据表格转化为二分图

如图 3-15 所示，我们将左边表格的数据转化为右边的二分图。二分图左边为用户顶点 (node)，右边为物料顶点 (node)。在用户顶点与用户浏览过的物料顶点之间连一条线，这条连线称为边 (edge)。

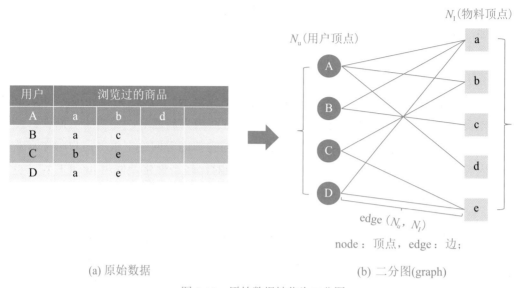

(a) 原始数据　　　　　　　　　　　　(b) 二分图(graph)

图 3-15　原始数据转化为二分图

● **第二步：基于两个顶点之间的路径数、路径长度及经过的节点出度判断相关性**

我们可以通过用户顶点与物料顶点之间的路径数、路径长度以及路径经过的总顶点数来判断两者之间的关联度。相关性很高的用户顶点与物料顶点一般具有以下特征：两者之间有很多路径相连，相连的路径长度都比较短且不会经过出度比较高的顶点。

如图 3-15(b) 所示，要计算目标用户 A 与物料 c 和 e 的关联度，首先统计顶点 A 到顶点 c 有几条路径，这里只有一条路径，即"A—a—B—c"，长度是 3。顶点 A 与顶点 e 之间有两条路径，分别是"A—b—C—e"和"A—a—D—e"，长度均为 3，所以顶点 A 和顶点 e 的相关性要强于顶点 A 与顶点 c。我们再去比较两条长度为 3 的路径"A—b—C—e"和"A—a—D—e"，哪条路径的相关性更强？我们需要分别统计两个路径经过顶点的出度。何为出度？出度就是该顶点对外连接了几个其他的顶点，比如顶点 A 的出度就是 3。两条路径经过节点的出度分别是 [3,2,2,2] 和 [3,3,2,2]。节点的出度越大，代表这个节点的链接越多，该节点和连接的单个节点的相关性就越弱，所以路径"A—b—C—e"产生的 A 与 e 的相关性要强于"A—a—D—e"产生的 A 与 e 的相关性。(本部分参考书籍：项亮著《推荐系统实践》第 2.6 节)

5. 具体案例

下面我们讲解一个电商领域里 ItemCF 算法落地的实际案例，方便各位读者更好地理解各种策略细节以及如何结合自己公司的业务来使用 ItemCF 算法。

● **案例背景**

以目标用户 A 为例，User ID：129798798scd。用户 A 曾经买过商品 a，SKU ID：1017551；但从未浏览和买过商品 b，SKU ID:6842098。计算用户 A 对商品 b 的偏好度。

● **第一步：构建物料与物料之间相似度表**

如图 3-16 所示，针对平台上的两个商品构建一个相似度表，因为平台上的商品数非常庞大，发生过交互行为的商品特别多。我们首先定义两个商品曾经被同一个用户购买过，不管是否在一笔订单中，此两个商品就具有一定的相似性。我们设置一个阈值，两个商品至少曾经被 100 个用户购买过才具有置信的相似性。我们将统计时间周期定为 1 个月。因为单个商品会和平台上大量其他商品产生关联，为了控制相似度表的规模，而且实际业务中 ItemCF 仅是一路召回策略，对于单个商品无须返回太多相似商品，所以我们设置另外一个阈值：对于单个商品，最多选取排名前 200 位的商品。我们仍然使用余弦相似度计算公式，以商品 a、b 之间的相似度举例，最终得出商品 a、b 之间的相似度为 0.237。

购买商品a、b用户数表

SKU ID_a	SKU ID_b	同时下单用户数
1017551	6842098	130

偏好商品a和偏好商品b的用户数表

SKU ID	下单用户数
1017551	600
6842098	500

商品相似度表

SKU ID_a	SKU ID_b	同时下单用户数	商品a下单用户数	商品b下单用户数	相似度(similarity)
1017551	6842098	130	600	500	0.237

$$Similarity(a\&b)=\frac{同时购买商品 a、b 的用户数}{\sqrt{购买商品a的用户数}\times\sqrt{购买商品b的用户数}}=\frac{130}{\sqrt{600}\times\sqrt{500}}\approx0.237$$

图 3-16　物料相似度

● 第二步：构建用户对物料的实际偏好度表（见表 3-14）

表 3-14　用户偏好表

User ID	SKU ID	Nums	偏好分	市场热度分	真实偏好分
129798798scd	1017551	21	8.09	4.11	1.97

表 3-14 中，Nums 表示用户曾经购买该商品的总订单数。

$$偏好分=sum(\frac{用户购买该商品的总订单数}{e^{0.05\times(当前日期-发生购买行为的日期)}})$$

$$=\frac{Nums}{e^{0.05\times2}}+\frac{Nums}{e^{0.05\times4}}+\frac{Nums}{e^{0.05\times5}}+\cdots+\frac{Nums}{e^{0.05\times23}}\approx8.09$$

偏好分反映用户对商品的个性化偏爱程度，该用户过去一个月内发生过 21 次购买行为，则存在 21 个时间点，所以应将 21 个小指标相加。

$$市场热度分=log(统计周期内该商品的总订单数)=log(13000)\approx4.11$$

市场热度分表示该时间段内市场上该商品的热度，应统计市场上所有用户购买该商品的订单数。

$$真实偏好分=偏好分/市场热度分\approx1.97$$

如表 3-14 所示，目标用户 A 近一个月内购买商品 a 21 次，我们需要计算目标用户 A 对于商品 a 的偏好度。在本章节第 3 部分我们举例时，默认用户对于下单过的商品的偏好度全部为 1，但实际落地时需要更加精细化。用户对商品的偏好分计算公式为

$$偏好分 = \text{sum}(\frac{用户购买该商品的总订单数}{e^{0.05 \times (当前日期 - 发生购买行为的日期)}})$$

对用户 A 的 21 笔订单按时间段进行拆分，将同一天的订单作为一个子项，如果这 21 笔订单分别是在 21 天内下的，那么就有 21 个子项。分子为该日期用户的下单数，分母为一个以 e 为底的指数函数，指数为 "0.05×(当前日期 - 发生购买行为的日期)"，购买行为离当前日期越近，分母越小，商品偏好分越大；购买行为离当前日期越远，则分母越大，商品偏好分越小。具体的计算过程我们不展开，最终计算结果为

$$商品偏好分 = \frac{\text{Nums}}{e^{0.05 \times 2}} + \frac{\text{Nums}}{e^{0.05 \times 4}} + \frac{\text{Nums}}{e^{0.05 \times 5}} + \cdots + \frac{\text{Nums}}{e^{0.05 \times 23}} \approx 8.09$$

用户 A 对商品 a 的偏好分为 8.09。同时我们还需要考虑商品的市场热度，因为我们计算的是用户 A 对商品 a 的个性化偏好，而不是因为商品 a 流行度很高导致用户 A 跟随大众也买了商品 a。我们以 "log(统计周期内该商品的总订单数)" 来代替商品的市场热度。统计周期内该商品的总订单数越大，则代表商品热度越高。根据公式计算得出商品 a 的市场热度分为 4.11。最终以用户商品偏好分除以该商品的市场热度分，得出用户 A 对该商品的真实偏好分：8.09 / 4.11 ≈ 1.97。

上述商品偏好分和市场热度分计算公式仅为举例，读者不需要纠结为什么这样设计计算公式。读者在实际业务中可以设计符合自己业务场景的计算公式，关键是剔除商品的市场热度影响，科学评估用户对商品的个性化偏好度分。

● **第三步：结合步骤一和步骤二得出关联商品偏好分**

最后，我们以步骤一得到的商品 a、b 之间的相似度分乘步骤二得到的用户对商品 a 的真实偏好分，得到用户 A 对商品 b 的真实偏好分：0.237×1.97 ≈ 0.467。基于此流程我们可以计算出用户 A 对所有和商品 a 产生过关联的前 200 个商品偏好分。最终我们得到一个以 User ID 为键 (key)，以 [SKU ID，商品偏好分] 为值 (value) 的离线 Hive 表，如表 3-15 所示。

表 3-15　用户商品偏好分

用户ID	SKU偏好度
129798798sod	[1017551，0.467]、[SKU ID，Score]…
987878787avc	[1014521，0.321]、[SKU ID，Score]…
…	…

系统需要的时候直接查询表 3-15，即可返回每个用户在 ItemCF 算法下偏好的商品及其对应的偏好分，最终按照偏好分进行倒排即可。

本节详细介绍了协同过滤算法的思想和底层计算逻辑，策略产品经理需要十分熟悉 ItemCF 算法和 UserCF 算法的思想以及两者之间的差异，建议读者对上述案例中的计算过程复算一遍，这样才能够深刻理解这两种算法的底层逻辑。

3.5.5　基于向量的召回

前文介绍的基于规则的召回和基于协同过滤的召回都是早期的推荐系统就已经开始使用的召回算法，现在推荐系统又多了一种基于向量的召回方法。向量召回方法中最经典的应用就是隐语义模型，或者称为隐向量模型，也可以称为矩阵分解模型。前文介绍了协同过滤思想，那么协同过滤思想有什么缺点？隐语义模型与协同过滤相比有什么先进之处？

1. 案例引入

首先我们通过一个生动的例子来回顾一下协同过滤思想。某天，消费者路飞到一家饭店点餐，服务员小薇为其服务。

● 基于 ItemCF 算法的思想点餐

基于路飞之前吃过的菜，为其推荐相似的菜品，如图 3-17 所示。

走进一家餐厅，准备点餐

路飞，你之前喜欢吃什么菜？

最喜欢吃回锅肉

得嘞，为你推荐毛血旺，包你满意

图 3-17　基于 ItemCF 算法的思想点餐

(以上案例纯属虚构，案例中人物引自日本动漫《海贼王》)

● 基于 UserCF 算法的思想点餐

找出和路飞口味相同的人，为路飞推荐与他口味相同的人爱吃的菜，如图 3-18 所示。

走进一家餐厅，准备点餐

路飞，你的口味和谁比较相似？

艾斯

得嘞，艾斯最喜欢吃口水鸡，给你来份口水鸡

图 3-18　基于 UserCF 算法的思想点餐

(以上案例纯属虚构，案例中人物引自日本动漫《海贼王》)

● 基于隐语义模型的思想点餐

首先确认路飞的口味偏好，然后推荐符合他口味的菜，如图 3-19 所示。

图 3-19　基于隐语义模型的思想点餐

(以上案例纯属虚构，案例中人物引自日本动漫《海贼王》)

隐语义模型思想和协同过滤思想完全不一样。应用隐语义模型思想时，需要先确认用户的兴趣偏好分类，然后将用户的兴趣偏好分类和物料的分类对齐。各位读者也可以明显看出来隐语义思想更加贴近我们的实际生活，更加先进。日常生活中，我们去看电影或者点菜，服务员一般会先问我们的喜好，然后基于我们的喜好进行推荐。

● 隐语义模型思想和协同过滤思想的对比

图 3-20 可以用来形象地表达隐语义模型思想和协同过滤思想之间的差异。

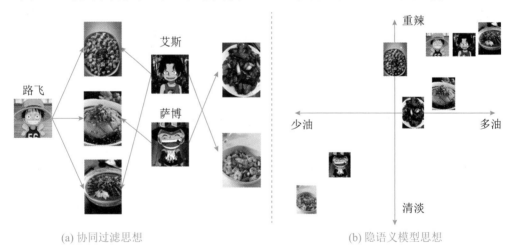

(a) 协同过滤思想　　　　　　　　　　(b) 隐语义模型思想

图 3-20　协同过滤思想和隐语义模型思想的差异

协同过滤基于用户与物料之间的交互数据来构建用户与用户之间的相似度和物料与物料之间的相似度，并没有考虑用户或物料本身的属性，仅仅利用用户与物料之间的交互来进行推荐。

UserCF 算法：首先找到和目标用户喜欢吃同样菜的其他用户，然后为目标用户推荐其他用户喜欢吃的菜。

ItemCF 算法：首先明确目标用户以前喜欢吃的菜，然后找到和目标用户以前喜欢吃的菜比较相似的新菜。

但在现实中，用户与物料之间的矩阵是非常稀疏的，如图 3-21 所示，如果直接利用用户与物料之间的交互行为来作为预估的前提，那么很难准确预估很多长尾物料和用户。

用户对菜品的评分(满分10分)					
用户	菜品				
	麻婆豆腐	回锅肉	口水鸡	沙拉	夫妻肺片
路飞	5	4	5	8	7
艾斯	5	3	8	6	7
萨博	2	8	5	7	5

(a) 理想矩阵

用户对菜品的评分(满分10分)					
用户	菜品				
	麻婆豆腐	回锅肉	口水鸡	沙拉	夫妻肺片
路飞	5	4	5	?	?
艾斯	5	?	8	?	7
萨博	?	8	?	7	?

(b) 现实矩阵

图 3-21　理想矩阵和现实矩阵的对比

隐语义模型的思想是挖掘用户和物料的特征属性,将用户和物料归到相同的特征维度上,最后在相同的特征维度上进行相似度比较。

隐语义模型:首先明确目标用户的兴趣爱好,比如喜欢吃什么类型的菜,将用户的兴趣分类和菜的分类对齐,最后为用户匹配符合其口味偏好的菜品。

如图 3-22 所示,基于原始的用户对菜品的评分表,对用户和物料进行矩阵分解,嵌入 (embedding) 在相同的维度上,然后计算两者之间的欧式距离,距离越大代表用户对于物料的偏好度越低。路飞和沙拉之间的距离非常大,代表路飞对于沙拉的兴趣度极低。

用户对菜品的评分(满分10分)					
	麻婆豆腐	回锅肉	口水鸡	沙拉	夫妻肺片
路飞	5	4	5	?	?
艾斯	5	?	8	?	7
萨博	?	5	?	9	?

	少油	多油	清淡	重辣
路飞	0	6	1	7
艾斯	0	6	1	8
萨博	6	2	6	2

	少油	多油	清淡	重辣
麻婆豆腐	1	5	0	7
回锅肉	3	5	1	5
口水鸡	1	8	1	5
沙拉	10	0	10	0
夫妻肺片	1	7	0	7

(此处仅供参考,实际矩阵拆解过程后面章节介绍)

路飞 　＊　沙拉　$\Rightarrow$　$\sqrt{(0-10)^2+(6-0)^2+(1-10)^2+(7-0)^2}\approx16.31$

图 3-22　路飞对于沙拉的偏好度

2. 隐语义模型概述

日常我们听到的隐向量模型、隐语义模型或者矩阵分解模型,它们的含义其实都是一样的。它通过用户的行为数据挖掘出隐含的特征 (latent factor),最终将用户与物料嵌入在相同维度的特征空间里,在相同维度下进行相似度计算。它使用更低维度的隐向量来表示用户和物料,挖掘用户和物料的隐含特征。读者经常会看到 embedding 这个词,即"嵌入"或者"向量映射",实际就是将用户和物料的特征映射到某个特征空间并用向量来表达的一种方法。

隐语义模型的核心就是将一个共现矩阵(用户和物料的交互矩阵)分解成两个小矩

阵，也就是分解成一个用户矩阵和一个物料矩阵，必须将两个小矩阵分解在相同的向量维度上，即图 3-23 中的 K，两个小矩阵相乘可以变回原本的共现矩阵。

共现矩阵 $R=3\times5$，3 为用户数，5 为物料数

用户对于菜品的评分(满分10分)					
	麻婆豆腐	回锅肉	口水鸡	沙拉	夫妻肺片
路飞	5	4	5	?	?
艾斯	5	?	8	?	7
萨博	?	5	?	9	?

将其拆分为两个小矩阵

用户矩阵 $U=3\times K$(隐向量维度)

	K1	K2	K3
路飞	—	—	—
艾斯	—	—	—
萨博	—	—	—

×

物料矩阵 $V=K$(隐向量维度)×5

	麻婆豆腐	回锅肉	口水鸡	沙拉	夫妻肺片
K1	—	—	—	—	—
K2	—	—	—	—	—
K3	—	—	—	—	—

图 3-23　矩阵分解

当我们将一个大矩阵分解成两个小矩阵时，面临两个问题：两个小矩阵共用的隐向量维度 K 怎么设置？ K 的维度设置为多少比较合适？

如图 3-24 所示，K 本身代表的隐向量维度不具有现实世界中的实际语义，不可解释，引入点餐案例时用了一些读者熟悉的语义进行讲解，但实际在隐语义模型里隐向量是不可解释的，也不具备实际的语义。K 本身并不是越大越好，K 越大虽然表示的信息维度越多，但是泛化能力也会越差，对于系统性能以及算力的要求也会越高；K 越小表示的信息维度就会越少，但是泛化能力也会越强。最终 K 的取值取决于模型效果和系统性能之间的权衡。如何计算用户 U 对物料 I 的偏好度呢？其实就是计算用户与物料在 K 个隐向量之间的距离，最终相加，距离越大代表偏好度越低。如果采用欧式距离计算，计算公式为

$$用户 U 对物料 I 的偏好度 = \sqrt{(U_1 - I_1)^2 + (U_2 - I_2)^2 + (U_3 - I_3)^2 \cdots + (U_k - I_k)^2}$$

其实这就相当于在一个空间里，如果两个点离得越近，我们就认为它们越相似；如果两个点离得越远，我们就认为它们的关联性越差。

用户矩阵 $U=3\times K$(隐向量维度)

	K1	K2	K3
路飞	—	—	—
艾斯	—	—	—
萨博	—	—	—

×

物料矩阵 $V=K$(隐向量维度)×5

	麻婆豆腐	回锅肉	口水鸡	沙拉	夫妻肺片
K1	—	—	—	—	—
K2	—	—	—	—	—
K3	—	—	—	—	—

图 3-24　隐向量 K 的设置

3. 矩阵分解方法

前文介绍了如何设置隐向量维度 K 的值，以及设定 K 值以后如何将一个共现矩阵拆分为两个小矩阵，这本质是一个数学问题，目前常见的方法有以下 3 种。

● **方法一：特征值分解** (eigen decomposition)

只能作用于 $N \times N$ 的方矩阵，而实际上用户和物料的矩阵均不是方矩阵，所以不具有适用性。

● **方法二：奇异值分解** (singular value decomposition)

适用于所有 $M \times N$ 矩阵，但是对矩阵的稠密度要求高，现实中的矩阵都是稀疏的，如果要用这个方法，必须把缺失值通过近似值补全，一般采用平均值等方式。此种方法计算复杂度为 $O(m \times n^2)$，具体的数学计算过程较复杂，这里就不展开了。因为奇异值分解方式对计算资源要求极高，而且要求矩阵必须是稠密的，所以实际工作中我们也不使用奇异值分解的方式。

● **方法三：梯度下降法** (gradient descent)

在 2006 年网飞举办的电影预测评分大赛上，一位名为 Simon Funk 的选手提出一种新的方法 Funk SVD，后来又被称为 LFM，也就是目前市场上常见的隐语义模型方法。该方法的核心思想就是将预测值和实际评分值做比较，损失函数为均方差，利用梯度下降来进行迭代，直到模型收敛。梯度下降法是目前工业界最常用的矩阵分解方法。

4. 隐语义模型的优缺点

与协同过滤思想下的召回策略相比，隐语义模型有哪些优缺点？

● **优点**

(1) 泛化能力强。隐语义模型同样需要依赖用户的行为数据，但在一定程度上可以缓解矩阵稀疏的问题。

(2) 计算复杂度低。矩阵分解最终生成的是用户向量、物料向量，其复杂度为 $(m+n) \times k$，m 为用户的数量，n 为物料的数量，k 为隐向量的维度。而协同过滤所需计算的用户或物料相似度矩阵的复杂度为 $m \times m$ 或 $n \times n$，远远高于矩阵分解的复杂度。复杂度越低，模型计算耗时越少，需要的算力资源也越少。

(3) 更好的灵活性和扩展性。矩阵分解生成的用户向量、物料向量可以很好地与其他特征组合或拼接，也可以和深度学习神经网络相结合。

● **缺点**

隐语义模型仅考虑用户与物料各自的特征，不方便加入用户、物料、上下文特征以及其他一些交互特征，模型本身仍然具有一定的局限性。

3.5.6　双塔模型

在基于向量的召回策略中还有一个非常著名的模型——双塔模型。很多读者应该听过双塔模型，甚至某些公司全部使用双塔模型进行召回和排序，下面本书将单独介绍双塔模型。

1. 双塔模型概述

双塔模型源于 2013 年微软一篇论文提出的 DSSM 模型 (deep structured semantic model)，当时是为了解决自然语言处理领域中的语义相似度问题。

微软的算法科学家利用深度神经网络将文本表示为低维度的向量，将检索词 (qurey) 和文档 (document) 分别嵌入 (embedding) 成两个向量塔，然后计算两个向量之间的余弦相似度。

图 3-25 为 DSSM 模型的结构。DSSM 模型在训练时，正样本为该检索词下曾经被点击过的文档集合 D^+，负样本为该检索词下未被点击过的文档集合。最终得到检索词和文档的语义向量维度 (128 维)，然后计算两个向量之间的余弦相似度，最后通过 SoftMax 函数进行归一化，得到检索词与每一个文档的相关性。

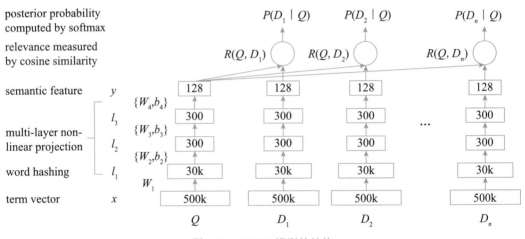

图 3-25　DSSM 模型的结构

备注：原图来源于微软公开发表的论文：*Learning Deep Structured Semantic Models for Web Search Using Clickthrough Data*。

双塔是一种模型思想，而不是一个具体的模型。在推荐系统中，我们可以将两个塔设定为用户塔和物料塔，分别对用户和物料进行嵌入，然后计算两者之间的相似度。

如图 3-26 所示，双塔模型分为 3 层。最底层是输入层，针对用户和物料分别输入对应的相关特征，这里的特征都是用户和物料各自独立的特征，没有两者的交叉特征，然后针对特征进行编码，最后将所有特征拼接在一起。中间层是表示层，针对输入层输入的特征，经过 DNN 模型训练后最终输出各自收敛的向量 (embedding)。无论输入的时候特征维度数是否一致，最终输出的用户向量 (user embedding) 和物料向量 (item embedding) 的维度必须相同，否则无法进行下一步的相似度计算。DNN 模型里面的建模思路与二分类任务的建模思路一样，被点击的为正样本，没被点击的为负样本。最后一层是匹配层，在相同的特征维度空间上计算用户向量和物料向量的相似度。在之前的案例中，我们介绍了很多基于欧式距离的相似度计算方式，双塔模型主要使用余弦相似度公式来计算两个向量之间的相似度。假设用户向量为 $[U_1,U_2,...,U_n]$，物料向量为 $[I_1,I_2,...,I_n]$，那么两者之间的余弦相似度如图 3-27 所示。

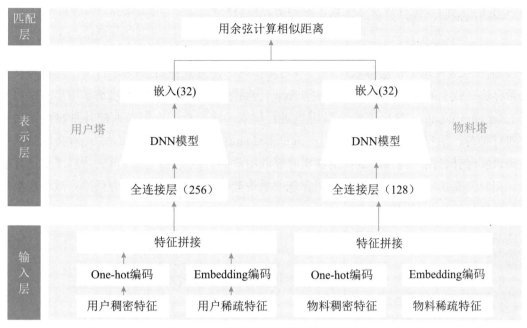

图 3-26　双塔模型在推荐系统上的架构

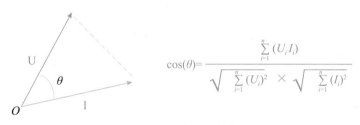

图 3-27　余弦相似度

两个向量之间的夹角越小，则余弦值越接近 1，$\cos(\theta)=1$，两者的相似度越高；两个向量之间的夹角越大，则余弦值越接近于 -1，$\cos(\theta)=-1$，两者的相似度越低。

2. 双塔模型离线训练

推荐系统里面的双塔模型需要基于用户的行为数据和 DNN 模型来训练用户向量和物料向量，其中模型训练方法也就是上文介绍的梯度下降法，关于梯度下降法的思想，本书在 2.6 节详细介绍过。双塔模型在实际应用时主要作为召回模型来使用，而召回模型的核心要素就是正负样本的选择。正样本为用户曾经点击过的物料，而负样本的筛选很有艺术性。如果和精排模型一样，使用线上曝光但未被点击的物料作为负样本，则会导致样本选择偏差 (SSB，sample selection bias) 问题。因为精排模型的候选集就是返回的物料，但是召回模型的候选集是所有的物料，而不仅仅是线上曝光的物料。这里可以理解为：学生平时做的题目是从一个只有 100 道题目的题库里面筛选出来的，但是考试的题目是从一个有 10 000 道题目的题库里筛选出来的，这里面有大量题目是学生没有见过的，那么最终学生的考试成绩就会很一般，所以学生平时训练时就需要接触更多的题目类型。召回模型的样本选择也是一样的，召回模型训练选择负样本时，不能只专注于线上曝光但未被点击的物料，还需要更多类型的数据。负样本的选择有很多种方式，常用的方式就是从整体的物料库里面随机抽取，选择更多的物料让模型进行学习。

3.双塔模型的实际应用

如图 3-28 所示，在实际线上使用双塔模型时，需要提前将训练好的用户向量和物料向量存储在线上的内存数据库里。有些 App 会直接请求用户塔获取本次请求用户的用户向量 (user embedding)，然后再去物料塔里进行检索，选出相似度最高的前几种物料，为用户进行推荐，用户向量和物料向量 (item embedding) 每天都会更新。有些 App 会针对用户的请求实时计算用户向量，确保能够实时获取用户的兴趣变化，然后再去物料塔里进行检索。用户向量的实时计算依赖于公司合理的系统架构设计和整体的算力供给。双塔模型是召回模块里的主要召回策略之一。

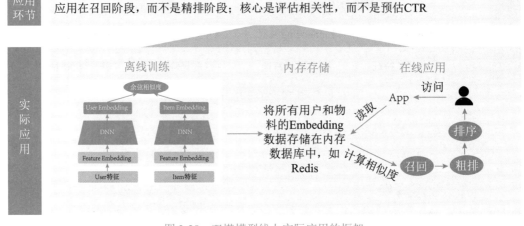

图 3-28　双塔模型线上实际应用的框架

4.双塔模型的优缺点

● 优点

双塔模型能对用户塔和物料塔进行解耦，离线训练好相关数据后再进行线上部署，线上读取和计算速度均很快，解决了推荐系统的工程性能问题，相对于其他模型推荐的整体效果更好。

● 缺点

双塔模型的缺点其实也就是隐语义模型的缺点，即没有用到用户和物料的交叉特征，虽然现阶段可通过相关手段优化，但是整体交叉特征的效果一般。

3.5.7　召回策略的效果评估

前文介绍了很多种召回策略，那么策略产品经理应该如何评估召回策略效果？多路召回里的每一路召回策略对于最终效果的贡献是多少？

1.线上效果评估

最简单直接的线上效果评估方式就是 AB Test 小流量实验，这个实验可以比较新老召回策略的线上效果。通常情况下，在进行效果评估时要将离线评估和线上评估结合起来，先通过离线评估确定新的召回策略，然后进行线上 AB Test 小流量实验，不然会浪费人力和线上的实验平台资源。

2. 离线效果评估

对召回策略进行离线评估时，主要评估单个召回分支返回的物料和实际线上曝光与点击物料之间的重合度。例如，2023 年 9 月 1 日，平台重新优化了召回策略，可以基于此召回策略针对实际用户进行召回，比如针对 2023 年 8 月 15 日至 8 月 20 日访问的用户进行召回，对比新老召回策略下召回的物料和实际曝光与点击的物料，然后计算曝光重合度和点击重合度。曝光重合度和点击重合度越高，代表效果越好。因为召回策略的优化实际上也是基于线上曝光和点击数据分析出来的，所以存在一定的数据穿越问题。离线效果评估仅供参考，但如果离线效果评估表现不佳，线上效果一般也不会好。

3. 各路召回的贡献度归因

因为整个召回模块采用多路召回的架构，每一路召回产生的实际线上效果是不一样的，所以我们需要分析每一路召回的效果。整体的效果评估和单个召回分路的离线效果评估方式比较相似。比如 2023 年 9 月 1 日至 9 月 9 日，线上共曝光了 2000 万个物料，被点击了 100 万个物料，我们需要对这些物料进行归因，确定每一个曝光物料和点击物料是由哪一路召回分支返回的，基础条件之一就是点击曝光埋点里有针对不同召回分支的埋点标识，否则无法统计该物料是由哪一路召回分路返回的。如果一个物料能从多个召回分支返回，此时可以采取 3 种方式进行归因。第一种方式是将物料归因到每一路，对每一路召回分支都计算相同的贡献。第二种方式是基于各路召回分支返回时该物料的归一化分数，将其统一到同一个量纲下进行对比，最终归入召回分支分数最高的那一路。第三种方式是按照权重进行归因，对该物料在各路分支的分数进行汇总，然后按照每一路分支的贡献进行拆分。这 3 种归因方式本身没有好坏之分，需要看实际的数据分布。当我们把每一个物料归因到各个召回分支以后，就可以对比每一路召回的曝光和点击贡献占比，从而科学评估每一路召回的贡献，据此可以适当调整每一路召回返回的物料数。

召回模块是整个推荐系统的基础，策略产品经理要明白每一种召回策略的底层逻辑，这样才能深度参与到召回策略的设计中，为不同用户、不同场景定制召回策略。

3.6　推荐系统粗排策略

本书 3.5 节介绍了召回策略，召回的下一个环节就是粗排。首先我们需要对多路召回的结果进行汇总去重，然后将去重后的结果输入粗排模型中，最终由粗排模型选出排名前几位的物料。粗排策略整体分为基于规则和基于模型两大类，下面分别展开介绍。

3.6.1 基于规则的粗排策略

如果召回策略基本都是基于规则和协同过滤的召回，那么每一路召回在返回结果时都会有一个对应的归一化分数。比如 3.5.3 节介绍的热门召回，每一个物料都有一个对应的热门分，先对所有召回路的结果进行汇总去重，如果一个物料出现在多个召回路里，则将该物料的分数相加，最终按照总分进行倒排。

如图 3-29 所示，我们在对各路召回进行加权汇总时，可以针对每一路召回设置一个权重系数，因为在不同业务场景下，每一路召回的重要性不一样，设置权重系数就是为了差异化对待每一路召回里的分数，加权汇总后再进行统一排序，筛选出排在前几位的物料。这种策略在推荐系统运行初始阶段是非常有效的，策略可解释性强，实施也很简单。

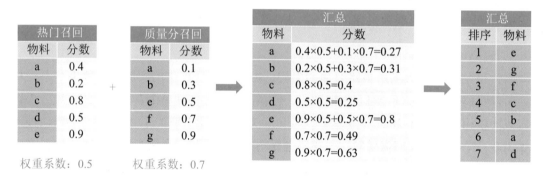

图 3-29 召回融合

3.6.2 基于模型的粗排策略

基于规则的粗排策略虽然简单，但是不够智能化。目前行业里先进的解决方案是构建专门的粗排模型，针对返回的物料进行初步的 CTR 预估，这里的 CTR 和精排模型里的 CTR 不一样。相关的计算公式为

$$CTR_{粗排}(召回点击率)=\frac{曝光点击数}{召回物料数}$$

$$CTR_{精排}(曝光点击率)=\frac{曝光点击数}{曝光物料数}$$

$CTR_{粗排}$ 和 $CTR_{精排}$ 计算公式里的分子都是曝光点击数，但是 $CTR_{粗排}$ 的分母是召回物料数，$CTR_{精排}$ 的分母是曝光物料数。粗排模型训练的正样本是线上曝光且用户点击的物料，负样本是所有召回但是用户未点击的物料，不管这个物料最终有没有曝光，这是为了避免前文介绍过的样本选择偏差问题 (sample selection bias，SSB)。粗排模型和精排模型使用的算法基本是一致的，现阶段 CTR 预估模型基本是 DNN(deep neural network) 模型。但是因为推荐系统中对于召回和粗排模块的耗时要求很严格，所以粗排模型使用的特征相对于精排模型会少很多，而且 DNN 模型的网络结构会更加简单，更少的特征和更简单的网络结构可以保证粗排模型的耗时更少，从而满足整个推荐系统对召回和粗排模块的耗时要

求。最终粗排模型预估出所有召回物料的召回点击率，按照召回点击率进行倒排，筛选出排在前几位物料进入精排模型。

3.6.3　粗排策略效果评估

粗排策略效果评估有线上和离线两种方式。在进行线上评估时，可直接实施 AB Test 小流量实验，比较新粗排策略与旧粗排策略，关注推荐系统几个核心效果指标的数据变化即可。在进行离线评估时，对于基于模型的粗排策略应重点关注离线 AUC 指标。和基于规则的粗排策略一样，也可以对比粗排模型返回的前几位物料和精排模型返回的前几位物料的重合度，以及与线上曝光点击物料的重合度，重合度越高，代表粗排策略效果越好。

3.7　推荐系统精排策略

物料经过召回、粗排、过滤环节后才会进入精排模型里。过滤环节多采用硬规则，比如电商领域的无货过滤、未上架过滤、黑名单过滤等。过滤环节之所以在精排之前，就是为了保证进入精排环节的物料都是可以展示的，确保模型排序的有效性，同时也可以节省系统的计算资源。精排模型是整个推荐系统中最复杂的模型，也是耗时最多的模型。在头部互联网公司，通常情况下，召回和粗排由同一个专门的团队负责，而精排由单独的专门的团队负责。本节我们将详细介绍推荐系统精排策略的设计。

3.7.1　学习目标

我们首先需要针对精排模型设定学习目标，在不同业务场景下，精排模型的学习目标不一样。

1. 电商推荐场景

在大部分情况下，精排模型的核心训练目标就是预估用户对物料的 CTR，此处的 CTR 是指曝光点击率。极少数情况下，精排模型预估的是用户对物料的 CVR。到底是预估 CTR 还是 CVR，主要看业务诉求。以京东和淘宝为代表的综合性电商平台，目前以预估 CTR 为主。精排模型训练的正样本就是埋点记录表里被用户点击的商品，负样本就是埋点记录表里曝光但未被用户点击的商品。

2. 内容推荐场景

以抖音和快手为代表的短视频内容平台，在精排阶段全部采用多目标排序的方法。对于短视频平台来说，核心的业务指标是 DAU 以及用户使用时长。为了留住用户，需要向用户推荐其感兴趣的视频，同时也要让用户在平台上互动起来，比如点赞、评论、分享等。关键是要增加用户使用时长，增加正向反馈，同时减少用户负向反馈。

● 正反馈指标

显性的正反馈指标有点赞、分享、收藏、正向评论；隐性的正反馈指标有观看时长、完播率、有效播放率等。

● 负反馈指标

显性的负反馈指标有负反馈点击、举报、负向评论；隐性的负反馈指标有短播放、停止浏览等。

精排模型需要预估每个视频的有效播放率、用户观看时长、点赞率、关注率、完播率等，然后将各项预估指标融合在一起，形成一个分数，用于最终的视频排序。综合排序公式为

$$\text{Rank Score}=a{\times}P_{\text{完播率}}+b{\times}P_{\text{点赞率}}+\cdots+h{\times}f(P_{\text{观看时长}})$$

应用分数计算公式时，应先针对每一个指标设置一个超参数，然后计算所有指标的加权结果，基于最终的结果进行统一排序。

3.7.2　算法选择

确定模型训练的目标和训练样本后，接下来要确定使用哪一种算法来进行学习。目前行业里的精排模型大多使用深度神经网络 (deep neural network) 算法，也就是 DNN 算法。在预估 CTR 时也可以使用经典的 LR 算法，或者 LR+GBDT 算法。算法本身没有好坏之分，需要结合公司实际的系统架构和业务情况进行选择。现阶段 DNN 算法的效果要优于其他算法，但是 DNN 算法的可解释性很差，而且对系统性能的要求非常高。在一些中小公司里，因为推荐系统整体架构设计的问题，线上部署 DNN 模型会导致系统整体时延很高，用户体验很差，所以采用简单的 LR 算法进行模型训练也是可以的。如果使用 LR 算法预估 CTR，主要工作就是构建模型特征。如果使用 DNN 算法预估 CTR，一部分主要工作是构建模型特征，另一部分主要工作是设计神经网络结构，而策略产品经理可以参与的精排模型搭建工作就是构建模型特征。

3.7.3　特征构造

如果说召回的关键是样本的选择，那么精排的关键就是特征的构造。精排模型为了更好地理解用户和物料，模型使用了大量的用户特征、物料特征、用户物料交叉特征。下面以电商 App 首页推荐场景为例介绍建模常用的一些特征。

1. 静态特征

● 用户特征

用户特征包括用户 ID、性别、注册时间、是否会员、注册手机号、所在城市、职业、收入水平、婚姻状况等。

● 物料特征

物料特征包括 SKU ID、一级类目、二级类目、三级类目、品牌名。

静态特征基本是不会发生变化的，这些特征能够帮助模型理解用户和商品的一些基础信息。

2. 请求特征

请求特征包括请求 ID(Request ID)、请求时间 (时刻、早中晚、日期)。

请求时间特征主要是为了区分用户在不同季节、一天之中的不同时间的消费行为偏好。

3. 用户基本画像特征

如表 3-16 所示，针对平台所有注册用户构建一个用户基本画像特征表，通过用户画像特征表了解用户的消费能力、消费频次、类目偏好等，同时统计不同时窗下 (比如7 天、15 天、30 天) 用户的特征信息。表 3-16 中第 14、16、18 个特征均为比例衍生类特征，用于计算各个子类占父类的比例，最终通过该特征理解用户对各个子类的偏好度。表 3-16 中的特征是一些常用的特征，具体应用时可以根据业务情况加入其他特征。用户基本特征表是一张离线 Hive 表，需要基于本书第 3.4.1 节介绍的用户注册信息表、商品信息表、品类信息表和订单表等加工而成，每天进行更新。

表 3-16　用户基本画像特征表

序号	特征	对特征的理解
1	用户 ID	用户基本信息
2	性别	
3	下单总数	理解用户的下单频次
4	平均下单数	
5	订单总金额	理解用户的消费能力
6	订单平均金额	
7	订单最大金额	
8	订单最小金额	
9	购买过多少不同一级类目商品	理解用户的兴趣纯度
10	购买过多少不同二级类目商品	
11	购买过多少不同三级类目商品	
12	购买过多少不同品牌商品	
13	按照一级类目分别统计下单数、下单总金额、下单平均金额	理解用户对各个一级类目商品的偏好
14	比例类衍生特征：上述各个一级类目的子项占该用户总订单、下单总金额的比例	
15	按照二级类目分别统计下单数、下单总金额、下单平均金额	理解用户对各个二级类目商品的偏好
16	比例类衍生特征：上述各个二级类目的子项占该用户总订单、下单总金额的比例	
17	按照三级类目分别统计下单数、下单总金额、下单平均金额	理解用户对各个三级类目商品的偏好
18	比例类衍生特征：上述各个三级类目的子项占该用户总订单、下单总金额的比例	

4. 用户商品画像特征

如表 3-17 所示，用户商品画像特征表是对用户基本画像特征的进一步补充，有助于我们深层次地理解用户对特定商品、品牌、类目等的偏好，同时我们仍然需要统计不同时窗下（比如7天、15天、30天）用户的这些特征信息。表3-17中第9、13、17、22个特征均为比例衍生类特征，用于计算各个子类占父类的比例，最终通过该特征理解用户对各个子类的偏好度。表3-17是一张离线Hive表，需要基于本书第3.4.1节介绍的用户注册信息表、商品信息表、品类信息表和订单表等加工而成，每天进行更新。

表3-17 用户商品画像特征表

序号	特征	对特征的理解
1	用户ID	用户与商品的基本关联
2	商品ID	
3	用户以前订单中含有该商品的订单数	
4	商品的数量	
5	该商品的总价格	
6	用户以前购买过的和该商品属于同一个一级类目的商品种类数	理解用户对一、二、三级类目下同类商品的偏好度
7	用户在一级类目下购买的商品总订单量	
8	用户在一级类目下下单的总金额	
9	比例类衍生特征：该商品订单数、下单金额占一级类目下总商品种类数、总订单数、下单金额的比例	
10	用户以前购买过的和该商品属于同一个二级类目的商品种类数	
11	用户在二级类目下购买的商品总订单量	
12	用户在二级类目下下单的总金额	
13	比例类衍生特征：该商品订单数、下单金额占该二级类目下总商品种类数、总订单数、下单金额的比例	
14	用户以前购买过的和该商品属于同一个三级类目的商品种类数	
15	用户在三级类目下购买的商品总订单量	
16	用户在三级类目下下单的总金额	
17	比例类衍生特征：该商品订单数、下单金额占该三级类目下总商品种类数、总订单数、下单金额的比例	
18	以前购买过的和该商品属于同一个品牌的商品种类数	理解用户对同品牌商品的偏好度
20	用户购买的同一个品牌的商品总数量	
21	用户购买过的同一个品牌的总价格	
22	比例类衍生特征：该商品订单数、下单金额占该品牌下总商品种类数、总订单数、下单金额的比例	

5. 行为序列特征

上文介绍的特征基本属于用户的属性特征，而行为序列特征则是指用户的动作行为特征，模型基于用户的历史行为序列来预测下一次行为。在现实生活中，人们的前后行为具有极强的关联性，而线上App的前后行为同样具有关联性，在模型中加入行为序列特征能使模型捕获用户的动态偏好。常见的行为序列有用户的点击序列、加购序列、下单序列、观看序列等。例如，在构建一个点击行为序列时，首先需要定义一个序列长度，比如4，然后将用户浏览该物料前点击的最近 4 个物料拼接在一起，就构成了一个点击行为序列，如表 3-18 所示。

表 3-18　点击行为序列

位置1	位置2	位置3	位置4
SKU ID	SKU ID	SKU ID	SKU ID

6. 交叉特征

上文介绍的特征都是单个特征，在实际使用时，我们会将很多单个特征组合在一起形成交叉特征，比如 User ID 和 SKU ID 的交叉特征，用户类目偏好和请求时间的交叉特征。通过这些特征的组合，能够更加全面地挖掘用户的兴趣偏好。User ID 和 SKU ID 的组合特征是精排模型里面最重要的一个特征，本书 3.7.6 节会详细介绍。

3.7.4　特征选择

上文介绍了常用的用户特征和物料特征，那么这么多特征都需要加到模型里面去吗？完成特征构造后，下一个环节就是特征选择。特征选择是指从众多特征中选择一个子集的过程。我们在开始时构建了成百上千个特征，但实际应用到模型里时要考虑模型整体性能，只能选择最高效的几十个或几百个特征。精简高效的特征空间可以实现后续模型训练速度的提升，同时我们也需要将一些无效特征或者价值度不高的特征剔除，从而提升模型的整体效果。从众多特征中挑选出最优的特征组合是特征选择环节需要做的事情，特征的选择方法一般有以下 4 种。

1. 业务经验法

业务经验法 (experience method) 是指策略产品经理和算法工程师基于对实际业务场景的理解进行特征构建和特征选择，此种方法不需要借助模型离线效果评估，完全凭借人工经验和业务知识，整个选择过程如图 3-30 所示。

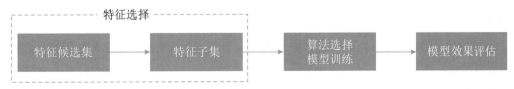

图 3-30　业务经验法

比如在电商推荐场景中，用户的品类偏好、品牌偏好、消费力匹配等特征就是非常重要的特征。在内容推荐场景中，用户的视频类型偏好、视频题材偏好、视频时长偏好等特征是非常重要的特征。电商推荐和内容推荐都是相对比较容易理解的场景，而金融风控场景里的反欺诈策略是对业务经验要求最高的，金融风控策略产品经理需要对银行的征信报告十分了解，很多时候需要咨询业务专家，需要大量业务经验的输入。比如在金融风控场景里，有一笔借款周期为 3 个月且随借随还的 50 万元贷款，用户分成两次使用，第一次提取 25 万元，3 个月后又提取 25 万元。没有经验的风控人员会觉得该用户用款习惯很好，每次按需使用，但是经验丰富的风控人员会认为该用户存在以贷还贷的风险，用户可能在上一笔 25 万元的贷款到期后，随即将剩下的 25 万元贷款取出来偿还上一笔贷款。对于此类特征，只有经验非常丰富的业务人员才能发现。

业务经验法的优点：可以快速构建一批价值比较高的特征，实现模型的快速上线。

业务经验法的缺点：高度依赖人工经验，尤其是对于业务复杂度很高的场景，比如金融风控场景，此种方法无法大规模复制。

2. 过滤法

过滤法 (filter method) 是指从特征本身以及特征和样本标签的相关性出发进行选择，和业务经验法一样，过滤法也不依赖模型离线效果评估，整个选择过程和图 3-30 一样。应用过滤法的关键是如何科学评估特征的价值，通常情况下有两种方法：一种方法是评估特征本身的相关指标；另一种方法是评估特征与标签之间的相关性。

● 评估特征本身的相关指标

特征本身的相关指标一般指覆盖率和方差这两个指标。

(1) 覆盖率指标。如果一个特征仅能覆盖样本中极少一部分数据，比如 1%，即使这个特征非常有价值，但是因为覆盖的样本太少，实际上也产生不了多大的价值。通常情况下，特征的样本覆盖率超过 50% 才有比较大的价值。模型构建前期可以重点选择覆盖率比较高的特征。

(2) 方差指标。不同样本在同一个特征上的分布差异越小，代表该特征对样本的区分度越小；分布差异越大，代表该特征对样本的区分度越大。因为方差是一个绝对值指标，很多特征取值不在同一个量纲上，比如用户的年龄特征是 [30,40,50]，用户的家庭人数特征是 [1,3,7]，从方差的角度来说，年龄特征的方差值肯定更大，但从模型训练的角度来看，可能人数特征更具有区分度，所以在进行方差计算时一般需要对所有特征进行归一化处理，将其归一到同一个量纲上再进行方差计算，比较大小。

● 评估特征与标签之间的相关性

如果特征 X 和标签变量 Y 的数据类型不同，则采用的方法也不一样，此处我们重点介绍特征 X 为数值变量、标签 Y 也为数值变量的情况。

公式 (3-2) 是皮尔逊相关系数的计算公式，取值范围为 [-1,1]。特征 X 与标签 Y 之间的相关系数为 1，代表两者完全线性正相关；相关系数为 -1，代表两者完全线性负相关；相关系数为 0，代表两者完全没有关系。如果特征 X 是数值变量，标签 Y 是类别变量，一般使用费雪分数；如果特征 X 是类别变量，标签 Y 也是类别变量，一般使用皮尔逊卡方检验。

$$\rho_{X,Y} = \frac{\text{cov}(X,Y)}{\sigma_X \sigma_Y} = \frac{\sum_{i=1}^{n}(X_i - \bar{X})(Y_i - \bar{Y})}{\sqrt{\sum_{i=1}^{n}(X_i - \bar{X})^2}\sqrt{\sum_{i=1}^{n}(Y_i - \bar{Y})^2}} \tag{3-2}$$

过滤法的优点: 不依赖模型训练和模型实际效果评估,缩短特征选择流程,可以比较快速地筛选出一批有价值的特征。

过滤法的缺点: 对于特征独立进行评估,对于不同特征组合带来的效果无法进行有效的评估。同时不依赖模型,无法有针对性地挖掘出适应当前业务场景和模型的最佳特征组合。

3. 封装法

封装法 (wrapper method) 是指以特征应用到模型里产生的实际效果为出发点来进行特征选择的方法,整个选择过程如图 3-31 所示。

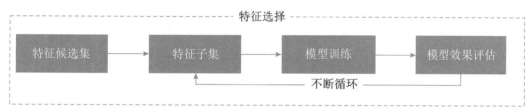

图 3-31 封装法

假设特征候选集里一共有 N 个特征可选,基于实际情况只能选择 K 个特征应用到模型里。这个问题就转化为从 N 个特征中不断地挑选出数量为 K 的特征组合,去评估不同组合下模型在测试样本上的离线效果。挑选特征组合的方法主要有两种。

● 完全搜索

遍历所有特征组合,采用暴力计算的方式,但这种方法实用性不高。

● 启发式搜索

通常情况下我们使用启发式搜索的方法,具体可细分为以下两种。

(1) **序列前向选择**。从空集开始,每次从剩下的特征里面选择一个特征加入特征子集里,然后评估实际模型效果,将模型效果最优的特征子集留下。不断重复上述过程,直到模型效果无法提升,或者达到约定的特征数量。

(2) **序列后向选择**。从全量特征开始,每次从集合中去除一个特征,然后对剩下的特征集合进行模型效果评估,选择效果最优的特征集合。不断重复上述过程,直到模型效果无法提升,或者达到一定的约定条件。

封装法的优点: 基于模型实际效果选择出来的特征子集理论上具有最佳的实际应用效果。

封装法的缺点: 选择流程长,模型需要不断地重复训练,时间成本很高,计算量也非常大。

4. 嵌入法

在实际工作中进行特征选择时往往将多种方法结合使用,并且伴随建模的全过程,不断地基于模型效果去试验新的特征组合,这种方法称为嵌入法 (embedded method)。首先分析单个特征对模型效果的重要性,分别基于单个特征来建模,观察模型在测试样本上的离线指标效果,基于特征重要性来进行初步的特征选择与判断。

如图 3-32 所示，以 CTR 预估模型为例，User ID 与 SKU ID 组合特征的特征重要性为 0.61，代表如果模型中只有 User ID 与 SKU ID 这一个特征组合，最终训练出来的模型在测试样本上得到的 AUC 效果就是 0.61。通常情况下，用户标识和物料标识的组合特征都是模型最重要的特征。我们查看单个特征的重要性后，可以有一个初步判断，决定哪些特征是必须要加入模型里的，比如图 3-32 中的 User ID 与 SKU ID 特征。然后以此为基础，使用启发式搜索法不断地往特征子集里面加特征，直至模型效果无法提升或者达到一定的约束条件，同时也可以结合业务经验法和过滤法做一些特征初筛工作。

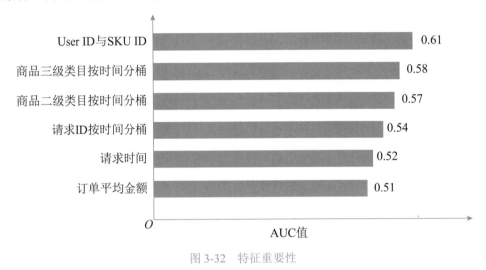

图 3-32　特征重要性

3.7.5　特征编码

上文介绍了如何构建特征、如何选择特征，但在实际构建模型时无法直接使用这些特征，需要进行特征编码，下面介绍策略产品经理需要了解的常见编码方式。

1. 编码是什么
编码 (encoding) 是指信息从一种形式或格式转换为另一种形式或格式的过程。对于计算机来说，底层的机器语言都是二进制码，计算机进行计算时需要将信息变为数字信息。而我们在构建 CTR 预估模型时使用的大量特征都不是数字类特征，比如地域特征"安徽""上海"，性别特征"男""女"，职业特征"工程师""老师"等。直接将这些文本类特征输入模型里，模型无法进行学习和训练，必须先编码，将这些特征转换为模型可以计算的数字信息。

2. 编码方式
实际工作中常用的编码方式有以下 3 种。
- one-hot 编码 (独热编码)
独热编码主要用于类别特征，此类特征的取值范围是有限的，比如地域特征、职业特征。独热编码过程如图 3-33 所示。

用户信息	
用户ID	地域
A	安徽
B	上海
C	北京
D	深圳

→

地域one-hot编码（独热编码）			
安徽	上海	北京	深圳
1	0	0	0
0	1	0	0
0	0	1	0
0	0	0	1

→

用户信息	
用户ID	地域
A	[1000]
B	[0100]
C	[0010]
D	[0001]

图 3-33　独热编码过程

我们将地域特征的取值展开，每一个取值对应一列，如果该条记录属于该列则填入 1，如果不属于该列则填入 0。最终上述 4 条记录的地域特征通过独热编码后得到的结果是 [1000]、[0100]、[0010]、[0001]。

● **分桶编码**

在 CTR 预估类任务中，有一些特征已经是数字信息了，比如用户的消费力信息、商品的价格信息等。如果我们在分类任务中直接使用特征的原始信息，模型最终的学习结果具有线性关系，变成回归任务。但是 CTR 预估是分类任务，所以在 LR 模型中，通常会将这些数值类特征通过分桶编码的方式转化为 0-1 编码。分桶编码过程如图 3-34 所示。

商品信息	
商品名	价格/元/kg
大白菜	10
猪肉	30
大蒜	5
牛肉	80

→

价格区间分桶编码（分桶编码）					
[0,5)	[5,10)	[10,20)	[20,40)	[40,60)	[60,100)
0	0	1	0	0	0
0	0	0	1	0	0
0	1	0	0	0	0
0	0	0	0	0	1

→

商品信息	
商品名	价格/元/kg
大白菜	001000
猪肉	000100
大蒜	010000
牛肉	000001

图 3-34　分桶编码过程

我们将价格信息拆分成多个桶，商品的价格落在哪一个桶里则该桶为 1，其他桶为 0。对价格信息进行编码后得到的结果是 [001000]、[000100]、[010000]、[000001]。

● **向量映射编码**

上述的独热编码和分桶编码得到的结果是非常稀疏的，模型学习效率不高。当特征的取值范围非常大时，特征会快速膨胀，占据非常大的空间。在应用深度学习算法时，我们都使用向量映射编码的方式，本书第 3.5.5 节详细介绍过向量映射。向量映射编码后，能将特征值变为一个更加稠密的低维向量。比如我们对地域特征进行向量映射编码，其过程如图 3-35 所示。

用户信息	
用户ID	地域
A	安徽
B	上海
C	北京
D	深圳

→

向量映射编码	
用户ID	地域
A	[0.1,0.3,0.5]
B	[0.2,0.6,0.9]
C	[0.5,0.7,0.4]
D	[0.2,0.4,0.3]

图 3-35　向量映射编码过程

如图 3-35 所示，对地域特征进行向量映射编码后得到了具体的向量信息。图 3-35

为举例方便，编码过程比较简单，实际上向量映射比较复杂。具体如何将特征值转化为向量？在实际工作中首先要调用 TensorFlow 里现成的函数(比如 tf.nn.embedding_lookup) 进行初始化，得到一个初始的向量映射；然后通过具体的模型训练让该特征编码收敛，针对特征里面的每一个枚举值得到唯一的编码值；在实际使用模型时，直接查询该特征枚举值对应的向量即可。

3.7.6　模型训练

确定模型使用的算法，再对选择的特征进行编码，下一步就进入模型训练环节了。模型训练共分为三步，首先构建训练样本，然后基于训练样本进行模型训练，最后输出收敛的模型。

1. 构建训练样本
● 大宽表的基本构建

基于本书 3.7.1 节确定的模型训练目标——以 CTR 为核心，基于 3.7.3 节确定的模型特征——请求特征＋用户画像特征＋用户商品画像特征等，就可以用模型的训练样本构成一张训练表，我们通常称之为"大宽表"，如表 3-19 所示。

表 3-19　训练样本 (大宽表)

请求 ID	请求时间	User ID	SKU ID	User ID & SKU ID	用户画像特征	用户商品画像特征	其他	标签
12bdc	2022-02-05 00:02:02.000	12987	098767	12987 & 098767	请求时间时的特征对应值	请求时间时的特征对应值	……	0
09xbe	2022-02-06 11:08:02.000	09876	567889	09876 & 567889	请求时间时的特征对应值	请求时间时的特征对应值	……	1
00wer	2022-02-06 14:28:22.000	34521	098789	34521 & 098789	请求时间时的特征对应值	请求时间时的特征对应值	……	0
14yhu	2022-02-06 04:18:32.000	24765	456787	24765 & 456787	请求时间时的特征对应值	请求时间时的特征对应值	……	1

备注：标签 =1 表示用户点击了；标签 =0 表示用户未点击。

首先，我们需要基于埋点记录表筛选出本次训练的正样本和负样本，如表 3-19 所示，标签 =1 表示此条曝光记录被用户点击了，为正样本；标签 =0 表示此条曝光记录未被用户点击，为负样本。然后将本次模型使用的特征全部拼接进表 3-19 中，需要特别注意的是，因为每条曝光和点击记录都有具体时间点，所以我们在进行特征拼接时要使用该时间点此特征的值，否则就会造成特征穿越。通常以 $T-1$ 时刻的统计数据为特征，以 T 时刻的行为为标签。比如，用户 A 在 2023 年 9 月 1 日 10 点 23 分 35 秒点击了商品 B，那么用户画像特征和用户商品画像特征等特征必须采用 2023 年 9 月 1 日前的特征值，不能使用 2023 年 9 月 2 日以后的特征值来预测用户在 2023 年 9 月 1 日的行为，这样就相当于提前知道了

用户的后验行为。最终将所有的特征和点击曝光记录拼接在一起，得到表 3-19 中的训练
样本数据。为了方便用户理解，表 3-19 有所简化，实际上还需要对上述所有特征值进行
编码，就像第 3.7.5 节介绍的那样，最终得到的是一个有着千万维度甚至上亿维度的矩阵，
矩阵的最后一列是该条数据的标签：点击或不点击。

● 正负样本的筛选

通常情况下，训练样本中正负样本的比例需要大于 1/100。如果正样本比例过低，会
导致模型无法正常学习，相当于模型基本没有见过"正确"答案，全是"错误"答案。实
际工作中确实会遇到一些正样本比例很低的业务场景，在此种情况下，常见的做法就是将
正样本多复制几份，让模型对正样本进行多次学习，相当于让学生重复做一份试卷以达到
"滚瓜烂熟"的地步。另外一种极端情况是正样本占比过高，此时我们需要筛选出有质量
的正样本让模型学习。比如，对于电商领域中用户的误点击，可以从整体正样本数据中剔
除此样本数据。负样本是指在精排模型里线上曝光但未被用户点击的数据，无须像粗排模
型那样从召回数据里面筛选负样本。

2. 基于训练样本进行模型训练

构建完训练样本就可以进行模型训练了，模型训练的本质是通过数学计算的方式学习
训练样本的数据，最终得出一组收敛的模型参数。

LR 模型训练过程如图 3-36 所示，本书 2.5.1 节对 LR 模型进行了非常详细的介绍，
模型训练其实就是训练出每一个特征维度对应的参数 ω。此场景下构建好 LR 模型的损失
函数，即

$$\text{Loss Function} = \min\left(\sum_{i=1}^{N}(h_{\omega}(x_i) - y_i)^2\right)$$

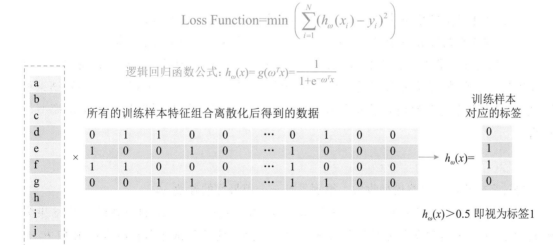

图 3-36　LR 模型的训练过程

然后，基于本书 2.6 节介绍的梯度下降法不断地进行迭代训练，当损失函数值最小时
对应的参数值 ω 就是模型最优的 ω，整个训练过程依靠比较复杂的数学计算，此处不再
详细介绍了。算法工程师在实际工作中可以调用现成的库函数，比如 TensorFlow，不需要
进行人工计算即可得出收敛参数值 ω。

如图 3-37 所示，将模型的训练轮数设置为 20 次，将学习率设置为 0.05。我们可以看到当模型训练到第 20 轮时，模型的 AUC 指标接近 1，此时训练出来的模型已经学习得比较充分了，相当于学生将一张模拟试卷做了 20 遍，已经可以得到满分，再训练就没有意义了。模型训练轮数可以视具体的数据情况和模型复杂度而定，最终目标是模型在训练样本上的 AUC 指标达到 1。

模型：**LR模型**；最大训练轮数：**20**；学习率：**0.05**；L1 正则项系数：**2**；L2 正则项系数：**5**

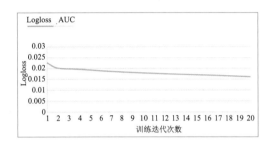 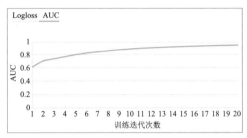

- 最大训练轮数、L1和L2正则项系数都是根据AUC表现调试出来的

图 3-37　模型训练的相关参数

同时我们还设置了 L1 和 L2 正则项系数，L1 和 L2 正则项系数是对上述损失函数的补充，也可以看成惩罚项。加入 L1 和 L2 正则项系数后，损失函数可以改写为

$$\text{Loss Function}=\min\left(\sum_{i=1}^{N}(h_{\omega}(x_i)-y_i)^2+\lambda\|\omega\|_1+\lambda\|\omega\|_2^2\right)$$

L1 正则化是指参数 ω 中各个参数的绝对值之和，通常表示为 $\|\omega\|_1$；
L2 正则化是指参数 ω 中各个参数的平方和再求平方根，通常表示为 $\|\omega\|_2^2$。

正常情况下，我们还会在 L1 和 L2 正则项系数前配置一个系数 λ，此 λ 和模型的学习率 α 不是一个系数，λ 是依靠算法工程师的经验人工设置的，也可以通过模型训练结果不断调试。L1 正则化系数是为了提升模型的泛化能力，L2 正则化系数是为了防止模型过拟合。

3. 输出收敛的模型

经过多轮训练，最终模型收敛，得到了唯一一组最优的参数 ω。

如图 3-38 所示，假设模型只设置了 4 个参数，最终训练得出的收敛的参数结果为 [0.1,0.4,1,0.8]。将测试集样本的数据代入，可以得到对应的测试样本的预估 CTR 值 P_{CTR}。将阈值设置为 0.5，当 $P_{\text{CTR}} > 0.5$ 时代表用户点击了，当 $P_{\text{CTR}} \leq 0.5$ 时代表用户未点击。以第一条样本为例，计算过程为

$$0.1\times0 + 0.4\times1 + 1\times1 + 0.8\times0 = 1.4$$

$$P_{\text{CTR}}=\frac{1}{1+e^{-1.4}} = 0.80 > 0.5 \Rightarrow 标签 = 1$$

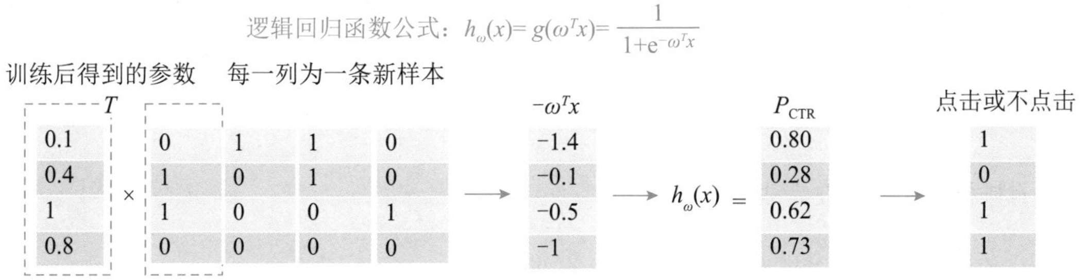

逻辑回归函数公式：$h_\omega(x)=g(\omega^T x)=\dfrac{1}{1+\mathrm{e}^{-\omega^T x}}$

图 3-38　测试样本上的应用

3.7.7　效果评估

模型训练结束后，我们需要对训练得出的模型进行效果评估。通常我们需要在测试样本上进行模型离线效果评估。一般情况下，我们需要构造多版模型，挑选出离线效果最优的模型进行线上部署。离线效果评估就是将训练得出的模型在测试样本上进行效果验证，对于分类任务来说，主要看 AUC 指标。根据历史经验，CTR 预估模型在测试集上的 AUC 指标超过 0.7 才可能在线上有比较明显的正向效果，因为随机模型的基准 AUC 就是 0.5。AUC 指标如果在 0.8 至 0.9 之间，模型的效果就非常好了，工业界模型的 AUC 指标不太可能超过 0.9。

3.7.8　模型应用和迭代

基于离线评估效果，确定最终上线的精排模型。模型上线后，短期内不会对模型使用的算法和特征工程做比较大的调整，但会使用新的线上数据对模型进行重新训练，学习用户的兴趣变化。模型重新训练后可对旧模型进行替换，不用做专门的线上 AB Test 小流量实验，此种模型的迭代也称为模型的自学习。通常情况下，绝大部分模型都会以天为单位进行一次模型自学习，规模特别大的模型 3 ～ 5 天更新一次。如果针对精排模型做比较大的算法和特征工程调整，需要进行专门的线上 AB Test 小流量实验，观察新模型的小流量实验效果，基于实验效果决定是否对旧模型进行替代。

上述内容就是在推荐系统中构建精排模型的所有步骤，策略产品经理可以参与的精排模型搭建工作主要是模型训练样本的挑选和特征工程的构建。需注意，即使当前的精排模型以 DNN 模型为主，传统的特征工程起到的作用没有那么大了，但是特征工程仍然是模型搭建中必不可少且十分重要的一环。

3.8　推荐系统重排策略

经过召回、粗排、过滤和精排环节后，便进入推荐系统的最后一个环节——重排。重排是以全局最优为核心目标，辅助一些业务规则对推荐结果再次排序的过程。

3.8.1 概述

重排模块一般需要完成以下 3 项工作。

1. 全局最优的排序调整

精排层的 CTR 预估是针对单个物料进行的，但是实际 App 前端展示时很多物料是在一起连续展示的，是一个序列 (list)。比如淘宝首页推荐，一般一屏有 4 个商品，用户浏览是一个连续的过程，所以模型需要找到一个最优组合，而不是一个最优单品。比如首屏的前 4 位商品，可能单个商品精排模型的预估 CTR 都很高，但将 4 个商品组合在一起以后整体的用户 CTR 可能会下降，类似于上衣、裤子和鞋子，单独穿起来都很好看，但是同时穿上可能并不搭配，所以重排层需要针对精排层返回的前几位商品进行基于全局最优策略的再排序。

2. 基于用户体验的策略调整

重排后的物料顺序就是用户在 App 前端实际看到的物料顺序，很多时候为了改善用户体验，需要保证前端展示物料的新颖性、多样性。如果不制定专属的重排策略可能会出现极端情况，比如淘宝首页连续 6 个展示位展示的全是耐克的鞋子，京东首页连续 5 个展示位展示的全是舒肤佳的产品。之所以会出现这种情况大都是因为类目集中度过高，用户的实际浏览体验很差。所以通常情况下，在重排层会设置很多硬规则，比如按照类目打散、同图过滤、相似图打散等。这些策略可能不会提升 CTR 指标，但是站在用户体验的角度来看，设置相关的硬规则，能保证整个推荐内容的新颖度和丰富性。

3. 适当的流量调控

重排是最后一层的排序调整，很多时候和业务强相关的流量调控策略会部署在重排层，比如对某些物料的加权，常见的有对直播内容的加权、情人节期间对花卉等商品的加权。这些策略只有部署在最后一层才可以实现直接的调控。

下面本书就每个方面详细的策略设计展开介绍。

3.8.2 全局最优策略

排序模型有 3 种优化目标：单点优化 (point wise)、成对优化 (pair wise)、序列优化 (list wise)。上文介绍的精排模型的 CTR 预估，其实就是单点优化，只考虑当前单点的物料特征，不考虑上下文信息。成对优化和序列优化都考虑上下文信息，不过成对优化只考虑两个物料之间的顺序关系，具有一定的局限性。而重排模型的优化目标通常都是序列优化，序列优化本身不是一个具体的算法或者模型，只是一个模型的优化目标或者是损失函数的定义方式。序列优化关注整个列表中物料之间的顺序关系。序列优化策略分为以下两个步骤。

第一步：序列生成

假设手机一屏向用户展现 4 个商品，每个序列的长度为 4，序列生成模型基于精排模型返回的商品数量进行排列组合。假设精排模型返回了 50 个商品，那么序列生成模型理论上可以生成 $A_{50}^4 = \dfrac{50!}{46!} = 5\ 527\ 200$ 种排列。为了减轻系统的计算负担和减少耗时，实际工作中不可能穷举所有的序列类型，一般情况下会从精排模型排序靠前的候选集中进行挑选，然后设置一些策略性的筛选条件。

第二步：对生成的序列候选集进行效果预估

首先需要构建一个序列评估模型，上文中介绍过目前市场主流的精排模型是 DNN，而目前序列评估模型中常用的算法是 RNN(recurrent neural networks，循环神经网络)。RNN 模型的一大特点是以序列数据为输入，通过神经网络内部的结构设计可以有效捕捉序列之间的关系特征，所以 RNN 模型非常适合作为序列评估模型来实现序列优化。序列评估模型的输入是每一个序列以及精排模型预估的 CTR 值，模型融合当前商品上下文，也就是排序列表中其他商品的特征，评估列表整体效果，最终输出每一个序列的综合得分。序列评估模型的训练样本基于线上实际曝光点击数据，每 1 个序列为 1 条训练样本，1 条训练样本含有 4 个商品，每个商品对应一个标签，0 为未点击，1 为点击。序列评估模型最终针对单个序列的每一个商品输出一个对应的预估 CTR，然后将每个序列里各个商品的 CTR 汇总到一起加权，最终得到一个综合的 CTR 分数，再进行排序。

如图 3-39 所示，将 4 个相同长度的不同序列输入评估模型中，模型针对序列中的每个商品重新给出 P_{CTR}；然后将单个序列的 P_{CTR} 相加，得到综合分数；最终将 P_{CTR} 最高的序列返回给前端，如图 3-39 所示，得分最高的序列为序列 3。需要注意的是，序列评估模型得出的结果仍然是预估 CTR，只是此时的预估 CTR 结合了上下文信息，而不是像精排模型那样仅预估单点的 CTR。不过序列预估模型会对精排模型的 P_{CTR} 进行微调，不会大幅调整精排模型预估的 P_{CTR}。以电商 App 为例，对于用户的单次请求，后端会返回 10 个商品，我们将这连续的 10 个商品作为一个序列进行整体的 CTR 预估，然后选择综合 CTR 最高的序列返回 App 前端。

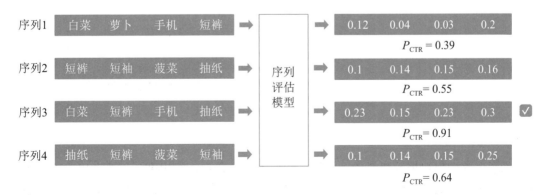

图 3-39　序列评估模型

3.8.3 用户体验策略

推荐系统重排模块的用户体验策略包括以下两种。

1. 打散策略

在电商推荐场景，需要针对同三级类目、同品牌、同封面图的商品进行打散；在内容推荐场景，需要针对同类型、同封面图、同作者的内容进行打散。打散可以有效防止用户审美疲劳，同时有利于探索和捕捉用户的潜在兴趣，对优化用户体验和推荐场景的长期生态都很重要。目前市场上主流的打散策略是基于硬规则的打散，也有基于用户个性化兴趣的打散方式，但还是容易出现用户体验问题。

下面以电商同三级类目商品打散来举例。假设平台要求连续 4 个展示位中同一三级类目商品最多只能有 2 个，连续 8 个展示位中同一三级类目商品最多只能有 4 个，针对这类打散一般使用滑动窗口法。如图 3-40 所示，构建两个窗口，一个长度为 4，一个长度为 8，每个圆圈代表一个商品，不同类目的商品用不同底纹来表示。两个窗口全部从第一个商品开始往后移动，首先判断窗口 1 和窗口 2 里的商品是否符合规则要求，如果符合规则要求则继续滑动窗口，经过第一次移动后，可以看到窗口 1 里面的商品类目分布已经不符合规则要求，按照顺序将后面符合要求的商品往前移动进行替换。按照上述流程一直滑动窗口，对窗口内不符合要求的商品按顺序调换。滑动窗口法容易出现末尾扎堆的情况，因为一直在用后续的物料去满足前序的规则，将不满足规则的物料后移，最终可能导致末尾物料的顺序无法调整，因为已经没有候补物料可供调整了。

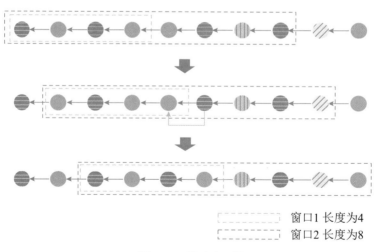

窗口1 长度为4
窗口2 长度为8

图 3-40　滑动窗口法

2. 多样性策略

为了调整向用户推荐物料的多样性，我们也会设置相应的规则。向单个用户推荐多少种不同类目的商品，怎样推荐才算符合多样性，这是由各个平台自己决定的，一般由策略产品经理和相关的业务方一起制定规则。前文介绍过，有时候一味地追求多样性会造成整体推荐模块 CTR 的下跌，所以通常情况下我们会采用多种策略，观察实际线上效果，然后基于 AB Test 小流量实验效果进行讨论，最终在平衡业务诉求和实际线上效果的基础上确定一版最终策略。

多样性策略和打散策略最终融合在一起，变成一个多目标约束优化问题。不同用户对类目集中度的接受度完全不一样，为什么我们不能基于用户的特性进行个性化处理，而是使用硬规则？原因有两点，一是个性化处理难度较大，且目前在工业界没有实现比较好的收益；二是个性化仍然会带来非常多的用户体验问题，经常会引来各个业务方的投诉，为了方便和省心就直接使用硬规则策略了。

实际工作中，用户体验策略和全局最优策略要结合在一起实施。如果在实施全局最优策略后再调整用户体验策略，比如类目的打散等，必然会破坏原本全局最优的策略。所以在运用全局最优策略进行单个序列生成时，需要考虑后续的各种硬规则策略，保证生成的单个序列符合要求。当多个序列拼接在一起时如何保证满足上述用户体验策略？此时一般使用滑动窗口法。

3.8.4　流量调控策略

流量调控策略只有一种，即直接在重排层针对这部分物料进行相应权重的调整，在原本预估的 CTR 基础上再乘对应的系数分，比如 1.2。加权可以让某一类型物料快速得到更多曝光。有时候也可以在召回模块进行调整，比如针对某一类物料单独设计一路召回策略，增加召回侧的供给。但是召回侧离最终展现还需要经历很多个模块，无法确保物料最终一定可以展现，所以一般在召回模块和重排层同时做策略。

3.8.5　综合性重排

上文介绍了重排时以 P_{CTR} 为核心指标，但实际落地时我们不仅仅需要考虑 P_{CTR} 这一个指标，在电商领域，我们还需要考虑物料的 P_{CVR}(预估转化率)、P_{GMV}(预估单次曝光的成交金额)、Quality Score(商品的质量分) 等。对于内容场景，我们需要考虑视频的预估完播率、预估播放时长、互动率以及发布者的账号等级等。对物料进行最终排序时需要考虑多种因素，不能只考虑单一指标。在最终排序时，我们一般设置一个综合性的排序分数 (rank score)，比如在电商领域可以用公式 (3-3)。

$$\text{Rank Score} = (P_{CTR})^a \times (P_{CVR})^b \times (\text{Quality Score})^c \times (P_{GMV})^d \tag{3-3}$$

公式 (3-3) 设置了 4 个排序因子，针对每个因子单独设置一个超参数，可以根据超参数的大小来调整每个因子对最终排序分数的影响。因子的量纲需要统一，比如取值都在 [0,1]，不然 P_{GMV} 的值很明显会高于其他因子，对整个排序分数会产生很大的影响。在这里，统一量纲可以使用归一化的方式。在排序公式 (3-3) 中也可以用加法，比如

$$\text{Rank Score} = a \times P_{CTR} + b \times P_{CVR} + c \times \text{Quality Score} + d \times P_{GMV} \tag{3-4}$$

短视频平台可以使用公式 (3-5)。

$$\text{Rank Score} = a \times P_{\text{完播率}} + b \times P_{\text{点赞率}} + \cdots + h \times f(P_{\text{观看时长}}) \tag{3-5}$$

因为排序分数的主要作用是让物料具有区分度，具体使用哪种计算方式没有严格的要求，在实际工作中，我们可以通过线上 AB Test 小流量实验进行观察，从而确定哪一种排序公式的线上效果更好。在不同公司的不同业务场景下，排序公式的计算方式可能不一样。3.8.2 节仅介绍了使用 P_{CTR} 指标作为排序依据，在实际工作中，一般使用本节介绍的排序分数作为排序依据，但是设置哪些排序因子以及如何设置排序因子的超参数需要根据具体的业务情况来决定。

3.9　推荐结果样式创意策略

本章前面部分介绍的全部是底层策略，但用户最终看到的却是鲜活的内容和商品，用户接触到的是实际的内容样式和创意。基于内容类型和业务属性设计平台内容的样式也是策略产品经理日常工作中非常重要的一部分，这部分工作对于推荐效果的提升也将起到非常大的作用。

3.9.1　概述

前百度凤巢首席科学家张栋曾经提出一个很有意思的"4321"理论。他认为推荐系统作为一个整体，包括 UE(用户体验)/UI(界面设计)、数据、行业知识和算法 4 个模块。这 4 个对整体推荐效果的贡献度排序：UI/UE(40%) ＞ 数据 (30%) ＞ 知识 (20%) ＞ 算法 (10%)。其中算法起到的作用反而是最小的，向用户实际展现的样式和用户的观感却是最重要的。我们无法科学评估上述 4 个模块对最终推荐效果起到的作用，但是内容展现样式和创意对用户点击率的影响也是很大的。

1. 内容、样式和创意是什么

下面本书以淘宝 App 为例，介绍内容、样式和创意。

● 内容

如图 3-41 所示，淘宝首页推荐常见的内容类型有普通商品、视频、店铺、直播、商品聚合页、活动会场和频道页等。不同的内容类型代表的内容不一样，前端展现的样式不一样，点击后跳转的详情页也不一样。比如，用户点击普通商品后直接进入商品详情页，可以直接加购和下单；用户点击直播后进入直播间详情页，可以观看直播并在直播间下单。不同的内容类型会提升用户在平台上的可逛性，单一的内容会让用户产生审美疲劳。

● 样式

不同的内容在前端展示的样式完全不一样，不同的样式能够适配内容的不同特性。

如图 3-42 所示，普通商品样式突出商品主图和商品标题，而商品聚合页则突出此聚合页的主题，让用户明白哪些商品被聚合在一起，具体商品的标题和价格等信息在详情页展示即可。

图 3-41　淘宝首页推荐常见的内容类型

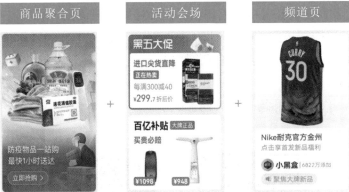

图 3-42　不同内容类型的展示样式

即使是同一种内容，前端展示的样式也会有多种。如图 3-43 所示，普通商品有长图和方图两种展示样式。长图样式适合展示那种图片信息量比较多或者冲击感比较强的内容，比如直播和视频一般都是长图样式；而方图样式适合展示信息量较少、风格简约的内容。

图 3-43 相同内容类型的展示样式

● 创意

构成样式的各种元素都可以称为创意，比如标题、封面图、利益点信息、首单优惠信息等。创意可以分为主创意和附加创意。对于电商领域来说，主创意主要包括图片、视频、标题、价格等，附加创意主要包括价格优惠（先用后付、满减）、售后服务（假一赔十、买贵必赔）、系统推荐（好评榜）、用户行为（好友买过、收藏上千）等。

图 3-44 为淘宝首页推荐场景相关创意的示例，在展示内容中增加各种各样的创意，能够促进用户点击，进而促成转化。

图 3-44 淘宝首页推荐相关创意

3.9.2 样式策略

下面本书详细介绍推荐场景下的样式设计策略。

1. 单一内容展现样式

设计任何一种样式都是为了更好地呈现内容，给用户带来更好的视觉体验。在设计样式时需要遵循以下几项基本原则。

● 信息的完整性

样式必须包含完整展示该内容的核心元素。比如，商品样式必须包括商品主图、标题和价格，店铺样式必须包括店铺标题和封面图。单个内容样式展示信息过多，会使得整个页面非常杂乱；展示信息过少，则无法让用户获取核心信息。通常情况下，单个样式的行数不会超过四行，如单行内容无法展示完全可直接缩略，不进行折行展示。

● 内容和样式的适配性

为了更好地展示内容，样式尺寸需要和内容类型适配。比如，短视频平台上的视频和直播内容都采用竖版长图样式，而电商平台上的商品和店铺内容基本采用方图样式。当然也有部分商品采用长图样式，比如美妆时尚类目，这是因为用户在购买这些商品时需要更多的视觉刺激；而对于家电类商品来说，消费者最关心产品功能和价格，产品的美观反而不是最重要的，所以对于此类商品，使用方图样式即可。一个新样式上线时一般需要做 AB Test 小流量实验，对比新旧样式的线上效果。因为长图样式占据屏幕面积大，先天性的 CTR 就高于方图样式，所以我们在对比长图和方图样式时，不能仅观察单个素材的 CTR，还需要关注推荐整体的效果。比如，商品内容展示采用长图样式，可能商品内容 CTR 有了大幅提升，但是推荐整体 CTR 可能下降了，因为长图样式会占据更大的屏幕空间，导致用户下拉深度变小了。所以我们在做新样式升级时，既要观察单个素材的效果变化，也要关注整体内容的效果变化。

2. 推荐结果排版样式

上文介绍的是单个内容的样式，推荐结果整体存在单双列两种样式，两种样式背后的产品逻辑也是不同的。本书所指的单列样式是指抖音、快手 App 中那种沉浸式单列样式。

● 电商类 App 推荐结果排列样式

如图 3-45 所示，三大主流电商 App——淘宝、京东、拼多多，首页全部采用双列样式。

  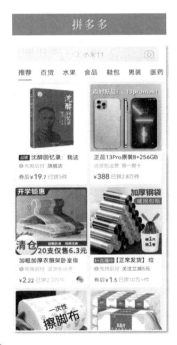

图 3-45　三大主流电商 App 首页样式

● 内容类 App 推荐结果排列样式

如图 3-46 所示，三大主流内容 App——抖音、快手、小红书中，小红书首页采用双列样式；用户打开快手 App 后默认进入"精选"页面，"精选"页面采用单列样式，但切换到首页后就变成双列样式；用户打开抖音 App 后直接进入首页，首页为单列样式，内容页无双列样式。

图 3-46 三大主流内容 App 首页样式

抖音、快手和小红书的电商页面和三大主流电商 App 是一样的，全部采用双列样式。

总结：目前在电商领域，推荐结果全部采用双列样式；而在内容 App 的内容频道，抖音采用单列样式，小红书采用双列样式，快手采用单列和双列两种样式。

● 推荐结果单、双列样式的主要差异

单、双列样式会带来哪些用户层面、平台层面的差异？策略产品经理应该如何为平台设计合适的推荐结果样式？

(1) 用户观看体验的差异。

① 被动接受与主动选择。内容 App 采用单列样式时，用户打开 App 就直接进入某一个视频的详情页里面，无法进行选择，App 推荐什么用户就只能观看什么，即使用户不感兴趣也只能通过上滑看新视频，无法主动选择。采用单列样式，用户只能被动地看，被动地笑，被动地唤起情绪和同理心，被动地感知社会百态，个人意志已经不再重要。而采用双列样式，用户打开 App 后可以通过视频标题和封面决定要不要点开，用户希望把时间花在那些自己真正感兴趣的题材或者有用的视频上。单列样式强调的是"有趣、好玩、惊喜"，而双列样式强调的是"有用、有价值"。单列样式类似于开盲盒，完全不适用于电商业务，电商业务一定要给用户初筛的选择权，可以对一部分商品采用开盲盒的机制，但全平台的机制不能都是开盲盒。

② **沉浸与预判**。采用单列样式，用户一打开 App 就直接进入沉浸式的视频详情中，更有冲击力和感染力，用户有可能被视频所感染。如果将同样一个视频放在双列样式的展示界面中，用户可能不会点开观看详情。消费视频只有时间成本，但是电商业务是有交易成本的。在电商场景中，用户会基于产品价格和质量本身做出购买决策，东方甄选和李佳琦直播间这种沉浸式购物之所以能够成功，也是因为用户足够信任，但是绝大部分的直播购物间都无法得到如此高的用户信任度。

(2) **平台分发逻辑的差异**。

样式的差异以及因为样式差异造成的用户心理预期和观看体验的差异，决定了平台分发逻辑的差异。

单列样式采用中心化的流量分发机制，而双列样式采用去中心化的流量分发机制。 因为单列样式没有给予用户选择权，推荐结果的容错率比较低。为了保证用户的观看体验，要尽量增加用户的浏览时长，用户必然会被推荐一些热门视频，虽然用户不一定特别喜欢，但至少不会反感，所以抖音经常会出现爆款视频。为了维护良好的用户体验，单列样式 App 不太轻易推荐用户之前完全没看过的一些视频类型，总是根据用户的兴趣推荐，用户看什么就推荐什么。如果推荐系统做得特别好，这类 App 就会吸引用户，使之产生精神依赖，比如抖音。像小红书和快手这样的双列样式 App，一屏至少展示 4 个内容，用户可以选择感兴趣的内容再点击。即使这 4 个内容里面有用户不感兴趣的视频，但只要有 1 个视频用户感兴趣，用户就不会对推荐结果太反感。所以双列样式的容错率会高一些，平台可以大胆地尝试，分发一些其他内容，这对用户体验的影响没有那么大。

从平台的广告语就可以看出各个平台的价值主张。如图 3-47 所示，抖音的广告语是"记录美好生活"，强调的是美好，所以那些"美好"的内容就能得到更多曝光，而普通的"生活"获得的曝光量就很少。快手的广告语是"拥抱每一种生活"，小红书的广告语是"标记我的生活"，两者都在强调每一个个体都值得被记录和传播。电商业务的属性决定了它一定会采用去中心化的分发机制，用户的消费偏好、价格敏感度、品牌偏好等完全不一样，电商平台不可能将大部分流量集中到某些商品上。

图 3-47　三大主流内容平台的广告语

(3) **内容和创意的差异**。

对于短视频内容来说，单列或双列样式都可以，但是图文内容和中长视频一定要采用双列样式。 因为对于用户来说，短视频完全可以被动接受，可以漫无目的地看几分钟。但是图文内容需要用户主动阅读，中长视频需要用户观看几十分钟，所以一定要给用户提供初筛的权利。

采用单列样式，内容本身是最重要的，其他创意部分无关紧要；而采用双列样式，内容的标题和封面同样重要。用户打开采用单列样式的App后直接进入视频详情页，所以视频内容本身是最重要的部分。视频的封面、标题以及点赞数、评论数等都没那么重要，用户不会在视频详情页里面关注这些方面。而用户打开采用双列样式的App后，会先通过视频封面和标题对视频做出初筛，这时候视频标题和封面是否吸引人就变得很重要了，所以小红书的封面大都让人眼花缭乱。

(4) 创作者生态的差异。

对于采用单列样式的内容，用户不会过度关注创作者本身，而是更加期待平台分发的惊喜。而对于采用双列样式的内容，用户如果发现一个符合自己喜好的创作者就会马上关注，以免以后找不到了。对于内容平台来说，一方面要做好内容的生产，另一方面要将内容推荐给用户消费，生产和消费一样重要，两者互相促进才能形成正向循环。单列信息流样式的用户已经被培养成为无情的"消费机器"，平台推荐什么内容用户就看什么内容，对创作者的关注度没有那么高。因为单列的分发已经经过平台的初步筛选，所以对于创作者来说，抖音上一条爆款视频胜过百条普通视频，创作者需要追求爆款。而双列信息流样式的用户会更加珍惜自己发现的高质量视频。这条"列表选择→期望匹配→高满意度"的路径，会让用户更加有关注的意愿，也会更加期待创作者的下一个视频。如果用户再回到列表，则又要经历一个漫长的选择过程。

(5) 商业化变现效率的差异。

因为电商业务不适合单列样式，所以这里我们主要讨论在短视频App里，单、双列样式带来的商业化变现效率的差异。

广告主更加偏好单列沉浸式样式。对于抖音和快手来说，主要收入就是广告收入。广告主在平台进行广告投放时主要关注的两大指标就是**广告曝光量和广告投放投资回报率(ROI)**。单列样式的曝光和双列样式的曝光对用户的心智影响是完全不一样的。单列样式可以强制把视频广告推给用户，用户不得不看，直接进入播放层级，转化率会有巨大提升。在单列样式下，如果广告主希望有10万次的曝光流量，直接分发10万次即可。但在双列样式下，用户需要点击才能进入视频详情页，按照点击率4%进行折算，至少在外页有250万次曝光才能有10万次内页的实际播放。从商业化变现和广告主喜好来考虑，单列样式更优。但是两者存在屏效比的差异。**单列沉浸式信息流样式屏效比的计算公式为：内页广告播放次数×内页点击率。双列信息流样式屏效比的计算公式为：外页广告展现次数×外页广告点击率×内页点击率。**因为广告主要依据内页点击率和完播率来计费，双列样式多了一层外页的转化，虽然外页展示的视频越多，用户的选择也会越多，但是经过外页这一层转化用户已经流失一部分，内页的点击率和完播率要明显高于外页。在综合考虑平台整体的商业化变现效率以及广告主的接受度以后，抖音全部采用单列样式，而快手在用户打开App后默认进入单列样式，切换到首页后变成双列样式。

● 小结

在选择推荐结果的单、双列样式时，我们需要从3个方面来考虑：业务形态、内容生态以及平台主张。如果是电商业务，那么一定要选择双列信息流样式，电商业务需要给用户主动选择权，盲盒式的流量分发机制完全不适合。从平台整体生态建设和用户体验来说，去中心化的流量分发机制是最适合的。对于内容平台来说，图文和中长视频内容适合采用双列样式。图文和中长视频内容是无法被动接受的，用户必须集中注意力观看，所以用户对内容的预期更高，需要给用户提供初筛的选择权。对于短视频内容平台，快手既有单列也有双列，用户打开 App 后默认页面是单列样式，只给用户提供了首页双列的选择权。现阶段从平台整体的商业化变现效率来看，单列样式是最佳的选择，当然这也建立在平台整体的视频物料足够充足的基础上。不同平台的价值主张对应不同的流量分发机制，打造爆款就需要采用中心化的分发机制，想要"阳光普照"就需要采用去中心化的分发机制。去中心化的分发机制更适合双列样式，中心化的分发机制更适合单列样式。其实单列样式也可以实现去中心化的分发，具体还是要看推荐系统的底层策略设计，我们要为平台的价值主张找到最合适的流量分发机制，匹配最合适的结果展示样式。

3.9.3　创意策略

构成样式的各个元素就是创意。创意分为主创意和附加创意两种，主创意可以进一步细分为图片创意、标题创意、视频创意等。关于主创意的策略设计本书将在第 5 章"广告策略"进行详细介绍。因为相对于推荐和搜索中台，广告部对主创意的需求更强烈，广告部需要向广告主提供各种各样的创意工具，本书第 5 章将详细介绍各种创意工具和生成策略，本节主要介绍附加创意的推荐理由生成。

1. 推荐理由是什么

什么是推荐理由？为什么要专门介绍推荐理由的生成策略？推荐理由，字面上的意思就是为什么向用户推荐了这个商品，也可以称为推荐解释。在推荐结果中增加一些"推荐理由"的目的也很简单，就是为了提升推荐结果的可解释性，进一步提升点击率。可以说，推荐理由是附加创意里最重要的一种创意类型。目前各个领域的 App 基本都有推荐理由，下面挑选 9 个比较有代表性的 App 为读者做简要介绍。

● 电商领域

图 3-48 ～图 3-50 是三大综合性电商相关推荐理由示例。

淘宝："1000+ 美食爱好者买过"，这个推荐理由告诉用户很多美食爱好者都喜欢买这个商品。

京东："近期超千用户购买" + "为您探索的热搜商品"，这些推荐理由告诉用户这个商品是很多人共同的选择。

拼多多："男高帮休闲鞋销榜第 1 名"，这个推荐理由告诉用户这款鞋子热销，销量排名第一。

● 本地生活领域

图 3-51 ～图 3-53 是三大本地生活服务平台的推荐理由示例。

淘宝	京东	拼多多
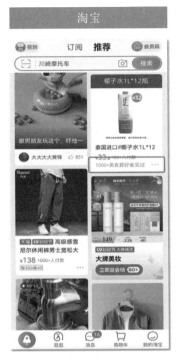		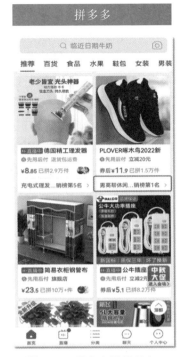
图 3-48　淘宝推荐理由	图 3-49　京东推荐理由	图 3-50　拼多多推荐理由

美团	大众点评	盒马

图 3-51　美团推荐理由	图 3-52　大众点评推荐理由	图 3-53　盒马推荐理由

美团:"海淀区新店，快来种草吧"，这个推荐理由告诉用户有新店营业，可以去尝尝鲜;"经典必吃红烧牛肉米粉"，这个推荐理由告诉用户经典不容错过。

大众点评:"五道口北京菜口味榜第一名"，这个推荐理由告诉用户这是家榜上有名的餐厅。

盒马:"回头客 3.2 万人",这个推荐理由通过商品被大量复购来佐证这款商品很受欢迎。

● 内容领域

图 3-54 ～图 3-56 是知乎、视频号和网易云音乐推荐理由示例。

知乎	视频号	网易云音乐

图 3-54　知乎推荐理由　　　图 3-55　视频号推荐理由　　　图 3-56　网易云音乐推荐理由

知乎:"超过 9.1 万的用户关注了 TA",这个推荐理由告诉用户这个创作者的粉丝很多,具有一定的影响力,用户可以看看;"你关注的 ××× 赞同",这个推荐理由告诉用户某个用户关注的博主对这个内容也感兴趣,用户也可以看看。

视频号:"××× 朋友点赞过",这个推荐理由和知乎的推荐理由差不多,都是基于社交属性来设置的。

网易云音乐:"根据常听推荐",这个推荐理由告诉用户这首歌和用户之前听的歌很相似;"昨日上万播放",这个推荐理由告诉用户这首歌昨天很受欢迎,用户也可以听听。

通过以上推荐理由我们可以发现,一个好的推荐理由能够提升用户的点击欲望。

2. 为什么要添加推荐理由

展示推荐结果时为什么需要添加推荐理由?其实这和我们日常生活中的购买决策是一样的。

场景一:当我们想看电影却不知道该看哪一部的时候,我们会咨询朋友的意见,朋友会告诉我们 ×× 电影好看,主演是 ××,剧情非常好,演员的演技也很好。"剧情非常好,演员的演技也很好"其实就是推荐理由。

场景二:当我们去一家餐厅吃饭却不知道点什么菜的时候,我们通常会叫来服务员,让他推荐几道菜。服务员会说:"这几道菜是我们店的经典菜,这道菜是我们店刚刚推出的新菜，可以尝试一下。"其实服务员给出的推荐理由和大众点评、美团给出的推荐理由的逻辑是一样的。

一个值得信任和说服力强的推理理由会降低用户的选择成本，减少用户的决策时间。如果我们将现实中的推荐场景复制到互联网上，能够提升推荐结果的透明度，提升推荐结果的可解释性，进而提升推荐结果的点击率。对于用户来说，也会提升用户体验，使用户更加信服推荐结果。如表 3-20 所示，一个好的推荐理由应该具备以下三大核心要素：**可解释性强、准确度高和信服度高，三者缺一不可。**

表 3-20　推荐理由的三大核心要素

要素	具体说明
可解释性强	推荐理由必须容易理解，用户不需要思考就能明白。同样的意思，使用不同的表达方式，效果完全不一样。比如"您经常购买的商品"很好理解，但是"您非常喜欢的商品"就容易让用户误解，因为"您非常喜欢"完全属于系统自己的解读
准确度高	推荐理由必须是准确的，不能随意给商品加标签。如果我们给某一个商品加上了"您经常购买的商品"的标签，实际用户最近一周只购买过一次，这就属于推荐理由不准确
信服度高	推荐理由必须能让用户信服，让用户觉得这个理由是有一定道理的。比如推荐理由是"您经常购买的商品"，用户是可以理解并接受的。但是如果推荐理由是"您可能喜欢的商品"，这类推荐理由对于用户来说毫无说服力，无法促使用户下单

目前，头部互联网大厂 App 的推荐结果基本都附上了推荐理由，只是推荐理由的覆盖度相对不高，种类也比较少。随着推荐系统的进步以及用户的自主意识不断增强，推荐系统的透明化以及结果的可解释性也需要不断增强。**推荐理由就是一种能够提高推荐系统透明度、提升推荐结果可解释性、拉近系统与用户距离的方式，未来所有的推荐系统都需要加上推荐理由。**

3. 推荐理由生成

首先我们对推荐理由进行分类，然后基于不同类型的推荐理由介绍不同的生成方式。如表 3-21 所示，推荐理由主要分为 5 类。

表 3-21　常见推荐理由分类

分类	详述	实现方式	落地案例
用户特征	用户行为特征：近期用户经常买的商品； 用户偏好特征：和用户历史偏好相似的物料	统计学：统计过去某一段时间内用户购买的商品，按照数量进行倒排； Item-CF：基于用户历史偏好，为其寻找相似的物料	盒马：你经常购买的商品； 网易云音乐：根据常听推荐
行业权威	专业领域的话语权：大 V(关注者非常多的用户) 点赞、大 V 状态	Item-CF：将大 V 点赞过的物料和用户兴趣进行匹配	知乎：大 V 推荐
热门潮流	近期热度：物料在某一段时间内的热度； 历史销量：回头客或复购情况等； 排行榜：男士短袖销量排行榜、女士高跟鞋销量排行榜	统计学：最近某一段时间内点赞数、关注数、销量； 排行榜：首先进行物料分类，然后统计各类别下单位时间内各物料的销量或观看量	京东：近期超千用户购买； 盒马：回头客 3.2 万； 拼多多排行榜

（续表）

分类	详述	实现方式	落地案例
社交关联	×× 朋友看过、关注的 ×× 点赞过：基于用户之间的社交关系或者相似度进行推荐	普通规则匹配：互动频繁的好友行为特征； User-CF：基于用户之间的相似度	视频号：×× 好友点赞过
好评	历史评论信息中的好评：挖掘历史评论中的好评信息，然后基于好评进行推荐	文本挖掘：基于历史好评信息进行信息挖掘，千人千面地进行信息匹配	大众点评：历史用户的好评信息

● 用户特征

用户特征一般分为两大类：一类是用户的行为特征；另一类是用户的偏好特征。基于用户行为特征的推荐理由基本依靠统计学的方式生成，就像盒马的推荐理由"你经常购买的商品"；而基于用户偏好特征的推荐理由，一般都使用 Item-CF 算法生成，基于 Item-CF 算法召回的物料都可以加上这类推荐理由，比如"根据常买推荐""根据常听推荐"。基于用户特征的推荐理由可以在各个领域使用，它是一种具有普适性的推荐理由。

● 行业权威

这类推荐理由主要用在一些内容和媒体领域，一般分为两种：一种是将一些行业大 V 关注或点赞过的内容推荐给其他用户；另一种是基于用户关注的一些大 V，在大 V 点赞过的内容中寻找和用户兴趣匹配度比较高的物料进行推荐，然后附上推荐理由，这样可以进一步提升点击率。

● 热门潮流

这类推荐理由可以分为很多种类型，比如"近期流行的"和"历史上榜的"。这类推荐理由主要基于统计学的方式生成，尤其是排行榜类的信息。很多电商公司会基于商品类目和属性生成五花八门的排行榜，一个平台上的排行榜可能有几千种。

● 社交关联

基于社交属性的推荐理由常见于相关社交软件或者媒体软件。在我们浏览视频号的时候，如果一个视频被很多微信好友点赞过，这个视频会被优先推荐给我们，甚至视频号还会显示醒目的红点提醒我们点击观看。这是一种基于微信社交生态的推荐理由，我们能看到这个视频下有哪些好友点赞了，我们就可以去找这些好友聊这些视频。

● 好评

基于历史用户评论信息挖掘好评，然后进行千人千面的用户匹配。因为评论信息中存在各种各样的信息，有的评论侧重产品功能，有的评论侧重使用体验。如何实现推荐理由与用户之间的千人千面匹配而不是将一个推荐理由分发给所有用户是技术上的难点。

4. 推荐理由生成和使用的挑战

推荐理由可以让推荐系统更加透明，能够提升用户的点击率，但是在实际落地时有很多技术难点需要突破，需要注意合规性。

● 如何保证推荐理由的准确性和及时性

推荐理由的准确性是必须要保证的，不然会起到反作用。推荐理由的及时性也很重要，比如"热门潮流"类的推荐理由，需要及时更新，因为很多商品在夏季可能是流行的，比如西瓜、雪糕等，到了秋季可能就不再流行了，相对应的推荐理由也不能再使用。

● 如何保证披露信息的合规性

推荐理由涉及的信息是不是合规的？比如用户评论中的一些信息可能比较敏感，虽然确实和商品有关，但可能不适合展示给其他用户。此外，类似于功效的一些商品属性信息可能也不适合直接披露给用户。

● 如何做到千人千面的适配和动态生成

这是目前推荐理由领域最大的挑战和需要重点攻克的难题。上文介绍的很多种推荐理由其实都是千人一面的，当一个商品被推荐给所有用户时使用的推荐理由可能是一个，比如排行榜信息，而推荐系统需要做到千人千面。现在已经实现的是千人千面的用户和物料匹配，未来需要实现的是将同样一个物料推荐给不同用户时的推荐理由也是不一样的，即动态生成千人千面的推荐理由，而不是生成千人一面的推荐理由。

3.10　推荐系统用户体验策略

前文介绍了物料是如何经过各个环节被最终推荐给用户以及如何设计样式和创意。本节主要介绍推荐系统用户体验策略的设计，即如何从产品功能和策略设计角度进一步提升推荐系统的用户体验，以及通过什么方式来评估推荐系统的用户体验。推荐系统的基本用户体验就是指为用户推荐其感兴趣的物料，同时避免将一些敏感物料和用户的个人隐私暴露在公域场景里。

3.10.1　产品功能

1. 负反馈机制

如何通过产品功能来提升推荐系统的用户体验？负反馈功能就是其中最重要的一个功能模块。

● 负反馈是什么

负反馈的对立面是正反馈，用户在平台上的搜索、点击、加购、购买等行为都是用户的正向反馈行为。如果用户对平台上推荐的内容不感兴趣，用户是无法主动表达的，除非进行投诉。平台需要给用户提供一个负向反馈的渠道，使用户在对推荐内容不感兴趣时可以进行反馈，平台基于收集到的用户负向反馈对推荐内容进行调整。

如图 3-57 ～图 3-59 所示，不管是电商 App 还是短视频 App，都为用户提供了负反馈功能，用户长按某一个商品或者内容后就会出现一个负反馈浮层，用户可以选择负反馈的理由，比如"不想看这类商品""图片引起不适"等，不同理由背后对应的策略也不一样。

淘宝	拼多多	抖音
	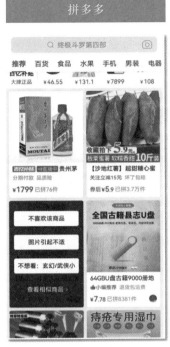	
图 3-57　淘宝负反馈页面	图 3-58　拼多多负反馈页面	图 3-59　抖音负反馈页面

● 负反馈类型及对应处理策略

推荐场景常见的负反馈类型如表 3-22 所示。我们可以将电商和内容场景的负反馈分为五大类，不同的类对应不同的过滤粒度、过滤周期和周期内再次展示的触发条件。具体的策略设计要基于实际业务进行调整，表 3-22 仅供参考。

表 3-22　推荐场景常见的负反馈类型

负反馈类型	过滤粒度	过滤周期	周期内再次展示的触发条件
不感兴趣	商品：SPU（标准化产品单元） 内容：同内容 ID	60 ～ 180 天	主动搜索或点击对应的 SKU、内容
不想看	商品：同三级类目 内容：同类题材	60 ～ 180 天	主动搜索或点击同三级类目商品、同类题材
引起不适	商品：SKU 内容：同内容 ID	永久屏蔽	主动搜索或点击对应的 SKU、内容
已经购买	商品：同三级类目	基于复购周期	主动搜索或点击同三级类目商品、同类题材
涉及隐私	商品：同三级类目 内容：同类题材	永久屏蔽	主动搜索或点击同三级类目商品、同类题材

当用户点击了"已经购买"的负反馈，我们需要基于该类商品的实际复购周期进行屏蔽，比如家电类商品的复购周期一般以年为单位，生鲜类商品的复购周期可能仅为几天。同时还需要设置周期内再次展示的触发条件，如果用户有了明确意图的行为，需要对此类过滤进行豁免。

2. 敏感内容识别

无论是电商平台还是内容平台都需要具有识别敏感内容的能力，这种能力不仅能提升用户体验，也能保证平台自身的内容安全。比如，商家或者创作者为了吸引用户眼球经常会使用一些非常露骨的封面或者具有挑逗性的文案，甚至可能上传一些反动性的内容，此部分内容需要及时地被系统识别出来并被屏蔽。

● 敏感内容分类

表 3-23 总结了常见的 5 类敏感内容。

表 3-23　常见敏感内容分类

敏感内容类型	业务解释
黄赌毒	黄色、赌博、毒品，比如商家经常用一些模特大面积裸露的图片来作为商品的引流图，或者使用具有挑逗性的文案
涉暴	内容里有暴力或者血腥的画面
让人恶心或引人不适	比如治疗青春痘的药物以满脸脓疮的脸部图片作为引流图
政治敏感	带有政治敏感词汇或者政治敏感人物的图片，常见于内容平台
敏感人物或者品牌	社会上比较敏感的人物或者品牌，比如有违法乱纪行为的劣迹艺人，有负面新闻的一些品牌

● 敏感内容识别策略

敏感内容识别策略一般包括模型机审和人工二次复核两种。针对表 3-22 中前三类内容，需要通过人工标注的方式得到一批正样本数据，然后进行模型训练，得到一个分类模型，基于分类模型设置一个符合该业务场景的合理阈值，比如对于模型打分在 80 分以上的涉黄内容直接过滤，对于 70 ～ 80 分的内容由人工进行二次复核，对于 70 分以下的内容则无须做任何处理。同时我们还需要结合光学字符识别 (OCR) 技术识别图片中的文字以及提取内容标题，然后对文字和黑词库进行匹配，对于命中黑词库的内容也需要进行过滤。每家平台都需要专门建立一套针对自己业务场景的黑词库或者敏感词库。表 3-22 中最后两种敏感内容一般都是文字类敏感内容，一般需要设置相应的敏感词库进行过滤，而针对图片中存在的敏感人物，则需要构建专门的人物分类模型。

此类敏感内容层出不穷，一旦线上出现则会影响整个平台的声誉和安全。此类策略一般注重召回率，在召回率接近 100% 的前提下不断优化精准率。例如，刘畊宏在抖音直播健子操时经常被抖音封直播间，就是因为刘畊宏穿着无袖背心在跳操，被抖音的审核模型判定为涉黄。由于平台对这部分涉黄等敏感内容的尺度很难把控，为了防止出线上事故，只能从严处理。敏感内容识别机制上线后大概率会降低线上 CTR 效果，因为这些敏感内容反而容易吸引用户点击，但为了线上内容安全，即使降低 CTR 效果，此类机制仍然必不可少。

3.10.2　底层策略

本书第 3.8 节已经介绍过相关用户体验策略，比如按照类目、品牌打散等策略，本节补充介绍一些常见的底层用户体验策略。

1. 已曝光未点击过滤

已曝光未点击过滤是综合性电商平台经常使用的一种策略。对于淘宝和京东这类综合性电商平台来说，平台背后的物料量级都是亿级别的。在向用户进行推荐时，如果用户并没有针对曝光物料进行点击或加购等，一般情况下平台会对此次曝光的物料进行过滤，在用户下一次浏览该推荐模块时更换一批新物料。一方面是因为平台认为用户对此部分物料并不感兴趣，另一方面是因为平台有足够多的物料可以进行替换，替换后也不影响实际的推荐效果。对于物料较少的平台不建议使用此类策略。此类过滤周期并不会很长，一般在 24 ～ 48 小时。此类策略也需要用 AB Test 小流量实验对实际效果进行观察，并不是每个平台、每种业务场景都适合此类策略。

2. 敏感类目商品过滤

平台上的一些商品或者内容具有一定的性别属性或者比较敏感，当用户没有明确表示出喜好或者需求时，不建议向用户推荐此类商品或内容。比如当不清楚用户性别时，向用户推荐卫生巾或者比基尼类商品就比较唐突。一般情况下，需要设置一个敏感类目或者敏感题材词表，针对此词表涉及的内容或者商品，当用户没有表现出明显的正向反馈时，比如点击、加购、搜索、浏览等，系统不主动向用户推荐此类内容或者商品。具体的敏感类目或者敏感题材可以由策略产品经理结合实际业务场景进行确定。

3. 复购过滤

本书在 3.10.1 中介绍了此类策略，实际上，在综合性电商平台上专门有此类过滤策略，不需要用户主动进行负反馈，平台即会对用户购买过的商品或者同三级类目商品进行过滤。针对每一个三级类目设置一个专属的复购周期，复购周期一般不会超过 1 年。以拼多多为例，拼多多百亿补贴产品里有大量 3C 产品 (计算机、通信和消费电子产品)，3C 产品正常使用周期都在两年以上。如果所有在拼多多平台购买过 3C 产品的用户在两年内都不会被推荐 3C 数码产品，那么负责 3C 产品的事业部一定会有意见。所以通常情况下应结合用户体验和实际业务诉求设置一个合理的复购周期，在周期内，如果用户再次做出正向反馈，则此过滤策略立即失效。此类策略一般在综合性电商平台使用，生鲜电商平台无须设置此类策略，因为生鲜商品的复购周期非常短，很多用户可能一天下单多次。

上述策略上线后并不一定都会提升 CTR 指标，甚至可能降低 CTR 指标，对于策略产生的价值我们需要综合评估，不能以线上 CTR 指标作为唯一评判标准。

3.10.3 主观评估

用户体验策略上线后，推荐策略产品经理需要评估这些策略是否生效以及推荐结果的质量如何。本书 3.2.4 节介绍过推荐系统效果的客观评估指标，对于此类指标，我们仅需要做好线上实时监控即可，而人工主观评估也是必须要进行的。主观评估可以帮助我们发现线上推荐可以优化的方面，这些方面是客观评估指标无法反映的。评估方法一般有两种：第一种是评估各种策略在线上是否处于生效的状态，策略开始上线时一般要经过测试，但是时间久了可能会与其他上线的策略产生冲突，进而导致失效。此种评估往往与推荐策略产品经理定期巡检推荐模块结果同时进行，不需要刻意进行，其他部门也会对相关策略失效情况进行反馈。第二种方法是定期进行主观评估。策略产品经理负责制定评估内容和评估标准，评估内容通常包含推荐内容的多样性、新颖性、推荐结果满意度等，这些评估内容通常具有非常强的主观色彩，因为评估标准本身不具有客观性，所以需要各方提前达成一致。评估自家策略效果时应同时评估竞品 App，进行效果对比。字节有专门的标注和评估团队，淘宝由策略产品经理团队和算法、运营等支持团队一起完成评估工作。某些互联网公司设置相关评测方向的团队，很多公司以策略产品经理的名义进行招聘，但实际的工作内容主要是用户体验和案例评测，读者在应聘相关策略产品经理岗位时需要明确岗位的具体工作职责。

3.11 推荐系统冷启动策略

推荐系统中有一个非常重要的研究领域就是冷启动，它又可以细分为物料冷启动、用户冷启动和系统冷启动 3 个方面。冷启动是策略产品经理实际工作中经常面临的问题，也是必须要想办法优化的问题。冷启动的背后不仅仅是技术问题，也是业务问题。针对新用户进行更好的冷启动，向新用户推荐其感兴趣的物料才能提高新用户留存率。针对新物料进行更好的冷启动，为物料匹配对它们感兴趣的用户才能提高创作者的创作积极性。针对系统进行更好的冷启动，提升物料和用户的匹配度才能提高整个推荐模块的线上效果。冷启动问题的本质还是数据问题，新用户、新物料和新系统都没有任何历史数据可以参考，所以无法更好地了解用户和物料。高效解决冷启动问题的方法其实还是解决数据问题。

图 3-60 抖音 App 内容标签偏好

3.11.1 产品设计

作为策略产品经理，应更加关注如何在产品功能设计方面帮助系统更好地实现物料和用户的冷启动。

1. 初始兴趣标签收集

如图 3-60 所示，在抖音 App 里用户可以设置自己的内容偏好。在一些内容平台上，当用户第一次注册时，平台可以提供一些偏好标签让用户进行选择，然后基于用户选择的初始标签进行冷启动，后续再基于用户的实际线上行为进行调整。

2. 用户问卷调查

电商 App 常见的一种做法是在推荐信息流里穿插调研问卷，主动收集用户的一些信息和使用体验，基于用户的真实反馈进行冷启动和效果调优。

如图 3-61 所示，淘宝首页的推荐信息流里经常会设置用户调研模块，用户可以针对此次推荐使用体验进行反馈，指出自己希望在推荐信息流浏览到的内容类型或者希望减少哪一类推荐等。此类用户调研的方式既可以用作新用户冷启动，也可以用作老用户的推荐效果调优。

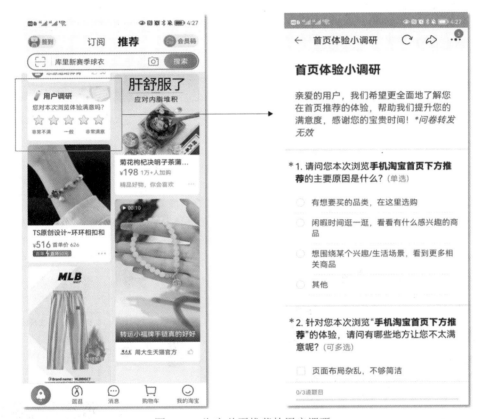

图 3-61　淘宝首页推荐的用户调研

3. 内容标签体系

物料冷启动的逻辑和用户冷启动一样，新用户可以主动反馈自己的兴趣偏好。对于新物料，我们需要创作者在上传新物料时选好相应的物料标签属性，平台将基于标签属性将新物料和老物料关联起来，计算相似度，从而将新物料推荐给相似老物料的受众。一方面，平台要设计一套合理的物料标签体系，比如电商领域的商品类目体系和内容平台的内容标签体系，尤其是对于短视频内容来说，完善的标签体系非常有利于模型理解短视频内容。另一方面，平台需要设计严格的奖惩机制去激励商家和创作者针对物料进行正确打标，对于那些乱挂类目和乱打标签的商家和创作者需要给予一定流量曝光方面的处罚，这样才能保证整个机制运转下去。

4. 新品的专属流量扶持通道

电商 App 针对新品有专门的频道页进行流量扶持，在电商领域，新品相对于老品没有优势，除非品牌效应非常强的大牌新品上市，如 iPhone 新款上市。用户在电商 App 进行浏览和下单时非常关注商品的历史下单量和评论，新品的上述两个指标都为 0，很难让用户产生信任。在电商领域，虽然我们针对新品做了各种各样的策略，但是新品能够获得呈现的机会仍然非常少，但即便如此也必须扶持新品成长，平台不能全部依赖老品来提升销量。为了让新品获得确定性流量，一般情况下，平台会设置专门的频道来进行新品分发，该频道只分发新品，这样就不会与老品竞争了。

如图 3-62 所示，淘宝和京东都有专门的新品频道，淘宝的新品频道是"天猫小黑盒"，京东的新品频道是"京东小魔方"，满足频道要求的新品即可进入新品频道，得到专门的流量扶持。

淘宝	京东
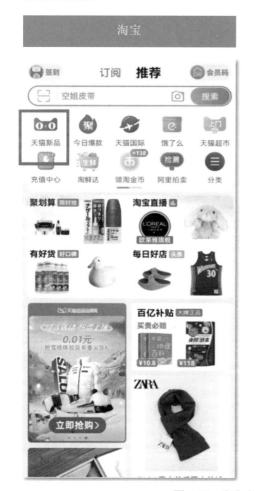	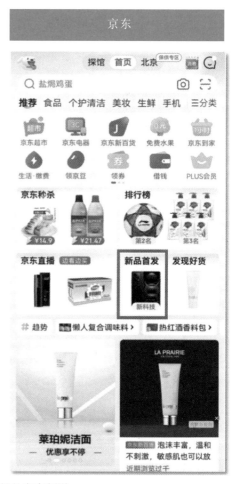

图 3-62　淘宝和京东的新品专有频道

3.11.2　底层策略

上文介绍的都是产品功能层面的内容，下面介绍一些底层策略设计的内容。

1. 用户冷启动

本书 3.5 节介绍过针对新用户的召回策略，当系统没有采集到用户的个性化行为数据时，只能向用户推荐一些平台上其他用户评价和反响都比较好的高质量物料或者热门物料。平台需要打通用户在集团内部不同 App 的行为数据，比如用户在淘宝、淘宝特价版、天猫、高德、饿了么的行为数据，集团内部不同 App 可以通过用户的设备 ID 或者注册手机号进行关联。当然这些 App 在集团内部属于不同的事业群，要想打通底层的数据，需要整个集团从上往下进行推动，单个事业部独立获取其他事业部的数据是非常困难的。获取到用户在集团内部其他 App 的数据后，就可以实现当前用户在此 App 的冷启动。另外，还可以通过联邦学习的方式获取用户在集团外部其他 App 的数据，关于联邦学习技术本书将在第 6 章进行详细介绍。

2. 物料冷启动

除了基于物料标签做一些相似物料的匹配，然后将新物料推荐给相似物料的目标用户外，常见的物料冷启动底层策略还有以下两种。第一种策略是针对新品单独增加一路召回策略，以保证新品的曝光量。一般情况下，应针对新品设计专门的召回分支，否则新品很难有曝光机会。即使设计了专门的召回分支，在后续的粗排和精排环节，大量的新品也会被筛选掉。第二种策略是机器学习中常见的 EE 策略 (explore & exploit，探索与利用)，即尝试性地将此类物料推荐给一部分人群，基于此部分人群的反馈 (正反馈或负反馈) 决定后续是否更广泛地分发该物料，本书将在第 3.12.2 节详细介绍此策略。

3. 系统冷启动

当一个推荐模块刚刚搭建时，平台上用户和物料的数据都为零。此时可以基于该业务场景设置一些专家策略，比如在电商领域，优先向用户推荐近期平台上的一些热门商品。这种方法也就是本书第 3.5.3 节介绍的基于规则的召回，物料召回后融合的顺序即最终的排序，因为此时系统中还没有数据可以供 CTR 预估模型进行训练。初版策略上线一段时间后，积累用户行为数据，再训练相关的 CTR 预估模型并优化召回策略，慢慢地提升推荐模块的线上效果。

3.12　推荐系统的整体推荐机制

前文介绍了推荐系统整个架构和各个子模块的策略，本节介绍电商推荐场景和内容推荐场景的整体流量分发机制。

3.12.1　电商推荐场景的流量分发机制

本章第 3.9 节介绍过电商推荐场景可以分发的内容，包括普通商品、视频、店铺、直播、商品聚合页、活动会场和频道页等多种类型。那么不同内容类型之间的流量到底应该如何分配?

1. 推荐系统的作用

首先,在探讨流量分配之前,我们需要明确推荐系统对于整个平台到底有哪些作用?一个成熟的推荐系统对于平台至少应该具有以下两个作用。第一个作用是流量的高效分发,可不断提升用户与物料的匹配效率。之所以使用推荐系统来代替人工流量分发,是因为推荐系统的流量分发效率更高。第二个作用是助力于平台生态的建设,因为推荐系统决定了推荐信息流的流量分发逻辑。以电商平台为例,平台上那么多内容都需要流量,当平台流量有限时,给予其中一种内容更多流量就代表其他内容可以获得的流量会变少,如何实现平衡是推荐系统需要考虑的问题。

2. 各大内容类型之间的流量分配

推荐系统如何实现各大内容之间的流量平衡?首先,平台针对每一种内容类型设置专门的召回分支,保证每一种内容都可以被召回。在后续的粗排和精排模型中,一般不针对每一种内容做单独的策略。不过在最后的重排模型里,可以针对每一种内容类型单独设置一个超参数,据此将 3.8.5 节介绍的重排公式 (3-3) 改写为

$$\text{Rank Score}=a\times(P_{\text{CTR}})^{b}\times(P_{\text{CVR}})^{c}\times(\text{Quality Score})^{d}\times(P_{\text{GMV}})^{e} \tag{3-5}$$

公式 (3-5) 里的超参数 a 是针对每一种内容类型单独设置的,通过调整超参数 a 可以实现对每一种内容权重的调整。如果所有内容类型中的 a 都一样,那么系统中的各种内容则处于完全公平竞争的状态,但很多时候,平台为了扶持某一种内容生态的建设会单独设置 a 的值,比如淘宝开始建设直播生态时,系统里直播内容的超参数 a 高于其他内容类型。这样的加权可能会破坏系统整体的公平性和全局最优的效果,但是短期内为了扶持某一类内容生态的成长,系统必须给予一定的流量倾斜,这样才能提高整个生态中创作者或商家的积极性。如果商家每天进行大量直播,但是在平台上得不到流量,自然会降低积极性。具体系数应如何调整呢?通常的做法是设置很多组实验,每一组实验对应不同的超参数 a,通过线上实验分别观察单一内容 CTR 和曝光量的变化,以及大盘整体 CTR 和曝光量的变化,基于实验效果决定采用哪一个超参数 a,超参数 a 会经常调整,它处于一种动态变化的状态。

上述这套流量分发机制不仅适用于电商平台,同样适用于拥有多种内容类型的其他平台 (比如小红书)。

3.12.2 短视频推荐场景的流量分发机制

对于抖音、快手这类短视频平台来说,平台上只有两种内容类型——短视频和直播,平台整体的内容生态建设比较简单。平台需要设计一套流量分发机制,从而更好地提高创作者的积极性,让优质的内容得到更多曝光,在此过程中还需要兼顾用户体验。下面以抖音的流量分发机制为例展开介绍。

1. 抖音视频的分发流程

如图 3-63 所示，视频上传后，平台首先对模型进行审核，对视频进行抽帧，识别画面中的关键内容和文字，通过审核模型判断视频是否存在违规内容。平台一般会根据模型判定的分数决定是否需要由人工进行复审，对于违规分数很高的内容一般由模型直接拒绝；如果违规分数超过安全值但是又不是很高，则由人工进行复审。具体的等级划分由平台根据业务现状和模型识别能力自行设定。内容审核通过后，再进行内容重复性校验，如果该内容和创作者曾经发布过的内容相似，那么一般有两种做法：一种做法是直接不允许该内容上传；另一种做法是内容上传后仅粉丝和创作者自己可见，不在公域流量中进行推荐。如果内容没有任何问题，则进行视频冷启动，基于视频的标签和用户的兴趣偏好，为其推荐一批可能对该视频感兴趣的用户，收集用户的反馈。在冷启动阶段，单个视频一般会有几百次曝光，平台基于用户对视频的反馈 (正反馈或负反馈) 决定是否再次加量推荐。如果用户反馈很差，则该视频以后基本不会再获得曝光机会，除非被用户"挖坟"，比如某一个大 V 对该视频进行点赞和转发，再次激活了该视频。视频冷启动的下一步是叠加推荐。如果视频冷启动后用户反馈比较好则会进入下一级流量池，将视频持续分发给更多用户，基于更多用户的反馈决定是否持续对该内容进行分发。短视频内容的核心考核指标为点赞量、完播率、转发量、评论量等，每一级流量池的考核标准不同。一般情况下，一条短视频在平台上最多加量分发一周时间，随着时间的推移，视频被再次分发的概率降低，因为平台需要激励创作者创作更多新视频。如果加量分发期间被用户举报则会触发再次人工审核，如果视频经人工审核后确认违规，就会被下架，也可能导致创作者的账号被封禁。

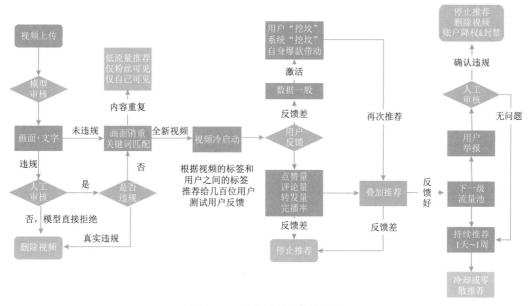

图 3-63　抖音视频的分发流程

2. 分级流量池机制

上文在介绍视频的整体分发流程时提到了流量池的概念，实际上在分发过程中，平台整体的流量池分为多级，视频在上一级流量池中的表现决定了其是否可以进入下一级流量池，以持续获得更多的流量分发。

如图 3-64 所示，可以对流量池进行分级，每一级对应不同的流量。在冷启动阶段，平台会给到每个视频百级别的播放量，基于冷启动的效果决定是否持续进行流量分发。效果指标主要包括完播率、平均播放时长、互动率、有效播放率、吸粉率等。每一级流量池针对上述指标设置相关标准，只有达到了对应标准才能进入下一个流量池。整套机制的关键是流量分层设计以及每一级流量池指标标准的制定，平台需要结合每一家公司实际的业务情况制定具体指标。

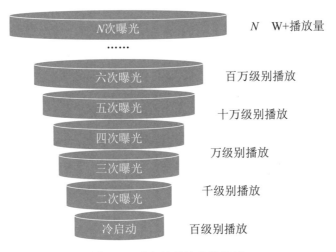

图 3-64　多级流量池分发机制

本书第 3.9.2 节介绍过抖音的价值主张，抖音采用打爆机制，对于一个优质视频内容会持续给予更大量级的曝光，如果视频的相关指标仍然表现很好，达到下一级流量池的分发标准，则可以持续获得更多的曝光。这一整套机制与抖音的价值主张相匹配。像快手和小红书这样的平台，虽然其价值主张不是打爆，但是平台本身也会设计分级流量分发机制，只是对单个内容的流量设定上限，不会像抖音这样持续曝光。

3.13　AB Test 实验

前面章节多次提到 AB Test 实验，AB Test 是策略产品经理在工作中经常用到的实验方式，对于任何策略优化都需要通过 AB Test 实验来观察效果。本书将在本节对 AB Test 进行详细介绍。

3.13.1　AB Test 整体介绍

实验机制一共有两种：AB Test 和 AA Test。

1. AB Test

A 为实验组，B 为对照组，A 对比 B 得出本次实验效果。AB Test 可以有一个变量，也可以有多个变量。比如，在推荐系统里分别建立一个召回模型和一个排序模型，希望同时观察这两个模型叠加后的效果，那么实验组就会存在两个变量，对照组则为原先的"召回＋排序"模型。当然这种情况比较少见，如果两个变量相互产生影响，一般先用第一个变量做 AB Test 实验，确定效果正向后，再用第二个变量做 AB Test 实验。如果两个变量叠加在一起，那么很难分别评估每个变量对实验效果造成的影响。

2. AA Test

除了 AB 实验，还可进行 AA 实验。在 AA 实验中，实验组和对照组的实验配置完全一样，主要是为了测试本次实验效果的波动性。在保证 AA 实验随机分流的情况下，理论上实验组和对照组的 AA 实验效果之间的差异应该是很小的。如果实验效果差异很大，说明本次实验变量本身效果的波动较大，原先 AB 实验的置信度不够。

不过现实中我们很少做 AA 实验，当我们发现 AB 实验效果波动较大时，一般会多观察一段时间，等待实验效果稳定。如果实验效果长时间波动，就需要确定实验分流是否存在问题。正常情况下，一个变量只要不是随机产生结果，实验效果一定是稳定的，不管是正向的效果还是负向的效果。

AB Test 实验确定 A 实验效果正向后，我们会在线上应用 A 实验策略，但仍然会在线上保留一个对照组，继续观察一段时间，比如应用的流量是 95%，用剩余 5% 流量作为对照组继续观察一段时间，这种方法一般称为"hold back"。AB Test 在实验阶段一般都是小流量实验，比如给 A 组 5% 流量，给 B 组 5% 流量。我们需要观察在大流量的情况下，A 组的实验效果是否仍然和小流量实验时一致。

3.13.2 AB Test 实验完整机制

图 3-65 展示了 AB Test 实验流程，下面本书详细介绍每一个步骤。

图 3-65 AB Test 实验流程

1. 确定实验目的

做实验的目的是什么？是希望验证新模型的效果还是验证新交互样式的效果？目的明确了才能确定后续的实验变量、观察指标、分流维度、实验类型以及如何综合评估实验效果。

2. 确定实验变量

实验目的明确后才能确定实验变量，如果实验目的是观察推荐系统新召回模型的效果，那么实验组 A 就是新召回模型，实验组 B 就是旧召回模型。

3. 确定实验观察指标

实验目的和实验变量确定以后要明确通过哪些指标来衡量实验效果。如果实验目的是测试推荐系统新召回模型的效果，那么该实验的观察指标主要是 CTR，同时还需要关注用户浏览深度和 CVR 的变化。所以实验中通常会有一个主要观察指标，也会有很多辅助观察指标。当这些指标之间的效果冲突时，比如新召回模型上线后，实验组比对照组的 CTR 提升 3%，但浏览深度下降 0.3%，CVR 下降 1.5%，这时就需要算法工程师和业务人员综合评估该模型效果，需要考虑该推荐场域主要的考核指标是 CTR 还是 CVR，再决定要不要推全量。实验观察指标确定以后，需要确保线上有对应的埋点，不然无法统计实验效果。

4. 确定分流维度

确定分流维度时，首先需要确定基于什么来进行随机分流，是基于用户维度还是请求维度，如图 3-66 所示。

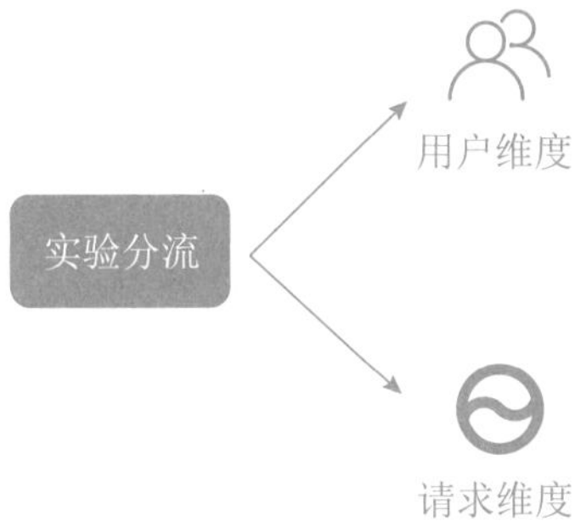

● 用户维度

在用户层面将实验组流量和对照组流量区分开，实验组的用户在接下来的一段时间都是在实验组的流量池里，不管新策略的用户体验是好还是差。

● 请求维度

图 3-66　AB Test 实验分流维度

在请求层面将实验组流量和对照组流量区分开，单个用户打开该模块时，可能遇到新策略也可能遇到旧策略，一个用户既可以体验到新策略又能体验到旧策略。

两种分流维度适用的实验场景不一样。基于用户维度的分流方式适用于所有涉及样式、交互、视觉效果等的实验。一方面不希望影响到太多用户；另一方面对于样式等变化，用户需要适应一段时间才能看到真正的效果。基于请求维度的分流方式适用于所有的模型策略实验，接近于底层的策略均可按照请求维度进行分流，比如推荐系统、搜索引擎等的策略优化。适用于请求维度的实验也可以通过用户维度进行分流，但是反过来不适用。

这里还有以下几个关键点需要注意。

● 基于用户维度分流实验中的异常 ID

我们将一定比例的用户固定分到实验流量中，如果某些用户 ID 行为异常活跃，这些异常 ID 可能会影响到整体实验效果的评估。比如某些用户 ID 一天登录 App 上百次，点击推荐模块上千次，那么这些数据就会影响到整体效果。当然这种用户 ID 一般是外部爬虫 ID 或者作弊 ID，需要由反作弊部门识别并剔除。还有另外一种处理方式，就是将效果进行平均化。

如图 3-67 所示，用户 D 就属于样本中的异常值，一个人的数据抬高了整个实验的效果数据。即使采用平均化的方式进行处理，对于实验效果还是产生了一定影响。如果实验用户量庞大，可能会对异常值有所稀释。不过对于这种异常 ID，最好从实验结果中剔除。

用户	请求次数	点击次数	CTR
用户A	10	2	20%
用户B	8	1	12.5%
用户C	7	1	14.3%
用户D	100	40	40%

常规统计 $CTR = \dfrac{2+1+1+40}{10+8+7+100} = 35.2\%$

平均化 $CTR = \dfrac{0.2+0.125+0.143+0.4}{4} = 21.7\%$

图 3-67 异常值案例

● **实验组和对照组的流量比例**

实验组和对照组的流量不存在固定比例,但是需要保证实验组和对照组的流量都是充分的,实验结果都是置信的。例如,实验组 10% 流量,对照组 1% 流量,只要实验阶段可以积累足够的数据即可。

● **Hash 分桶**

上文介绍了基于用户和请求维度来分流,那么一个用户或者请求到底应该归到实验组里还是对照组里?一般我们基于 Hash 算法,为每个用户 (user-ID) 或每次请求 (request-ID) 生成一个 hash 值,然后将位于指定范围的 hash 值分到一个桶里。实验开始前确定哪些桶属于实验组,哪些桶属于对照组。

5. 确定实验类型

最关键的一步是确定实验类型,实验类型分为两种:**物理实验和分层实验**;两种实验对应的是两种分流方式:**互斥和正交**,如图 3-68 所示。

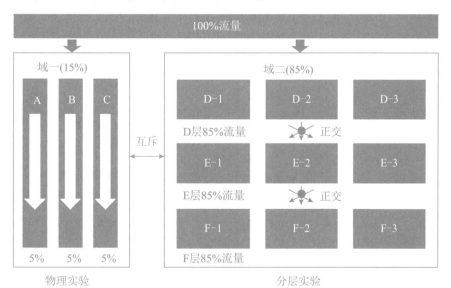

图 3-68 物理实验和分层实验

● **物理实验**

当一部分流量被分到实验 A 中以后,该部分流量就无法被其他实验使用,如图 3-68 中的"域一",实验之间的流量是互斥的,三组实验的流量总和是 15%。这种分流方式导致同时线上实验数很有限,如果每组实验分配 5% 流量,同时只能做 20 组实验。但是像阿里巴巴、字节跳动这种大公司,同时开展几百个实验很正常,这种实验方式肯定满足不了需求。

● 分层实验

谷歌提出了一种新的实验分流方式（原文 *Overlapping Experiment Infrastructure:More, Better, Faster Experimentation*）：正交。每个独立实验为一层，层与层之间的流量是正交的，一份流量穿越每层实验时，都会再次被随机打散，如图 3-68 中的"域二"，上一层实验对下一层实验不会产生任何影响，因为流量被均匀随机打散了，每一层实验的流量都是 85%。理论上分层实验的个数是无限的。

● 联合层实验

理论上分层实验中，层与层之间需要将流量随机打散，但有些情况下，我们希望将层与层之间的策略联动，比如将图 3-68 中的 D-1 和 E-1 策略联动，将 D-2 和 E-2 策略联动，将 D-3 和 E-3 策略联动。这个时候就需要将 D-1 实验标签和 E-1 实验标签关联起来，确保将经过 D-1 的流量全部打到 E-1 的实验桶里面。

物理实验适用于任何场景，但此种实验方式存在实验数量上限，公司一般会切出部分流量专门做物理实验，用剩余流量做分层实验。有些场景只能做物理实验，不能和其他实验掺杂在一起，尤其是与系统性能评估等相关的实验，需要排除一切外在影响，确保实验不受任何干扰。分层实验可以同时做大量线上实验，适合那些业务之间彼此独立、互不影响的场景，如果层与层之间的实验是有影响的，建议在同一层进行实验。

6. 实验上线，查看效果

当我们将实验准备工作都做完以后，就可以在实验平台上进行实验了。实验平台会下发实验组和对照组的实验标签，后续根据该实验标签查看对应的实验效果。通常情况下，对于实验效果需要观察 3 个工作日左右，尤其对于那种前期实验效果波动较大的实验，需要观察更长的时间。如果实验效果长期波动，不稳定，就需要确定实验的分流方式是否存在问题。

3.13.3 实验效果的可信性评估

前面章节介绍了如何做科学的 AB Test 实验，那么在实际工作中，完全可以基于 AB Test 实验效果进行决策吗？比如我们上线了一个新的召回策略，实验组 A 的 CTR 为 2.3%，对照组 B 的 CTR 为 2.1%，我们是否可以认为新的召回策略比旧的召回策略更有效呢？如何进行科学评估？可能有些读者会有疑问，明明实验组 A 的效果比对照组 B 好很多，如果 AB Test 实验的分流是随机的，且实验组和对照组的流量都足够大，为什么还不能证明实验组策略更有效？

A 的实验结果确实比 B 好，但这个结果的置信度有多少？我们有多少把握确信这是因为策略导致的？通常我们做完实验后都需要计算本次实验结果的置信度，计算时就需要引入统计学里的假设检验。策略优化实验中最常用的就是 P 值假设检验法，该检验方法是由英国科学家 Fisher 提出的，具体方法如下所述。

(1) 定义零假设 H_0 和备择假设 H_1。

首先做两组假设，然后基于设定的假设进行后续的步骤。我们一般把想要推翻的假设作为零假设，把想要支持验证的假设作为备择假设。策略优化后进行新实验，我们肯定希望验证的是新策略比旧策略效果好，所以 H_0 假设就是新策略不如旧策略。

H_0 假设：实验组 A 的召回策略对 CTR 的提升不如对照组 B 的召回策略；

H_1 假设：实验组 A 的召回策略对 CTR 的提升超过对照组 B 的召回策略。

(2) 选择假设检验方法，计算 P 值。

假设检验的整体思想就是**小概率反证法**。假如 H_0 假设是正确的，那么实验组 A 的用户对于推荐结果的 CTR 应该小于对照组 B 的用户对于推荐结果的 CTR。如果我们在现实中发现实验组 A 的用户对于推荐结果的 CTR 大于对照组 B 的数据，这应该是小概率事件才对，但如果小概率事件在现实中一直发生，那么它就不是小概率事件，说明 H_0 假设是错误的，H_1 假设才是正确的。

现在我们从实际样本中发现很多实验组用户的 CTR 比对照组用户的 CTR 高，这种情况是否科学？此种情况下我们需要计算 P 值，**P 值的意义是在 H_0 假设为真的情况下，比所得到的样本观察结果更极端的结果出现的概率**。也就是当 H_0 假设为真的情况下，检测实验组用户的 CTR 比对照组用户的 CTR 高的概率。**如果 P 值很小，则代表在 H_0 为真的情况下，出现样本观察结果的概率应该非常低，但实际样本观察结果却出现了，这样的逻辑不成立，所以 P 值越小，则代表 H_0 假设越不成立**。关于 P 值的计算，本书不再展开介绍，在很多数据分析和统计学的书上都有详细介绍，本书专注于策略知识的介绍。一般公司的实验平台底层会配置 P 值的计算程序，我们只需要关注最终实验结果即可，无须进行人工计算。

(3) 将 P 值和显著性水平 α 对比，做出接受或拒绝零假设的决定。

P 值为多小时才算小？业界一般会设置一个显著性水平 α，α 一般为 0.05。

当 P 值≤ α 时，则拒绝原假设 H_0；

当 P 值＞ α 时，则不拒绝原假设 H_0。

所以当我们在实验平台上看到实验结果时，也需要同步关注对应的 P 值。P 值越小，代表结果越可信；P 值大于 0.05，则代表实验结果不可信。

3.14　小结

本章以行业里推荐系统应用的重大事件为引入，介绍了推荐系统的"前世今生"。然后对整体架构进行概括性描述，后续再基于各个模块并结合行业实际案例展开介绍。阅读完本章后，读者能够对推荐系统有全面而细致的认知，可以了解推荐系统各个模块的作用和分模块的策略设计。推荐策略产品经理在实际工作中可能只负责推荐系统的一部分，但全面认知推荐系统有助于后续更好地开展工作。本章介绍的数据处理、特征编码、模型训练等内容在后面的搜索策略、广告策略章节中也会用到，后续不再重复介绍。

第4章

搜索策略

本章将全方位地介绍搜索策略，将搜索引擎的各个细分模块 (比如查询处理器、意图识别、召回、排序、样式、创意等) 全部拆分出来进行详细介绍，归纳搜索模块和推荐模块的异同点，同时结合实际案例进行讲解，帮助读者全面理解搜索引擎。

4.1　引入

相对于因为移动互联网的到来才兴起的推荐系统，搜索引擎在 PC(个人电脑) 互联网时代就已经是流量的主要入口。PC 互联网时代，网站数量快速增长，传统人工浏览的方式已经不能满足用户获取信息的需求。1995 年，互联网网站数量首次超过百万家，这一年也诞生了很多早期的搜索引擎公司，比如 Yahoo、Excite、InfoSeek 等。第一代搜索引擎依靠人工编辑导航目录，将互联网的重要站点分类目整理好，供用户查询，第一代搜索引擎的代表公司是 Yahoo。到了移动互联网时代，虽然在一些内容类 App 上 (比如抖音)，推荐系统主导了流量的整体分发，但是在一些综合性电商 App 上 (比如淘宝、京东)，搜索仍然是最大的流量入口。本书将搜索引擎的发展分为 5 个阶段，我们可以通过了解搜索引擎的发展史，进而了解搜索引擎的技术和策略发展脉络。

4.1.1　搜索引擎的 5 个时代

1. 分类目录时代

1990 年，加拿大麦吉尔大学 (McGill University) 的师生发明了 Archie，用于 FTP(file transfer protocol) 软件上的文件搜索，当时万维网 (WWW) 还没有面世，人们只能通过 FTP 来交流资源，Archie 可以根据文件名称查询文件所在 FTP 地址。然而 Archie 并不是一个现代意义上的搜索引擎，原因有两个方面：第一，它只能搜索 FTP 文件资源而不能搜索网页资源；第二，它没有机器人程序，不能像现代搜索引擎那样快速有效地抓取网络上的网页文章内容。不过 Archie 已经具备了第一代搜索引擎的雏形。1994 年，卡内基梅隆大学的 Dr. Michael Mauldin 创办了 Lycos，Lycos 被公认是第一代互联网搜索引擎的代表。此时的搜索引擎按分类目录进行搜索，这些搜索引擎收集互联网各个网站的站名、网址、内容概要等信息，然后将这些信息按照目录统一归类到一个网站上，用户可以在分类目录中逐级浏览并寻找相关的网站，早期的门户网站都可以称为第一代搜索引擎，比如 Yahoo、hao123。

图 4-1 即 hao123 的官网。第一代搜索引擎的核心技术是网页爬虫能力和网页分类能力，网站的分类目录都是人工设定的，如何通过机器自动爬取这些网页，并将这些网页归类到对应的目录下是第一代搜索引擎需要解决的核心问题。

图 4-1 hao123 官网

2. 文本检索时代

第一代搜索引擎解决了用户的部分搜索需求，虽然用户通过这种分类目录查找的方式也能找到想要的内容，但是这种查询方式效率比较低，用户无法主动表达自己的搜索需求。大约在 1996 年，产生了支持用户输入检索词并返回信息的检索方式，系统通过计算检索词与网页文本内容的相关度，然后返回相关网页并进行排序，这就是第二代搜索引擎。对比第一代搜索引擎，此种方式可以收录大部分网页，可以按照相关性排序，搜索体验提升了很多，但是整体的搜索结果质量有非常大的提升空间。第二代搜索引擎的代表是 Excite 和 Alta Vista。

3. 链接分析时代

第二代搜索引擎基于相关性的排序规则导致网络上经常出现一些"挂羊头卖狗肉"的垃圾网站。最开始，搜索引擎网站通过人工清理的方式来处理这些垃圾网站。1996 年，斯坦福大学的两名博士生谢尔盖·布林 (Sergey Brin) 和拉里·佩奇 (Larry Page) 提出了一种全新的排序算法——PageRank。PageRank 算法的核心思想就是通过网页之间的互相链接来侧面反映网页的流行性和权威性。该算法主要用于网页排序，当一个网页被外部很多其他网页引用或者链接，则代表该网页的流行性和权威性很高，值得被推荐给更多人。此算法的应用大幅提升了第二代搜索引擎的搜索质量。1998 年，佩奇和布林成立了专门的公司，也就是 Google。Google 一词来源于一个非常大的数字古戈尔 (Googol)，也就是 10 的 100 次方，宇宙中全部粒子加起来都没有这么多。之所以取这个名字，无疑是因为两位创始人希望做一个庞大的搜索引擎。1999 年，Google 开始为当时世界上最大的门户网站 Yahoo 提供搜索服务，到 2002 年左右，世界上的门户网站基本都在使用 Google 的搜索引擎。除了给各大门户网站提供搜索服务以外，Google 将自己的内容整合成一个门户网站形式的界面，用户可以直接搜索任何想搜索的词并得到相应的搜索结果。

第三代搜索引擎的核心技术是高效匹配用户的检索词和网页内容，返回高关联度的相关内容并过滤低质内容，同时结合内容的流行性和权威性，对所有内容进行科学的排序。但是第三代搜索引擎有一个重要问题，就是没有考虑到个体之间的差异性，针对相同的检索词，对于不同用户返回的结果是完全一样的。

4. 多功能 + 个性化 + 弱人工智能时代

随着互联网的发展，网民越来越多，用户对于搜索引擎的要求和期望也越来越高，促进了第四代搜索引擎的诞生。第四代搜索引擎除了在功能上支持文本搜索以外，还需要支持图片搜索、识曲搜索、视频搜索、语音搜索等多种功能。第四代搜索引擎的召回和排序需要重点考虑个性化，对于同样一个搜索词，比如"手机"，不同职业、不同年龄的用户对于手机品牌、价格、款式等的需求是完全不一样的。基于用户画像精准返回符合用户个性化需求的搜索结果和对搜索结果进行科学排序是第四代搜索引擎的基本功能。目前，以Google 为代表的搜索引擎就是第四代搜索引擎，搜索引擎越来越智能化得益于 AI 的不断进步。

5. 强人工智能时代

第四代搜索引擎解决的仍然是信息查找的问题，把相关信息整理好并展现给用户。而第五代搜索引擎需要以解决用户实际问题为出发点，当网络上没有现成答案时可以自行给用户解答，问题类型包括但不限于代码编写、数学题解答、生活类问题解答、诗歌撰写、图片挑选等。此时的搜索引擎具有知识问答的功能，可以根据用户的问题提供对应的答案，已经进入强人工智能时代。在 2023 年这个时间点，市场上初具第五代搜索引擎雏形的就是结合了 ChatGPT 能力的 Bing。虽然 ChatGPT 还存在一定的缺陷，部分回答的严谨性和准确性有待改进，但是整体已经具备了第五代搜索引擎的雏形。第五代搜索引擎会在Google、Baidu、Bing 这些大型搜索引擎中产生，因为搜索引擎是一个需要强积累的技术产品，不太可能突然诞生一个强有力的新秀。目前来看，Bing 在第五代搜索引擎中已经拔得头筹。

4.1.2 搜索引擎的分类

如图 4-2 所示，搜索引擎主要分为两大类：一类是综合类搜索引擎，以 Google、Baidu 为代表；另一类是垂直类搜索引擎。垂直类搜索引擎嵌套在某个具体产品或者场景下，主要针对某些特定属性的内容进行搜索，比如淘宝 App 的搜索引擎，专注于电商领域的搜索；小红书 App 的搜索引擎，专注于内容社区领域的搜索。2023 年一季度全球市场和中国市场的搜索引擎份额如图 4-3 所示。

图 4-2　搜索引擎分类

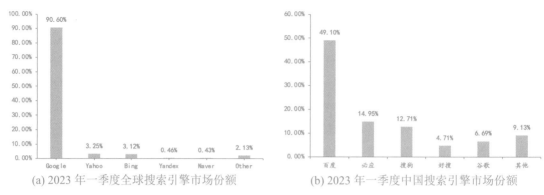

(a) 2023 年一季度全球搜索引擎市场份额　　　　(b) 2023 年一季度中国搜索引擎市场份额

图 4-3　全球市场和中国市场的搜索引擎市场份额分布

对于垂直类搜索引擎，比如电商 App 的搜索引擎，仍然是电商 App 第一大流量入口，搜索引擎贡献的 GMV 差不多占电商 App 整体 GMV 的 70%。所以在搜索引擎上做的微小策略优化最终产生的绝对收益是非常大的，后续本书将对搜索引擎各个模块的策略设计进行详细介绍。

4.2　搜索引擎概述

上一节对搜索引擎的发展史和分类做了详细介绍，本节介绍搜索引擎的整体架构、各个子模块以及实际应用搜索引擎时经常使用的效果评估指标等。

4.2.1　搜索引擎简介

1. 搜索引擎的定义

搜索引擎到底是什么？如果说推荐系统本质上是一种信息过滤系统，那么**搜索引擎本质上就是一种信息检索系统**，从海量的信息中检索出和用户查询相关的信息。现阶段的搜索引擎不仅有信息检索的功能，也有推荐系统的逻辑。因为移动互联网时代信息过载严重，和用户查询强相关的信息非常多，如何从这些强相关信息中为用户筛选并推荐他最感兴趣和最符合他需求的信息是搜索引擎需要解决的问题。

2. 搜索引擎需要实现的目标

一个优秀的搜索引擎需要实现以下 4 个目标。

● 精准

充分理解用户的搜索意图，返回高相关的匹配内容。"精准"是搜索引擎最重要的目标，其他目标都需要以该目标为前提。此处的"精准"不仅是指物料和检索词之间的相关性匹配，还包括物料和用户个性化偏好、差异化需求的精准匹配。

● 全面

"全面"也分为两个方面：一方面是内容的全面，平台上或者网络上和本次搜索相关的内容均可以返回，用户可以通过一个搜索引擎满足所有的搜索需求；另一方面是功能的全面，既要支持文本信息的搜索，也要支持图片搜索、识曲搜索、语音识别等功能，全方位满足用户在不同场景下的需求。

● 可运营

一个成熟的搜索引擎需要具备完善的可运营能力，除了平台整体以算法为导向的策略调控，还需要具备完善的以强业务干预为导向的人工运营功能，配合业务部门达成业务目标。

● 可反哺

一个成熟的搜索引擎需要具备反哺业务的能力，用户的检索词代表了用户的需求。对于电商搜索引擎来说，这些信息可以作为业务人员采购商品的参考，进而反哺供应链。对于内容搜索引擎来说，这些信息可以指导平台的内容生产。

"精准"和"全面"是搜索引擎必须要实现的关键目标，"可运营"和"可反哺"是搜索引擎后期能力建设过程中需要完善的目标。

3. 搜索引擎需要解决的关键问题

为了实现上述目标，搜索引擎需要解决以下 4 个关键问题。

● 准确识别用户的查询意图

用户的检索词多种多样，搜索引擎每天都需要处理大量的不规范检索词，如何更好地识别这些复杂检索词背后的真实意图？对于同一个检索词，不同用户的查询意图也可能不一样。比如用户搜索"珍珠米"时，辽宁的用户可能希望找一种东北大米，而上海的用户可能希望找玉米粒。

● 实现查询和物料的匹配

充分理解用户的查询意图后，搜索引擎下一步要考虑的就是如何从平台上海量的物料中召回相关的物料。要做到在物料丰富时返回高相关性的物料，在物料缺乏时尽可能地返回具有一些关联性的可替代的物料，降低搜索的空结果率。

● 科学地对返回的物料进行排序

当搜索引擎返回物料以后，要基于用户的个性化偏好和物料本身的相关性、权威性、流行性等因素进行科学的排序。此时的搜索引擎变成了一个推荐系统。

● 做到有问必答，解决用户大部分查询需求

该问题是第五代搜索引擎需要解决的关键问题，当用户查询的问题在网上没有现成的答案时，搜索引擎需要通过人工智能帮助用户解决问题，给出答案。

4.2.2　搜索引擎整体架构

不管是综合类搜索引擎还是垂直类搜索引擎，搜索引擎的整体架构如图 4-4 所示。

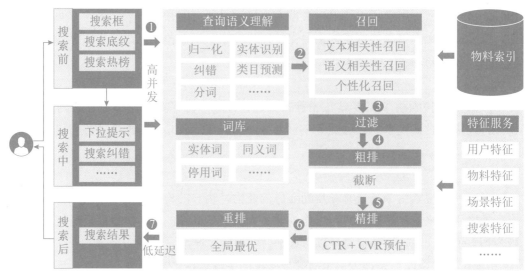

图 4-4　搜索引擎架构

　　图 4-4 展示了一个完整的搜索引擎应该有的功能模块，从用户使用搜索引擎进行查询，到最终得到查询结果，一般需要经过 5 ～ 6 个环节。常见的流程包括建立物料索引、查询语义理解、召回、粗排、过滤、精排、重排，最终在前端为用户返回搜索结果。搜索引擎的整个流程和推荐系统基本一样，多了两个功能模块，即查询语义理解和词库，但是搜索引擎单个模块的子功能相对于推荐系统更多，且处理逻辑存在差异。下面本书将针对每个功能模块进行详细介绍。

　　1. 搜索前和搜索中模块

　　搜索是用户的一种主动行为，一定会有检索词的输入。按照用户搜索的流程，可以将整个行为分为搜索前、中、后 3 个部分。在搜索前和搜索中模块，一般会设置搜索底纹、搜索排行榜以及搜索联想词等功能，以降低用户的输入复杂度并主动引导用户进行特定搜索，同时针对用户输入的错误检索词进行自动纠错。搜索前和搜索中模块可以降低用户的操作成本，也可以配合业务运营和广告部门做一些定向的业务扶持和广告投放。图 4-5 即淘宝的搜索前和搜索中模块示例。

　　2. 查询语义理解

　　用户输入检索词以后进入第二个环节，也就是查询语义理解。查询语义理解模块的主要作用是充分理解用户的检索词，构建查询语法树，输入召回模块中。查询语法树的构建一般需要经历以下几个环节。首先，将错误的输入内容纠正为正确的检索词；然后，基于词库对原始检索词进行分词。比如将"康师傅方便面桶装"分词为"康师傅 / 方便面 / 桶装"，分词后针对每一个词打上具体的实体类型。其中，"康师傅"是品牌词 (brand)，"方便面"是品类词 (category)，"桶装"是规格 (unit)。不同实体之间的重要度完全不一样，比如品类词的重要度高于规格词，系统里需要针对每一种实体类别设置相应的权重分。最后基于切词后的实体构建查询语法树，查询语法树决定了检索词中哪些实体词参与召回、哪些实体词仅参与排序等。关于详细的策略设计，本书将在第 4.8 节展开介绍。

图 4-5　淘宝的搜索前和搜索中模块

3. 词库和实体体系

词库和实体体系可以理解为查询语义理解模块的辅助功能模块。查询语义理解模块需要对检索词进行分词，分词的基础是词库。搜索引擎的基础模块是词库，有了词库，搜索引擎才能对用户输入的检索词进行分词。网上有很多开源的分词器，比如 IK 分词和 jieba 分词，但在实际使用时，用户需要有针对性地构建自己的词库。词库的构建没有捷径，需要从零开始积累，而且需要不断更新与迭代，因为现实世界里每天都会产生很多新词汇。不同领域的词汇也是不一样的，比如电商领域、游戏领域和内容社区领域，需要针对不同领域构建专门的词库。针对每一个领域还需要构建一套完整的实体体系，实体体系就是该领域具有特定意义的语义实体，比如电商领域的实体体系包括品牌 (brand)、一级品类 (CATG1)、二级品类 (CATG2)、三级品类 (CATG3)、尺寸 (size)、颜色 (color)、商品核心词 (key word)、产地 (origin) 等。基于该领域的实体体系可构建对应的实体词库。

4. 召回

相应的查询语法树构建好后，下一个环节是物料召回。搜索引擎召回的是和检索词相关的物料，而推荐系统召回的是用户可能感兴趣的物料。搜索引擎的召回模块也采用多路召回架构 (参见本书第 3.5.2 节)，只是整体的召回路数要远远少于推荐系统，推荐系统的召回路数通常有十几路，而搜索引擎的召回路数只有几路。目前常见的 3 种召回方式是文本召回、语义相关性召回和个性化召回，本书将在 4.8 节详细介绍。以 Google、Baidu 这类综合性搜索引擎为例，召回模块会一次性返回所有和本次查询有关的物料，不再进行翻页更新。而淘宝和京东这类垂直类搜索引擎和推荐系统基本一致，一次性先返回几千或上万个高相关的物料 (如果物料库中有相关的物料)，供后续模块继续筛选，后续搜索结果页下翻时会重新请求进行翻页更新。

5. 物料索引

搜索引擎进行召回时还要用到一个辅助模块，即物料索引，因为搜索引擎需要从海量的物料中召回和检索词相关度高的物料，所以需要针对物料提前构建倒排索引。在推荐系统的物料索引里，可通过唯一的物料 ID 查询物料的其他信息。而搜索引擎的物料索引需要基于物料的标题等对物料的信息进行切词处理，针对每一个词构建对应的倒排索引，当用户查询时，可以快速检索到对应的结果。关于详细的物料索引构建策略，本书将在第4.6 节介绍。

6. 过滤

召回的下一个环节是过滤，过滤环节在粗排和精排环节前，一方面是为了避免无效物料进入后续环节，影响后续环节的效果；另一方面是为了提前过滤无效物料，减少后续环节的计算量。对于垂直类搜索引擎来说，比如电商搜索引擎，主要按照 SKU 的库存、SKU 的上下架、SKU 是否涉及黄赌毒等来进行过滤。对于综合类搜索引擎来说，主要针对是否包含黄赌毒或者政治敏感信息等进行过滤。一般来说，对于同样一个 App，搜索引擎和推荐系统的过滤逻辑基本一致。

7. 粗排

过滤的下一个环节是粗排，粗排的目的是对搜索结果进行初筛。像 Google 和淘宝这样的搜索引擎，大部分检索词可以匹配到上万条结果，需要通过粗排模型筛选头部物料并给到精排模型。搜索引擎粗排模型基于召回点击率或者召回转化率的逻辑和推荐系统基本一致，只是搜索模型比推荐模型加入更多排序因子，尤其是在电商领域，排序公式里有非常多的排序因子，本书将在 4.10 节详细介绍。

8. 精排

粗排的下一个环节是精排。精排模型的目的是实现单点最优 (point wise)，主要用于预估单个搜索结果的 CTR 和 CVR。电商领域的搜索引擎以预估 CVR 为主，像 Google 这类综合搜索引擎以预估 CTR 为主。与粗排模型相比，精排模型整体结构更加复杂，模型特征也更加丰富。

9. 重排

精排的下一个环节是重排。本书在推荐策略模块介绍过重排的三大策略，即全局最优、用户体验和流量调控。搜索引擎的重排模块策略也是这三个，只是实际落地要求不一样。搜索引擎的全局最优策略和推荐系统一样，用户浏览搜索结果时会看到很多个搜索结果，所以需要以序列最优 (list wise) 为核心目标对搜索结果进行重排。推荐系统有大量的用户体验策略，但是搜索结果页的用户体验策略相对较少，搜索引擎的用户体验主要是搜索结果的精准度和全面性。搜索结果页对于结果的多样性要求不高，但也可以对搜索结果里相同的商家、相同的主图进行打散。搜索结果页的流量调控主要包括对新商家、新创作者和新品的一些扶持。重排模块里的物料排序就是最终展示在前端的物料顺序。

10. 搜索后模块

重排结果在前端展示时需要配上搜索结果的样式和创意，搜索结果的样式和创意策略和推荐系统完全不一样，本书将在 4.12 节详细介绍。

11. 特征服务

搜索引擎的特征服务和推荐系统一样，搜索引擎的粗排、精排、重排等环节都需要使用模型预估，而特征服务作为一种公共服务，可以供搜索引擎的各个环节进行调用。推荐系统和搜索引擎经常共用一个大的特征服务模块，其中会有一些细分特征，有些特征专门服务于推荐系统，有些特征专门服务于搜索引擎。

上述内容是针对搜索引擎各个模块的简要介绍，本书将在后续章节针对每一个模块的策略设计进行详细介绍。

4.2.3　常见效果评估指标

搜索引擎包括召回和排序两大模块，模型也分为 CTR 预估模型和 CVR 预估模型两种。对这两种模型进行离线效果评估时和推荐系统一样使用 AUC 指标。在实际评估时会拆分得更细，分为离线和在线两个方面。

1. 离线评估指标

● 数据标注

搜索引擎初期需要对数据进行人工标注，明确物料库里哪些物料应该召回，哪些物料不应该召回。完善人工标注的数据集才能进行离线效果评估。例如，用户搜索"五花肉"应该召回哪些物料？物料里的"猪瘦肉""猪腿肉"是否应该召回？标注标准需要基于实际业务情况和用户反馈来制定，没有统一要求。对召回物料和检索词之间的相关度可以进行分级，比如分为强相关、弱相关和不相关，假设强相关为 2 分，弱相关为 1 分，不相关为 0 分。制定好统一标注标准后就需要对常见的检索词进行数据标注，如表 4-1 所示。

表 4-1　物料标注

检索词	物料	相关性
康师傅方便面	康师傅方便面	2
	统一方便面	1
	康师傅矿泉水	0
	汤达人方便面	1

（续表）

检索词	物料	相关性
方便面	康师傅方便面	2
	统一方便面	2
	康师傅矿泉水	0
	汤达人方便面	2

- 召回完整性

召回完整性的核心评估指标是召回率，假设我们认为与检索词强相关和弱相关的物料都应该被召回，那么如果用户搜索"方便面"，只召回了"康师傅方便面"，则召回率 =1/3；如果 3 款方便面全部召回，则召回率 =3/3=100%。

- 排序合理性

搜索引擎不仅要将所有商品召回，还应确保排序合理。理论上应将评分最高的结果排在最前面，将评分最低的结果排在最后面。例如，搜索"康师傅方便面"，不能将"汤达人方便面"排在第一位。评估搜索结果排序的合理性时，一般使用 DCG(discounted cumulative gain，折损累计收益) 和 NDCG 指标 (normalized discounted cumulative gain，归一化折损累计收益)。

$$DCG = \sum_{i=1}^{n} \frac{\text{rel}_i}{\log_2(i+1)} \tag{4-1}$$

式中：rel_i 表示第 i 位的得分情况。

公式 (4-1) 即 DCG 指标的计算公式，如果用户搜索"康师傅方便面"，返回的搜索结果按顺序依次为康师傅方便面、统一方便面、汤达人方便面、康师傅矿泉水，则

$$DCG = \sum_{i=1}^{n} \frac{\text{rel}_i}{\log_2(i+1)} = \frac{2}{\log_2(1+1)} + \frac{1}{\log_2(2+1)} + \frac{1}{\log_2(3+1)} + \frac{0}{\log_2(4+1)} \approx 3.13$$

DCG 指标的值越大，代表搜索引擎的排序效果越好。因为 DCG 指标是一个绝对值指标，它的大小和搜索结果的召回数量正相关。我们还会使用 NDCG 指标来比较不同检索词的结果。

$$NDCG = \frac{DCG}{IDCG}$$

式中：IDCG 是指理论上排序最优的搜索结果对应的 DCG 分数；NDCG 的取值为 [0,1]。

用户搜索"康师傅方便面"时，理论上可以得到的最优搜索结果是康师傅方便面、统一方便面、汤达人方便面，结合上述 DCG 分数，最终得到的 NDCG 指标就是 1。

2. 在线评估指标

离线效果评估主要评估搜索结果的召回完整性和排序合理性，在线效果评估可以通过多方面的指标来评估搜索引擎的效果。

- 查询无结果率

$$查询无结果率 = \frac{无结果返回的PV数}{总搜索PV数}$$

查询无结果率指标评估的是搜索引擎召回模块的效果，反映搜索引擎召回时无结果次数的比例。该指标越高，代表搜索引擎召回模块的效果越差。

● 平均点击结果位数

$$平均点击结果位数 = \frac{总点击结果位数}{总搜索PV数}$$

平均点击结果位数指标评估的是搜索引擎排序模块的效果，反映搜索引擎对召回结果排序的合理性。该指标越小，代表搜索引擎排序模块的效果越好。

● 跳失率

$$跳失率 = \frac{跳失PV数}{总搜索PV数}$$

跳失率指标评估的是搜索引擎的综合效果。该指标反映的是用户进入搜索结果页面以后没有任何操作并且直接退出的比例。没有任何操作指的是用户没有点击任何搜索结果、没有翻页等。该指标越高，代表搜索引擎的效果越差。

● CTR

$$CTR = \frac{点击结果数}{曝光结果数}$$

CTR 指标评估的是搜索引擎的综合效果，统计口径和本书 3.2.4 节介绍的推荐系统效果指标一样，它可以分为 UV、PV 和曝光件次口径。

● CVR

$$CVR = \frac{订单数}{点击数}$$

CVR 指标评估的是搜索引擎的综合效果，统计口径和本书 3.2.4 节介绍的推荐系统效果指标一样，可以分为 UV、PV 和曝光件次口径。订单数可以分为订单行和订单量两种口径。

对于综合类搜索引擎来说，核心考核指标为 CTR。对于电商类搜索引擎来说，核心考核指标为 CVR，因为电商业务以 GMV 为首要目标，搜索引擎需要尽可能地将用户的每一次搜索转化为订单。

4.3　搜索策略产品经理画像

搜索策略产品经理是最早的策略产品经理，因为搜索引擎在工业领域最早得到广泛应用。最早一批搜索策略产品经理大多来自 Google、Yahoo 等知名的搜索引擎平台。早期的搜索策略产品经理和推荐策略产品经理一样，都是由算法工程师兼任的，整体策略的设计由算法主导。随着搜索引擎的发展，细分的模块越来越多，它和业务结合得越来越紧密，因此需要有专职的产品经理来对接外部业务并进行整体策略设计。

搜索引擎可以分为综合类搜索引擎和垂直类搜索引擎，垂直类搜索引擎又可细分为电商搜索引擎、短视频搜索引擎、内容社区搜索引擎等。虽然搜索引擎的细分方向很多，但搜索策略产品经理的工作主要包括以下 3 项。

1. 召回

和召回有关的策略包括查询语义理解模块策略、召回模块策略。这两个模块细分的功能有检索词解析、纠错、检索词改写、查询语法树构建等，均由此部分的策略产品经理负责。在日常工作中，策略产品经理需要分析大量的案例，做大量的案例评估，分析检索词和搜索结果之间的相关性，基于案例评估结果去优化查询语义理解模块和召回模块的策略。部分互联网公司把查询语义理解模块单独剥离出来，由专人负责。

2. 排序

搜索引擎中整个排序模块的策略设计工作包括整体流量分发策略制定、排序公式的设计、精排模型和重排模型的样本选择、特征工程等。

3. 平台生态

在搜索场域配合平台生态相关策略的制定。比如在电商业务场景下，策略产品经理帮助新商家和新品成长，打压作弊、刷单和卖假货的商家；在内容社区场景下，策略产品经理帮助新创作者和新内容成长等。

很多搜索引擎细分出很多不同的频道，比如抖音 App 细分为综合搜索和同城搜索，不同的频道由专门的搜索策略产品经理负责。在部分流量特别大的互联网公司里，比如百度和字节跳动，由于搜索业务涉及范围非常广，还会有专门的细分方向，即搜索结果测评。针对这个细分方向策略产品经理主要负责搜索策略运营的工作，每日需要评估大量的搜索结果，评估搜索结果和检索词的相关性以及排序的合理性等。需注意，仅部分头部互联网公司设有该细分岗位。

与推荐策略产品的细分方向相比，搜索策略产品的细分方向更少，通常情况下，一个公司里做搜索策略产品的人数要少于做推荐策略产品的人数。一方面是因为搜索场景远少于推荐场景，另一方面是因为推荐场景中需要大量的用户体验策略。

4.4　搜索引擎实体识别

实体识别是查询语义理解模块中的一个子项，该模块非常重要，所以本书先单独介绍。实体识别可以理解为搜索引擎对检索词的认知。认知首先需要一套标准认知体系。我们小时候认识世界时，会参照书本提供的标准认知体系，例如将生物分为动物、植物等。

4.4.1　实体识别是什么

实体识别，全称命名实体识别 (named entity recognition，NER)，它是指对检索词中具有特定意义的语义实体进行识别，根据识别的结果构建召回策略和排序策略。实体识别依赖于我们针对当前业务场景构建的实体体系，也就是上文提到的认知体系，实体体系即该领域具有特定意义的语义实体。不同领域的认知体系是完全不一样的，所以搜索引擎针对不同领域的认知也需要不一样的实体体系。比如电商领域的实体体系可以简单分为品牌 (brand)、一级品类 (CATG1)、二级品类 (CATG2)、三级品类 (CATG3)、尺寸 (size)、颜色 (color)、产地 (origin) 等。

4.4.2　实体体系构建

图 4-6 展示了阿里云 OpenSearch 披露的当前阿里电商领域的实体体系。

类别/英文	类别/英文	类别/英文	类别/英文
普通词/common	材质/material	风格/style	款式元素/element
颜色/color	品牌/brand	功能功效/function	尺寸规格/size
品质成色/quality	场景/scenario	人群/people	套装/suit
时间季节/season	型号/model	新品/new-release	系列/series
营销服务/marketing	地点地域/region	人名/name	文娱书文曲/entertainment
机构实体/organization	影视名称/movie	游戏名称/game	数字/number
单位/unit	品类/category	新词/new-word	修饰/adjective
专有名词/proper-noun	品类修饰词/category-modifier	符号/symbol	前缀/prefix
后缀/suffix	赠送/gift	否定/negative	代理/agent

图 4-6　阿里云 OpenSearch 披露的电商领域实体体系

阿里电商实体体系一共有 36 个实体，这 36 个实体组合在一起形成了 OpenSearch 对电商领域的认知分类体系。构建全面的实体体系，有助于搜索引擎精准识别复杂的检索词。

我们在构建实体体系时，需要结合业务的实际情况。上文介绍的实体体系十分全面，很多公司可能不需要构建如此复杂的实体体系。

4.5　搜索引擎词库

当我们针对每一个领域设置好对应的实体体系后，接下来需要针对实体体系里的每一个实体类别构建词库。

1. 词库的格式

如表 4-2 所示，词库里的每一个词需要具备词频和词性两个基本属性。词频用于统计在实际语料里面该词出现的频次，后续其他策略需要参考该指标。词性表明该词的性质，表 4-2 中的词性对应阿里云 OpenSearch 中的 36 种实体。

表 4-2　词库格式

词	词频	词性
欧莱雅	1000	品牌
西游记	23	文娱书文曲
...	...	...

2. 词库的构建

词库的构建方法一般有以下两种。

● 开源词库

以网上的开源词库为基础，再进行人工二次筛选，选取符合当前业务场景的词。目前，中文开源词库有搜狗实验室发布的互联网词库 (SogouW)、清华大学开放中文词库 (THUOCL) 等。需注意，开源词库对于某一个词的词性定义并不一定适用于当前的业务场景，需要对开源词库进行二次筛选。

● 人工标注

基于用户的历史检索词进行人工标注。用户每天会输入大量的检索词，这些检索词都可以作为词库的输入。之所以会出现搜索无结果返回的检索词或搜索点击率极低的检索词，主要是因为搜索引擎没有理解检索词的意图，背后的一部分原因就是对应词库的不完善。

搜索引擎的词库就像牛津和朗文词典，词典需要不断更新，而搜索引擎的词库也需要不断更新与迭代，因为现实世界里每天都会产生很多新词汇，同一个词语在不同领域对应的词性可能完全不一样，也需要特殊处理。词库的构建没有捷径，必须不断地积累。构建词库是构建搜索引擎的基础工作，是非常重要的工作。词库是搜索引擎非常珍贵的数据资产。

4.6　搜索引擎物料索引

实体体系和相应的词库建成后，下一步就是构建物料的查询索引。高效快捷的索引是搜索引擎检索的基础。索引有两种：正排索引和倒排索引。

4.6.1　正排索引

本书以电商场域的索引构建为例介绍正排索引。

如表 4-3 所示，假设现在数据库中有 4 个 SKU，每个 SKU 有唯一的 SKU ID，该物料针对每个 SKU 还存储了其他实体属性，比如 CATG1、BRAND 等。正排索引以每个 SKU ID 作为键 (key)，以其他实体属性作为值 (value)。当用户输入一个查询词时，正排索引的检索机制如图 4-7 所示。

表 4-3　物料库

类别	SKU 1	SKU 2	SKU 3	SKU 4
SKU ID	1001	1002	1003	1004
BRAND	可口可乐	百事	非常可乐	美年达
CATG 1	食品酒饮	食品酒饮	食品酒饮	食品酒饮
CATG 2	酒水饮料	酒水饮料	酒水饮料	酒水饮料
CATG 3	碳酸饮料	碳酸饮料	碳酸饮料	碳酸饮料
CATG 4	可乐	可乐	可乐	橙汁
UNIT	瓶装	瓶装	瓶装	罐装
ORIGIN	上海	厦门	青岛	北京

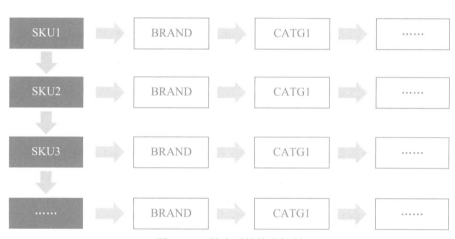

图 4-7　正排索引的检索机制

正排索引的查询机制是遍历所有的物料，然后查找每一个物料中是否存在和该查询词相匹配的实体，如果存在匹配的实体则记录该条物料的 SKU ID，最终查找出所有包含该查询词的物料。

优点： 构建索引简单且迅速，方便管理。后续加入新的物料时，可以直接为其建立一个新的索引块，挂接在原来的索引文件后面。若是需要将物料删除，则直接找到该物料对应的索引信息，将其直接删除。

缺点： 必须遍历所有的物料，检索效率低下。

4.6.2　倒排索引

倒排索引以词或实体为关键词进行检索，表中的每一行记录为包含该索引关键词的物料在平台上的标识 ID。

如图 4-8 所示，当用户的查询词为"可乐"时，可以一次性快速检索到所有含有"可乐"的物料。

优点: 检索效率极高,可以快速检索出查询词所对应的所有物料。

缺点: 索引的初期构建和后期维护较为复杂,新增或删除一个物料时涉及多条记录的修改。

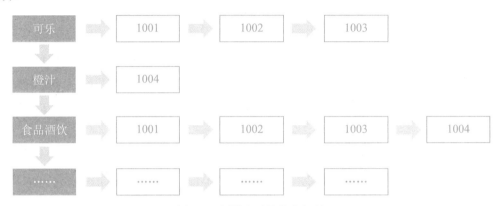

图 4-8　倒排索引的检索机制

简而言之,正排索引和倒排索引的差异即为:正排索引是物料到关键信息的映射,而倒排索引是关键信息到物料的映射。实际工作中,搜索引擎均使用倒排索引进行信息检索,然后使用正排索引进行物料信息补全。针对物料构建倒排索引时,物料的信息来源有以下三种。第一种是标签体系,无论是电商内容还是短视频内容,在平台上传这些内容时,平台会要求设置相关的类目或者标签,这些信息最终会被制作成倒排索引。第二种是物料的标题,搜索引擎需要对物料标题进行分词,然后基于分词结果构建倒排索引。第三种是物料正文里的实际内容,因为电商和短视频正文包含的内容非常少,所以第三种信息来源主要针对小红书类的发帖社区。只有确保所有有价值的物料信息都被纳入对应的倒排索引,才能保证后续召回环节的召回率。

4.7　搜索引擎查询语义理解

构建完物料的索引后,当用户搜索时,搜索引擎首先要理解用户的搜索意图,这个功能模块就是查询语义理解模块(query processor, QP)。通过对检索词进行一系列智能分析,对检索词进行归一化、纠错、分词、实体识别、类目预测,再进行搜索结果的召回和排序。

4.7.1　归一化

查询语义理解的第一步就是对检索词进行归一化处理,一般包括以下几个步骤:大小写统一,把所有的大写都转为小写,比如把 NIKE 转为 nike;将拼音转为汉字,比如将 pingguo 转为苹果;将英文转为中文,比如将 adidas 转为阿迪达斯;去除特殊符号,比如将 %&# 等没有任何意义的符号去除。

4.7.2　纠错

归一化处理的下一步是纠错。

1. 概述

检索词纠错是搜索引擎必备的基本功能，该功能可以提升用户体验，降低用户的重搜率，扩大召回结果，提升平台整体的搜索效率。

如图 4-9 所示，当用户在百度搜索栏里搜索"詹目斯"的时候，系统会自动展示"詹姆斯"的相关条目。本书主要介绍中文检索词的纠错。

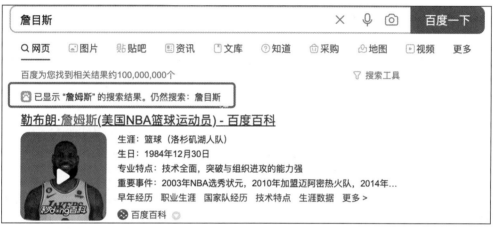

图 4-9　纠错示例

2. 检索词出现错误的原因

在介绍中文检索词的纠错方式之前，我们首先需要了解中文检索词常见的几种错误原因，只有了解了错误原因，才能有针对性地进行纠错。

● 拼音原因

目前的输入法以拼音输入法为主，所以很多检索词的错误都是汉语拼音类错误。根据实际语料统计数据，80% 以上的检索词错误都是由拼音导致的，如表 4-4 所示。

表 4-4　中文输入常见错误类型

错误原因	正确检索词	错误检索词
同音字	哈密瓜 易烊千玺	哈蜜瓜 一羊迁徙
部分拼音不一致	春暖花开	穿暖花开
地域口音导致的错误	福尔摩斯	胡尔摩斯

● 知识错误

有一部分错误，可能是因为用户原本就对检索词的正确写法不清楚，所以输入了错误的检索词，比如把"继往开来"写成"既往开来"。

3. 检索词纠错方法

一般情况下，对于短语检索词，如果系统发现错误会直接进行纠错；对于比较长的检索词，系统会先进行分词，然后基于分词后的单个词语进行纠错。常见的纠错方法有以下3 种。

1) 基于词典的方法

收集用户经常输错的检索词，然后构建一个错误检索词和正确检索词的映射表。如果用户输入的检索词匹配到该词表则直接进行纠正，比如"肯德鸡"对应"肯德基"，"必剩客"对应"必胜客"。这种方法在搜索引擎的构建初期可以使用，简单、高效、快捷，但是可扩展性太差，覆盖的错误检索词范围太小。

2) 基于规则的方法

我们以一个具体的例子来讲解，比如原始的检索词是"国际性大都市尚海"，经过分词器分词，结果为国际性、大都市、尚海，和现有词库比对，系统识别到"尚海"是错误词，需要纠正。纠错的过程和推荐系统比较相似，分为召回和排序两个环节。

● 召回

首先计算"尚海"与词库里面其他词的编辑距离。编辑距离 (edit distance) 由俄罗斯科学家莱文斯坦 (Levenshtein) 在 1965 年提出，所以又称莱文斯坦距离，它是指两个字符串之间，由一个转成另一个所需的最少编辑操作次数，编辑操作可以是替换、插入和删除。比如两个字符串"詹姆斯"和"詹宁斯"，两者之间的编辑距离就是 1，需要经过 1 次字符替换操作。召回阶段需要召回词库里所有和"尚海"编辑距离比较小的词，假设此处我们设置的编辑距离上限为 1，我们召回的词有"上海""商海""赏海"等。一般情况下，针对中文检索词，我们还会专门计算拼音之间的编辑距离，针对拼音的编辑距离设置一个阈值。

● 排序

系统对所有召回的候选词进行排序，然后选择一个最优的候选词进行改写。因为中文检索词的常见错误主要是由拼音导致的，所以在排序时将拼音完全相同的词排在前列。如果多个候选词的拼音和原始检索词相同，这时候应根据这些候选词的热度来挑选，选择最流行的候选词，这里所说的"候选词的热度"其实就是指词频。如果拼音没有完全相同的，则基于拼音的编辑距离大小来排序，编辑距离越小，排序越靠前，对于编辑距离相同的词再参考候选词热度，最终将"尚海"纠正为"上海"。

这种基于规则的纠错方式没有结合检索词的上下文语境，仅仅基于一些简单的策略，所以在线上非常容易出现错误。

3) 基于 N-Gram 语言模型的方法

为了结合检索词的上下文信息进行整体评估，我们在基于规则的方法的基础上做了进一步优化，推出了基于 N-Gram 的语言模型。

● N-Gram 语言模型的基本原理

首先我们需要了解什么是语言模型。

语言模型是指评估文本序列符合人类语言使用习惯程度的模型，它用于综合评估该序列在日常生活中出现的概率和在语法上合理的概率。一个语言模型中所有句子出现的概率和为 1。

(1) N-Gram **语言模型**。基于马尔科夫假设，随意一个词出现的概率只与它前面出现的有限的 $N-1$ 个词有关。基于上述假设的统计语言模型被称为 N-gram 语言模型。当 $N=1$ 时，一个词的出现与周围的词都是独立的，该模型称为一元模型 (unigram)；当 $N=2$ 时，一个词的出现仅和前面一个词有关，该模型称为二元模型 (bigram)；当 $N=3$ 时，该模型称为三元模型 (trigram)。N-Gram 语言模型的输入是多个词组成的序列，模型输出的是这个序列是一个正常语句或短语的概率。

(2) **概率计算公式**。假设文本序列 $S = (\omega_1, \omega_2, \omega_3 \ldots \omega_n)$，$\omega_n$ 表示一个单字，则 2-Gram 语言模型为

$$P(S) = P(\omega_1)P(\omega_2 \mid \omega_1)P(\omega_3 \mid \omega_2)\cdots P(\omega_n \mid \omega_{n-1}) = \prod_{i=1}^{n} P(\omega_n \mid \omega_{n-1}) \tag{4-2}$$

式中：$P(\omega_n \mid \omega_{n-1}) = \dfrac{\text{Count}(\omega_{n-1}, \omega_n)}{\text{Count}(\omega_{n-1})}$，$\text{Count}(\omega_{n-1}, \omega_n)$ 表示 ω_{n-1} 和 ω_n 在语料库中前后相邻出现的次数，所以 $P(\omega_n \mid \omega_{n-1})$ 本身是一种统计概率，因此对于语料库的丰富性要求很高。

(3) **N 值的设定**。实际应用中，一般将 N 设置为 2 或 3。N 超过 3 时效果比较差，因为 4 及 4 以上元组的词在语料中出现的频率很低，数据非常稀疏，预估结果偏差很大。

下面我们以一个具体案例进行讲解。

● **N-Gram 分词**

假如原始检索词是"斯台普斯忠心"，首先我们需要对原始检索词进行 N-Gram 分词，分词逻辑为从左向右依次滑动，每次截取长度为 N 的短语。假设此案例中我们设置 $N=2$，那么检索词被分词为"斯台、台普、普斯、斯忠、忠心"。

● **召回与候选集生成**

完成分词后，模型基于分词后的短语进行基于中文编辑距离和拼音编辑距离的相似短语召回。

如表 4-5 所示，模型针对每一个短语都进行了相似短语召回，然后按照顺序将这些短语拼接起来，枚举所有的可能性组合。比如，斯台普斯中心、斯台普斯中芯、四胎普斯中信、斯泰普斯重心等。

表 4-5　N-Gram 语言模型召回集合

原始短语	相似短语
斯台	四胎、四台、斯泰
台普	太普、泰普
普斯	普思
斯忠	死忠、四中、泗中
忠心	中芯、中信、重心、中心

- 排序

模型使用公式 (4-2) 对所有的序列组合进行概率预估，然后选择概率超过原始检索词且排序第一的序列组合。因为"斯台普斯中心"的概率最大，所以我们将"斯台普斯忠心"纠正为"斯台普斯中心"。

4. 检索词纠错的评估指标

上文介绍的三种纠错方法中，基于词典的方法是人工设置的，只要确保人工设置的词典没有问题，那么所有的纠错都是正确的。针对后两种纠错方法，我们需要进行专门的离线评估，以保证此种方法的纠错效果。在离线评估时主要关注召回率和过纠率两大指标。

- 召回率

$$召回率 = \frac{错误的检索词被纠正的个数}{错误的检索词个数}$$

- 过纠率

$$过纠率 = \frac{正确的检索词被纠错的个数}{正确的检索词个数}$$

进行线上效果评估时，主要对比被纠正的检索词数量和被误纠的检索词数量，被纠正的检索词数量必须远远大于被误纠的检索词数量，这样才能保证纠错功能整体作用是正向的。

5. 检索词纠错的触发方式

因为很多检索词本身是正确的，所以并不需要对所有的检索词进行纠错，那么检索词纠错的触发方式有哪些？触发方式一般有三种，第一种是词典触发，检索词是纠错词表里面的错误词。第二种是零少结果触发，如果通过用户输入的检索词能检索到的结果极少，就会触发纠错，尝试由语言模型输出出现概率更高的检索词，然后再用新的检索词进行检索，最终在前端推荐给用户。第三种是不管原始检索词检索结果如何，全部针对原始检索词进行纠错，然后对比新旧检索词出现的概率，最终决定是否要向用户推荐新检索词。第三种触发方式主要取决于纠错模型的可靠度，如果纠错模型的效果一般，不建议对所有检索词都触发，仅建议针对零少结果的检索词触发。

4.7.3 分词

在中文里，词代表的是具有独立意义的最小语义单元。检索词分词的目的是将整个检索词切分为一个个独立的词，然后做进一步处理。

1. 分词面临的挑战

中文的分词尤其复杂，在实际搜索场景中会面临各种各样的挑战。

- 同一个词组在不同语境所代表的意思完全不一样

语句一：上海大学是一所国际性的高校。

分词：上海大学 / 是 / 一所 / 国际性 / 的 / 高校。

语句二：上海大学非常多。

分词：上海 / 大学 / 非常多。

在上面两个语句中，同样都有"上海大学"，语句一的"上海大学"特指"上海大学"这一所高校，而语句二的"上海大学"指的是上海这所城市里各种各样的大学。像"上海大学"这样的词汇非常多，有时候需要作为一个整体，有时候又需要进行切分，这种词汇对于分词器的挑战很大。

● 同一个语句可以有多种切分方法

原始语句：咬死了猎人的狗。

分词一：咬死了 / 猎人 / 的狗。分词意思：狗把猎人咬死了。

分词二：咬死了 / 猎人的 / 狗。分词意思：猎人的狗被咬死了。

在上面的例子中，同样一句话，如果切词方式不同，代表的意思完全不一样。实际分词的时候，还需要结合上下文语境。

● 未登录词识别

分词器分词的基础是词库，如果词库里没有语句中的词，分词器就无法准确地分词，这类词被称为"未登录词"(out of vocabulary，OOV)。比如近些年产生的新词，如健康码、奥密克戎等，词库里面没有上述这些词，在分词的时候就会出现错误，比如可能把"健康码"分为"健康"和"码"。OOV 的对立面就是"登录词"(in vocabulary，IV)。

上文介绍了分词可能遇到的挑战，实际工作中，大部分中文分词错误都是因为未登录词导致的，所以对于未登录词的识别能力的强弱是衡量分词方法好坏的重要指标。下面正式介绍目前工业界常用的几种分词方法。

2. 基于词库的分词方法

基于词库的分词方法是目前工业界最常用的方法，也是效果较好的一种方法，不过它的效果是由词库质量来保证的。以"我在清华大学研究生物制药"来举例。这句话能够在词库里匹配到的词包括：我、在、清华、大学、清华大学、研究生、研究、生、物、生物、制药、药。那么具体应该如何切分？基于词库的分词方法主要有以下三种。

● 正向最长匹配

正向最长匹配 (forward maximum matching，FMM) 方法是从句子的最左侧开始进行匹配，不断地从词库中匹配长度最长的词，直到把句子全部切分完毕。例句会被切分为：

[我，在，清华大学，研究生，物，制药]

● 逆向最长匹配

逆向最长匹配 (reverser maximum matching，RMM) 和正向最长匹配完全相反，FMM 从最左侧开始匹配，而 RMM 从最右侧开始匹配，不断地从词库中匹配长度最长的词，直到把句子全部切分完毕。例句会被切分为：

[我，在，清华大学，研究，生物制药]

在上面这个案例中，很明显 RMM 分词方式的效果优于 FMM。实际工作中，这两种方式各有利弊，有些语句使用 FMM 的分词方式效果会更好。

● 双向最长匹配

将上述两种方法结合起来，再设置一定的挑选规则，这种方法就是双向最长匹配法 (bi-directional maximum matching，BMM)。同时使用 FMM 和 RMM 进行分词，如果两者词数不一样，则优先选择词数较少的；如果两者词数一样，则优先选择单词较少的；如果两者单词也完全一样，则优先选择单词词频更高的；如果两者单词词频也一样，则直接使用逆向最长匹配。

上文介绍的选择策略仅供参考，在实际工作中，可以基于业务场景的实际语料进行效果评估，然后进行策略调整。

3. 基于语言模型的分词方法

基于词库的分词方法虽然使用起来简单快捷，但在实际应用时会出现不少问题。上文介绍的双向最长匹配方法在最后挑选最优分词结果时使用的是硬规则，我们能不能通过一个语言模型来判断哪一种分词结果最优？本书第 4.7.2 节介绍过 N-Gram 语言模型，我们可以使用该模型预测分词序列组合在一起形成一个通顺语句的概率，最后选择概率最高的那一组分词序列来作为最终的分词结果。

S_1：[我，在，清华大学，研究生，物，制药] $P(S_1) = 0.12$;

S_2：[我，在，清华大学，研究，生物制药]　　$P(S_2) = 0.23$;

如上面案例所示，模型针对两种分词序列分别给出了预测概率，预测概率的计算逻辑和 N-Gram 语言模型的文本序列概率计算逻辑完全一样。假设最终 S_2 的预测概率更高，那么我们就选择 S_2 的分词结果。此种分词方法的效果比基于词库方法的分词效果更好，但是依赖词库的基础分词，对于新词没有识别能力，本质上也是一种基于词库的分词方法。

4. 基于字的分词方法

为了改善基于词库分词方法的不足，我们需要思考当人类遇到新词时是如何进行推断的。比如"他的住址是康凯斯林南路"这句话，即使我们不知道"康凯斯林南路"是什么，但是我们基于前面的词"住址"可以推断出这是一个地名，这一串字符应该组合在一起而不能被切分。上述这种分词方法就是通过上下文特征判断当前的字词组合逻辑，从字的角度来进行分词推测。

2002 年，美国布兰迪斯大学的薛念文教授等人提出了由字构词的汉语分词思想，将词语中的字分为 4 类：词首 (begin, B)、词中 (middle, M)、词尾 (end, E) 和单字词 (single, S)，将汉语分词问题转换为针对汉字的序列标注任务，通过构建序列标注模型来实现语句的切分，这种方法也被称为基于字的分词方法。此方法不需要依赖词典，将整个分词过程变成了字的分类问题。

原始语句：詹姆斯是 21 世纪 NBA 最伟大的球员之一。

语句分词：詹姆斯 / 是 /21/ 世纪 /NBA/ 最伟大 / 的 / 球员 / 之一。

单字分类：詹 (B) 姆 (M) 斯 (E) 是 (S)2(B)1(E) 世 (B) 纪 (E)N(B)B(M)A(E) 最 (B) 伟 (M) 大 (E) 的 (S) 球 (B) 员 (E) 之 (B) 一 (E)。

如上面案例所示，我们针对原始语句中的每一个字进行分类，最终基于分类的情况对语句进行切分。基于字的分词方法对新词的召回率非常高，大幅提升了分词的准确性。此种方法使用的序列标注模型有以下三种：隐马尔科夫模型 (hidden markov model，HMM)、条件随机场模型 (conditional random field，CRF) 和长短时记忆模型 (long short term memory，LSTM)。

5. 分词效果的评估指标

针对分词模型的分词效果，我们一般用以下 5 个指标进行综合评估：精准率、召回率、F_1、未登录词召回率和登录词召回率。下面我们通过一个具体案例展开介绍。

原始语句：詹姆斯是 21 世纪 NBA 最伟大的球员之一。

正确分词：詹姆斯 / 是 /21/ 世纪 /NBA/ 最伟大 / 的 / 球员 / 之一。

　　　　　[1,2,3][4][5,6][7,8][9,10,11][12,13,14][15][16,17][18,19]

实际分词：詹姆 / 斯是 /21/ 世纪 /NBA/ 最 / 伟大 / 的 / 球员 / 之一。

　　　　　[1,2][3,4][5,6][7,8][9,10,11][12][13,14][15][16,17][18,19]

- 精准率 (P)

$$P = \frac{实际分词后得到的正确分词数}{实际分词后得到的词数} = \frac{6}{10} = 0.6$$

- 召回率 (R)

$$R = \frac{实际分词后得到的正确分词数}{正确分词后得到的词数} = \frac{6}{9} \approx 0.67$$

- F_1

$$F_1 = \frac{2PR}{P+R} = \frac{2 \times 0.6 \times 0.67}{0.6 + 0.67} \approx 0.63$$

- 未登录词召回率

假设原始语句中"詹姆斯"和"最伟大"是未登录词。

$$未登录词召回率 = \frac{实际分词中精准识别的未登录词总数}{语句中出现的未登录词总数} = \frac{0}{2} = 0$$

未登录词召回率越高，代表未登录词的分词准确率越高。

- 登录词召回率

$$登录词召回率 = \frac{实际分词中精准识别的登录词总数}{语句中出现的登录词总数} = \frac{7}{7} = 100\%$$

上文介绍了很多种分词方法，每一种分词方法在实际工作中的应用效果如何？表 4-6 展示了何晗 (HanLP 作者) 在《自然语言处理入门》一书中披露的在 MSR 数据集中针对各种中文分词方法的评测结果。

表 4-6　各种中文分词方法的评测结果

分词方法	精准率	召回率	F_1	未登录词召回率	登录词召回率
最长匹配	89.41	94.64	91.95	2.58	97.14
基于 2-Gram 模型	92.38	96.70	94.49	2.58	99.26
基于条件随机场	96.86	96.64	96.75	71.54	97.33

如表 4-6 所示，基于条件随机场模型的分词方法可以很好地识别未登录词，传统的基于 2-Gram 模型的分词方法可以很好地识别登录词。在实际工作中，要以基于 2-Gram 模

型的分词方法为基础,首先建设此类分词能力,然后建设基于字的分词能力。

6. 去停用词

在应用分词结果时,很多词是不具备语义的,对后续的检索和排序等环节没有任何作用,这类词称为停用词,比如"的""地""得""呢""嘛""啊""哈"等。一般情况下,模型会在最终的分词结果里将这类词去除,以减少后续环节的计算量,降低处理复杂度。

目前市场上针对中文的开源分词器有 jieba 分词、HanLP 等。这些分词器背后的逻辑大同小异,一般都在原始中文词库的基础上结合相关语言模型和条件随机场模型进行分词。如果公司没有相关能力建设自己的分词器,可以直接使用这些开源分词器。

4.7.4 实体识别

本书第 4.4 节详细介绍了实体识别是什么,以及为什么要有实体识别。当检索词经过分词后,我们需要为每一个单词匹配对应的实体类型。那么如何将单词和实体类型关联起来?常见的方法有以下两种。

1. 基于词库的识别方法

基于词库的识别方法是最简单且最高效的方法,我们在对检索词进行分词时可以直接使用词库。我们事先已经将词库里面的每一个登录词标注上对应的实体类型,所以在分词时就可以直接用分好的单词匹配对应的实体。

原始语句:康师傅大袋方便面。

实体识别:康师傅 (brand)/ 大袋 (size)/ 方便面 (category)

如上面案例所示,在针对原始语句使用词库分词时,模型会为词库匹配的词标注对应的实体类型。

2. 基于序列标注模型的识别方法

基于序列标注模型的识别方法和基于字的分词方法非常相似,都是将实体识别问题转化为序列标注问题。在分词任务中,我们使用词首 (begin, B)、词中 (middle, M)、词尾 (end, E) 和单字词 (single, S)4 类标签。针对实体识别任务,我们可以使用简单版的标签表示方法,即实体首 (begin,B)、实体中 (middle,M) 和非实体 (other,O)。对于每一个字,在不同的场景中,它可以是一个实体词的开始或者中间部分,也可以是非实体词。

原始语句:康师傅大袋方便面。

实体识别:康 (B-brand) 师 (M-brand) 傅 (M-brand) 大 (B-size) 袋 (M-size) 方 (B-category) 便 (M-category) 面 (M-category)。

如上面案例所示,在针对每一个字进行打标时,如 B、M 或 O,还需要标注对应的实体类型。首先对数据集进行标注,然后使用任意一种序列标注模型进行建模,即隐马尔科夫模型 (hidden markov model,HMM)、条件随机场模型 (conditional random field,CRF) 和长短时记忆模型 (long short term memory,LSTM)。此种方法主要用于识别那些不在词库里的实体词。

一个单词可能对应多种实体类型。例如，当用户搜索"苹果手机"时，此时的"苹果"是品牌；当用户只搜索"苹果"时，对应的实体可能既有品牌又有种类。对于多实体的单词如何进行召回，我们将在召回模块详细介绍。在实际工作中，无论使用哪一种实体识别方法，首先都需要构建实体体系，然后在现有的实体体系框架下进行实体识别。

4.7.5　类目预测

1.类目预测概述

不管是电商领域的搜索还是内容社区领域的搜索，全都需要做类目预测，电商和内容社区都有自己专门的类目分类体系。类目预测有助于更好地计算检索词与物料之间的相关性，并应用到后续搜索类目导航功能中。比如用户在生鲜电商平台叮咚买菜搜索"早点"和"早餐"时，结果如图 4-10 所示，搜索引擎将"早点""早餐"和牛奶、包子、烧卖、汤圆等类目关联起来，其实就是类目预测模块将原始检索词与这些类目关联起来。类目预测的另一个作用是在后续相关性排序环节中，将关联度更高的类目物料排在前列。

图 4-10　叮咚买菜上"早点"和"早餐"的搜索结果

如图 4-11 所示，能与"光明"匹配的类目有很多，比如牛奶、啤酒、大米和面包等，我们需要通过类目预测推测"光明"和哪一个类目的关联度最高，以便在排序的时候进行参考。模型预测出"光明"和牛奶类目的关联度最高，所以在后续排序中就需要将牛奶排在前列。

图 4-11　叮咚买菜上"光明"的搜索结果

2. 类目预测方法

常见的类目预测方法有以下三种。

1) 基于人工规则

通过日志信息将热门的检索词提取出来，然后通过人工将这些检索词和相关类目匹配起来，保证用户下一次搜索时与检索词匹配的类目是正确的。

优点： 可以实现快速上线。

缺点： 可拓展性较差，人工运营成本很高。

在搜索引擎搭建的初期可以使用此种方法。

2) 基于用户行为的数据统计

第二种方法是通过用户的行为数据来分析得出每一个检索词对应的类目。首先统计每一个检索词被搜索后，用户点击并浏览的物料对应的类目分布。用户会主动寻找搜索结果里面的正确答案，用户点击浏览的物料对应的类目就是该检索词应该匹配的类目。我们需要设计一个指标阈值，指标是单位时间内检索词对应单个类目的点击量，点击量大于阈值才代表该数据是可信的。如表 4-7 所示，假设将点击次数阈值设置为 50 次，则罐头类目和检索词"早点"之间的相关度为 0，其他类目与检索词的相关度可以用类目点击次数除以总点击次数来计算。

表 4-7　检索词对应的点击类目分布

检索词	对应类目	点击次数	是否相关	类目相关度
早点	牛奶	349	是	0.28
	豆浆	100	是	0.08
	包子	450	是	0.36
	馒头	248	是	0.20
	油条	104	是	0.08
	罐头	35	否	0

优点： 利用了用户的历史行为数据，可以从数据中进行学习，具有一定的拓展性。

缺点： 对于长尾检索词的覆盖度较低。

3) 基于类目预测模型

上面介绍的两种方法对于新检索词的类目预测覆盖度都很低，拓展性也一般。实际工作中，我们需要构建专门的类目预测模型。下面本书以电商领域的类目预测为例进行说明。

● 训练样本的构建

构建类目预测模型的第一步是构建训练样本，在电商领域，我们可以将商品标题或用户历史检索词与对应的类目构成一对，一对代表一条训练样本。

如表 4-8 所示，构建相应的训练样本，并进行人工标注和二次审核。类目预测模型是一个多分类模型，一个检索词可能对应多个类目，目前行业里大都使用 DNN 模型。

表 4-8　类目预测训练样本

标题或检索词	类目
HLA/ 海澜之家先锋商务休闲裤秋冬季加绒新款直筒休闲裤	直筒裤
Mind Bridge 百家好商务休闲裤男 2022 新款直筒潮流裤子	西装裤
假两件连衣裙女 A 字针织毛衣裙秋冬季 2022 年新款	连衣裙
灯芯绒半身裙女秋冬高腰款	冬裙
外套	牛仔外套
外套	风衣

● 预测结果的选择

模型的输入为检索词，输出为可能相关的类目及对应的概率。因为类目预测模型是一个多分类模型，所以单个检索词可能会输出多个相关类目。此时我们需要针对类目预测的相关性设置一个阈值，比如检索词与类目的预测相关性超过 0.5 才说明两者之间的相关性可信。这个阈值需要根据实际训练出的模型在测试集上的验证效果进行确定。

● 实际应用

实际应用时，我们一般会将类目预测模型分为线上和线下两部分。因为线上模型对实时性要求非常高，所以我们将一部分类目预测工作放在线下进行。因为每天搜索引擎里面

80% 以上的搜索都是重复性搜索，针对这部分检索词可以提前进行类目预测，并通过人工方式对预估错误的检索词进行纠正，最终将类目预测结果提前存储到 Redis 内存数据库中，线上使用时直接查询即可。针对另外 20% 的长尾检索词，可进行线上实时预测。通过此种方式可以大大减轻线上的系统压力。

优点： 泛化性强，对于长尾检索词，类目预测的准确率很高。

缺点： 线上模型耗时较多，需要设计合理的系统架构。

4.7.6　查询改写

查询改写是查询语义理解模块里另外一个重要的功能。为什么要进行查询改写？一方面，针对简洁的检索词，尽可能地扩充召回条件，丰富召回结果；另一方面，针对复杂的检索词，尽可能地精简召回条件，提升检索效率。实际应用时，并不需要对所有的检索词进行改写，比如品牌词"雅诗兰黛"，搜索意图十分明确，无须改写。本书第 4.7.2 节介绍的纠错也属于查询改写的一部分。除了纠错以外，查询改写还有另外两种常见的改写方式。第一种是基于同义词的改写，比如可以将"芫荽"改写为"香菜"，可以将"菜鲟"改写为"青蟹"。第二种是对于长尾检索词通过其他辅助行为信息来进行改写。实际生活中，当用户搜索某一个检索词后，如果没有点击相关结果，反而马上更新检索词进行搜索，这种情况下，我们一般认为前后两个检索词的相关性比较高，因为用户输入第一个检索词时没有发现自己想查询的结果，所以才更换第二个意思相近的检索词再次进行搜索。如果其中有热门检索词，则热门检索词的关联类目可以拓展到长尾检索词上。通过此种方式，我们可以构建一些长尾检索词和热门检索词的映射，一方面可以用来扩充同义词，另一方面可以对长尾检索词进行改写。

特别强调一点，查询改写并不是直接将原始检索词丢弃，使用改写后的检索词进行查询，而是用原始检索词和改写后的检索词一起构建召回条件，进行物料检索。还有一种查询改写方式，它基于原始检索词构建查询语法树，基于实体重要性对特别长、搜索条件特别多的检索词进行改写，关于此部分改写策略，本书将在 4.8.2 节进行介绍。

4.8　搜索引擎召回策略

前面章节介绍了查询语义理解模块的功能，检索词经过该模块的处理，下一步是进入召回模块进行相关物料检索。和推荐系统一样，召回模块决定了搜索引擎整体效果的上限。

4.8.1　基本架构

搜索引擎召回模块的架构和推荐系统基本一致，全部采用多路召回的方式，只是搜索引擎的召回路数要远远少于推荐系统。

如图 4-12 所示，搜索引擎常见的召回策略有三种，分别是文本相关性召回、语义相关性召回和个性化召回。

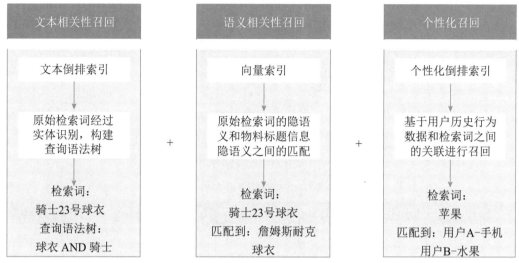

图 4-12 搜索引擎常见的召回策略

策略一：文本相关性召回

底层逻辑是对原始检索词进行实体识别后构建查询语法树，再和倒排索引里面的实体进行匹配。比如原始检索词是"骑士 23 号球衣"，最终以"球衣"和"骑士"作为召回条件匹配倒排索引。

策略二：语义相关性召回

底层逻辑是基于原始检索词的隐语义和物料标题信息隐语义向量的相似度进行召回。比如检索词"骑士 23 号球衣"和"詹姆斯耐克球衣"相似度很高，搜索结果就可以返回标题为"詹姆斯耐克球衣"的物料。

策略三：个性化召回

本质还是语义相关性召回，只是在模型构建中充分考虑用户的个性化行为数据，对于相同的检索词，不同用户希望查找的物料完全不一样。比如检索词"苹果"，有些用户希望查找苹果手机，有些用户希望查找水果苹果。

上文是对常见的三种召回策略的概述，下面将详细介绍。

4.8.2 文本相关性召回

文本相关性召回策略的第一步是构建检索条件，也就是查询语法树，基于查询语法树进行后续相关文本的召回。

1.基于实体重要性构建查询语法树

不同实体的重要性是完全不一样的，比如检索词"康师傅方便面"，中心词是方便面（品类），而不是康师傅（品牌），假设物料库里没有"康师傅方便面"，搜索结果可以用

"统一方便面"代替，但肯定不能用"康师傅矿泉水"来代替。我们在构建查询语法树时，对于有些实体类型必须召回，对于有些实体类型仅作为排序参考即可。下面本书通过一个具体案例进行介绍。

原始检索词：詹姆斯同款耐克大码6号球衣包邮。

实体识别：詹姆斯（人名）同款（后缀）耐克（品牌）大码（款式元素）6号（前缀）球衣（品类）包邮（营销服务）。

如上面案例所示，我们对原始检索词分词并进行实体识别后，一共有7个不同的实体，如果所有实体之间是"and"关系，那么几乎没有符合条件的物料。如果对于单个实体分别召回，则符合条件的物料数过多，检索的准确度太差。所以实际落地时，我们需要针对每一个实体设置一个重要度，根据实体重要度对检索词进行改写。针对上述7种不同类型的实体，我们首先进行分类。如表4-9所示，我们可以将实体重要性分为高、中、低3类。

表4-9　实体重要性归类

实体重要性	实体类型
高	品类
中	品牌、人名
低	前缀、后缀、款式元素、营销服务

● 包含"高""中""低"重要性的实体

原始检索词：詹姆斯同款耐克大码6号球衣包邮。

构建查询语法树：（"球衣"and"耐克"and"詹姆斯"rank"同款"rank"大码"rank"6号"rank"包邮"）。

当检索词中同时包含"高""中""低"重要性的实体时，可以将"高"和"中"实体作为召回条件，"低"实体仅参与排序。比如同时召回"詹姆斯耐克球衣23号"和"詹姆斯耐克球衣6号"两件商品，很明显第二件商品匹配到检索词中的实体更多，第二件商品应该排序在前。

● 包含"高""中"重要性的实体

原始检索词：詹姆斯耐克球衣。

构建查询语法树：（"球衣"and"耐克"and"詹姆斯"）。

当检索词中同时包含"高""中"重要性的实体时，可以将"高"和"中"实体同时作为召回条件。

● 包含"高""低"重要性的实体

原始检索词：6号球衣。

构建查询语法树：（"球衣"rank"6号"）。

当检索词中同时包含"高""低"重要性的实体时，以"高"实体作为召回条件，"低"实体仅参与排序。

● 包含"中""低"重要性的实体

原始检索词：耐克6号包邮。

构建查询语法树：（"耐克"rank"6号"rank"包邮"）。

当检索词中同时包含"中""低"重要性的实体时，以"中"实体作为召回条件，"低"实体仅参与排序。

● 包含"低"重要性的实体

原始检索词：6 号包邮。

构建查询语法树：（"6 号" or "包邮"）。

当检索词中只有重要性"低"的实体时，使用"低"实体进行召回，每个"低"实体之间为"or"关系。

上文介绍了检索词由不同类型实体组成时查询语法树的构建方法。实际落地时，我们可以通过设置重要性，也可以通过设置对应的分数来进行重要度区分，最终将所有实体分数汇总在一起，作为相关性排序的依据。每个实体的重要性或分数可以根据实际业务情况来设置。

2. 基于预测类目召回构建查询语法树

基于实体重要性构建的查询语法树是基本的查询语法树，另外一种构建查询语法树的方法是基于预测类目召回，即基于查询语义理解模块预测的检索词类目构建单独的召回条件。

3. 匹配规则

基于检索词分词形成的查询语法树需要和物料库里的倒排索引进行匹配。实际匹配时有 4 种匹配规则，分别是精准匹配、左匹配、右匹配和包含。比如原始检索词是"猪肉"，倒排索引里有以关键词"猪肉""猪肉肠""土猪肉"和"黑猪肉脯"构建的索引。如果匹配规则是精准匹配，则只会匹配以关键词"猪肉"构建的倒排索引。如果匹配规则是精准匹配和左匹配，则还可以匹配以关键词"猪肉肠"构建的倒排索引。如果匹配规则是精准匹配和右匹配，则还可以匹配以关键词"土猪肉"构建的倒排索引。如果匹配规则是精准匹配和包含，则还可以匹配以关键词"黑猪肉脯"构建的倒排索引。在实际工作中，搜索引擎一般都会使用精准匹配规则，至于是否需要选择左匹配、右匹配和包含作为额外的匹配规则，需要结合公司搜索引擎建设的实际情况以及业务要求来确定。在搜索引擎三大类召回策略以及类目预测、查询改写等功能完善的情况下，一般只使用精准匹配规则，其他匹配规则已经被更加智能的方式所取代，而且召回结果更加精准。在搜索引擎建设初期，为了提高搜索结果的召回率和降低无结果率，可以使用多种匹配规则。

4.8.3　语义相关性召回

除了基本的文本相关性召回，搜索引擎需要构建的另一个召回能力就是语义相关性召回。很多检索词和文档 (document) 本身不具备文本相关性，比如"早点"和"油条""豆浆"，但是很明显是具备相关性的。部分公司在搭建搜索引擎初期，为了使用户搜索"早点"时返回"油条"，会在系统里面设置大量的同义词。这种方式可以快速解决一部分线上问题，但是人工运营成本太高，不够智能化。后来算法工程师引入了向量化召回来解决此类问题。向量召回的核心方法是构建语义相似度模型，评估检索词的隐语义向量与文档隐语义向量之间的相关性，召回与检索词语义相关性高的文档。本书 3.5.5 节和 3.5.6 节详细介绍过隐语义模型和双塔模型，搜索引擎的语义相关性召回模型本质就是一个双塔模型，双塔模型最早由微软提出，就是为了解决自然语言处理领域的语义相似度问题。

1. 电商领域语义相似度模型的构建

电商领域搜索场景下的语义相似度模型和微软提出的 DSSM 模型基本一致。

1) 模型结构

图 4-13 即为常见的检索词与文档的语义相似度模型双塔架构，左侧为检索词向量塔，右侧为文档向量塔。整个架构分为三层，最底层是输入层，分别输入检索词和文档的相关语义特征。中间层是表示层，通过 DNN 模型进行训练，将检索词和文档全部映射到相同维度的向量空间中。最上面一层是匹配层，计算两者的余弦相似度。

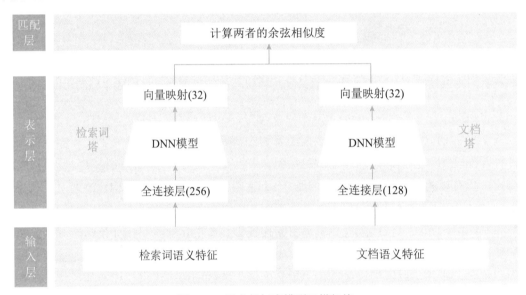

图 4-13 语义相似度模型双塔架构

2) 训练样本构建

DSSM 模型构建时，直接使用检索词对应的点击文档和非点击文档集合作为正负样本。但实际工作中，大量检索词在线上的曝光数据很少，或者因为原本召回逻辑不合理，很多应该被召回的物料未被召回，所以没有曝光点击记录，从而被误判为负样本。因此，我们一般通过多种方式构建样本。

● 正样本

正样本的构建有两种方式：第一种方式是以线上检索词返回结果的点击记录作为正样本；第二种方式是针对一些长尾检索词通过人工标注正样本。在第一种方式中，不能将用户点击过的所有物料都作为正样本，比如用户搜索"早点"，可能返回结果里有"碗""菜刀"等，虽然这些结果和"早点"关系不大，但很有可能也会有用户点击。所以我们在使用点击记录构建正样本时，需要针对点击数设置一个阈值，点击数在阈值以上的物料才能作为正样本。对具体阈值的设定要结合实际业务情况，先对数据进行统计，然后基于实际数据人工设定一个合理的阈值。

● 负样本

正样本的构建相对比较简单，关键是如何挑选负样本。如果负样本过于简单，与检索词差异很大，那么训练出来的模型在面对那些比较难区分的检索词时分辨能力就比较差。比如"早餐"很明显和"iPhone 14"是无关的，但它和"豆浆机"具有一定的相关性，但是这种相关性还不足以让召回模型进行召回。我们在训练模型时需要让模型训练更多相对比较难区分的案例，这样训练出来的模型才能够具有更好的分辨能力，所以在选择负样本时，在曝光未点击的基础上，还需要通过人工标注加入一些具有一定相关性但是还不足以召回的案例。

2. 语义相关性召回的应用

语义相关性召回在实际落地时，针对热门的检索词和常见的文档向量，要提前做好计算并存到 Redis 内存数据库中。当用户搜索某一个检索词时，首先查询数据库中是否已经有现成的向量表达，如果有，则直接使用现成的向量表达，再和现成的文档向量计算余弦相似度分数，按照分数高低选择排在前几位的文档返回。我们应针对余弦相似度分数设置一个阈值，只有点击数在阈值以上的文档才会进入下一个环节。阈值的设定由人工进行确认，人工基于模型对 [检索词，文档] 计算出来的相似度分数设置一个相对合理的阈值。检索词向量和文档向量的更新频率越快越好，但受限于机器资源和收益等，一般每日进行更新，一些头部互联网公司可能会几小时更新一次。

3. 相关性把控

因为语义相关性召回从语义层面评估检索词和文档的相关性，很多召回的物料在文本层面和检索词不具备任何相关性，所以实际应用时会出现相应的用户体验问题。为了尽量减少线上出现的用户体验问题，针对向量召回我们还会单独设计一个相关性控制模型。相关性控制模型是一个二分类模型，专门针对向量召回的物料进行判断，评估其和检索词是否相关。

相关性控制模型和语义相关性召回模型的差异：

语义相关性召回模型输出的是检索词与文档的相似度，是一个具体数值，而不是类别。相关性控制模型输出的是类别，即相关或不相关。

语义相关性召回模型训练时使用的核心数据来自线上点击曝光数据，而相关性控制模型训练时使用的数据主要是人工标注数据，需要确保检索词与文档的严格相关性。

部分公司将相关性控制模型和语义相关性召回模型所需完成的任务合二为一，全部由语义相关性召回模型完成。首先，对语义相关性召回模型使用的训练样本进行人工审核，确保训练样本的严格相关性。其次，系统对语义相关性召回模型最终产出的相似度设置一个较高的阈值，保证返回的物料相关性很高。模型拆分以后各端可以专注于优化自己的核心目标，模型融合在一起后既要保证高相关性，又要保证召回较多的物料，这两个优化目标在某种层面上是相悖的。具体是否进行拆分，视公司搜索引擎的发展阶段和实际业务量而定，目前头部互联网公司都将这两个模型拆分开，分别进行优化。

上文介绍的是电商领域搜索场景下语义相关性模型的构建和应用，与短视频、内容社区等领域搜索场景下语义相关性模型的构建思路基本一致。

4.8.4 个性化召回

个性化召回模型仍然以语义相关性召回模型为基础，普通语义相关性召回模型主要关注检索词与文档之间语义的相关性，而个性化召回模型在此基础上还需要关注用户的个人喜好和物料的属性特征，这样才能实现用户和物料的更好匹配，提升整体的转化效率。个性化召回模型和普通的语义相关性召回模型在模型训练数据、整体结构、特征方面均存在一定差异，下面分别展开介绍。

1. 模型训练数据

语义相关性召回模型并没有基于用户维度进行样本构建，对于同样一个检索词，可以关联的文档很多，只要用户的点击数超过一定的阈值，我们就认为它们是正相关。不同用户实际使用搜索引擎时的偏好是不一样的，可能有的用户在搜索"苹果"时希望找"iPhone 14"，有的用户希望找"红富士"，这两种情况的数据在向量召回中均是正样本数据。但是在个性化召回中，我们需要基于用户的实际偏好构建训练样本。比如用户A在搜索"苹果"时只点击了"iPhone 14""iPhone 13"等苹果系列电子产品，并没有点击"红富士苹果""阿克苏苹果"，那么在针对用户A构建训练样本时，只认定前者为正样本，后者虽然和"苹果"具有一定关联度，但仍然为负样本。训练样本由原本的[检索词，文档]对升级为[用户+检索词，文档]对。

2. 模型结构

模型结构本身还是双塔结构，只是由原来的检索词塔和文档塔演化成用户/检索词塔和文档塔。将用户和检索词结合在一起，生成一个用户和检索词结合在一起的向量，然后评估它和文档向量之间的相关性。个性化召回模型结构如图4-14所示。

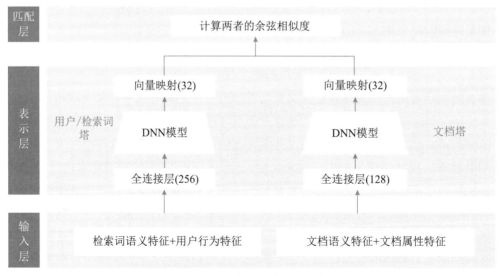

图 4-14　个性化召回模型结构

3. 个性化召回模型特征

与语义相关性召回模型相比，个性化召回模型特征不仅使用检索词与文档本身的语义特征，模型中还加入大量的以用户 ID 和文档 ID 为关联的用户个性化和文档个性化特征。

● 用户个性化特征

用户个性化特征分为两类：第一类是用户的基础画像特征，比如用户性别、年龄、地域等；第二类是用户的行为特征，比如用户近期点击的物料、搜索检索词、类目偏好等。

● 文档个性化特征

电商领域的个性化特征主要包括商品三级品类、品牌、历史销量等，内容推荐领域的个性化特征主要包括内容题材、内容标签、内容历史数据等。

在最终得到的个性化召回模型中，需要对检索词和文档之间的余弦相似度设置一个阈值，阈值以上的召回结果才能进入下一个环节中，阈值的设置方法和语义相关性召回模型的设置方法一致。在很多头部互联网公司里，因为用户的个性化数据足够丰富，且物料非常充足，所以搜索团队将语义召回模型和个性化召回模型合二为一，变成一个大的向量化召回模型，既考虑语义相关性又兼顾个性化需求。

4.8.5　效果评估

构建完召回策略以后，应该通过哪些方式来对召回策略进行效果评估？

对于不同的召回策略，使用的效果评估方式也不一样。对于文本相关性召回方式，离线评估时可以通过标注的数据计算召回率、DCG 和 NDCG 等指标。对于语义相关性召回和个性化召回方式，因为此两种召回方式的模型可以转化为二分类模型，相关性阈值以上的样本可以被认定为正相关，相关性阈值以下的样本可以被认定为负相关，所以可以通过离线方式评估模型的 AUC 指标、F_1 指标等。线上评估方式主要是 AB Test 方式，关注的核心指标主要是本书 4.2.3 节介绍的线上效果评估指标，比如 CTR、CVR 等。

4.9　搜索引擎粗排策略

召回模块的下一个环节是粗排。搜索引擎的粗排逻辑和推荐系统基本一致，关键是在召回的上万个物料中初筛出和检索词匹配度较高且用户比较感兴趣的物料，候选物料量级由万级别降低到千级别。

4.9.1　粗排公式

推荐策略中，粗排策略的核心指标只有一个，就是召回点击率，但搜索引擎为了更好地促进用户转化，以及从平台整体生态建设考虑，粗排阶段会加入更多考核指标。

● 整体粗排公式

$$Score_{粗排} = a×相关性分 + b×质量分 + c×转化效率分 \tag{4-3}$$

公式 (4-3) 是整体的粗排分计算公式，正常情况下，粗排公式有 3 个因子，分别是相关性分、质量分和转化效率分。每个因子前面的超参数 a、b、c 代表该因子的重要性，超参数大小从实际业务出发进行设置，一般相关性分最重要，其次是转化效率分，最后是质量分。在实际工作中按照整体的 $Score_{粗排}$ 进行排序，但针对单个因子，比如相关性分和质量分，也会设置一定的门槛值，将低质量的物料和相关性差的物料直接过滤掉，即使这些物料转化效率分可能较高。

● 相关性分数

在粗排环节必须对物料和检索词的相关性进行严格把控。前面章节详细介绍了各种召回策略，一些宽泛的检索词可能匹配非常多的物料。在粗排环节需要通过相关性分数进行初步把控，首先需要计算每个物料和检索词的相关性。

如公式 (4-4) 所示，相关性分数可以拆解为文本相关性、向量相关性和个性化相关性。文本相关性主要依赖于检索词与物料匹配的实体分数，将这些匹配的实体分数汇总在一起就是文本相关性分数。比如检索词为"康师傅方便面"，物料为"康师傅红烧牛肉面"，检索词与物料中的品牌实体和类目实体匹配，假设系统中品牌实体对应分数为 50，类目实体对应分数为 80，该物料的文本相关性分数即为 130。向量相关性和个性化相关性的分数均由模型给出，最终对各个因子的分数进行数据归一化，就可以得到该物料整体的相关性分数。

$$相关性分数 = a×文本相关性 + b×向量相关性 + c×个性化相关性 \tag{4-4}$$

● 物料质量分

本书 3.5.3 节详细介绍过什么是质量分，以及如何构建物料质量评估体系。该分数一方面取决于物料历史线上表现效果，另一方面取决于物料的创作者和商家对平台整体生态建设的贡献。以短视频领域的创作者为例，平台将根据创作者在平台上传的物料数，所有物料的播放量、点赞量、分享量、收藏量、评论量，以及该创作者在平台上的违规情况等因素综合评估物料质量分。在电商领域，除了商品质量本身，我们还需要关注店铺的等级。

如表 4-10 所示，我们可以从 4 个维度综合评估店铺的星级，对每个维度分别进行分数归一化计算，然后加权汇总，得到一个统一分数。

表 4-10　店铺星级分评估维度

评估维度	细分指标
流量	日均 PV、日均 UV、店铺总关注数
转化	总 SKU 数、上新率、售罄率、滞销率、分 SKU 的 CTR、分 SKU 的 CVR、店铺好评率、店铺收藏数
服务	在线客服时长、客服响应时长、客服接通率、客服满意度、24 小时发货率、延迟发货率
售后	退货率、退款率、投诉率、退款及时率

$$店铺星级分 = a×流量分 + b×转化分 + c×服务分 + d×售后分$$

我们也可以将店铺星级单独作为一个因子加入排序公式中。不管是在电商领域、内容社区领域还是短视频领域，我们都需要构建一套完整的物料质量评估体系和创作者或商家等级评估体系，然后应用在各个流量场中。

● 转化效率分

转化效率分主要是由物料的 CTR 和 CVR 两方面评估得出的，所以我们需要构建专门的 CTR 和 CVR 预估模型。与推荐策略章节介绍的基于模型的粗排策略相比，此部分模型构建思路和推荐策略基本一致。搜索策略中的 CTR(召回点击率) 和 CVR(召回曝光转化率) 计算公式为

$$CTR_{粗排} = \frac{曝光点击数}{召回物料数}$$

$$CVR_{粗排} = \frac{转化订单数}{召回物料数}$$

推荐策略章节介绍过，以 $CTR_{粗排}$ 预估模型为例，模型训练的正样本是线上曝光且用户点击的物料，负样本是所有召回但是用户未点击的物料，不管这个物料最终有没有曝光。对于 CTR 或 CVR 预估模型使用的算法，无论是搜索场景还是推荐场景，无论是粗排模型还是精排模型，目前头部互联网公司使用的算法以 DNN(deep neural network) 为主。推荐策略章节也介绍过，因为系统对召回和粗排模块的耗时要求很严格，所以粗排模型使用的特征比精排模型少很多，而搜索场景的模型需要加入更多的检索词特征。粗排阶段的 DNN 模型网络结构会更加简单，更少的特征和更简单的网络结构能保证模型的耗时更少。最终针对每一个物料，我们得到了预估的 $CTR_{粗排}$ 和 $CVR_{粗排}$。

4.9.2　分数融合

粗排公式 (4-3) 中有 3 个因子，即相关性分、质量分和转化效率分，每一个因子都需要配置一个合适的超参数 a、b、c，最终得到加权分数。但是设置一组合适的超参数需要经过大量的调试，有可能因为超参数设置得不合理导致某一个因子的影响过大或者导致物料之间的分数没有区分度。这种加权方式还存在一个问题，因子之间耦合严重，如果对其中一个因子的计算方式进行了调整，可能导致超参数都需要调整。我们可以将相关性分和质量分设置几个区间，比如质量分可以分为 [0 ~ 5]、(5 ~ 10]、(10 ~ 15] 等多个档次，处于同一个档次的为一级，相同级别的物料仅参考转化效率分来进行排序，最终可以选择排序前 1000 位的物料。

上述粗排公式仅供各位读者参考，在实际业务落地时使用哪几类因子来进行物料筛选需要根据实际业务诉求和场景特性来确定，关键是要保证筛选出相关性高、质量高且对生态有贡献的商家或创作者的物料。

4.10 搜索引擎精排策略

物料经过粗排模型筛选以后，当返回物料级别在千级别以内时，即可进入下一个环节——精排环节。精排环节的排序分为相关性排序和多目标排序，下面分别进行介绍。

4.10.1 相关性排序

很多公司在刚开始建设搜索引擎时，并不具备精细设计排序模块的能力，一般会将粗排、精排和重排全部融合在一起，仅通过召回阶段的相关性分数排序（关于物料相关性分数本书 4.9.1 节已经进行了介绍）。此种排序方式可以保证检索词与物料的相关性，保证线上不出现明显的用户体验问题。在公司尚不具备 CTR 和 CVR 预估能力时，可以结合物料过去的线上效果表现和其他效果指标进行综合性排序，在确保相关性的前提下提高转化率。比如电商领域可以结合商品的历史销量、好评率、收藏率等指标，短视频领域可以结合视频的历史完播率、点赞数、转发数等指标。此种排序方式属于千人一面的排序。

4.10.2 多目标排序

精排环节的多目标排序公式和粗排阶段差异不大，精排公式为

$$Score_{精排} = a×相关性分 + b×质量分 + c×转化效率分 \tag{4-5}$$

公式 (4-5) 分为相关性分、质量分和转化效率分三个部分。只是精排公式的因子权重设置和粗排环节不一样，粗排环节更侧重相关性分，精排环节更侧重转化效率分。精排环节的转化效率分主要依靠预估的 $CTR_{精排}$（曝光点击率）和 $CVR_{精排}$（点击转化率）两个指标。

$$CTR_{精排} = \frac{点击数}{曝光数}$$

$$CVR_{精排} = \frac{订单数}{点击数}$$

模型的训练样本直接使用线上的曝光点击记录，只是此时的样本构造需要加入当时的检索词，所有的曝光点击记录都需要和检索词匹配。模型的基本框架还是以 DNN 模型为核心，只是模型使用的特征和网络结构远比粗排模型要复杂，耗时也会更长。精排模型针对每一个物料得到对应的预估 $CTR_{精排}$ 和预估 $CVR_{精排}$，最终得到对应的精排分数，然后按照分数进行倒排，一次请求返回百级别以内的物料。

4.10.3 特征工程

关于模型特征工程的基础知识、特征编码和特征选择方法可以参照本书 3.7 节，底层逻辑和相关方法在各大业务场景里是完全通用的。本节主要介绍搜索场景下区别于推荐场

景的一些特征，主要特征差异是在搜索领域增加了一系列以检索词为核心的特征。下面我们以电商领域搜索引擎中的 CTR 预估模型为例进行介绍。表 4-11 展示了电商搜索场景下 CTR 预估模型的几个主要搜索文本特征。除了这些搜索文本特征，还有用户画像特征、商品特征以及用户和商品的交叉特征等，此类特征和推荐场景的 CTR 预估模型基本一致，本节不再细述。

表 4-11　搜索文本特征

特征名	特征含义
检索词	原始检索词的语义信息
检索词品类	与检索词匹配的品类
检索词品牌	与检索词匹配的品牌
检索词和用户 ID	检索词和用户 ID 的交叉特征
检索词和用户 ID	检索词和用户 ID 的交叉特征
检索词和用户浏览行为序列	检索词和用户近期浏览的商品序列的交叉特征
检索词和用户购买行为序列	检索词和用户近期购买的商品序列的交叉特征

4.10.4　PageRank 算法

综合类搜索引擎中早期效果较优的排序算法是 Google 创始人提出的 PageRank 算法，作为搜索领域的从业者，必须要了解该经典算法的思想。

1. 基本假设

了解 PageRank 算法前，我们需要先了解两个基本假设。我们平常写论文时经常会引用别人的论文，某个行业里的经典论文会被大量论文所引用。如果该论文恰好被另外一篇经典论文引用，则更能够凸显该论文的重要性和权威性。其实网页也是如此，如果一个网页被其他重要的网页链接，也能凸显该网页的重要性和权威性，于是我们做出以下两大假设。

● 数量假设

一个网页被其他网页链接的数量越多，入链数越多，则该网页越重要。如图 4-15 所示，网站"WWW1"被众多网站引用，形成了链接，则说明网站"WWW1"很重要。

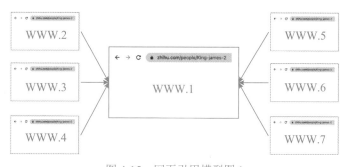

图 4-15　网页引用模型图 1

● 质量假设

如果一个网页被高质量的网页链接，说明被链接的网页质量也很高，权威性也很强。如图 4-16 所示，网站"WWW8"被高质量网站"WWW1"引用，形成了链接，说明网站"WWW8"同样权威。

PageRank 算法的整体思想都是建立在上述假设基础之上的。

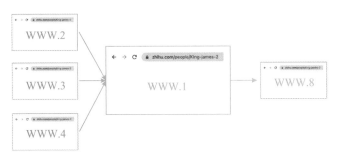

图 4-16　网页引用模型图 2

2. PageRank 基本算法

基于以上两大假设，我们展开介绍 PageRank 算法。我们将互联网想象为一个图网络，网络中的每一个节点 (node) 就是一个独立的网页，如果两个网页之间存在超链接关系，则它们两个之间存在一条有方向的边 (edge)，每个节点向外链接的节点数被称为该节点的出度。每个节点的 PageRank 值 (以下简称 PR 值) 表示该节点的权威性。下面我们构建一个用户在图网络中游走的模型，基于游走模型来进行 PR 值的更新迭代。

模型输入和假设：

● 网页的节点数据集合是 $V=(v_i)$，v_i 代表单个节点。

● 网页链接数据 $E=\{e_{ij}\}$，$i,j=1,2\cdots,n$；e_{ij} 代表单个连接，每个节点的出度用 $O(v_i)$ 表示。

● 收敛条件为 ε。

第一步：为每个网页节点的 PR 值初始化为 $\dfrac{1}{N}$，N 为节点总数。

第二步：从 $t=0$ 进行下列循环，直到各个节点的 PR 值收敛。

● $\mathrm{PR}_{v_i}^{t+1}=\sum_{v_j\in I(v_i)}\dfrac{\mathrm{PR}_{v_j}^{t}}{O(v_j)}$；$I(v_i)$ 表示所有指向节点 v_i 的节点集合；$\mathrm{PR}_{v_j}^{t}$ 表示第 t 次循环下 v_j 节点的 PR 值；$O(v_j)$ 表示 v_j 节点的出度。

● $R_t=[\mathrm{PR}_{v_1}^{t},\mathrm{PR}_{v_2}^{t},\mathrm{PR}_{v_3}^{t},\cdots,\mathrm{PR}_{v_N}^{t}]^{T}$，如果 $\|R_{t+1}-R_t\|<\varepsilon$，则跳出循环不再迭代；否则令 $t=t+1$，继续进行循环。R_t 为一个矩阵，T 为矩阵的转置。

第三步：输出最终收敛的 R_t 值，作为每个节点的 PR 值，PR 值越大，代表网页越重要。

我们通过节点 v_1 的 PR 值的计算来介绍算法的整体思路。节点 v_1 的 PR 值是由链接到该节点的其他节点 PR 值决定的，假设链接的节点是 v_2、v_3。链接的其他节点越多，则该节点的 PR 值越大，所以算法迭代使用累加 $\sum$，需要对节点 v_2、v_3 的 PR 值进行累加，此迭代思路对应上文的"数量假设"。链接的其他节点 PR 值越大，则该节点的 PR 值也越大，此迭代思想对应上文的"质量假设"。同时，v_2、v_3 节点还链接其他节点，用户通过节点 v_2、v_3 跳转到节点 v_1 的概率为 $1/O(v_j)$，$O(v_j)$ 为节点 v_j 的出度。节点 v_2、v_3 的 PR 值分别乘 $1/O(v_2)$ 和 $1/O(v_3)$，再进行累加即为节点 v_1 的 PR 值。通过该方式不断迭代，更新节点的 PR 值，直到整个网络里所有节点的 PR 值满足收敛条件为止。

3. 举例计算

下面我们通过一个例子来详细介绍 PageRank 算法的迭代过程。

初始时 4 个节点的 PR 值均为 1/4，经过第一次迭代，计算过程如图 4-17 所示，我们得到 $R_1 = \left[\dfrac{3}{8}, \dfrac{5}{24}, \dfrac{5}{24}, \dfrac{5}{24}\right]^T$。

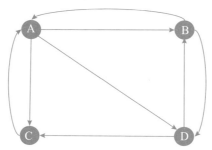

图 4-17　ABCD 4 个节点链接的图网络

当 $t=1$ 时：

$$\mathrm{PR}_A^1 = \frac{\mathrm{PR}_{v_B}^0}{O(v_B)} + \frac{\mathrm{PR}_{v_C}^0}{O(v_C)} = \frac{\frac{1}{4}}{2} + \frac{\frac{1}{4}}{1} = \frac{3}{8} \; ; \quad \mathrm{PR}_B^1 = \frac{\mathrm{PR}_{v_A}^0}{O(v_A)} + \frac{\mathrm{PR}_{v_D}^0}{O(v_D)} = \frac{\frac{1}{4}}{3} + \frac{\frac{1}{4}}{2} = \frac{5}{24}$$

$$\mathrm{PR}_C^1 = \frac{\mathrm{PR}_{v_A}^0}{O(v_A)} + \frac{\mathrm{PR}_{v_D}^0}{O(v_D)} = \frac{\frac{1}{4}}{3} + \frac{\frac{1}{4}}{2} = \frac{5}{24} \; ; \quad \mathrm{PR}_D^1 = \frac{\mathrm{PR}_{v_A}^0}{O(v_A)} + \frac{\mathrm{PR}_{v_B}^0}{O(v_B)} = \frac{\frac{1}{4}}{3} + \frac{\frac{1}{4}}{2} = \frac{5}{24}$$

我们可以将上述计算过程变成一个矩阵的计算，通过矩阵化的表达，可以快速地得到 PR 值，如表 4-12 所示。

表 4-12　不同 t 值下图网络中各节点的 PR 值

t 值	PR(A)	PR(B)	PR(C)	PR(D)
$t=0$	$\dfrac{1}{4}$	$\dfrac{1}{4}$	$\dfrac{1}{4}$	$\dfrac{1}{4}$
$t=1$	$\dfrac{3}{8}$	$\dfrac{5}{24}$	$\dfrac{5}{24}$	$\dfrac{5}{24}$

首先，我们基于各个节点的出度构建一个转移概率矩阵 M，节点 A 的出度为 3，链接了 B、C、D 三个节点，我们认为节点 A 转移到 B、C、D 节点的概率均为 1/3，以此类推，我们可以得到一个转移概率矩阵 M，那么 PR 的迭代公式就变为：$R_{t+1} = M \times R_t$。

$$
\begin{array}{c}
\begin{array}{cccc}
 & A & B & C & D
\end{array} \\
\begin{array}{c} A \\ B \\ C \\ D \end{array}
\begin{bmatrix}
0 & 1/2 & 1 & 0 \\
1/3 & 0 & 0 & 1/2 \\
1/3 & 0 & 0 & 1/2 \\
1/3 & 1/2 & 0 & 0
\end{bmatrix}
\times
\begin{bmatrix}
1/4 \\ 1/4 \\ 1/4 \\ 1/4
\end{bmatrix}
\Rightarrow
\begin{bmatrix}
3/8 \\ 5/24 \\ 5/24 \\ 5/24
\end{bmatrix} \\
\qquad M \qquad\qquad\quad R_t \qquad\quad R_{t+1}
\end{array}
$$

如上文所示 $R_2=M×R_1$，这和图 4-17 及当 t=1 时图中 4 个节点的 PR 值结果一致，通过此种计算方法可以使计算更加便捷。

但 PageRank 算法在应用时会存在以下两个问题。

问题一： 很多网站并没有和其他网站建立任何链接，出度为 0。这类网站的出现会导致按照上述算法对 R_t 进行迭代时，最终所有节点的 PR 值归于 0。

问题二： 用户打开某一个网站后，即使该网站链接了其他网站，用户还是可能随机打开其他网站，所以没有链接的其他网站转移概率不应该是 0，系统可以设置一个随机概率。

4. PageRank 优化算法

基于 PageRank 基本算法存在的两大问题，科学家对 PageRank 算法进行了优化，优化后的 PageRank 算法适用于所有网络结构，更加贴近实际用户浏览行为。优化后的算法为

$$
R_{t+1} = d×M×R_t + \frac{1-d}{N}×E \tag{4-6}
$$

对于公式 (4-6) 可以这样理解：用户在浏览网页时有两种情况，第一种情况是以概率 $d(0 \leqslant d \leqslant 1)$ 完全按照原本的转移概率矩阵 M 进行游走；第二种情况是以概率 $(1-d)$ 随机访问任何其他节点，每个节点的链接概率都是 $1/N$，E 是元素 1 填满的 $N×N$ 矩阵。d 又被称为阻尼因子，d 的取值一般由经验决定，正常值在 0.8 至 0.9 之间。当 d 接近 1 时，用户随机游走主要依照转移概率矩阵 M 进行；当 d 接近 0 时，用户随机游走主要以等概率随机访问各个结点。

虽然目前搜索引擎的排序算法已经优化了很多版本，但是 PageRank 算法的核心思想仍然被使用，也应用到了其他领域。PageRank 算法是从事搜索工作人士必须了解的算法之一。

4.11 搜索引擎重排策略

精排的下一个环节是重排。搜索引擎和推荐系统一样也存在重排环节，重排环节所起到的作用和推荐系统一致，也分为全局最优策略、用户体验策略和流量调控策略。

4.11.1 全局最优策略

目前，用户在 App 内进行搜索，单屏显示的结果为 4 个左右。搜索场景同样存在全

局最优的思想，搜索场景的排序优化方式也分为 point wise(单点优化)、pair wise(成对优化)、list wise(序列优化)。目前各大互联网公司也在进行以序列优化为核心的重排优化，针对一屏 4 个物料的 CTR 和 CVR 进行整体预估，以选出一组最优的组合。只是搜索场景的用户带有明确的意图，所以搜索场景基于序列优化的收益没有推荐场景大，相对于单点优化，序列优化会提升相应的 CTR 和 CVR，但整体提升幅度不大。

4.11.2　用户体验策略

搜索引擎的用户体验策略和推荐系统一样，会配置一些业务性规则，比如多样性打散。不过搜索场景对物料多样性的要求远远不及推荐场景。推荐场景对于同类目物料一般进行打散，但是搜索场景一般基于检索词返回结果，所以大部分情况下，返回的物料都是相同类目。搜索场景一般针对同商家、同创作者、同首图等进行打散，在进行规则性打散时仍然使用本书 3.8.3 节介绍的滑动窗口法。

4.11.3　流量调控策略

本书在推荐策略章节介绍的流量调控策略，对于搜索场景也是完全适用的。

搜索和推荐是 App 的两大主要流量场，在电商 App 里，虽然推荐场景曝光量大于搜索场景曝光量，但是搜索场景点击量远大于推荐场景点击量，淘宝平台上差不多 70% 的 GMV 都是由搜索场景转化的，推荐场景大概只占 20%，剩余 10% 是由各个频道和会场转化的。搜索场景需要承担扶持新品、新商家和新内容生态的任务，同时配合平台整体治理工作，对平台上不合规的内容和商家进行流量限制。虽然在内容类 App 里，推荐场景流量远大于搜索场景流量，但是搜索场景也需要承担扶持新创作者、新发布内容和新内容生态的任务。上述各类流量调控策略都是通过本书 4.10.2 节介绍的多目标排序公式来实现的。

4.12　搜索结果样式和创意策略

搜索结果经过重排后，在前端展示时需要匹配对应的样式和创意信息。搜索结果的样式和创意策略与推荐场景基本一致，但是侧重点完全不一样，下面本节进行详细介绍。

4.12.1　样式策略

1. 物料样式

我们仍然以电商类 App 来举例，推荐策略章节介绍过电商业务中，物料类型主要分为商品、店铺、直播、视频、聚合页等。上述这些物料类型在搜索场景里均会呈现，图

4-18 即为淘宝和京东 App 搜索场景展示的物料样式。

　　物料在搜索和推荐场景里的样式完全不一样。搜索场景里用于展示店铺物料的位置都是固定的—顶部或者腰部，而在推荐场景里店铺物料穿插在整个推荐信息流里，没有固定的位置。搜索场景里并不是对所有的搜索词都返回店铺物料，只针对一些头部品牌在部分检索词下返回对应的店铺物料。店铺物料占据搜索结果页很大一部分面积，属于强曝光样式，所以店铺物料在搜索结果页里一般属于广告，商家必须花钱购买对应的店铺广告才能呈现相应的店铺样式。其他物料样式基本都是左侧为图片或者视频，右侧为标题、价格以及文案。因为搜索场景中用户已经有明确搜索意图，所以对于搜索结果中的商品已经有了心理预期，不需要再通过图片或者视频来说明这是什么商品，更需要通过标题来说明商品的款式、功能等。

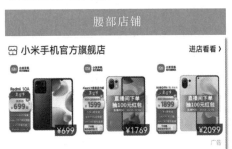
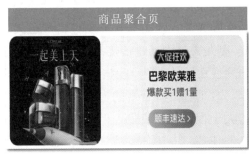

图 4-18　淘宝和京东 App 搜索场景物料样式

2. 排列样式

　　推荐策略章节介绍过推荐结果分单双列样式，其实搜索结果也分单双列样式。图 4-19 是淘宝 App 搜索结果页的单双列样式。

　　大部分 App 的搜索结果页都采用单列样式，内容样式都是左侧为图片、视频或者直播，右侧为内容标题及附加创意信息。这种排版样式能突出内容标题、价格和相应的附加创意信息，内容的封面相对来说并没有那么重要。此种排列样式适合以产品品质、功能和价格为主要卖点的商品，比如电子产品。而双列样式的上方展示的是内容封面，下方展示的才是内容标题、价格等信息，通过精美的封面图来吸引用户。此种排列样式适合以产品款式、设计、配色等为主要卖点的商品，比如美妆护肤类产品。通过类目预测功能，将输入的检索词映射到对应的类目上，然后根据已经设定好的类目和排列样式呈现不同的排列样式。设计不同排列样式的目的是提升搜索结果页的点击率。

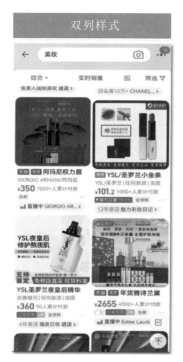

图 4-19　淘宝 App 搜索结果页的单双列样式

4.12.2　创意策略

本书在推荐策略章节介绍过创意主要分为主创意和附加创意两大部分，主创意可以继续细分为图片、标题、视频创意等。搜索结果是基于用户输入的检索词返回的，用户本身对于搜索结果的物料已经有了一定认知，需要通过标题和功能点等来更加细致地理解商品具体是什么款式、有哪些功能等，所以搜索场景需要重点优化商品的标题、附加创意等。相对于优化商品封面，优化商品标题和附加创意的收益更高。关于创意生成工具和标题、图片生成策略，本书将在 5.9 节详细介绍。

4.13　搜索结果用户体验策略

搜索场景的基本用户体验是指充分理解用户的检索词，精准地返回符合用户意图和偏好的物料，同时对一些敏感物料进行过滤。下面本节从产品功能和底层策略两个方面介绍搜索场景的用户体验策略。

4.13.1　产品功能

搜索场景不需要像推荐系统一样做冷启动，因为用户是带着明确的搜索意图来使用搜索引擎的。有些用户习惯于搜索一个相对宽泛的词，然后从搜索结果中选出自己喜欢的；

而有些用户习惯于搜索一个相对精准的词，从搜索结果中快速挑选出自己满意的。我们可以在搜索场景里试探用户对搜索结果精准性的要求，从而针对不同用户调整召回和相关性策略。

1. 用户问卷调研

如图 4-20 所示，以淘宝搜索结果页的调研问卷为例，用户可以主动反馈自己是精准高效查询型用户，还是闲逛发现型用户，或者两者都不是。基于用户的反馈，淘宝会针对该用户进行搜索策略上的调整。对于选择精准高效的用户，淘宝会将召回策略的相关性分数和阈值提高，尽量少穿插一些其他内容。对于选择闲逛发现的用户，淘宝会适当多召回一些相关性低但是 CTR 或 CVR 高的商品，同时穿插一些其他不同样式的内容，比如商品聚合页等，供用户浏览闲逛。不过上述产品设计的前提是淘宝有大量物料可以供用户筛选，对于很多中小电商公司或者其他垂直类搜索引擎来说，当物料库里的物料并不充足时，搜索场景的召回策略应以扩大召回数量为主，尽可能多地召回更多的物料，物料与检索词之间的相关性可以适当降低。从整体 CTR 和 CVR 的角度来看，此种扩大召回数量的方式能使整体 CTR 和 CVR 更高。

图 4-20　淘宝 App 搜索结果页调研问卷

2. 大家都在搜

除了使用用户调研问卷帮助平台了解用户的搜索结果偏好以外，在搜索词特别宽泛的情况下，如果用户想查询某些物料但是不知道如何进行搜索，系统可以推荐一些搜索词。

如图 4-21 所示，各大搜索引擎在用户搜索时都会针对一些检索词进行相关推荐，这样能够帮助用户更加精准地搜索。在原始检索词上加入更多限定条件，当用户不知如何表达时，这部分检索词就可以派上用场。这类词的生成策略有两种：一种方式是统计线上所有用户在搜索了原始检索词后切换的检索词，按照频次进行倒排，选择头部的检索词进行推荐；另一种方式是计算原始检索词和其他热门检索词之间的语义相似度，然后选择相似度最高的检索词进行推荐。

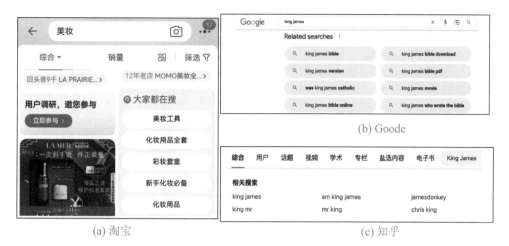

图 4-21　淘宝、Google、知乎搜索页的推荐搜索词

4.13.2　底层策略

本书在搜索引擎重排策略章节介绍了对同店铺、同首图打散的策略，另外一个策略就是内容安全策略，不仅需要保证主动推荐流量场不能有任何黄赌毒以及政治敏感的内容，也需要保证被动搜索流量场不能有任何敏感信息。关于内容审核要求，本书在推荐策略模块进行了详细介绍，一般公司会建设一套中台的内容审核系统和自动化审核模型，针对不同的要求差异化调整审核标准。在搜索场景里，对于敏感检索词一般需要建立一个专门的黑词库，对敏感检索词进行屏蔽，保证用户搜索后无任何结果返回。

4.13.3　主观评估

对于搜索场景的用户体验我们也需要通过人工进行主观评估。字节跳动有一个搜索评估团队专门负责搜索结果的主观效果评估，其他公司一般由策略产品经理和策略运营经理兼任该岗位或者由实习生负责该项工作。公司应经常使用自己的搜索引擎产品尝试不同的检索词，从而发现检索词结果存在的问题，并对问题进行归因，比如意图识别不准、召回结果太少、排序不合理等，定期和算法工程师进行复盘，针对线上问题制定解决方案。当公司优化策略以后，需要通过 GSB 主观评估方法对比新老模型的效果。GSB 即为 good、same、bad，GSB 评估方法用来评估两个不同模型之间的效果，而不是单个模型。假设现在有一版初始排序模型 A，又有一版优化排序模型 B，我们现在需要决定是否用模型 B 替换模型 A，在进行离线主观评估时我们就可以用 GSB 主观评估方法。首先我们需要明确本次模型优化主要解决什么问题，然后基于问题有针对性地选择测试检索词。假设我们选择了 200 个测试检索词，然后让 A、B 模型分别针对这 200 个检索词返回 20 个结果，再让 10 个评估人员分别对比 A、B 两个模型返回结果质量的好坏。good 代表 B 模型比 A 模型效果好，same 代表两者效果相同，bad 代表 B 模型比 A 模型效果差，最终结果的计算公式为

$$\Delta GSB = \frac{Good - Bad}{Good + Bad + Same}$$

对 10 个评估人员的结果加权平均得到 ΔGSB 值，然后根据经验设置一个阈值，当 ΔGSB 大于该阈值时，我们即可认为模型 B 的效果优于模型 A。具体如何评估 good、same 和 bad，每个人会有自己的偏好，但是我们在评估时需要遵循一些硬性规则，这些规则和个人偏好没有任何关系。比如在新闻领域，当用户搜索一条特定内容的新闻时，原则上在和该内容相关的诸多新闻里，时间越新的新闻排序越靠前，因为新闻的时效性最重要。在电商领域，当用户搜索一个比较宽泛的商品时，比如矿泉水，对于售卖同一品牌矿泉水的不同店铺，应该将历史销量更高、好评率更高、星级更高的店铺排序在前，这样商家才有动力去提供更好的服务，用户也能够获得更好的体验。GSB 主观评估方法是搜索策略产品经理经常使用的方法，搜索策略产品经理需要定期对搜索结果进行 GSB 评估。

4.14 搜索产品功能

前面章节介绍了很多实际用户感知不到的策略，这些策略决定了搜索引擎的用户体验。搜索引擎还有一些辅助产品功能，这些产品功能能够提升用户体验，帮助用户快速搜索，缩短决策时间；也能够配合业务运营，帮助商家达到特定业务目标；还能够帮助广告主实现特定时间的品牌曝光。下面本节分别展开介绍这些辅助产品功能。

4.14.1 搜索底纹

1. 概述

如图 4-22 所示，当用户使用抖音和淘宝的搜索引擎时，会看到搜索输入框里面有一个或几个默认的检索词滚动显示，这就是搜索底纹，又叫搜索暗纹。搜索底纹可以帮助用户免去输入的步骤，也可以引导用户主动搜索某些检索词。这些检索词是如何生成的？又是如何实现定向推荐的？用户看到的这些搜索底纹实际上也经过了召回和排序两大环节。

图 4-22　抖音和淘宝 App 搜索底纹

2. 召回策略

搜索底纹的检索词一般来自三个方面：一是业务运营人员结合近期的一些热门话题主

动配置了一些检索词。二是商业化广告，即在某些时段里，所有用户或者定向用户的搜索框中全部默认出现该品牌词或者品牌的某款商品名，比如"雅诗兰黛"或者"雅诗兰黛小棕瓶"。三是策略生成，策略生成的方式有多种，常见的方式就是系统统计过去若干小时内用户搜索的检索词，然后将热门检索词作为搜索底纹，或者将近期平台上被大量浏览的商品或者内容作为搜索底纹。

3. 排序策略

一般情况下，搜索底纹都是滚动显示的，展示优先级一般为广告 ＞ 运营配置 ＞ 生成。因为广告主付费了，所以广告的优先级必须最高。运营配置的实时性更强，为了实现某种业务诉求，运营配置的优先级一般高于策略生成，当然具体落地时可以基于实际业务诉求进行调整。搜索底纹一般千人一面，同一个用户群体看到的搜索底纹是完全一样的，并没有实现千人千面，主要是因为千人千面的成本比较高，投入产出比很低。

4.14.2　搜索联想词

1. 概述

如图 4-23 所示，当用户在 App 上搜索某一个检索词时，搜索引擎会自动为用户推荐一些包含当前检索词的其他搜索词，这就是搜索联想词，又叫搜索建议 (suggestion) 或者搜索 SUG。设置搜索联想词的目的就是提升用户的搜索效率，帮助用户实现快速搜索。比如用户搜索"999"，搜索联想词可以自动为用户推荐"999 感冒灵颗粒"，缩短了用户输入检索词的时间。

图 4-23　淘宝和抖音 App 搜索联想词

2. 召回策略

搜索联想词的生成策略有以下三种。

● 搜索历史

基于平台用户搜索的检索词历史记录，通过前缀匹配或者部分匹配的方式，匹配数据库里的检索词。数据库保存的历史检索词都有对应的搜索频次，我们需要针对搜索频次设置一个阈值，只保存达到一定阈值的检索词。对于搜索频次较低的检索词，即便推荐给其他用户也不具备参考价值。

● 规则生成

在电商领域，我们可以将一些品牌词和类目词与其他实体下的词进行结合，进而生成搜索联想词。比如类目实体和规格实体之间的结合，如可口可乐 1.5L；品牌实体和类目实体之间的结合，如欧莱雅洗面奶。

● 排行榜

在电商领域的搜索联想词中，有一类特殊的词是排行榜。比如在图 4-23 中，用户搜索"洗面奶"时下拉条第七位展示的是"保湿洗面奶热销榜"。此类触发逻辑是系统已经生成了大量主题排行榜以及对应落地页，当用户的检索词和排行榜主题匹配时，该榜单展示在联想词下拉条里的固定位置，匹配方式一般是"包含"，即排行榜主题完全包含检索词。系统提供高质量的榜单可以让用户快速决策，缩短决策时间。

基于上述三种策略，我们可以为很多检索词匹配联想词，但并不是所有的检索词都有搜索联想词，所以有时候用户在搜索框里输入检索词时不会触发搜索联想词。

3. 排序策略

对于每一个检索词，系统会召回大量的联想词，将联想词合并去重以后，就需要对这些联想词进行排序，从而决定前端的展现顺序。排序有以下三种方式。

● 方式一：基于搜索频次

系统直接使用近几天该检索词在平台上的搜索频次作为排序依据。这是一种简单的方式，可以实现快速上线，排序策略运用初期可以使用这种方式。但这种方式会加重马太效应，导致头部检索词得到的曝光机会越来越多，而排名靠后的检索词获得的流量越来越少。

● 方式二：基于联想词的质量分

在方式一的基础上，我们可以针对联想词进行更多维度的评估，进行质量分计算，计算公式为

$$\text{Score} = a \times \text{搜索频次归一化分数} + b \times \text{搜索结果转化率} + c \times \text{搜索结果点击率} \quad (4\text{-}7)$$

公式 (4-7) 通过搜索频次归一化分数、搜索结果转化率和点击率三个维度进行综合评估。这种方式考虑了联想词被用户搜索后的点击率和转化率，能够让更多高质量的检索词有被搜索的机会。但是这种方式并没有考虑到用户本身的搜索需求和兴趣，与用户本次搜索关联性弱的联想词可能因为历史表现比较好而排在前面，但是用户对于该词的点击率可能会比较低。

● 方式三：基于联想词 CTR 的预估

设计联想词的目的是让用户多点击系统推荐的联想词，我们可以将这个业务需求转化为一个模型，预估每个候选联想词的点击率，然后按照点击率进行倒排。此模型的输入是［原始检索词、联想词］，输出当前请求下针对该联想词的预估 CTR。模型训练的正样本是线上曝光的联想词中被用户点击的联想词，线上曝光但用户未点击的联想词则为负样本。模型使用的特征和搜索引擎精排模型的特征比较相似。

关于上述三种方式，公司在实际应用时一般会循序渐进，从方式一开始不断迭代到方式三。

4. 效果评估

针对联想词的效果评估，一般采取离线和在线两种评估方式。在进行离线效果评估时，首先设置大量的测试案例，然后分别测试不同策略下可以召回的联想词数量，最后比较排序的合理性，也是 GSB 评估方式。在进行在线评估时，主要测试联想词本身的点击率和转化率。因为搜索联想词的功能还是服务于搜索场景的核心指标，对于电商场景来说，核心指标就是转化率，所以针对电商场景，可以用公式 (4-8) 来综合评估搜索联想词的效果。

$$搜索联想词的效果 = CTR_{联想词点击率} \times CTR_{搜索结果点击率} \times CVR_{搜索结果点击后转化率} \tag{4-8}$$

具体的评估方式和效果评估公式可以根据实际业务场景进行制定和调整。

4.14.3 搜索导航栏

1. 概述

如图 4-24 所示，用户在京东 App 搜索"球衣"，首先触发了最上方的导航栏，结果页向用户推荐了"阿根廷球衣""C 罗球衣"和"湖人球衣"等。上述搜索结果样式的触发一般面向泛类目的搜索词，比如球衣、美妆等。因为此类搜索词可以匹配的物料非常多，通过提供此类辅助功能可以帮助用户快速地找到其希望搜索到的结果，缩短用户的查询时间。

2. 搜索导航栏整体策略

● 触发逻辑

触发此类逻辑的检索词在电商领域一般都是一级或者二级类目词，因为此类检索词可以细分出非常多的子类目，而且每一个子类目均可以返回大量的搜索结果。电商业务都会有一个自己专属的类目体系，搜索这些顶层的类目词才会触发此逻辑。我们也可以为一些检索词匹配一些算法生成的子类目词。这里的子类目是指业务系统设置的固定类目分级和关联体系。算法也可以基于近期商品的浏览点击情况，生成一些热门的子类目词，虽然该子类目并不在原有的分级体系里，但是也可以召回大量的商品。不过对于算法生成的子类目词需要进行人工审核，否则会出现一些用户体验问题。

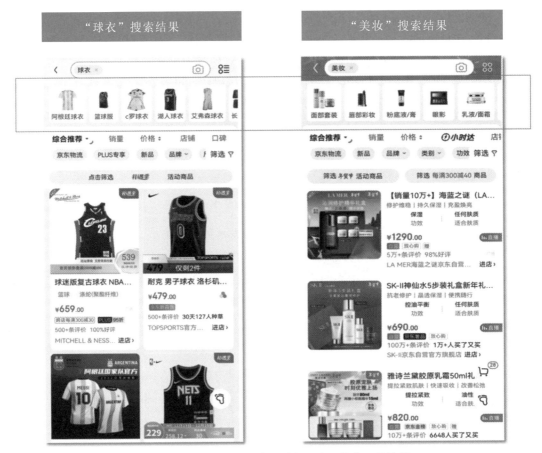

图 4-24   在京东 App 搜索"球衣"和"美妆"的结果

- 召回和排序策略

搜索导航栏召回的类目词主要是子类目词。这些子类目词在前端如何排序？排序策略运用初期可以基于业务判断设置一个固定顺序，后期可以做千人一面的动态调控，主要基于商品近期的曝光和点击数据进行倒排，定期进行更新。一般我们不做千人千面的动态排序，因为候选集很少，千人千面排序的收益较低。

4.14.4   搜索发现

1. 概述

如图 4-25 所示，当用户使用淘宝和抖音 App 的搜索功能时，搜索框的最下方会向用户推荐一些搜索词，这部分推荐搜索词能够提升用户体验，减少用户的输入环节，同时主动引导用户去搜索某些特定的词。

2. 召回和排序策略

推荐搜索词的来源包括历史搜索词、热门搜索词、广告词、运营配置词、排行榜等。前端展示位一般有 6 ～ 8 个位置，一般会进行固定分配，比如第一、二位是广告位，第三、四位展示热门搜索词，第五、六位展示运营配置词，第七、八位展示排行榜，具体如何分配由业务需要决定，但广告词一般居于首位。针对每一行的固定位置，初期的排序策略可以使用随机方式，用户每一次刷新时可以进行已曝光过滤。后期的排序策略可以升级为针对单次请求预估用户对每一个检索词的点击率，然后按照预估 CTR 进行倒排。

图 4-25　抖音和淘宝 App 的搜索发现

4.14.5　搜索排行榜

1. 概述

如图 4-26 所示，当用户使用淘宝和抖音 App 的搜索功能时，搜索页的最下方会展示一些搜索热榜和其他权威排行榜。展示搜索热榜是为了让用户了解当下的热点，展示权威排行榜是为了向用户推荐平台上的相关好物，缩短用户的决策时间和决策路径，达到快速成交的目的。

图 4-26　淘宝和抖音 App 的搜索排行榜

2. 召回策略

不同领域的排行榜生成逻辑不一样，本节以电商和短视频领域为代表分别展开介绍。

● 电商领域

电商领域的搜索排行榜包括热搜榜和各个品类方向的细分权威榜单。热搜榜是基于平台检索词的搜索频次生成的，系统可以统计 24 小时内搜索频次不断飙升的检索词，对比前一天该词的搜索频次，如果达到一定增长率（结合实际业务制定），且绝对搜索频次超过某一个阈值，可以将此类检索词作为热搜榜的候选词。需要注意的是，不能以 24 小时内搜索频次最高的检索词作为热搜榜的唯一候选集，因为电商平台上每日搜索频次最高的一些检索词相对比较固定。同时有一些热搜榜并不是基于用户原始的检索词，而是运营手动设置的，比如图 4-26 中的年夜饭合集。这些榜单本身不一定和用户搜索有关，而是平台想打造的热门搜索。热搜榜单一般会经过人工运营审核，以免出现一些极端情况，比如价值观不正确或者内容涉及黄赌毒。各个品类的细分榜单一般由公司专门负责排行榜业务的团队制作，一般根据市场潮流和平台用户搜索反馈确定一些比较热门的主题，然后由算法完成初筛，基于历史销量、好评、退货率以及店铺星级等进行综合评分，最终由运营人员进行人工审核，这部分榜单可能也会在平台其他流量场进行分发。

● 短视频领域

短视频领域的热门搜索召回主要分为两部分，一部分是平台真实的热门搜索，另一部分是运营人工配置。上文介绍过电商领域的热门搜索不一定是平台搜索频次最高的检索词，而短视频和内容社区领域的热门搜索一般是真实的，因为这些平台的内容更新迭代很快，用户的兴趣变化也很快，不会存在电商领域热门搜索词变化不大的问题。针对当日平台上曝光量急速增长且播放量排名靠前的视频，可以将该视频的标题作为热搜榜的热词。平台也会通过人工配置一些热词，这些热词可能在其他平台已经是热点内容，而在该平台还没有引爆。

3. 排序策略

目前搜索排行榜的召回和排序基本是千人一面的，所有人看到的榜单信息以及榜单排序都是一样的。这一方面是因为排行榜可供召回的物料很少，另一方面是因为千人千面排行榜的收益不高。在排行榜的排序规则中，人工配置的榜单一般会有固定位置，具体位置由每家公司业务决定。在电商领域，榜单一般会基于线上用户实际点击情况进行动态排序，结合外页的点击和内页的点击转化数据进行综合评估。而在以短视频为代表的内容领域，平台一般对热榜的内容进行热度评分，热度分主要取决于该内容在过去若干小时内的曝光次数、被用户搜索的频次以及内容曝光后用户的互动情况，平台会按照内容的热度分进行倒排。

4.14.6　搜索二次筛选

1. 概述

搜索结果的二次筛选在综合类搜索引擎和垂直类搜索引擎中均存在，只是垂直类搜索引擎提供的二次筛选项相对更多，电商搜索引擎的二次筛选项是最多的，因为商品的属性标签很多。

京东和抖音 App 二次筛选框如图 4-27 所示。电商 App 的二次筛选项主要和商品属性相关，因为不同用户对商品属性的偏好完全不一样，比如品牌偏好等。不同类目商品的属性不一样，所以最终展示的二次筛选项不一样。短视频 App 的二次筛选项主要和内容的发布时间、时长等相关。短视频 App 的用户主要使用推荐服务，把浏览内容的控制权交给推荐系统，如果用户使用搜索引擎查找具体的内容，会更关注内容本身，短视频内容本身的属性信息不多。

图 4-27　京东和抖音 App 二次筛选框

2. 标签体系

● 体系构建

在构建体系时，需要区分标签体系和实体体系的差异。标签体系和实体体系是两套完全独立的体系，实体体系是用来对检索词进行认知的；而标签体系是用来对物料进行认知的。实体体系针对一个领域构建一套体系，比如电商领域、内容社区领域等；而标签体系是针对不同类目的物料构建的，比如电商领域的电器产品和美妆产品。标签体系的构建需要结合该类目物料的业务属性和用户的主要关注点，然后将此类标签提供给用户进行二次筛选。系统还需要保证标签在物料上的填充率，例如某标签虽然很重要，但只能覆盖 5%

的物料，此类标签的意义就很小，筛选后反而会导致大量搜索结果的缺失，因为很多物料在此标签上的内容为空。通常情况下，一个标签的物料覆盖率至少超过 70%，系统才会在二次筛选框中加上此标签。

- ● 物料打标

一方面，物料标签来源于物料上传时系统的选择，系统需要将已经设计好的标签体系加到物料管理系统中。商家或者创作者上传商品或者内容时需要选择标签，当然这个过程中存在随机选择或者错选的情况，所以需要平台的管理机制去约束商家或创作者进行正确的选择。另一方面，物料标签来源于算法的挖掘，系统基于物料本身的标题和其他文本内容挖掘标签，然后映射到已经构建好的物料标签体系中。

- ● 标签排序

在二次筛选框里各个属性标签从上到下如何进行排序？首先基于业务认知对标签的重要性进行初排序，然后按照重要性在二次筛选框里从上到下进行展示。物料上线后，可以基于用户对每个标签的实际使用情况进行动态调整。

以上就是搜索引擎中除了基本的搜索功能外可以建设的其他产品功能，搜索策略产品经理不仅需要不断优化底层的搜索策略，保证用户基本的搜索体验，而且需要为用户提供如上文所述的搜索产品功能，进一步提升用户体验，为业务方提供一定的搜索运营工具，进行流量运营。

4.15 多模态搜索

前面章节介绍的各种策略都是面向单一文本型物料的，而随着内容的表现形式越来越丰富，实际场景中还存在对图片、歌曲、视频等形式物料的搜索需求，下面本节分别介绍相应的搜索功能。

4.15.1 以图搜图

当我们在网上看到一张人物照片，想知道他/她是谁时；当我们看到一张风景照片，想知道该景点在哪里时，都需要运用以图搜图功能。

图 4-28 展示了 Google 和 Baidu 的以图搜图功能。图片是文字与图像相结合的内容形式，以图搜图功能主要依赖于 CV(computer vision，计算机视觉) 技术和 NLP(natural language processing，自然语言处理) 技术。自从深度学习技术在 CV 领域得到大规模应用以后，以图搜图的识别精准度越来越高，技术已经非常成熟，甚至可以说，现阶段以图搜图是多模态搜索中技术难度最低的功能。文本搜索的本质是评估检索词和文档的语义相关性，而以图搜图功能的本质是评估两张图片之间的相似度。以图搜图的逻辑是通过深度学习技术将两张图片全部进行特征向量化，然后计算两张图片之间的相似度。以图搜图是一个纯技术驱动的功能，策略运营在其中能够发挥的作用很小。

图 4-28　Google 和 Baidu 的以图搜图功能

4.15.2　识曲搜索

当我们走在大街上，听到路边店铺传出一首动听的歌曲，我们想知道这首歌的歌名时；当我们观看某个视频，感觉背景音乐很不错，想知道背景音乐的曲名时，就需要运用识曲搜索功能。

图 4-29 展示了网易云音乐和 QQ 音乐的听歌识曲功能。歌曲是文字和旋律结合的内容形式，识曲搜索的本质是评估两首歌曲之间的相似度，识曲搜索的核心技术是语音 (audio) 识别和旋律 (tune) 识别。针对有歌词的曲子还需要识别歌曲的歌词。在语音识别技术方面，目前国内领先的公司是科大讯飞，科大讯飞也是国内唯一拥有针对大部分方言的精准识别技术的公司。识曲搜索模型需要大量的训练语料，在进行歌曲匹配时，模型本身也需要有足够的物料与搜索的曲子进行匹配。比如用户播放单曲《海阔天空》，但是模型的曲库中没有《海阔天空》这首单曲，那么模型不可能告知用户该单曲是《海阔天空》。无论是语音识别还是旋律识别，在技术方面都以深度学习 RNN 模型为主，现阶段该模型已经很成熟，关键还是需要充足的训练语料和歌曲库。

图 4-29　网易云音乐和 QQ 音乐的听歌识曲功能

4.15.3 视频搜索

视频内容是目前现实生活中最丰富的内容形式，包含文字、图片和音频等。

1. 通过文本搜视频

通过文本信息来搜索相应的视频内容是视频搜索中最常见的一种形式，比如用户在抖音和快手等短视频 App 上搜索视频。这种搜索功能和前文介绍的纯文本搜索基本一致，技术难点在于对视频内容的理解。以文本搜索文本，关键就是文本信息之间的匹配。以文本搜索视频，一方面要确保检索词和视频标题匹配，另一方面要确保检索词和视频内容匹配。

图 4-30 是用户在抖音 App 上搜索"阿凡达 2"的示例。很多视频标题都有"阿凡达 2"的字样，但实际上这些视频可能和电影《阿凡达 2》关系不大，大部分内容都是关于电影《阿凡达 1》的。所以，对于视频标题的文本质量治理是非常重要的。首先，平台需要建立一套机制去规范和鼓励创作者设置正确的视频标题，而不是进行文本作弊，对于文本作弊的创作者，平台可给予账号等级降权、流量打击等处罚。其次，平台需要通过多模态技术手段 (NLP + CV + Audio) 更加充分地理解视频内容。一方面，平台需要对标题和视频内容

图 4-30　抖音 App 上"阿凡达 2"的搜索结果

的相关性进行把控。以电影《阿凡达》为例，平台应评估该视频是否真正与电影《阿凡达》有关。另一方面，平台需要基于视频内容为视频打上各种各样的标签，补充缺失的文本信息。比如有的视频标题标注了《阿凡达》，但是未说明该视频和第几部《阿凡达》有关，平台可以通过视频内容理解技术去评估该视频和哪一部电影的关联度更高。

2. 视频匹配视频

视频搜索的另一个细分方向是视频匹配。视频匹配并不是一个面向个人用户的功能，它主要用于在一些短视频网站上针对创作者上传的视频进行重复性校验。视频匹配可以拆解为以图搜图和识曲搜索，首先平台对视频片段进行抽帧，将视频切分为一张张图片，然后在图片层面比对视频之间的相似度，再对视频的语音进行识曲搜索。它的主要识别方式还是语音识别和曲调识别。以图搜图和识曲搜索的技术能力决定了视频匹配的能力。

3. 视频合规性管控

视频搜索中还有一个非常重要的问题，即内容合规性管控。创作者上传的视频中可能有黄赌毒内容和政治敏感类内容，平台需要识别出此类视频，然后针对此类视频进行屏蔽

处理。对此类视频的识别和视频匹配的底层逻辑基本一致，首先针对视频片段进行抽帧，对比抽帧图片与系统中黄赌毒等图库里的图片之间的相似度，通过光学字符识别 (OCR) 技术识别图片中的文字，通过语音识别技术识别视频中的语音，然后与黑词库和黑音频库进行匹配。此部分模型识别的关键是构建黑图库、黑词库和黑音频库，现阶段该项技术本身已经非常成熟。但黑物料库的建立需要一整套完善可持续的机制，因为每天线上都会产生大量新的黑物料。互联网公司一般每天将线上用户投诉和负反馈的物料转交给人工标注团队，基于人工标注结果将相应敏感物料加入黑物料库中，不断更新黑物料库，同时对上传黑物料的商家和创作者给予账号降权和流量打压等处罚。

多模态搜索虽然既能处理文本信息，又能处理图片、音频和视频等信息，但是其整体框架和文本信息搜索引擎基本一致。通过对前面章节内容的学习，可以推广应用到其他搜索领域。

4.16　小结

本章首先以搜索引擎的发展以及不同时期的代表性公司引入，然后介绍目前搜索引擎的整体架构以及各个模块的策略设计，并结合行业实际案例深入讲解。读者阅读完本章以后能够全面认知搜索引擎，能够了解搜索引擎各个模块的作用和分模块的策略设计。策略产品经理需要了解行业先进搜索引擎架构，拓宽自己的视野，但在自己公司实施时需要根据公司搜索引擎发展现状、技术人员储备以及实际业务需求制定切实可行的策略。

第 **5** 章

广 告 策 略

本章将全方位地介绍广告策略，核心集中于互联网广告领域。首先，介绍互联网广告的类型；其次，将互联网广告策略的各个细分模块进行拆分并详细讲解相关策略，比如投放、流量分发、创意、出价、计费、归因和诊断等；最后，结合行业内先进的广告投放产品，比如阿里妈妈旗下的引力魔方、万相台和直通车，以及京东京准通的相关产品系列进行案例讲解，使读者对广告策略有全面、细致且贴合实际业务的理解。

5.1　引入

提起广告，很多人马上想到的就是那些经典的电视广告。例如，"今年过节不收礼，收礼只收脑白金；脑白金，年轻态，健康品"，脑白金广告语在当时堪称洗脑神曲。又如，"扭一扭，舔一舔，泡一泡"，奥利奥饼干的广告语深入人心，对其成为销量最高的夹心饼干可谓功不可没。这种在电视媒体上投放广告进行品牌宣传的方式在 21 世纪的前 10 年有着非常好的用户心智培养和渗透作用。

在此背景下，每年的电视节目收视率巅峰——春晚成为各大品牌商赞助的必争之地。1996 年，中央电视台正式开启央视广告招标并推出春晚"标王"概念。第一届标王是山东的孔府宴酒，赞助春晚第二年销售额即突破 9 亿元。第二届标王是山东另一家名不见经传的小酒厂—秦池酒厂，赞助春晚第二年实现了品牌用户心智培养和市场销售营业额的双赢，营业额直接增长 5 倍以上。后续基本每一年赞助春晚的品牌商都可以借助春晚的舞台实现名利双收。前期赞助春晚的企业基本都是实体企业，如酒企、家电企业等。一直到 2015 年，微信赞助春晚发红包，互联网企业正式与春晚结下"姻缘"，用户在观看春晚的同时通过微信摇一摇的方式就可以抢红包。在春晚之前，只有不到 800 万人使用微信支付；在春节期间，微信支付用户数量超过支付宝此前 8 年的积累，此役也被马云称为"珍珠港偷袭"。此后，支付宝连续赞助春晚 3 年，百度、快手、抖音和京东也相继加入赞助春晚的队伍，一直到 2023 年春晚再无独家冠名商，再没有互联网企业来向全国人民发红包了。

春晚广告赞助的没落，一方面是因为移动互联网的崛起产生了很多新媒体，比如短视频、微博、内容社区等，新媒体分走了传统电视媒体的大量流量，进而分走了品牌商在电视媒体上投放广告的预算；另一方面是因为新时代下人们的自主意识越来越强，差异化需求也越来越多，通过强品牌曝光去促进用户消费需求和行为变化的效果越来越弱，进而导致像传统电视广告这样面向所有用户通投所带来的销售增长和品牌认知的效果也越来越差，投入产出比远不及预期。

从 2015 年开始到 2022 年，互联网和春晚携手走过 7 年，最终双方迎来了"七年之痒"，和平分手。最近 7 年的春晚广告也助推了各大互联网企业的用户渗透，但是渗透效果越来越弱。相反互联网的发展慢慢抢走了春晚的流量，既改变了品牌商投放广告的媒体，又因为互联网可以获取到用户更多的数据，从而实现千人千面的定向分发，进而改变了传统广告的投放形式和投放策略。本章节将重点围绕互联网广告策略进行详细介绍。

5.1.1　广告基础入门

在正式介绍互联网广告策略前，我们需要先对广告有一个初步了解。

1. 广告的基本定义

广告，字面上的意思就是广而告之，向社会广大群众告知某件事情。畅销全球的广告学教科书《当代广告学》是这样定义广告的：**广告是由已确定的出资人通过各种媒介进行的有关产品（商品、服务和观点）的，通常是有偿的、有组织的、综合性的、劝服性的非人员的信息传播活动**。从上述定义中，我们可以看出广告包含以下 6 个核心要素。

● 广告主

广告需要有广告主，也就是上述定义里的出资人，我们也称为需求方 (demand)。早期的广告主基本上都是大企业和品牌商，到了移动互联网时代，很多达人在网上进行创作，创作的内容也需要获得更多的曝光和流量，这时候又涌现了很多个人广告主。

● 广告传播媒介

广告主投放的广告需要依托媒介来进行传播，这些媒介我们称为供给方 (supply)。最初的广告传播媒介主要是线下横幅，然后慢慢发展到纸媒体（比如报纸），后来扩展到广播和电视媒体，再后来出现了互联网媒介。传统电视广播广告营收占国内整体广告收入的比例已由巅峰期的 80% 以上下降到不足 23%(2022 年数据)，并且还在持续下降中；而互联网广告营收占国内整体广告收入的比例已经由最开始的不足 10% 增长到目前的 60% 以上，互联网已成为广告传播的最大媒介。这个数据变化代表着广告主的预算和用户的时间正在从传统媒介转移到互联网。

● 广告标的物

广告的基本定义提到了"商品、服务和观点"，即广告主针对什么事物来投放广告，这个事物我们称为广告标的物 (object)。在电视媒体和纸媒时代，广告主可能针对自己的商品和服务来投放广告。到了移动互联网时代，广告主投放的标的物更加多样。比如，在抖音上针对自己的直播和视频投放广告，在淘宝上针对自己的店铺和商品投放广告。不管广告标的物是什么，广告主的核心诉求都是提升品牌知名度和带来直接转化。

● 广告受众

广告传播所面向的用户即为广告受众 (audience)。广告主在电视媒体和纸媒上投放广告时，媒介无法获取广告受众的具体信息，这也导致了广告主在投放广告时无法进行精准的人群定向，所有的广告都是面向所有潜在用户进行通投。在移动互联网时代，广告媒介可以基于用户的注册信息以及用户在网上的各种行为数据等为每一个用户打上具体的标签，比如性别、年龄、地域、职业、消费偏好等，这些标签有助于广告主进行精准的人群定向，从而提高广告的转化率。

● 广告售卖模式

广告的流量供给方以何种方式将流量售卖给广告主即为广告售卖模式 (sales form)。目前广告售卖模式主要有合约 (agreement-based) 和实时竞价 (real time bidding)。合约模式是指广告主和广告传播媒介签订具体的合同，约定此次广告主投放的广告标的物，广告主需要支付的合同金额，广告传播媒介提供的广告位以及广告投放时间，所有事项在广告投放前都已经通过合同约定好，比如每年春晚的广告都是合约广告。实时竞价模式是在互联网广告出现后诞生的新模式，它是指广告主事先针对自己圈选的定向人群设置愿意付出的单位流量成本，广告流量供给方按照所有广告主的价格来进行实时排序，决定将本次流量分配给哪个广告主，即按照收益最高原则来进行决策。此种方式只向广告主保证单位流量成本，但是不再给出量的保证。

● 广告计费方式

广告计费方式又称为广告扣费方式或者广告收费方式，即广告平台如何向广告主收取广告费用、依据什么来收取广告费用。如表 5-1 所示，常见的广告计费方式有 CPT、CPM、CPC 和 CPA。

表 5-1　常见的 4 种广告计费方式

CPT	CPM	CPC	CPA
cost per time，展示时长成本，即按照广告展示时长计费	cost per mile，千次展示成本，即按照广告展示成本计费，基本单位是千次展示	cost per click，单次点击成本，即按照广告单次点击成本计费	cost per action，单次动作成本，即按照广告单次动作成本计费

(1) CPT(cost per time，**展示时长成本**)，**即按照广告展示时长计费**。这种计费方式一般服务于展示广告，适合那种强曝光、能够吸引用户高度注意的广告位。比如，App 开屏广告、网站首页 banner 广告。CPT 计费模式主要应用于品牌广告，需要事先在合同中约定本次投放的费用。比如，本次投放 48 小时，广告费为 3 万元，则 CPT 为 3 万元，T=48h。在 CPT 的基础上衍生出 CPD(cost per day，单天展示成本)，即按照天数来计费。

(2) CPM(cost per mile，**千次展示成本**)，**即按照广告展示成本来计费，基本单位是千次展示**。因为单次展示的成本非常低，市场上单次展示成本基本都在分级别，为了方便向广告主展示，一般告知广告主千次展示成本，目前市场上 CPM 普遍在几元到几十元之间。CPM 主要服务于展示广告，一般效果广告较少使用 CPM。因为展示广告的核心诉求还是要更多的曝光，展示本身已经是广告主希望的投放结果，所以广告主一般会接受依据展示次数来计费。而效果广告追求的是实际转化效果，所以广告主一般不太愿意使用 CPM 的计费模式。

(3) CPC(cost per click，**单次点击成本**)，**即按照广告单次点击成本来计费**。CPC 是目前效果广告中较为常见的计费模式。广告主在投放效果广告时更希望看到直接的效果，虽然点击率不是最终的转化率，但是点击相对于展现来说经历了一层筛选的过程，至少代表用户点击了此次广告。目前市场上 CPC 普遍为 1 ～ 10 元。

(4) CPA(cost per action，**单次动作成本**)，**即按照广告单次动作成本来计费**。这里的"动作"可以是用户的注册、加购和下单等。因为此种计费模式过于靠近整个转化链路的末端，对于广告平台来说很难控制。比如，对于一个电商广告，用户最终下单会受到很多因素的影响，如果计费点过于靠后，很难保障广告平台的利益，所以一般广告平台都不支持 CPA 的计费模式。目前，国内电商平台只有拼多多曾经尝试过 CPA 的计费模式，但最终也下线了。在 CPA 的基础上又衍生出 CPS(cost per sale)，即按照每单销售来支付佣金。CPS 的模式更多应用在达人带货、渠道分销的场景中，品牌商按照销售单数来给达人或渠道返佣金。

2. 广告的基本分类

按照不同的标准，广告可以分为很多种类型，每一种分类方式之间会存在一定交叉。

● 基于传播媒介

基于传播媒介，广告主要分为纸媒广告、电视广告和互联网广告等。截至 2022 年底，互联网广告已经占据国内广告市场 60% 以上的份额，成为国内最大的广告媒介。

● 基于营销目标

基于营销目标，广告主要分为品牌广告和效果广告。品牌广告主要是为了宣传品牌形象，提升用户中长期的购买率和对品牌的感知与忠诚度。品牌广告难以在短期内大量提升产品销量，广告效果也难以用实际数据来衡量。例如，春晚的广告基本都是品牌广告。效果广告则是以投放广告后短期内能直接带来大量的购买或其他转化行为为目的的广告，可以使用广告点击量、广告转化量等指标来直接衡量广告投放效果。品牌广告的售卖模式都是合约模式，而效果广告的售卖模式基本都是实时竞价模式。

● 基于广告表现形式

基于广告表现形式，广告主要分为文字链广告、图文广告、视频广告和直播广告等。纸媒广告基本都是图文广告，电视广告基本都是视频广告，而互联网广告则各种形式都有。互联网公司的核心广告表现形式主要和公司的内容表现形式有关，比如百度的广告基本都是文字链和图文广告 (如图 5-1 所示)，抖音和快手的广告基本都是视频和直播广告。

图 5-1　百度的文字链和图文广告

● 基于投放场景

此分类方式主要是针对互联网广告所做的细分，因为互联网流量有很多不同的场景，比如推荐信息流、搜索结果页、互动场景，相对应广告可以细分为推荐广告、搜索广告、互动广告等。不同流量场的广告，其整体的投放策略和流量分发策略都不一样，在公司内部一般也是由不同的产品组来负责。百度、淘宝和京东的核心流量场是搜索结果页，而抖音和快手的核心流量场是推荐信息流。

● **基于投放标的物**

此分类方式主要是针对互联网广告所做的细分，因为广告主每次在互联网广告投放平台上投放广告时都需要选择投放标的物。如图 5-2 所示，以京东京准通投放平台的推荐广告为例，标的物核心可分为商品广告、视频广告、直播广告、店铺广告、活动广告等多种类型，每种细分广告代表着广告前端展示样式和落地页的不同。以店铺广告为例，店铺广告在京东 App 前端展示的就是具体店铺信息，用户点击后可直接进入店铺详情页。

图 5-2　京东京准通购物触点产品线计划类型

● **基于广告内容和样式**

基于广告内容和样式，广告分为原生广告与非原生广告。纸媒和电视媒体上的广告都是非原生广告，而现阶段大部分互联网广告都是原生广告。原生广告最大的特征就是"广告即内容，内容即广告"。首先，在内容上，原生广告就是整体内容的一部分，对用户来说，广告是有价值且用户可能感兴趣的内容。其次，在外在表现形式上，广告和其他内容基本一模一样，用户在浏览过程中不会产生不好的体验，不会破坏内容页面的和谐，很多时候用户甚至察觉不到该内容为广告。当然这类广告也应遵守《中华人民共和国广告法》(以下简称《广告法》) 的规定，针对广告内容需要专门打上广告标签。

如图 5-3 所示，淘宝搜索结果页有明显的广告标，但是推荐信息流没有广告标。对于电商平台的推荐信息流来说，《广告法》没有明确要求需要打广告标，所以用户在浏览推荐信息流时根本不知道哪些是广告，当然这也是因为互联网电商广告基本都是原生广告，但其实淘宝、拼多多的推荐信息流都包括大量的广告内容。目前，淘宝的搜索广告占比基本都是 6 出 1，即 6 个结果里有 1 个是广告；拼多多搜索结果的广告占比更高，基本达到 4 出 1。淘宝首页推荐信息流的广告比例为 10% ～ 20%，拼多多为 30% 左右。抖音和快手的视频信息流广告占比也基本是 6 出 1，不过会根据不同的用户特点进行更细粒度的比例区分。

图 5-3　淘宝搜索结果页和推荐信息流的广告

3.竞价广告基本排序逻辑

目前，效果广告基本都是实时竞价广告，这就涉及不同出价的广告之间如何进行竞价排序的问题，常见的排序方式有以下几种。

● CPC 排序

早期国内竞价广告全部采用 CPC 排序，即本次竞价哪个广告主出价高，那么此次广告展示就归哪位广告主。下面是一个实际案例，最终 B 广告主竞价成功。

● eCPM 排序

按照 CPC 排序存在一个明显的问题，即 CPC 是按照点击次数来计费的，虽然 B 广告主出价最高，但是用户可能对 B 广告完全不感兴趣，用户根本不会点击，那么即使 B 广告主出价再高，平台也无法获取任何收入。所以平台需要同步考虑用户对每一个广告的兴趣度，并将其转化为一个具体的数值，也就是 P_{CTR}。最终我们通过一个新的指标 eCPM(Effective Cost Per Mile，每千次展示可获得的广告收入) 来衡量每个广告给平台带来的预期收益：eCPM=CPC×CTR×1000。eCPM 指标的业务意义是在 1000 次曝光下整体预期的广告收益，CTR×1000 即为用户点击该广告的次数，CTR×1000×CPC 则为整体预期广告收益。

下面是一个实际案例，最终 C 广告主竞价成功，虽然 C 广告主出价最低，但其模型预估的 P_{CTR} 很高，最终折算的 eCPM 指标是最高的。

背景	A广告位，B、C、D广告主同时竞价，模型实时预测CTR和广告主CPC如下： • $P_{CTR-B}=0.1\%$，$CPC_B=100$ • $P_{CTR-C}=0.3\%$，$CPC_C=40$ • $P_{CTR-D}=0.15\%$，$CPC_D=50$
计算	广告侧会全部转化为eCPM，然后按照eCPM的值进行排序： • $eCPM_B=CTR\times CPC\times 1000=0.1\%\times 100\times 1000=100$ • $eCPM_C=CTR\times CPC\times 1000=0.3\%\times 40\times 1000=120$ • $eCPM_D=CTR\times CPC\times 1000=0.15\%\times 50\times 1000=75$
结论	最终C广告主竞价成功

eCPM 指标的核心在于对 CTR 的预估，因为 CPC 本身是一个固定值，CTR 预估得越准确，则 eCPM 指标越接近实际值，最终按照 eCPM 排序选出来的广告才能真实产生最大的收益。国内互联网公司最早上线 eCPM 排序逻辑的是百度，2009 年上线的第一版 eCPM 排序逻辑，AB Test 小流量实验结果显示，实验组相比对照组广告收入上涨 30% 以上。由此可见，一个简单排序逻辑的变化能让广告收入产生大幅增长。

5.1.2　互联网广告概述

互联网广告又称为在线广告，本书统称为互联网广告。

1. 互联网广告的兴起

在介绍互联网广告前，我们需要先明白互联网公司为什么要做广告？其实核心原因只有一个，就是互联网公司需要实现商业化，需要盈利。互联网公司最大的资产就是大量的流量和用户数据，能够将这两者充分结合在一起并高效直接变现的方式就是广告。20 世纪 90 年代，互联网开始兴起，很多头部网站拥有大量的流量，但是不知道怎么变现。这时候第一批互联网人思考能不能把网站当成一本杂志，既然杂志的封面和内页可以插入很多广告，那么同理网站也可以专门划出一片区域供广告主插入图文信息广告，我们把这种在互联网上展示横幅广告的产品形式称为**展示广告**(display advertisement)。1994 年，AT&T(American Telephone & Telegraph，美国电话电报公司) 投放了第一个互联网广告，该公司支付了 3 万美元购买了 hotwired.com 首页的一个固定坑位 3 个月的展示权，最终该广告的点击率高达 44%，而目前全球展示广告的平均点击率为 1%。从那以后，大部分互联网公司开始踏上了依靠广告作为主要变现方式的商业道路。国内 PC 互联网时代的广告收入王者是百度，百度自从 2001 年上线竞价排名付费搜索服务后，广告收入持续攀升；2007 年，百度排在国内互联网公司广告收入榜单首位；2013 年，百度超越央视成为国内广告收入最高的广告平台。进入移动互联网时代后，百度掉队，在 2016 年左右，百度广告收入正式被阿里超越，自此国内移动互联网时代的广告收入王者一直是阿里。2022 年，阿里广告收入为 2935.25 亿元 (含客户佣金)，占据阿里整体收入的 30% 以上。阿里不仅是国内最大的电商公司，也是目前国内最大的已上市的广告公司。2022 年各大互联网公司广告营收及年度同比如图 5-4 所示。

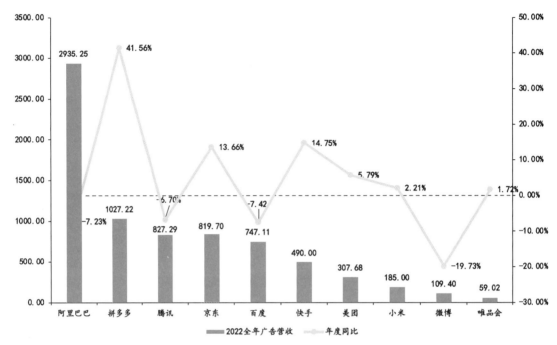

图 5-4   2022 年各大互联网公司广告营收 (含客户佣金和在线营销收入) 及年度同比

在图 5-4 中，我们可以看到，不仅阿里依靠广告业务来创收，拼多多、京东和腾讯等公司也是如此，像字节跳动和快手这类公司，在没有做电商业务之前，广告收入基本是公司收入的全部。因为字节跳动目前还没有上市，所以没有明确公开的广告收入数据，其2022 年全年国内广告收入约为 2900 亿元人民币。

2. 互联网广告发展的不同阶段

自 1994 年互联网广告诞生以来，其发展经历了 4 个阶段，如图 5-5 所示。

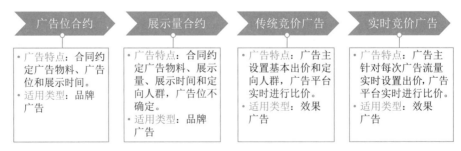

图 5-5   互联网广告发展阶段

1) 合约广告 1.0 阶段 —— 广告位合约

早期的互联网广告都采用广告位合约模式，和传统的电视广告、纸媒广告模式一样，按照合约模式和广告主签订合同，约定合同金额、广告位、广告投放时长等，这是一种定时定位的合约广告。

如图 5-6 所示即为早期的合约模式售卖展示广告。此类广告只保证广告露出时间和位置，不保证广告可以触达的人群量和广告投放效果。合约广告 1.0 阶段的广告位基本都是那种位于官网首页、曝光量大、很容易吸引用户注意的资源位。

图 5-6　新浪网首页的展示广告

2) 合约广告 2.0 阶段 —— 展示量合约

广告位合约模式虽然约定了广告位和投放时间，但广告最终可以获得的展现量完全未知，虽然有历史数据可供参考，但是会存在波动。同时这种面向所有用户展示的逻辑会影响部分用户体验，比如女式内衣品牌面向所有男性用户展示，很明显是不合理的。广告主本身也希望在广告位合约模式的基础上，可以精准获得面向目标用户的广告展现量，展现量合约广告 (guaranteed delivery，GD) 应运而生，它又称为担保式保量投放。GD 广告基于广告主选择投放的广告物料和投放时间，系统返回预期可以保证的展现量，广告主可以采买任意不超过系统预估上限的展现量。如果广告最终没有达到约定展现量，大部分的解决方案都是后续进行补量。同时 GD 广告还支持广告主进行人群圈选，广告平台首先披露各种人群标签，广告主可据此圈选目标用户，使最终的广告展现仅面向目标用户。

展示量合约和广告位合约这两种模式主要服务于大型品牌广告主，虽然展示量合约已经圈选了目标用户并确定了展现量，但其整体还是一种注重广告曝光的品牌广告，不属于效果广告。

3) 竞价广告 1.0 阶段 —— 传统竞价广告

随着互联网的普及，越来越多的中小商家也有投放广告的需求，他们无法像品牌商一样一次性采买大量流量，故而无法与广告供给方直接签订合同。对于广告平台来说，互联网流量持续上升，存在很多流量并没有被合约采买，有一部分长尾流量品牌商也不愿意采购。这时候就可以将这些剩余的流量与中小商家广告主匹配起来，因此产生了一种新的广告模式——竞价广告。竞价广告的基本逻辑就是同样一个广告位，大家公平竞争，价高者得，广告平台不再对量做出保证。这种方式大幅降低了广告主投放广告的门槛，小广告主也可以设置很少的预算投放广告，还可以更加精细化地投放广告，只参与竞价自己想买的那部分流量，这样广告投放效果更好。对于广告供给侧来说，所有的流量均可以售卖，不会存在长尾广告位的流量没有广告主采买的情况，同时整体广告收益也更多。竞价广告的鼻祖是美国的 Goto.com 网站，广告主可以在它的广告平台上购买特定关键词，然后当用户在其网站上搜索该关键词时，所有购买了该关键词的广告主按照出价来排序，最终按照用户实际点击次数来扣费，首创了按照点击计费的广告计费模式。Goto.com 网站后改名为 Overture，于 2003 年被 Yahoo! 收购。此种模式被 Google 学习然后进行了广泛应用，而国内最早使用竞价排名的互联网公司就是 Baidu，Baidu 使用竞价排名以后，整体广告业务收入连续多年翻番。

4) 竞价广告 2.0 阶段 —— 实时竞价广告

在竞价广告 1.0 阶段，广告主圈选人群包以后，针对人群包设置一个固定价格，短期内不会再调整，广告平台侧则是实时比价。但随着互联网广告的发展，很多广告主有了针对流量实时出价的需求。比如，阿迪达斯在抖音投放广告，品牌本身有一批忠实用户，阿迪达斯希望针对这部分用户单独出价，但抖音并没有这部分用户数据，阿迪达斯无法在抖音平台上将这部分用户圈选出来，也不会将这部分私密数据共享给抖音。最终的解决方案是用户实时访问抖音时，抖音将用户信息发送给阿迪达斯，由阿迪达斯判断是否为目标用户，是否要实时调整出价。这种广告形式就是 RTB 广告 (real time bidding，实时竞价)。

5) 竞价广告与合约广告的对比

我们从广告平台侧和广告主侧分别对比竞价广告和合约广告。

● 广告平台侧

从广告供给侧来看，合约广告所有关于量的保证和质的优化都是由广告平台侧来完成的，平台整体的规则和最终结果的达成都由平台自己决定，平台既是裁判员又是运动员。而竞价广告中，广告平台侧只负责制定整体的竞价和计费规则，平台只是裁判员，具体量的保证完全是由广告主自己的出价决定的，整体竞争处在一个相对公平的环境里。

● 广告主侧

从广告需求侧来看，合约广告只保证基本量，在其他效果层面并没有对广告平台侧做出任何约束，合约广告的目标广告主主要是大型品牌。而竞价广告中，所有广告主均可以参与竞价，广告出价由广告主自己决定，同时广告供给侧不再做出量的保证，广告整体的交易逻辑由保证量的结构改为首先保证成本结构。整体交易逻辑的变化对整个广告市场未来的发展趋势造成很大的影响，呈现以下几个核心趋势。

(1) **精细化人群定向被大规模应用**。合约广告时期，广告位合约无须进行人群定向，而展示量合约平台侧又无法向广告主提供过于精细化的定向功能。因为一旦提供了过于精细化的定向功能，可能无法达成约定的展示量。但是在竞价广告中，平台侧因为不需要保证展示量，所以可以向广告主提供极其精细化的定向功能。

(2) **广告投放成本大幅降低，大量中小型广告主进入广告市场**。在合约广告时期，因为平台侧最低采购量比较大，而且整体广告金额较高，很多中小型广告主根本无法与大型广告主竞争，而且中小型广告主投放广告基本都是追求直接转化效果而不是品牌效应。竞价广告的整个交易逻辑是保成本不保量，100 元也可以投放广告，所有广告主公平竞争，这促使大量中小型广告主进入广告市场。

(3) **数据价值日益凸显，机器学习在广告领域得到大规模应用**。合约广告时期，只需要准确预测流量，不需要基于人群制定太多的策略。而竞价广告时期，一方面人群定向越来越精细化，需要基于数据构建各种各样的人群标签；另一方面竞价广告需要预估用户对广告物料的兴趣度，需要得到 P_{CTR} 和 P_{CVR}，这也使得机器学习在广告领域得到了大规模应用，而模型学习依赖历史数据，从而使得数据的价值日益凸显。

3. 站内和站外广告

在实际工作中，互联网公司内部会将广告分为站内广告和站外广告，也会将广告部门分为站内和站外两大方向，据此分别组建不同的团队。

1) 站内广告

站内广告一般具备以下两个特点。

● 流量是平台自有流量，通过平台自有产品线进行投放

流量来自广告平台，而不是外部采买。比如字节巨量引擎拥有抖音、今日头条、抖音火山版等 App 的流量，阿里妈妈拥有淘宝、天猫、淘特等 App 的流量。平台提供自有的广告投放产品供广告主投放广告，比如淘宝卖家可以通过阿里妈妈的直通车产品投放淘宝搜索场景的广告。

● 全链路数据闭环

平台可以获取广告主投放广告的全链路数据，并基于此部分数据对广告主的广告投放效果进行跟踪和优化。

具备上述特点的广告即为站内广告，所有的流量和数据都在内部闭环。比如，淘宝卖家通过直通车投放淘宝搜索广告，京东卖家通过京准通平台推荐广告产品线投放京东推荐广告。目前，互联网公司 90% 以上的收入都来自站内广告。

2) 站外广告

站外广告是相对站内广告而言的。我们以淘宝为例，在淘宝平台上，有很多商家投放淘宝自身的广告，同时这些商家也有投放其他媒体渠道广告的需求，比如商家想在今日头条、抖音、快手上投放广告，解决方法是商家专门注册一个字节巨量引擎的账号，直接在字节上投放广告。但有些商家希望淘宝提供全链路解决方案，既可以在阿里妈妈上投放站内广告，又可以在阿里妈妈上投放站外广告，这样可节省商家的操作成本和人力成本。站外广告一般具备以下两个特点。

● 流量是平台外部采买的，通过平台自有产品线投放站外广告

广告主在站内平台直接投放站外广告，这些站外流量是站内平台采买的，需要向站外媒体侧支付费用。比如，广告主在阿里妈妈平台上投放抖音的广告，只需向阿里支付广告费即可，但是阿里需要将一部分费用结算给字节，这部分费用占广告主支付费用的绝大部分。

● 数据无法闭环

广告主虽然是在站内平台投放的广告，但广告实际露出是在站外媒体上，具体广告展现的次数、点击的次数以及最终带来的转化，站内平台是无法监控的，全部依赖站外媒体进行数据回传。

目前，头部互联网公司均支持平台上的广告主直接在站内平台投放站外广告，平台对接外部大量的媒体资源。前文中图 5-4 呈现了各大互联网公司站内广告和站外广告收入的汇总数据，计算站外广告利润时需要去除采买流量的成本，而计算站内广告利润时默认流

量成本为零。

5.1.3 国内广告引擎简史

前文整体介绍了互联网广告，下面本节将介绍各家互联网公司广告产品和广告系统，帮助读者了解中国互联网商业化的变迁以及广告策略的迭代升级。

1. 百度凤巢

了解中国互联网广告的发展史应先从了解凤巢开始。在 2017 年以前，百度凤巢的产品和技术引领了中国互联网广告的发展。

"凤巢"意为"筑巢引凤"，寓意只要做好产品，用户自然会来。百度凤巢可以说是"国内互联网的黄埔军校"，后续国内互联网和 AI 领域的大量人才都来自百度凤巢。自 2001 年开始，百度广告一直采用竞价排名模式，该模式将百度推向了商业巅峰。2005 年 8 月，百度上市以后创下连续 14 个季度同比广告收入翻番的佳绩，但竞价排名的公平性和商业道德受到社会广泛质疑。2008 年 11 月，新华社和中央电视台连续播出百度搜索引擎竞价排名黑幕，对百度股价造成了非常大的影响，百度 CEO 李彦宏为此公开道歉。这一系列事件促使百度决定放弃以往只看价格的竞价排名系统，推出一套全新的广告系统，这套系统也就是凤巢系统。

2009 年 4 月 20 日，凤巢系统正式上线开始试运营，一直到 2009 年 12 月 1 日，所有广告主从原本的竞价排名系统迁移到全新的凤巢系统上。凤巢系统相比于原系统有两个大的变化：第一个变化是提升了搜索相关性和广告质量分在排序中的权重，降低了出价对于最终排序结果的影响。这一改变使得后续用户使用 Baidu 搜索时，搜索结果更加符合用户的搜索意图，同时广告质量更高。第二个变化是原本的竞价排名产品将所有广告主针对同一个词的出价公开展示，广告主可以看到其他所有广告主的出价，升级后所有搜索词的竞价都是黑盒，广告主不再知道其他广告主的出价。此种调整的目的是鼓励广告主摆脱依靠出价来获取流量的思维，激励广告主通过提升广告素材质量和创意出彩度来获取更多的流量。

凤巢系统很早就已经开始研究，效仿 Google Ads 引入了质量分、相关性等因素作为排序指标，但整体效果不佳，很多策略是人工规则，在百度的竞价排名系统中存在成千上万条人工规则。2009 年，原 Google 算法科学家张栋加入百度，成为第一个从 Google 直接跳槽到百度的技术专家。张栋来到百度的第一个工作事项就是引入 CTR 预估模型，然后基于预估的 CTR 计算广告物料的 eCPM，再基于 eCPM 来进行排序。实验上线第一天，AB Test 实验效果广告收入增长了 30% 以上，自此百度的商业引擎巨轮开始疯狂旋转起来。百度内部最高奖项最早就是为了奖励凤巢团队而创立的。张栋在凤巢待了不到两年就离开了，凤巢系统的下一任掌舵者是戴文渊。戴文渊毕业于上海交大 ACM 实验班，曾获得 ACM 世界冠军，2009 年以校招生身份加入百度，在张栋走后他成为百度凤巢的技术负责人，也曾获得百度最高奖。戴文渊在职期间将 LR 算法在凤巢的应用推向了巅峰，后来戴文渊的学弟陈雨强帮助百度凤巢搭建了国内第一个商用的深度学习系统，正式将深度学习大规模应用于推荐和搜索场景。此后，戴文渊带着他的学弟陈雨强一起创办了人工智能企业第四范式。

百度凤巢早期的这些顶尖技术人员慢慢都被其他互联网公司挖走，尤其是字节跳动，字节跳动的推荐系统和广告引擎早期的技术人员大多来自百度。

2022 年，百度全年广告收入为 747.11 亿元，已经从曾经的国内第 1 名跌落至第 5 名。虽然用户一直吐槽百度搜索结果里广告太多，但百度凤巢曾经引领过中国互联网广告的发展，其地位可谓举足轻重。

2. 阿里妈妈

百度之后的第二个广告巨头就是阿里巴巴。2016 年，阿里超越百度成为国内最大的互联网广告公司。阿里巴巴内部的商业化事业部为阿里妈妈，于 2007 年成立，上线的第一款产品就是淘宝直通车（前身是雅虎直通车），为搜索广告产品线。2009 年上线了钻石展位，为展示广告产品线。后来随着推荐系统在淘系产品上的广泛应用，2019 年上线了超级推荐，为推荐广告产品线。2020 年，淘宝首页改版，将最上方的横版 Banner 移至下方推荐信息流的首坑，由横版 Banner 改为竖版 Banner，这一调整导致阿里妈妈内部以横版 Banner 为核心流量场的超级钻展产品线失去了充足的流量，最终超级钻展产品线和超级推荐广告产品线合并，升级为现在的引力魔方产品线。万相台则是 2020 年上线的一款全智能化投放产品线，它降低了广告主的投放门槛，同时针对一些特殊场景比如新品上新、货品打爆等提供专属的解决方案，覆盖的流量既有搜索也有推荐。Uni Desk 是阿里妈妈为广告主提供的投放站外广告的产品线。

截至 2023 年 10 月，阿里妈妈旗下所有的营销产品与营销工具如图 5-7 所示。阿里妈妈的不断壮大，一方面是因为移动互联网时代阿里旗下各大 App 流量的不断增长，广告收入增长的核心还是广告流量的增长，百度广告之所以没落也是因为百度整体流量增长不达预期。可能有些读者会认为论流量腾讯才是王者，但腾讯旗下的很多 App 比如微信和 QQ 都是社交软件，虽然拥有庞大的流量但不适合做大面积的商业化变现，所以腾讯广告一直位于国内前列但从未坐过第一的位置。另一方面是因为核心技术和产品不断迭代。阿里妈妈最早的广告系统是由来自百度的吴雪军搭建的，后来阿里妈妈又迎来了盖坤和袁泉。2011 年，清华博士毕业的盖坤加入阿里妈妈，进入阿里以后提出了分片线性模型 MLR，极大地提高了 CTR 预估的准确性，后续也是盖坤主导了深度学习在阿里妈妈的应用。2012 年，袁泉从 IBM 辞职加入阿里妈妈，负责手淘的推荐算法，2015 年"双 11"期间，千人千面推荐接管了手淘首页场景的信息分发，将淘宝首页场景的转化率提高了5 ～ 10 倍，袁泉也因此拿到 100 万元 CEO 特别奖。这些技术专家用技术推动着阿里妈妈不断前行。

站在 2023 年这个时间点，阿里妈妈向阿里集团贡献了约 30% 的收入，即使阿里国内电商份额不断被拼多多和抖音、快手等电商蚕食，但是阿里目前仍然稳坐国内上市互联网公司广告收入和电商业务利润的第一把交椅。

图 5-7　阿里妈妈营销产品与营销工具概览

3. 巨量引擎

在阿里之后，下一个广告巨头就是字节跳动。谁拥有流量，谁就拥有广告收入。字节坐拥多款超级 App，如抖音、今日头条、西瓜视频、懂车帝等，已经成为新的广告收入王者。2013 年，字节开始构建自己的商业产品体系；2017 年，字节成立了穿山甲联盟，对接站外多家媒体；2019 年，字节正式发布巨量引擎品牌，将今日头条、抖音短视频、火山小视频、西瓜视频、穿山甲联盟的流量聚集在一起。从 2013 年开始到 2021 年底，字节的国内广告收入已经增长到约 2600 亿元人民币。但在 2021 年字节跳动商业化产品部召开的全员大会上，其公开声称国内广告收入过去半年已经停止增长。而字节商业化高层对此提出的破局点就是自建电商业务，通过电商业务来提高字节商业化广告收入的天花板，所以在 2021 年，字节发布了电商广告新品牌——巨量千川，巨量千川成为字节商业化的下一个重要增长点。2022 年字节跳动国内广告收入约为 2900 亿元。

通过对百度凤巢、阿里妈妈和巨量引擎的介绍，希望读者可以了解最近十多年国内互联网广告的变迁，这是一段互联网广告从业者必须要了解的历史。

5.2　广告系统概述

前面章节介绍了互联网广告的基本知识，本章节将对互联网广告系统进行整体概述。首先介绍我们在日常工作中经常听到的各种广告平台，如 DSP、SSP 等；其次介绍广告系统的整体架构，讲解广告系统架构与自然搜推架构的异同点；最后介绍在广告业务中我们应该通过哪些指标来评估广告效果。

5.2.1　广告平台简介

在互联网广告业务中，常见的五大平台是 ADN、ADX、DSP、SSP 和 DMP。在正式介绍各大广告业务平台前，我们需要理清广告业务的各个参与方，如图 5-8 所示。

图 5-8　广告业务参与方

广告业务中一共有 4 个参与方。第一，广告主。广告主是需求方，比如欧莱雅、宝洁等。第二，广告媒介，又称广告媒体。它是广告供给方，提供流量资源，比如 CCTV、百度、淘宝等。第三，广告受众。广告在各大媒体上投放后，接触到的用户就是广告的受众，可以说所有互联网用户都是广告受众。第四，广告代理。很多广告主会通过广告代理投放广告，因为很多大型广告主需要一整套的营销解决方案，广告代理可以帮助广告主进行整体规划，包括营销活动策划和创意设计。广告主只需要和广告代理对接，由广告代理负责在各个媒体上投放广告。知名的广告代理有阳狮、电通、奥美等。我们经常提到的 4A 公司就是广告代理，4A 是美国广告代理商协会 (American Association of Advertising Agencies) 的简称。

1. ADN

ADN(advertise network，广告网络或广告联盟)，可以理解为各大媒体的代理机构，ADN 平台上汇聚了各大媒体的长尾剩余流量。

● **产生原因**

AND 的产生原因主要有两方面。从媒体侧来看，对于头部媒体来说，很多高曝光位置的广告位不愁卖，但也有一些长尾流量销售不佳，头部媒体管理此部分长尾流量也需要付出一定的人力成本。同时一些中小媒体也会有一部分广告资源希望对外售卖，但销售难度会比头部媒体困难很多，因为广告位质量和流量均一般。从广告主来看，头部广告主不仅有购买核心广告位的需求，也有购买一些长尾流量的需求，但是长尾流量非常分散，他们需要对接很多媒体，广告主没有那么多精力。而一些中小型广告主没有采买大广告资源位的财力，但是也有投放广告的需求，对于众多长尾流量不知道该如何选择。为了解决各大媒体剩余长尾流量的售卖和广告主采买问题，ADN 从各家媒体那里统一采买剩余的流量，集中起来形成一个联盟，然后重新对这些流量进行定价，售卖给广告主，ADN 从中赚取差价，获取利润。广告主有投放广告的需求时，只需要对接 ADN，即可购买到各家媒体的流量，而不需要分别去和每家媒体对接。ADN 提升了广告主和媒体长尾剩余流量之间的匹配效率。ADN 平台的运作模式如图 5-9 所示。

ADN 平台的广告售卖方式主要是合约模式，部分 ADN 平台也采用 RTB(real time bidding，实时竞价) 模式，但此种情况非常少。

图 5-9　ADN 平台的运作模式

● 代表产品

目前市面上专门的 ADN 平台并不多见，比较大的 ADN 平台是 Google AdSense。因为流量本身是宝贵的，只要价格合适不存在售卖不了的流量，各大互联网公司基本都是自建广告平台，所有的广告流量都在自有的广告平台进行售卖，很少存在将大量长尾流量打包给外部第三方售卖的情况，更多的是接入其他第三方的 DSP 平台来增加广告物料数，提升竞价的激烈程度。

2. ADX

ADX(advertise exchange，广告交易平台) 是连接媒体 /SSP 和广告主 /DSP 的平台。可以将其理解为一个中立的拍卖场所，只负责交易拍卖环节，不参与定价。

● 产生原因

5.1.2 节介绍过，互联网广告的第 4 个阶段是 RTB(实时竞价)，RTB 的诞生促使了 ADX 平台的诞生。ADX 平台和 ADN 平台一样可以连接广告主和媒体侧，但 ADX 平台主要是为了撮合广告主和媒体侧形成交易，不再对广告流量重新定价。ADX 首先对接媒体侧，当媒体侧有广告请求时，ADX 将广告位资源情况 (如广告位的位置、素材要求) 和用户信息 (如用户设备 ID、地域等) 传送给广告主，让其决定是否竞价；当参与竞价的所有广告主回传竞价和广告创意时，ADX 平台对广告物料进行排序，最终将胜出的广告创意返回给媒体侧供其进行广告展示，同时将胜出的信息回传广告主促成交易，整个过程需要在毫秒级别完成。ADX 平台的运作模式如图 5-10 所示。

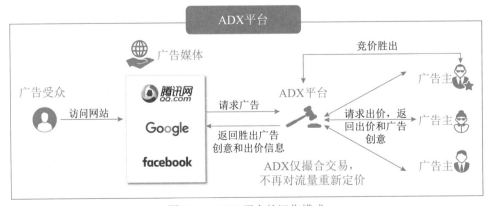

图 5-10　ADX 平台的运作模式

不过现阶段基本没有专门的 ADX 平台，ADX 平台需要融合在其他平台里，比如 SSP。

● 代表产品

阿里妈妈早期的 Tanx 平台，Google 收购的 DoubleClick 平台。

3. DSP

DSP(demand side platform，需求方平台) 是代表广告主利益的平台。它是广告主与 ADX 平台之间的枢纽，帮助广告主解决对接大量 ADX 平台的不便以及用户身份识别和广告位价值预估的痛点。

● 产生原因

市场上出现了大量的 ADX 平台，每个 ADX 平台背后的媒体资源均不一样。如果广告主希望竞投所有的广告资源位，则需要对接所有的 ADX 平台，这要消耗广告主大量的时间和精力；同时广告主需要对 ADX 回传的用户和期望投放的目标用户进行匹配，还需要对本次的广告位流量价值进行科学预估，确定合适的价格。这些都需要一个专业的平台来运作，DSP 应运而生。

DSP 平台对接市场上绝大部分的 ADX 平台，广告主只需要对接一个 DSP 平台即可。DSP 平台可帮助广告主识别用户，与广告主目标用户进行匹配以及预估流量的价值。广告的竞价排序基本是以 eCPM 为依据的，eCPM 里的 P_{CTR} 就是由 DSP 平台来预估的。早期的 DSP 平台是独立的第三方平台，它代表广告主的利益，满足广告主多渠道广告资源整合和程序化广告购买的需求。后来随着互联网广告的发展，诞生了大量依托于平台自身流量的 DSP 平台，平台既是流量方，代表平台利益，又可作为广告主专属的广告投放平台，在某种程度上也代表广告主的利益。

● 代表产品

第三方独立 DSP 平台有品友互动、MediaV；依托自身流量的 DSP 平台包括所有的互联网大厂的广告平台，比如百度凤巢、腾讯广点通、京东京准通等。

4. SSP

SSP(supply side platform，供给方平台) 是代表媒体利益的平台，它是媒体侧与 ADX 平台之间的枢纽，它帮助媒体侧高效管理各个广告位，实现媒体侧收益最大化。

大部分互联网公司自身就是一个 SSP 平台，平台内部有自己的广告系统，负责管理所有的广告流量，以实现收益最大化。比如京东有京准通平台，字节有巨量引擎。这些平台本身拥有大量的优质流量，完全没必要将这部分流量交给第三方 SSP 或者 ADX 来管理。对于这些平台来说，建设一个功能完善且属于自己的广告平台是一件收益非常大的事情。同时，平台上的大量用户和商家都有投放广告的需求，也需要一个属于平台自身的广告投放平台来更好地满足广告主的需求，所以这些互联网大厂的广告平台在某种意义上也是 DSP 平台。这些平台对接了很多外部流量，可实现广告主在一个平台上投放所有媒体广告的需求。比如，京东京准通平台可以直接投放字节、腾讯和百度的广告。对于这些平台来说，一般只有当内部的广告主不能完全消耗平台所有的广告流量时，才会将剩余流量或者长尾流量接入外部 ADX 平台，来提高平台整体的收益。对于一些中小媒体来说，它们没有自己的广告系统，只能接入外部的 ADX 平台来实现流量变现，这时候就需要一个专门的 SSP 平台来帮它们进行广告流量管理。SSP 平台本身需要具备 RTB 的功能，和 ADX 平台是并列产品，可以直接对接 DSP。不过目前国内没有独立的 SSP 平台，SSP 平台的相关功能基本都被整合到其他各个平台里。

5. DMP

DMP(data management platform，数据管理平台) 是帮助广告主 /DSP/ 媒体等进行用户识别、人群定向和数据管理的平台。

早期 DMP 平台的建立是为了精准识别用户，基于历史行为数据为用户打上各种标签。当 ADX 平台传送用户的基本信息后，DSP 平台就可以基于该信息与自身 DMP 平台里的用户进行匹配，确定该用户是不是广告主的目标用户，如果匹配成功，则返回出价和广告创意信息。一个 DMP 平台可能拥有成千上万个用户标签，平台本身拥有的标签数量以及每个标签对应的用户数量决定于 DMP 平台的整体实力，但即便拥有再多的标签，如果每一个标签对应的用户数量很少，那么这类标签也没有多大的实际应用价值。现阶段市场上有独立的第三方 DMP 平台，但是大部分情况下，ADN、ADX、DSP 和 SSP 都会建立自己独立的 DMP 平台，因为它们都有精准识别用户的需求。

7. 实际现状总结

ADN、ADX、DSP、SSP 和 DMP 五大平台协同运作模式如图 5-11 所示。

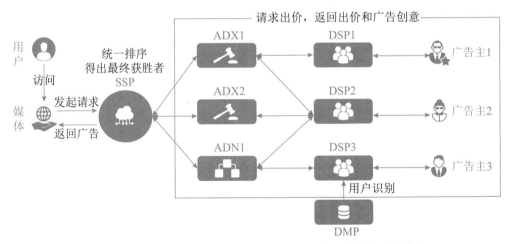

图 5-11　ADN、ADX、DSP、SSP 和 DMP 五大平台协同运作模式

用户访问媒体，媒体会请求 SSP 平台并输入用户的基本信息，SSP 平台请求 ADX 和 ADN 平台传送用户基本信息，ADX 平台再去请求对接的各种 DSP 平台，DSP 平台基于传入的用户基本信息和 DMP 平台的用户进行匹配，确定是不是广告主的目标用户，明确是广告主的目标用户后，返回出价和广告创意，最终由 SSP 平台来统一排序，决定本次广告流量由哪位广告主竞价胜出。以 ADX、DSP 和 SSP 组成的这一整套广告业务机制，我们又称为程序化交易广告。

上文介绍的这种模式是一种最复杂的模式，在实际广告市场中，媒体无须通过 SSP

平台就可直接请求 ADX 平台，SSP 平台也可以直接对接 DSP 平台。很多时候，SSP 平台具备 ADX 平台的 RTB 功能，而 ADX 平台也具备 SSP 平台的管理功能。

在互联网广告领域，通常一个平台具备多种功能。以阿里妈妈为例，阿里妈妈旗下的引力魔方、直通车产品线均为实时竞价，所以具备 ADX 的功能。阿里妈妈覆盖淘系所有的广告位，需要对这些广告位进行统一管理以实现收益最大化，所以它具备 SSP 的功能。用户可以在阿里妈妈投放所有淘系平台的广告，阿里妈妈也有 UniDesk 产品线支持广告主投放站外广告，所以阿里妈妈也具备 DSP 功能。阿里妈妈本身具有独立的 DMP 平台，可以理解为阿里妈妈兼具 ADX、DSP、SSP 和 DMP 的所有功能。互联网大厂的广告平台，如京东京准通、百度凤巢和腾讯广点通均是如此运作的。

5.2.2　广告系统整体流程

前文介绍了各种类型的广告平台，本节主要介绍竞价广告和合约广告的系统整体流程。

1. 竞价广告

目前，互联网竞价广告基本处于搜推场景中，所以推荐广告和搜索广告都应具备推荐系统和搜索引擎的整体系统架构。前面章节详细介绍过推荐系统和搜索引擎的整体系统架构，在此不再赘述。本部分重点介绍在互联网大厂内部的竞价广告生态中，基于广告业务属性而产生的各个流程环节。

广告系统整体流程分为 5 个环节，如图 5-12 所示。

图 5-12　广告系统整体流程的 5 个环节

● 广告投放

以阿里和字节为例，当商家或者品牌商在平台上传了商品图片或者视频后，这部分内容自然就会进入平台整体的自然流量分发池里，无须再做任何操作。但对于广告来说，当商家或者达人进行专门的广告投放后，这部分内容才会进入广告的流程分发中。阿里的商家需要使用阿里妈妈，字节的品牌商需要使用巨量引擎，达人则需要使用 Dou+。投放广告首先需要明确广告标的物和上传广告物对应的创意，然后设置投放时间、投放预算、基本出价、投放人群等。这些基本信息设置完毕，才能形成一条完整的广告物料，才会进入下一个环节。

● 广告召回

当广告主设置好投放的广告物料信息后，即进入广告召回环节。无论是推荐广告还是搜索广告，召回策略的逻辑和自然搜推的逻辑差异不大。一般平台上，广告可以使用的物料和自然搜推可以使用的物料量级差异至少为 10 倍。同时广告召回会比自然搜推多一路召回策略，即 DMP 人群召回，因为广告主可以专门圈选人群定向投放广告。

- 广告排序

广告召回以后，下一步就是广告排序。和自然推荐一样，广告排序也有粗排、精排和重排环节，对于召回的广告物料需要进行粗排和精排，直至筛选到只剩下百级别的物料。该环节的核心是预估 $P_{CTR 粗排}$ 和 $P_{CTR 精排}$。竞价广告是按照 eCPM 排序的，eCPM = bid × $P_{CTR 精排}$ × 1000，所以排序时，还需要加入广告主的出价 bid。

- 广告播放

广告排序之后，下一个环节是广告播放。在这一环节，需要将本次胜出的广告物料信息给到前端，同时和自然流量进行混合。比如，淘宝 App 首页推荐一次请求返回 10 个坑位，其中有 2 个坑位给到广告，8 个坑位给到自然推荐，那么广告播放侧就需要和自然推荐侧进行融合，然后一次性给到 App 前端。广告播放侧还需要基于广告主在投放时设置的预算、投放时间等进行广告播放管控，同时基于线上广告的实际曝光点击情况进行实时扣费。

- 广告展示

这里的广告展示是指广告物料给到媒体侧以后广告创意的实际展示。这里涉及的策略是广告样式和广告创意，整体逻辑和自然搜推的样式创意策略差异不大。

2. 合约广告

合约广告系统整体流程也分为上述 5 个环节，只是广告投放和广告排序环节的底层逻辑与竞价广告不一样。首先，在广告投放上，合约广告需要广告主事先在广告排期系统购买确定时间、确定位置的广告展现量，价格也是事先确定好的；而竞价广告的广告主只是设置了广告标的物和相应的出价信息等，最终广告能否竞价成功以及获得多少展现量是完全未知的。其次，在广告排序上，竞价广告严格按照 eCPM 实时排序；而合约广告因为广告主已经事先购买了确定的广告展现量，当同样一个广告位既可以出合约广告又可以出竞价广告时，对于流量的竞争，不能完全按照 eCPM 来排序，此时既需要考虑 eCPM 又需要保证合约广告的合约量达成，具体的流量分发逻辑本书将在 5.5 章节详细介绍。

5.2.3 常见效果评估指标

广告业务是基于各个流量场的，所以各个流量场本身既有的指标，比如 CTR、CVR 等都是核心指标，需要给予关注。但广告因为业务的特殊性，还有很多搜推流量场本身不关注的指标。下面我们从广告需求方和广告平台方两个角度分别介绍效果评估指标。

1. 广告需求方

- 广告消耗金额

广告需求方即广告主首先关注的一个指标就是广告消耗金额。品牌广告通常采取合约售卖模式，广告消耗金额事先都在合同里面约定好。效果广告通常采用实时竞价模式，广告主通常会事先设定一笔预算，但是最终能消耗多少未知，所以广告主会一直关注自己的广告消耗金额。广告金额消耗太少，起不到推广作用；广告金额消耗太多，则广告主需要增加预算。

● 展现数

展现数是指投放本次广告具体获得了多少次展现。展现数是过程指标，没有展现也不会有后续的点击和转化。这里强调一下，在广告业务中，我们一般说展现数而不是曝光数。展现数代表了广告物料的竞争力，广告物料越有竞争力，则获得的展现数越大。

● 点击数

展现的下一个环节就是点击，点击数也是过程指标。点击数代表了平台用户对于广告的兴趣度。这里的兴趣度，一方面由广告物料的质量决定，另一方面由平台的流量分发效率决定。

● 转化数

点击的下一个环节就是转化，转化数是最终的结果指标。转化数在不同的业务场景里有不同的叫法。比如，在电商场景里它是指订单数，在 App 下载场景里它是指用户的 App 下载注册数。对于转化数的统计，最大的难点就是如何对转化进行归因，如何确定该笔订单就是本次投放广告带来的。广告带来的展现数和点击数都是可以直接统计的，但是转化数在很多情况下无法直接统计。比如，用户 A 点击了商品广告 B，但是没有直接下单；用户 A 退出商品详情页，继续浏览其他商品；用户 A 在另外一个场景又看到了商品 B，不过此处的商品 B 不是广告投放的，而是自然推荐分发的，这时用户下单了。那么针对这笔订单的转化，商品广告 B 是否也有贡献？贡献占比应该是多少？关于广告归因策略，本书将在 5.8 节详细介绍。

● ROI

广告投放中，广告主既关注广告消耗也同时关注 ROI(return on investment，投资回报率)。ROI 是结果指标，计算公式为

$$ROI = \frac{广告带来的转化}{广告消耗}$$

ROI 是广告主最为关注的投放效率指标，ROI 的高低决定了此次投放广告是否可以为广告主带来直接的利润效益，当然利润效益也和广告主业务本身的利润率强挂钩。比如，广告主是做服装生意的，利润率在 30% 左右，如果广告主投放广告的 ROI 是 2，则此时广告主投放广告基本就是亏损的。因为对于广告主来说，他投放广告能够带来盈利必须满足以下公式

$$(广告带来的转化 \times 利润率) - 广告消耗 > 0$$

换算过后即为

$$利润率 > \frac{1}{ROI}$$

而上述例子中

$$利润率 = 30\% < \frac{1}{ROI} = 50\%$$

广告主投放广告带来的利润增长不足以覆盖广告费成本，在这种情况下投放广告就不能带来直接的利润效益。不过有时候，广告主投放广告是为了增加品牌曝光，所以不能用 ROI 直接衡量广告投放效果。

● CPC

对于广告主手动出价来说，广告主设置的 CPC 价格为多少，则最终扣费的 CPC 即为多少，一价计费下两者完全一致，只有在智能出价 oCPX 产品系列中会存在广告主事先无法清楚最终扣费 CPC 是多少的情况。关于智能出价策略，本书将在 5.7 节详细介绍。

● CPM

CPM 和 CPC 的逻辑一样，广告主手动出价时，广告主设置的 CPM 价格为多少，则最终扣费的 CPM 即为多少，一价计费下两者完全一致，只有在智能出价 oCPX 产品系列中才会存在广告主设置的 CPM 与最终扣费的 CPM 不一致的情况。

2. 广告平台方

广告平台方关注的广告指标和广告需求方不完全一样，即使是同一个指标，两者的关注视角也完全不一样。

● 收入

广告平台方关注的核心指标是广告收入，收入是一个整体结果指标。

● RPM

RPM(revenue per mile，千次展示收入)，即广告展示一千次平台可以获得的收入，对应广告主视角的 CPM 指标，两者在数值上完全对等，很多时候在公司内部更多用 CPM 指标来代替 RPM 指标。CPM 指标代表流量的变现效率，不管是 CPC 还是 CPA 扣费，最终都可以折算为 CPM 指标。

$$CPM = CPC \times CTR \times 1000 = CPA \times CTR \times CVR \times 1000$$

假设广告主按照 CPC 出价，CPC 设置为 3 元，实际线上曝光了 10000 次，点击了 100 次，则广告主需要支付 3×100 = 300 元，CPM 为

$$CPM = 3 \times \frac{100}{10000} \times 1000 = 30元$$

广告收入 = 流量 × 流量变现效率。流量本身不受广告部门控制，受整体大盘的影响，流量变现效率受到广告主出价和算法分发等一系列影响。这个指标是广告部门可控的，所以广告部门关注的核心指标就是流量变现效率。广告部门做任何实验都需要观察广告变现效率的变化，也就是 CPM 指标，这里的 CPM 指标是整个平台的平均 CPM 指标。

● CPC

广告平台关注的 CPC 指标是指平台平均 CPC，因为平台上的广告主很多，每个广告主的出价不一样，出价方式也不一样，最终可以折算成一个平台平均 CPC。比如平台整体广告收入为 1000 万元，广告展现量为 5 亿元，广告点击数为 500 万元，则

$$CPC = \frac{1000万}{500万} = 2元；\quad CPM = \frac{1000万}{50000万} \times 1000 = 20元$$

广告平台关注 CPC 指标的意义和关注 CPM 指标的意义完全一样，核心都是关注平台流量的变现效率。CPM 指标受到 CPC 和 CTR 两个指标的共同影响。

● CTR

目前互联网效果广告的计费方式基本都是 CPC 计费，扣费的一大前提就是用户点击广告，所以 CTR 指标对于广告业务来说同样非常重要。同时 CTR 指标还代表广告分发的准确性，广告业务同样需要承担流量场域的用户体验指标。同时广告业务和自然推荐搜索在同一个流量场里面进行内容分发，面临直接的 CTR 对比。关于广告流量分发策略，本书将在 5.5 节详细介绍。

● 广告物料数

广告物料数代表平台上广告主投放广告的数量，对于平台来说，物料数越多越好。因为目前的广告基本都是竞价广告，广告物料越多，竞价环境才能更加激烈，广告主才会出更高的价格来竞争流量，平台的流量变现效率才会更高。

● 广告流量和广告流量占比

广告在各大流量场里都有固定的流量比例，广告侧会监控每一个广告位的实时流量变化情况，任何流量的变化带来的都是收入的变化，所以每个广告位出现流量陡增或陡降的情况时都需要进行问题定位，同时需要监控广告在各个流量场的实际展现占比。比如，淘宝的搜索广告在整个搜索结果页里是 6 出 1，那整体流量占比就应该是 1/6，当广告占比明显小于或者大于 1/6 时，需要进行问题定位。

● ROI 指标

不仅广告主关注 ROI 指标，广告平台也关注 ROI 指标。如果平台整体广告投放的 ROI 过低，广告主即会减少在平台的广告投放预算。虽然 ROI 不是广告平台关注的核心指标，但是平台侧需要不断提升广告流量的分发效果以及上线一些智能出价策略等，保证广告主的 ROI 处于一个相对可观的水准。

5.3 广告策略产品经理画像

前文初步介绍了互联网广告业务和广告系统，下面本书正式为读者介绍广告策略产品经理以及广告策略产品经理的各大细分方向。

5.3.1 广告策略产品经理

广告策略产品经理又称商业化策略产品经理，其终极目标就是提升平台的变现能力，不断提高广告收入。首先，因为广告变现依托于搜索和推荐流量场景等，所以广告策略产品经理同样需要参与搜推策略产品的很多工作，比如广告分发中的召回、排序、用户体验等策略设计。但广告业务的核心指标是广告收入，和搜推场景的 CTR、CVR 等指标不是完全相关的，所以策略优化的最终目标完全不一样。其次，因为广告策略需要和广告业务强结合，广告策略产品经理需要了解广告的投放、定向、出价、计费等各种逻辑，其经验门槛会比搜推策略产品经理高很多。最后，因为广告业务流程和业务相关方更多，所以广告策略产品的细分方向也会更多。

5.3.2 广告策略产品细分

广告策略产品基本可以细分为下面 6 个子方向。

1. 投放

投放方向的广告策略产品经理负责搭建广告主投放广告的平台，也就是前文介绍过的DSP。一个正常的 DSP 分为多个产品线，比如搜索广告、推荐广告、CPS 等。不同业务的投放流程完全不一样。现阶段，在互联网广告领域，如何为广告主设计一套简单、快捷、智能化的投放流程是每个投放策略产品所考虑的问题，越是简单、智能的投放流程，越能吸引更多的中小广告主入场投放广告。京准通平台首页如图 5-13 所示。

图 5-13 京东京准通平台首页

京准通有非常多的产品线，广告投放策略产品经理需要搭建各种投放产品线。投放策略产品经理的工作在某些方面类似平台产品经理或者系统产品经理，但投放策略产品经理需要深入了解广告业务和广告投放流程，对业务经验要求很高。

2. 流量

投放策略产品能够让广告主更加快捷、高效地投放广告物料，而流量策略产品则是为了让广告主的广告物料有流量场可以分发，同时拥有更高的流量分发效率，既要不断提升平台流量的变现效率，又要保证广告主的投放效果。流量策略产品可以细分为下述两个子方向。

● 流量接入

流量接入专门负责将广告接入各个流量场。平台里面的搜索场景相对较少，一般不会超过 10 个，但是推荐场景可能有上百个，每一个场景接入推荐广告都需要进行专门对接，对于广告内容也需要根据场景业务方的要求进行专门的业务约束和定向效果优化。

● 流量分发

流量分发负责广告全链的流量分发策略，在召回、粗排、精排和重排等各个环节优化广告的分发效率，提升广告的相应业务效果指标 CPM、CTR 等。流量分发策略产品经理需要明晰整个推荐系统架构和搜索引擎架构，这样才能设计合理的流量分发系统架构；同时需要具备一定的机器学习知识，这样才能和算法工程师进行有效的交流，提出建设性的策略优化建议。

3. 创意

广告创意要远远比自然推荐和自然搜索的结果更加丰富，因为广告主花钱投放广告，想要有更好的投放效果，就需要不断地丰富图片创意和标题创意等，需要让图片更加精美，标题更加吸引眼球。负责创意模块的策略产品经理需要制定创意生成策略以及广告在 App 前端的展示样式等。此外，投放平台的创意库工具一般也是由创意策略产品经理负责的，它可以为广告主提供快捷智能的图片创意和视频创意制作工具。

4. 出价

出价是广告投放过程中非常重要的一环，出价水平的高低决定了广告主获得流量的多少以及流量质量的高低。早期的广告出价由广告主手动设置默认值即可，现在广告出价已经演变为智能出价方式，从 oCPX 再到 No bid。智能出价工具需要专门的策略产品经理来负责，制定每一种智能出价方式对应的底层策略并负责工具上线后的产品推广。

5. 生态

广告场景需要配合平台进行整体的生态建设。比如，在电商场景中，需要针对违规商品、违规商家配合平台奖惩策略进行统一治理。平台生态建设中既有商家的生态建设，也有用户体验的生态建设。这部分工作一般是单独剥离出来的，不过一般由流量策略产品经理兼任，在字节跳动这类工作职责划分特别细的公司会有专门的产品经理主要负责此方向的工作。

6. 工具

广告平台向广告主提供非常多的工具，比如创意库、DMP 平台、投放诊断工具等。京准通为广告主提供的各种工具如图 5-14 所示。

图 5-14　京东京准通各类工具

这些工具主要用于帮助广告主提高广告投放效率，工具由专门的工具类产品经理负责。工具作为平台属性的产品服务于各条业务产品线，比如推荐广告和搜索广告。

实际工作中，因为广告是和流量场绑定的，而互联网中最大的两个流量场就是搜索和推荐，所以整体的广告业务会分为搜索广告和推荐广告两个大方向，人员组成也相应分为专门的搜索广告组和推荐广告组。同时，因为互联网广告的售卖模式分为合约和 RTB 两种，合约主要服务于大型品牌广告主，而 RTB 服务于所有广告主，所以一些互联网公司的广告部门还会设置一个单独的广告组，即品牌广告组，专门服务于大型品牌广告主，所有和品牌广告有关的投放系统、工具等全部由该组全权负责。在一些头部互联网公司，比如阿里巴巴、字节跳动都有专门的品牌广告组。

5.4　广告投放策略

本节将分模块详细介绍互联网广告的各种策略设计。互联网广告投放的第一步就是投放平台建立广告投放物料，这些平台我们一般称为"投放端"。投放策略是广告的基本策略模块。本节将从搜索竞价广告、推荐竞价广告、智能通投和合约广告 4 个子方向分别介绍对应的投放策略。

5.4.1　搜索竞价广告

搜索竞价广告是互联网竞价广告最早的细分方向，它是跟随搜索引擎不断发展起来的。

1. 广告层级

在正式介绍搜索竞价广告的投放策略前，我们先介绍互联网广告的层级关系，如图 5-15 所示。

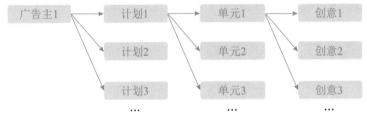

图 5-15　互联网广告的层级关系

正常的互联网广告分为 4 个层级，即广告主、计划、单元和创意。

● 广告主

广告投放需要有广告主 (pin)。正常情况下，一个广告主在投放平台上只有一个账户，广告主账户一般分为不同的账户类型。以京东这类电商平台为例，广告账户分为自营账户、POP(platform open plan) 账户和代理商账户。自营账户是平台自营业务的商家投放广告的账户类型；POP 账户是平台引进的外部第三方卖家对应的账户类型；而代理商账户是指那些专门为广告主进行广告投放的广告代理公司，这些公司并没有在平台上开店，只是帮助商家进行广告代投。再以抖音这类内容平台为例，广告主账户分为品牌账户、机构账户和个人账户。品牌账户专门提供给在抖音 App 进行品牌广告投放的头部品牌，比如欧莱雅；机构账户专门提供给 MCN(multi-channel network，多频道网络) 机构，这些机构有专门注册的文化传媒类公司；而个人账户则服务于那些背后没有任何公司也不依属于任何MCN 机构的个人，用户拥有抖音账户即可投放广告。

● 计划

一个 pin 下可以创建多个计划 (campaign)，计划的上限一般根据广告主 pin 的等级而定，对于平台上投放广告量比较大的广告主，计划数量上限也会更高。计划层级可以理解为一个投放合同，主要设置投放时间、投放预算以及预算消耗策略。预算消耗策略一般分为匀速消耗和尽快消耗，匀速消耗是指广告在投放时间内每个小时的预算消耗基本是一致的，匀速获量；而尽快消耗则是指广告在投放时间内不控制每小时的预算消耗情况，以尽可能地获得更多的展现量。两种预算消耗策略并没有优劣之分，主要看广告主的业务诉求。如果广告主希望在某一段时间内冲量，则采用尽快消耗策略；如果广告主希望广告持续曝光，则采用匀速消耗策略。

● 单元

计划的下一个层级是单元 (group)，一个计划下可以有多个单元。单元对应的是具体的广告投放策略，一个计划下可以有多种投放策略。投放策略具体包括出价、人群定向、地域定向、广告流量包选择等。因为平台可以覆盖的广告流量位置很多，以阿里推荐广告为例，推荐广告位有成百上千个，不可能让广告主逐一选择和单独出价。目前行业内的通行做法是将很多比较相似的广告位打包在一起变成一个统一的流量包。阿里和京东的推荐广告流量包基本分为购物前、购物中和购物后三种。

● 创意

单元的下一个层级就是创意 (creative)，一个单元下可以有多个创意。广告创意是广告展现在前端，用户可以看到的最终素材。在电商领域，普通商品广告主要分为商品标题和商品封面两部分；视频广告主要分为视频封面和视频内容两部分。

上述 4 个层级是互联网广告行业通行的层级设置，有些公司把广告的投放标的物设置在单元层级，有些公司将其设置在创意层级，两种做法并没有优劣之分，具体如何选择，取决于广告主的实际诉求和投放的便捷性。

2. 直通车标准推广

下面以淘宝直通车的商品计划创建为例，分别展开介绍如何创建搜索广告的计划、单元和创意。

● 创建计划

(1) **投放基本设置**。如图 5-16 所示，直通车为广告主提供三种推广方式，即套餐包、智能推广和标准推广，以标准推广方式为例，首先需要设置"计划名称"和"日限额"。"日限额"如果不设限，则直至把账户余额消耗完推广才结束。

图 5-16　直通车"投放设置"

(2) **投放高级设置**。如图 5-17 所示，投放产品线中一般还会为广告主提供选择"投放位置""投放地域"和"投放时间"的功能。通常情况下，系统会设置默认值，并支持广告主修改。

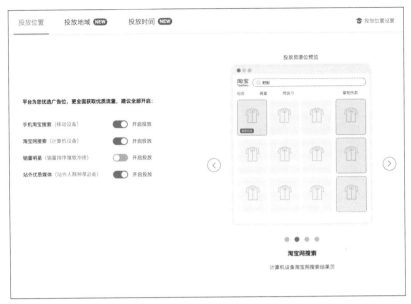

图 5-17　高级设置—投放位置

　　首先，针对"投放位置"，淘宝搜索广告有四个资源位，即三个站内资源位、一个站外资源位，广告主至少需要选择一个位置来进行广告投放。

　　其次，针对"投放地域"，直通车将全国地域拆分为几个地区，每个地区再按照省、自治区、直辖市进行细分，如图 5-18 所示。为广告主提供地域定向的逻辑是有些广告主希望自己的广告只投放到某些地区，可能广告主销售的商品目前只在某个地区有库存，在其他地区进行广告推广没有任何价值，尤其像生鲜及时配送业务，在进行广告投放时需要进行地域设置。投放品牌广告时，一般不会设置专门的投放地域。

图 5-18　高级设置—投放地域

最后，针对"投放时间"，直通车支持广告主选择在一个星期内按日选择投放时间，同时也支持不同时间段出价折扣，如图 5-19 所示。广告主首先设置一个基本出价，比如 CPC=3，然后可以针对一些黄金时间段设置一个折扣系数，比如 200%，则在这个时间段内，广告主的最终出价其实是 3×200% = 6。针对一些用户转化效率比较低的时间段，广告主也可以设置较低的折扣系数，比如 50%，以降低出价。上述这三个设置功能是所有投放产品线广告的通用功能，基本上所有的 DSP 平台和广告投放产品线均支持上述设置。

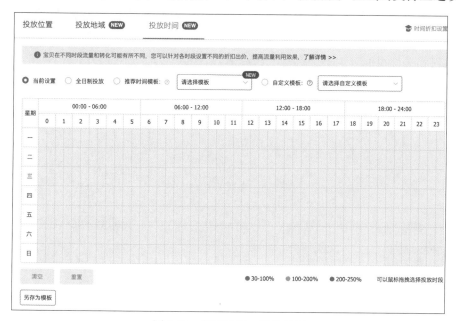

图 5-19 高级设置—投放时间

● 创建单元

计划设置完毕，下一步就是创建单元。

(1) **添加推广标的物**。如图 5-20 所示，广告主首先需要选择本次投放的广告标的物，直通车会为广告标的物自动匹配关键词和定向人群。因为搜索广告是投放在搜索场景下的，需要广告主明确当用户搜索哪些关键词时，该广告参与竞价此关键词搜索结果对应的广告位。

图 5-20 推广单元设置—添加推广宝贝

(2) **设置关键词**。图 5-21 呈现了直通车针对广告主投放的"男士棉帽冬季必买"推荐的一系列关键词和词包，广告主可以针对每一个关键词和词包单独出价，也可以自动添加希望参与竞价的关键词。广告主还可以针对每一个关键词选择匹配方式,"精准"代表检索词与该关键词完全匹配时才会触发该广告返回,"广泛"代表检索词与该关键词部分匹配时即可触发该广告返回。词包的逻辑是让广告可以在更多的检索词下进行展示,如果广告主都只在一些热门检索词下竞价,则搜索场景里会有大量的流量无法进行商业化变现。平台为广告匹配的词包可以是一些长尾检索词,也可以是一些和广告非直接相关但深层语义存在相关性的检索词。广告主自己为广告设置关键词有可能导致广告主恶意竞价。比如广告主的商品明明是阿迪达斯品牌产品,但其购买了大量耐克的关键词。如果出现这种情况,一般由平台进行相关性把控,即便广告主购买了这些关键词,但是当平台评估关键词和广告物料相关性很低时也不会进行广告露出。

图 5-21 推广单元设置—关键词设置

图 5-22 呈现了百度搜索"沃尔沃汽车"后返回的相关搜索结果,检索词很明显表达的是沃尔沃品牌,但前三个搜索结果全部是其他品牌汽车的广告。这种处理方式对于平台侧来说,可以提升用户每次搜索时返回的广告物料数量,提升整体的竞价激烈程度,最终提升平台整体的广告收入,但是会在一定程度上影响用户体验。

(3) **设置人群**。设置完关键词以后,广告主可以设置相应的投放人群,如图 5-23 所示。直通车为广告主提供了各种人群包,广告主可以对这些人群包进行溢价操作,也可以通过 DMP 平台手动圈选各种人群,然后进行人群定向。投放平台默认勾选人群包的逻辑是希望本次投放可以覆盖更多的人群,同时这部分人群是基于平台历史数据挖掘分析,可能对本次广告标的物感兴趣的人群。广告主有自己的目标用户群体,但有时平台更了解本次广告投放适合哪类用户。同时直通车为每一个智能人群包都加上了带有相关营销属性的文案,比如"拉新必备""好客沉淀""重点收割"等,这些文案具有引导作用,有助于广告主侧获得更多的广告展现,最终可使商业化流量覆盖的人群更广、竞价更激烈,从而提高商业化变现收入。

图 5-22　百度搜索"沃尔沃汽车"后返回的搜索结果

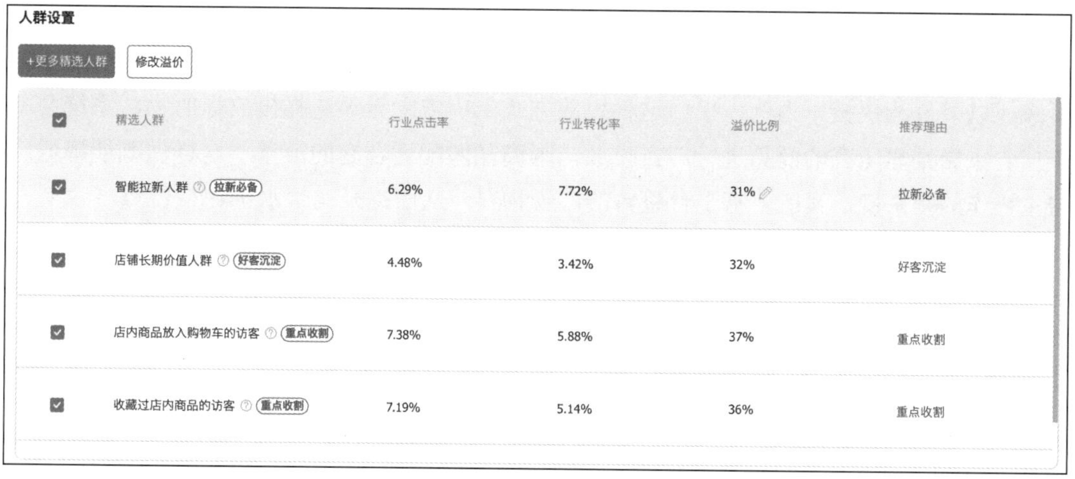

图 5-23　推广单元设置—人群设置

● **智能创意及调价**

直通车标准推广创建的最后一步是智能创意及调价，如图 5-24 所示。这里为广告主提供了两个智能化的功能：一个是智能创意，另一个是智能出价。智能创意是基于广告主上传的原始创意进一步生成新的标题、图片和视频创意，衍生更多的创意，然后基于线上用户的实际兴趣，在最终播放时选出最佳的一组创意组合，核心目的是提升广告点击率。智能创意开关默认都是开启的，但也给广告主提供了关闭的权利，很多品牌广告主不希望平台基于原始创意进行二次生成，因为品牌形象管控非常严格。关于图片、标题创意的生成，本节将在 5.9 节详细介绍。

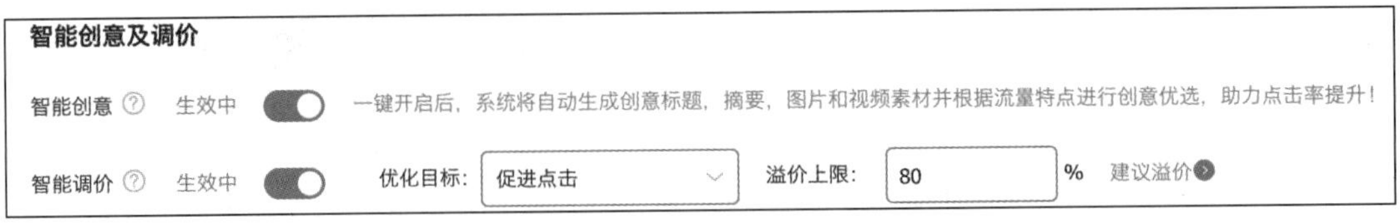

图 5-24　推广单元设置—智能创意及调价

智能调价是指广告主基于原始的出价，可以再去选择投放目标，例如获得更多曝光、更多点击或者是更多转化，然后平台会基于不同的投放目标，针对每一次流量动态去调整广告主的出价。很多广告主不信任平台的智能出价功能，担心会使出价过高且 ROI 效果较差。关于智能出价和智能调价，本节将在 5.7 节详细介绍。

3. 直通车智能推广

直通车智能推广模式相较于标准推广模式，最大的差异在于投放流程更加简洁，很多策略由系统决定，广告主无法干预和自定义。中小广告主缺乏广告投放经验，也没有专业的投手每日进行精细化投放，智能推广模式非常适合他们。

● 营销目标选择

如图 5-25 所示，采用直通车智能推广模式，首先需要确立营销目标。营销目标一共分为 5 种，即好货快投、日常销售、趋势明星、活动引流和均匀测款。不同营销目标对应广告主的业务诉求不同，也代表底层的广告投放、流量分发和竞价策略不同。早期只有标准推广模式，后来随着广告主投放广告的业务诉求越来越细分，AI 在广告领域应用越来越广泛，最终演化出现在的模式——通过智能化方式去满足广告主各种细分场景下的业务诉求。以"好货快投"为例，采用这种投放方式，广告主无须选择投放标的物，系统会基于广告主店铺里所有的商品进行广告投放，为商品匹配适合它的流量。这样做既能降低广告主操作的复杂度，又能丰富平台整体的广告物料，从而提升竞价水平和广告点击效果。

图 5-25　智能推广—营销目标选择

● 投放设定

选择"好货快投"时需要设置的选项如图 5-26 所示，对比标准推广模式，智能推广将关键词设置、人群设置、出价设置、创意设置等全部交由平台来托管。目前各大互联网广告平台基本都推出了这种全智能投放模式。有的是整个产品线采用全智能模式，比如京东的京速推、阿里妈妈的万相台；有的分场景，在部分场景下采用全智能模式，比如直通车，直通车本身并不是一个全智能产品线，但它也有智能推广模式。

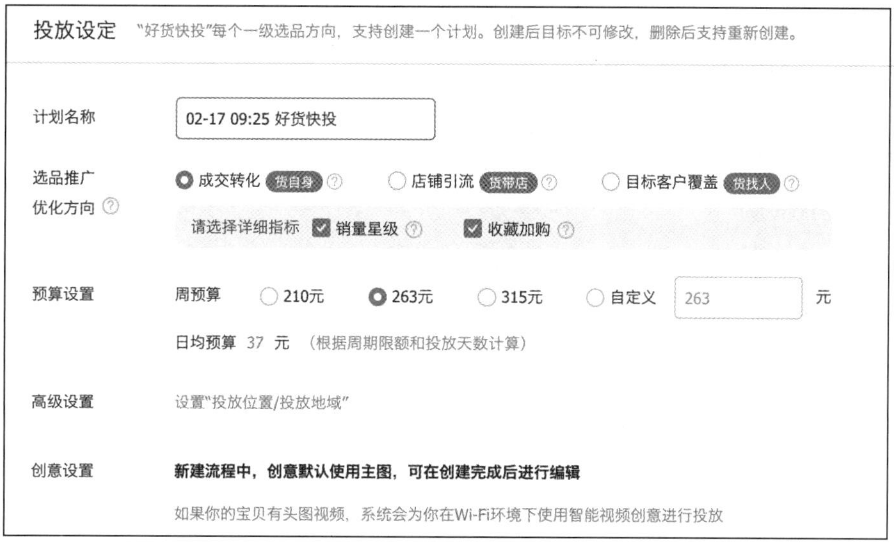

投放设定 "好货快投"每个一级选品方向,支持创建一个计划。创建后目标不可修改,删除后支持重新创建。

计划名称 | 02-17 09:25 好货快投

选品推广 ◉ 成交转化 货自身 ⑦ 　○ 店铺引流 货带店 ⑦ 　○ 目标客户覆盖 货找人 ⑦
优化方向 ⑦
请选择详细指标 ☑ 销量星级 ☑ 收藏加购 ⑦

预算设置 周预算 ○ 210元 ◉ 263元 ○ 315元 ○ 自定义 [263] 元
日均预算 37 元 (根据周期限额和投放天数计算)

高级设置 设置"投放位置/投放地域"

创意设置 **新建流程中,创意默认使用主图,可在创建完成后进行编辑**
如果你的宝贝有头图视频,系统会为你在Wi-Fi环境下使用智能视频创意进行投放

图 5-26 智能推广—好货快投—投放设定

5.4.2 推荐竞价广告

推荐竞价广告是指投放在平台推荐场景中的广告。随着移动互联网的兴起,推荐系统在各大场景中进行流量分发,导致推荐流量不断增长,从而单独拆分出新广告产品线,即推荐广告。在流量比较少的时候,推荐场景的广告基本都是由搜索广告产品线暗投,或者是在搜索产品线中将推荐资源位单独露出供广告主选择。当然对于字节系来说,公司内部最早的产品线是推荐广告,后来才逐步扩展出搜索广告。下面以京准通购物触点视频计划为例,展开介绍如何创建计划、创建单元和进行创意设置。

1. 创建计划

以购物触点下视频推广的种草视频为例,如图 5-27 所示。

图 5-27 购物触点—选择"推广类型"

选择计划设置，如图 5-28 所示。推荐竞价广告在计划设置层面和阿里直通车的标准推广没有差异，只是需要单独设置计费类型。此处的计费类型即为最终广告按照何种方式来扣费。直通车将计费和出价两者融为一体，采用 CPC 计费，目前购物触点种草视频计划只有 CPC 计费方式。

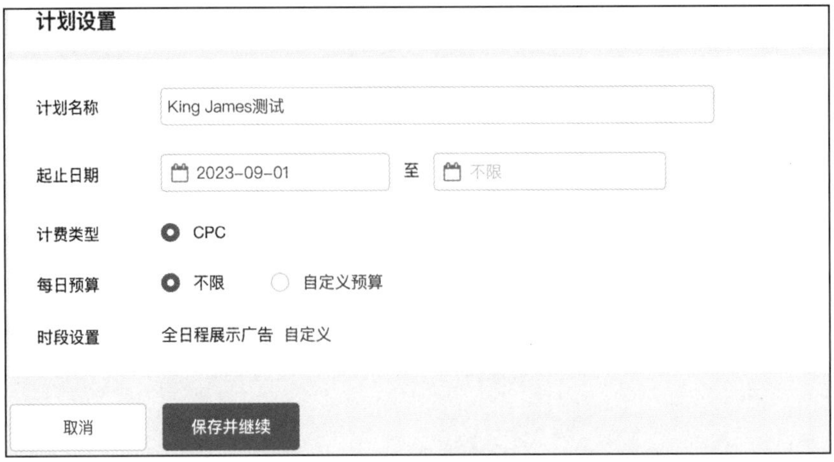

图 5-28　购物触点—视频计划—计划设置

2. 创建单元

● 选择标的物

创建计划后，下一步就是创建单元，如图 5-29 所示。广告主首先需要确认本次投放的标的物，需要输入视频 ID，然后针对本次投放设置基础出价。直通车为广告主展示了广告可以投放的资源，广告主可以自行选择并单独设置溢价。而购物触点将所有的推荐广告位按照场景打包在一起，分成 4 种不同的流量包，即购物前、购物中、购物后和黄金展位流量包，视频计划目前只支持购物前和购物中流量包。

直通车将所有的资源位露出，第一是因为搜索广告位本身就很少，第二是因为不同搜索广告位虽然存在一定的流量差异，但是电商场域下的搜索转化率相对都比较高，即使披露出来供广告主自行选择，在目前流量供小于求的市场环境下，所有的搜索广告位都会有充足的广告主来进行广告投放。但推荐广告不一样，电商 App 的推荐广告场景基本都在百级别，如果将所有的推荐广告位披露出来供广告主自行选择会显得过于混乱。同时，不同推荐广告位之间的流量转化效率完全不一样，很可能会导致非常多的推荐广告位没有广告主来进行广告投放，所以目前市场上的统一做法都是将流量打包，按照场景属性来划分，为每一个流量包赋予不同的场景属性，同时不允许广告主挑选流量，只允许广告主单独设置溢价。不过，目前阿里妈妈的引力魔方产品允许广告主自行选择流量包进行广告投放。

● 定向设置

确定好广告标的物以后，下一步是进行定向设置，如图 5-30 所示。广告主可以对地域和人群进行自定义。和直通车一样，购物触点同样为广告主提供了智能人群定向功能，广告主可以针对不同人群包专门设置溢价。

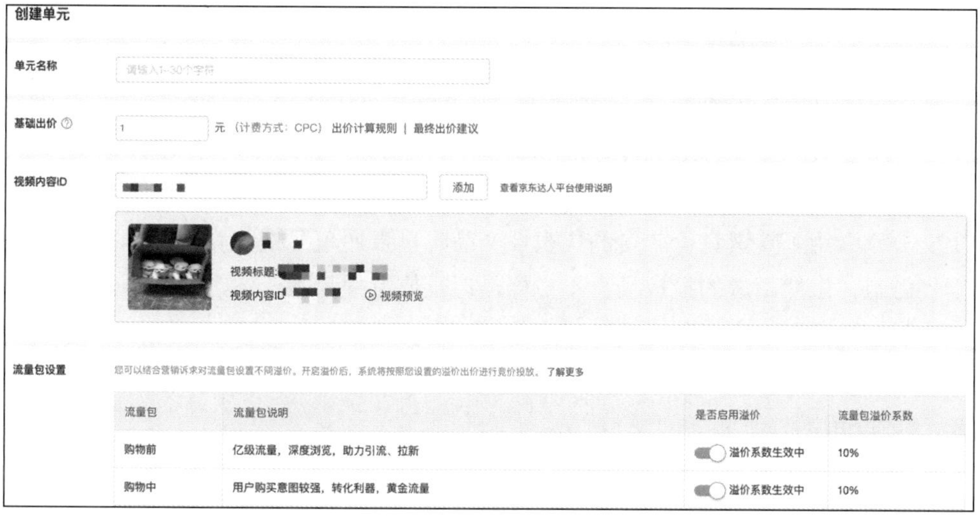

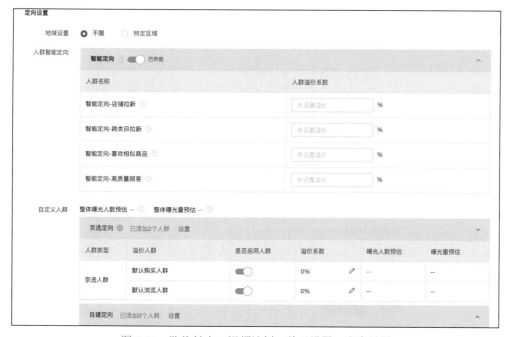

图 5-29 购物触点—视频计划—单元设置

图 5-30 购物触点—视频计划—单元设置—定向设置

3. 创意设置

创意设置如图 5-31 所示。广告主可以直接调用创意工具设置外页的视频创意，支持针对一个视频设置多个创意。因为用户在电商场景下需要点击外页视频创意才能进入详情页观看完整视频，而用户使用短视频 App 则是直接进入视频详情页从头开始观看，所以电商视频广告需要设置外页的视频创意和视频封面。视频广告没办法将原始视频直接作为视频创意在外页从头开始播放，因为原始视频内容很长，视频的精华部分一般在中间，从头开始播放很难吸引用户，而且用户如果在外页观看完整视频不点击，广告也无法按照点击来扣费，所以目前电商视频广告的做法都是外页仅播放 3～5s 的高光精华片段，用户点击进入详情页才能观看完整视频。

图 5-31　购物触点—视频计划—单元设置—创意设置

上文分别介绍了搜索竞价广告的代表性产品阿里直通车和推荐竞价广告的代表性产品京东购物触点，虽然两者的投放场景不一样，但投放流程基本一致，皆为"创建计划—创建单元—创意设置"。

5.4.3　智能通投

智能通投相较于广告主自定义投放，主要区别是将出价、定向、选品、创意等多个环节全部交给系统，实施智能托管，广告主可以干预的环节很少。这种方式可以大幅降低广告主的操作成本，适合没有专业投手的中小广告主。但这种方式降低了广告主对广告投放的干预程度，导致很多环节不可控。目前直通车以广告主自定义投放为主，而阿里妈妈和京东都有专门的全智能产品线，各个环节基本由系统智能托管，覆盖搜推流量。阿里妈妈内部采用万相台产品线，京准通内部采用京速推产品线，字节巨量引擎的系列产品基本都采用智能通投模式，下面以阿里万相台产品线为例进行详细讲解。

如图 5-32 所示，万相台产品线细分为三个营销场景：消费者运营、货品运营和内容营销。消费者运营主要是帮助店铺拉新，货品运营主要是帮助店铺进行商品全生命周期运营，内容营销主要是进行视频和直播广告投放。

图 5-32　万相台—营销场景

如图 5-33 所示，当用户使用万相台创建一个货品加速计划时，只需选择自定义商品或者全店爆品推，然后再设置一个日预算和投放模式即可，关于人群定向、地域定向、创意设置等可全部由系统托管。

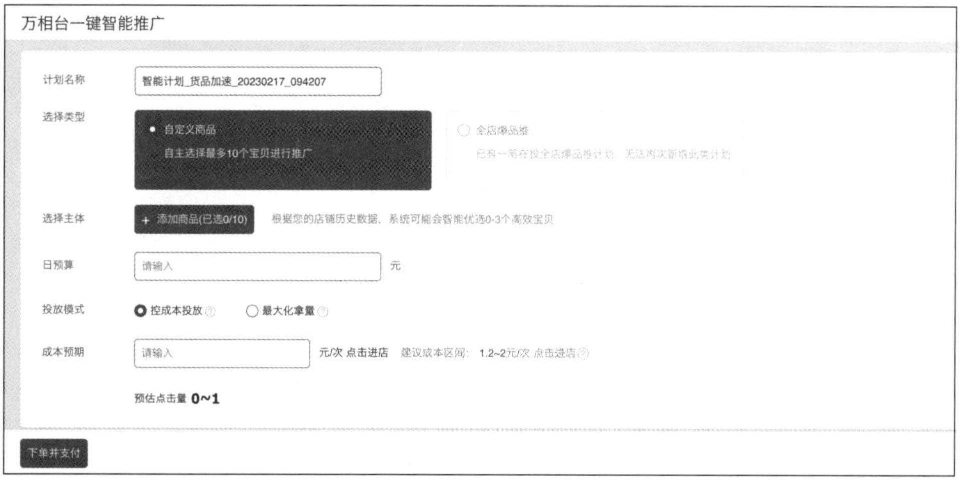

图 5-33　万相台—营销场景—货品加速

不同产品线在公司内部的定位不一样，下面以阿里妈妈旗下的三款产品线——直通车、引力魔方和万相台为例进行说明。直通车是阿里妈妈最早的一款产品，核心是面向搜索场景进行广告投放。引力魔方诞生于 2021 年（前身是超级推荐产品线），核心是面向推荐场景进行广告投放。虽然直通车和引力魔方也有相应的智能化功能，但给了广告主更多的自主控制权。万相台诞生于 2021 年，其本身的定位就是一款全智能产品线，大部分功能由系统智能托管，同时面向搜索和推荐场景进行广告投放。对于相同的广告标的物类型，阿里妈妈限制其仅能在一条产品线进行广告投放，比如视频和直播广告仅能在万相台产品线投放。这是因为阿里妈妈不希望重复建设各个产品线，同时可避免广告主针对同一种广告在不同产品线上进行比较。至于上述三个产品线如何选择，核心在于广告主自身的业务诉求，但是产品线在最初设计时就需要有清晰的产品定位，否则会导致各个产品线之间相似度很高，这样一方面给广告主造成困扰，另一方面会加剧广告团队内卷。

5.4.4　合约广告

合约广告投放侧的核心系统是广告位排期系统。广告主进入排期系统后，可以针对自己希望投放的广告位和投放时间进行库存查询，系统会显示当前广告位剩余的可购买的广告曝光量，广告主可以按照需求下单购买。

图 5-34 是常见的品牌广告后台询量系统。我们可以看到，广告主查询某个排期时间后，系统显示对应时间段内广告主可购买的广告曝光量。因为合约广告不是实时竞价，一旦某个广告位在对应时间段可购买量售卖完以后，该广告位就不能再被售卖了，超量售卖会导致合约广告违约，所以运营合约广告的难点之一是如何科学预估每个广告位在未来某个时间段的曝光量。

图 5-34　品牌广告后台询量系统

1. 流量预估

如何预估每个广告位在未来某个时间段的曝光量？简单做法就是基于该广告位最近一段时间的平均曝光量以及历史同期曝光量进行粗略预估，精细化的做法是构建回归模型。同时，为了防止预估量过高导致当天无法履行合约，一般对外实际售卖时会在预估量的基础上打折，比如打 5 折，合约广告主仅可购买该广告位预估量的 50%。可能有读者会问，剩余的流量不售卖了吗？合约广告售卖不完的流量全部由 RTB 广告来补位。假设最终合约广告履约出现了问题，当日未完成约定的广告曝光量，平台会有补量机制，会在后续时间进行等量补量；对于大促期间未完成的曝光量，大促过后还会加倍或者多倍补量，毕竟大促期间的流量价值更高。

2. 人群定向

合约广告在进行流量采买时，大部分平台仅支持粗粒度的定向筛选，比如性别、地域、年龄段等，无法像 RTB 广告一样支持各种标签粒度的定向。因为标签叠加得越多，最终可以触达的人群越少，流量越不可控，履约的难度也就越大。

3. 广告效果

对于合约广告来说，最重要的是确保履约成功，广告主购买的曝光量全部完成，在此基础上再评价 CTR、CVR 和 ROI 等各类指标。这是因为合约广告本身保量不保效果，侧重于品牌宣传，平台在对外推广时也以品牌营销为核心卖点。当然，在此基础上，平台侧也会尽可能地优化广告主的投放效果，但是不给予保证，如果广告主完全追求效果，可投放效果广告。

5.5　广告流量策略

广告主在投放端创建广告物料后，下一步就是对这些广告进行流量分发，即为"流量端"。流量端的策略工作一般分为流量接入、流量分发和流量联动，下面本书分别进行介绍。

5.5.1　流量接入

目前，在互联网广告所有场域，基本都是先有自然搜索和推荐，然后才会将一定比例的流量划分给广告部门进行商业化变现，所以广告部门需要接入外部大量的资源和媒体流量，这部分工作就是流量接入工作。

1. 流量标准化接入

互联网公司内部每年都会有非常多的新场景，这些新场景进行商业化都需要接入广告，所以每年广告部门在公司内部需要接入几十个新流量场景，尤其是电商 App，每逢大促都会有很多新会场，这些新会场都需要接入广告。互联网公司内部一般会有一套标准的广告接入流程，从广告位申请到广告比例设置，再到前端联调等。流量接入工作相对固化，策略产品经理需要设计出一套标准的流程来进行批量对接，同时考虑将这套标准流程平台化，以便降低后续每次广告位接入时的研发人力成本。

2. 广告内容和自然内容的混合

当用户打开 App 时，App 前端需要向 App 服务端发起请求。正常情况下，App 请求一次返回的结果为 10 个或 20 个。当用户继续浏览结果时，则不断触发翻页请求，每一页返回的结果都存在广告内容和自然内容的混合。以淘宝首页推荐广告为例，广告占比大约为 15%，假设每 10 个结果里推荐广告坑位为第 4 坑和第 9 坑，目前行业普遍做法是 App前端向 App 服务端发起请求，然后 App 服务端调用一个混合服务接口，混合服务接口再分别去调用广告接口和推荐中台接口，将广告和推荐中台的结果按照约定好的固定坑位进行混合，最终形成一个统一的队列返回 App 服务端，App 服务端再将该队列返回 App 前端，如图 5-35 所示。

图 5-35　广告内容与自然内容的混合过程

关于广告和自然内容的穿插，行业里的做法一般分为两种：一种做法是固定定坑，整个信息流里哪几个坑位属于广告明确清楚；另一种做法是动态定坑，每一次请求时广告坑位都不是固定的，需要结合自然内容进行整体的最优化排序，实现全局最优。

3. 广告内容和自然内容的区分

目前，互联网广告基本都是原生广告，如果不针对广告内容打标，用户在前端是无法区分广告内容和自然内容的。2016 年 7 月 8 日，国家工商总局（现为国家市场监督管理总局）发布了《互联网广告管理暂行办法》（以下简称《办法》），首次明确百度等搜索引擎的付费搜索也是广告，《办法》将互联网广告定义为"通过网站、网页、互联网应用程序等互联网媒介，以文字、图片、音频、视频或者其他形式，直接或者间接地推销商品或者服务的商业广告,其中包括推销商品或者服务的付费搜索广告"。其中第三条第三款明确了推销商品或者服务的付费搜索广告属于互联网广告,并且其应当具有可识别性,与自然搜索结果明显区分,显著标明"广告"。在此之前,关于百度推广是否属于广告一直没有定论,直到国家颁布了明确管理办法以后才对互联网广告进行了定性。

目前,在搜索场景里,所有广告都要打上明确的广告标,如图 5-36 所示。但是用户在浏览淘宝和拼多多的推荐信息流时看不到任何广告标识,这是因为《办法》没有明确定性推荐场景中的内容算广告,互联网广告诞生于搜索场景,所以《办法》明确规定搜索推广属于互联网广告,但推荐广告是近些年才诞生的,当时颁布的《办法》对此并没有明确规定,所以目前各大互联网公司推荐信息流中的广告有些完全没有标识,有些标识做了弱化处理。为什么互联网公司不愿意在推荐场景中为广告内容打上广告标?核心逻辑就是广告标会影响内容的点击效果,最终影响广告收入。

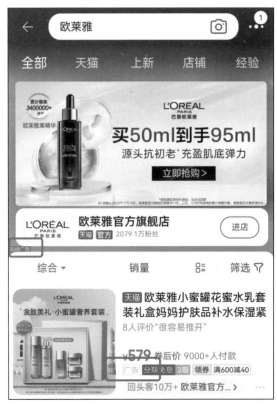

图 5-36　淘宝搜索结果的广告标

5.5.2　流量分发

搜索推荐广告的流量分发和自然搜推的流量分发本质上没有差异,只是前者多了一层广告业务属性。因为广告本身的业务属性,所以在流量分发的各个环节会增加业务约束。下面本书分别介绍搜索广告、推荐广告和合约广告的流量分发策略,并重点介绍广告CTR 和 CVR 预估。

1. 搜索广告

本书第 4 章详细介绍了搜索引擎的整体架构以及各个环节的策略设计，此处不再赘述，下面主要介绍在各个环节中，搜索广告和自然搜推在策略上的不同。

● 查询语义理解

搜索广告和自然搜索的查询语义理解模块没有差异，都需要对原始的检索词进行解析。虽然用户输入的检索词完全一样，但是搜索广告和搜索中台一般情况下做了两套查询语义理解功能模块，而搜索框的搜索联想词、热门搜索等一般由搜索中台主导，搜索广告只是接入。

● 召回

搜索广告基于广告主买词或者系统智能挖掘词包，如果该检索词不在上述范围里，虽然前端也会正常请求广告，但是广告不会有任何返回。搜索广告的整体召回策略和自然搜索基本一致，除了文本相关性召回、语义召回和个性化召回，还增加了 DMP(data management platform，数据管理平台) 人群定向召回。广告主在投放广告时会基于 DMP 平台进行人群圈选，当圈选的用户搜索广告主购买的检索词时，就需要将广告主投放的物料进行召回。当然最终这部分人群能不能匹配广告主投放的广告，由广告与检索词之间的相关性以及广告主出价来决定。广告的召回使用广告物料池里的物料，而自然搜推的召回可以使用平台所有的物料。在头部互联网公司，两者的活跃物料量级广告和自然内容比例大约为 1:10。

● 排序

自然搜索排序是一种综合性排序，需要结合物料的质量分、CVR、生态分等多种因子；而搜索广告按照 eCPM 排序，即使是搜索这种极其注重转化的场域，一般也不会单独加入 CVR 作为排序因子，因为竞价广告基本是按照点击来计费的，CVR 指标和点击本身关系并不大。

● 样式

搜索广告会有一些自然搜索没有的独特样式，如图 5-36 所示，这种样式是搜索广告独有的，这种样式的店铺广告不是任何广告主都可以购买的，它被作为一种特殊权益专门提供给一些头部品牌广告主，以凸显它们在平台上的地位。

2. 推荐广告

本书第 3 章详细介绍了推荐系统的整体架构和各个环节从召回到粗排、精排再到重排的内容，此处不再赘述，下面主要介绍在各个环节中，推荐广告和自然推荐在策略上的不同。

● 召回

推荐广告的召回策略基本和自然推荐一致，但比自然推荐多了一种召回策略，即 DMP 人群定向召回。因为推荐广告和自然推荐的技术栈非常类似，所以很多时候两者的算法可以无缝衔接。

● 排序

推荐广告也是按照 eCPM 来排序的，在大部分互联网公司，广告都采用 eCPM，但要对 CTR 和 Bid 因子设置一定的超参数，比如将 eCPM 公式调整为 $eCPM=bia^a \times CTR^b \times 1000$。

广告在流量分发时还有两点需要特别注意。第一点是底价过滤。很多广告主在出价时会设置一个相对比较低的价格，期望从平台上获取一点流量，所以平台侧在最终展示广告时会设置底价过滤。当广告主的出价低于这个价格时，会直接进行过滤，宁愿本次请求不返回任何广告也不能让平台流量贱卖。第二点是相关性过滤。因为广告主投放竞价效果广告是为了通过广告带来更多的转化，同时广告在一定程度上也会影响用户体验，所以平台在进行广告分发时需要注意广告内容本身与用户之间的相关性。平台一般是按照 P_{CTR} 对广告内容进行过滤的，P_{CTR} 低于某一个阈值的广告物料会直接过滤掉，并不是所有投放的广告都可以在平台上获得较多的流量，对于很多广告物料，即使广告主出很高的价格仍然可能拿不到较多的流量。当然相关性过滤的前提是平台拥有足够多的广告物料，即使将一部分物料过滤后仍然有充足的广告物料可以补充。如果平台本身广告物料就很少，还希望借助此部分广告物料来进行商业化变现，相关性过滤的策略就没有太大必要。

3. 广告 CTR 和 CVR 预估

这里之所以单独讨论广告 CTR 和 CVR 预估，是因为广告物料的 CTR 和 CVR 预估与自然搜推有比较明显的差异点。

- **最细预估层级**

如图 5-37 所示，电商平台对于自然搜推来说，模型预估的最细层级是 SKU 维度；短视频平台对于自然搜推来说，模型预估的最细层级是短视频维度。但在广告方面存在一个明显的差异，即物料的最细层级不是商品和短视频，而是商品和短视频对应的创意。并非自然搜推的物料没有创意，而是自然搜推的物料没有像广告物料这样拥有丰富的创意，一般一个物料拥有一个默认创意。假设某广告主投放了商品 A，但是商品 A 下挂了 4 种不同的图片创意，这时模型到底应该是对商品 A 进行召回，还是对 4 种不同的创意进行召回？目前行业普遍做法有以下两种。

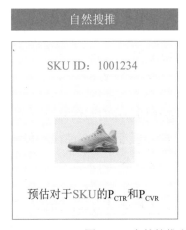
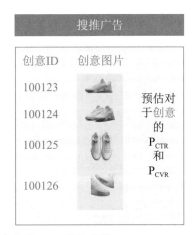

图 5-37　自然搜推和搜推广告的 CTR 预估差异

第一种方式是在粗排和精排阶段，对广告标的物本身（比如 SKU 或短视频内容本身）进行 P_{CTR} 和 P_{CVR} 预估，即使该标的物有 10 组不同的创意，也不会影响粗排和精排阶段的 P_{CTR} 和 P_{CVR} 预估。这样即使广告主上传再多的创意，也不会影响整个物料的排序，广告主的创意只在已确定最终物料排序，决定针对本次广告展现使用哪次创意时才起作用。这时由创意优选模型来决定针对当前广告标的物展现哪个创意。

第二种方式是在粗排和精排阶段，直接在创意维度预估 P_{CTR} 和 P_{CVR}，这样广告主也有更多动力去上传更多精美的创意素材，创意素材越多，最终广告可以获得的曝光机会也就越多，在 SKU 相同的前提下，不同创意预估的结果也不一致。目前，国内头部互联网公司比如阿里、百度都是在创意层级进行 P_{CTR} 和 P_{CVR} 预估。

第一种方式考验推荐模型对用户与物料之间的匹配。以商品为例，考验用户对商品价格、商品类目的偏好度，并没有考虑商品创意本身对用户的吸引力。第二种方式在第一种方式的基础上，考验平台整体对创意多模态内容的识别能力，只有充分理解创意内容，才能将用户对创意的偏好度和创意内容匹配起来。第二种方式对平台的技术能力要求更高，所以大部分互联网广告公司现阶段都采用第一种方式进行 P_{CTR} 和 P_{CVR} 预估，但如果平台侧希望广告主在平台上传大量精美的创意，后续必须调整为第二种方式，否则广告主没有动力创作更多创意。

● 特征工程

搜索推荐广告的 P_{CTR} 和 P_{CVR} 预估模型使用的特征和自然搜推场景下 P_{CTR} 和 P_{CVR} 预估模型使用的特征基本一致，区别在于广告的预估模型加入了广告属性的特征，核心是加入广告主特征。这是因为广告物料来源于广告主，不同广告主账号在平台的等级完全不一样，广告主账号的等级代表了历史广告投放的量级、效果表现等。模型层需要加入广告主的特征，这样优质广告主的素材就可以快速冷启。

此外，广告业务中还有一个单独的特征就是产品线特征，前文介绍过互联网广告公司会有非常多的广告产品线，比如阿里有引力魔方、直通车、万相台等。对于推荐广告资源位，广告主可以通过引力魔方和万相台两条产品线投放广告。假如两条产品线的投放效果存在一定差异，同时模型中还加入了产品线特征，模型的学习就会持续偏向于效果较好的那一条产品线，因为它的后验数据表现更好，最终模型对于效果较好的产品线的广告预估偏高，所以从产品线公平性角度来说，模型中一般不会加入产品线特征。

4. 合约广告

在相同的广告位上，合约广告面临着和 RTB(实时竞价) 广告的竞争。RTB 广告内部完全按照 eCPM 来排序，那么合约广告和 RTB 广告之间如何进行排序？假设当前广告位 A 面临 5 个合约广告主和上万个 RTB 广告主，大家一起竞争流量，系统整体的机制还是按照 eCPM 来排序。基于合约广告的合同金额，可以计算出一个 CPM 值，然后基于该 CPM 值去和 RTB 广告进行竞争。在相同的 CPM 下，一般是合约广告优先。但是合约广告需要保量，如果当天 RTB 广告主出价很高，完全按照合约广告主的原始 CPM 去和 RTB 广告主竞争，那么合约广告主很可能完全拿不到流量，所以系统会针对合约广告设置一个调权因子，为了尽可能地让合约广告露出，需要提升合约广告的排序顺位。对于广告主购买的合约量，系统会将其拆分到每个小时里，按照小时维度统计广告曝光完成量，根据每个小时的完成量决定是否要调高调权因子。正常情况下，系统会保证每个小时均匀获量，但如果前期合约广告获量很少，很可能无法完成合约，系统就会将调权因子不断调高，让合约广告疯狂获量，直到最终完成约定的广告曝光量。

当同一个广告位面临多个合约广告主时，也要按照这些广告主各自的 CPM 来排序。当系统基本完成一个广告主的约定广告量时，就会尽可能地减少这个广告主的曝光机会，将曝光机会向其他广告主倾斜。

5.5.3 流量联动

1. 流量联动的概念

互联网平台的流量基本分为广告付费流量和自然免费流量，比如淘宝 App 的流量既有广告付费流量也有自然免费流量。很多广告主投放广告是为了撬动更多的自然免费流量，也就是免付费流量联动。广告投放越多，积累的历史数据越多，免费流量在分发时也会参考这部分数据，使得这部分广告物料获得更多的免费流量曝光，这样广告主就会有更多动力来投放广告。

2. 流量联动的合作机制

免付费流量联动的愿景是美好的，但实际落地时阻力却很多。首先，广告付费流量和自然免费流量分别归属不同的部门管理，广告付费流量属于广告部，自然免费流量属于搜索推荐中台，这两个部门的核心 KPI 并不一致。广告部的核心 KPI 是广告收入，搜推中台的核心 KPI 一般是用户转化、停留时长等。免付费流量联动可以助力广告部完成 KPI，但是对于搜推中台完成 KPI 的作用并不大，所以搜推中台对于此事的动力就不足，它更希望任何部门都不要干预流量分发机制。其次，大型互联网平台上广告投放的物料极其多，以淘宝为例，日常投放广告的 SKU 数都在千万级别，搜推中台本身没有足够的流量来对这些 SKU 进行联动。同时搜推中台本身拥有的流量还需要配合各个事业部，提供业务支持，其本身拥有的流量也不充足。

合作双方最终达成一致的合作方案一般是针对广告投放量级和效果达到一定门槛的广告物料进行免付费流量联动，同时希望广告主投放站外广告，因为站外广告可以为平台整体带来更多的流量增长，站内广告对于平台大盘流量的增长没有任何帮助。

3. 流量联动的落地方案

广告侧和搜推中台一起确定联动的广告入门门槛。比如，过去 30 天日均广告消耗达到某一个特定阈值，日平均 CTR 达到某一个特定阈值等，只有同时达到这几个门槛才能进入联动的广告物料池中。搜推中台在进行联动时，简单粗暴的做法就是针对这部分 SKU 进行适量的加权，但是搜推中台一般不愿意去破坏原本大盘整体的平衡，所以一般会在整体的排序模型上加入相关的广告特征，或者针对这部分优质广告物料进行单独召回。目前，国内免付费流量联动落地做得相对比较好的就是抖音的 Dou+，而淘宝这类综合性电商平台虽然也一直在进行免付费流量联动，但广告主反馈一般，联动效果感知不明显。这里也涉及免付费流量联动所面临的一个普遍问题，即如何向广告主展示联动效果。

以电商平台为例，广告主投放的优质 SKU 即使不联动，每天在平台上也可以获得大量的免费流量。平台很难将 SKU 每天获得的免费流量分为联动部分和非联动部分，所以平台一般会给一个模糊的比例区间，比如该 SKU 今天的曝光中有 3% ～ 5% 是由免付费流量联动带来的，而这个比例的计算逻辑只有中台部门知道。广告主只能进行环比，他并不关心每天的流量中有多少是联动带来的，他只关心联动后自己的整体流量有无上涨，如果整体流量并没有上涨，那么联动就是无效的。但是平台整体流量大盘是波动的，有时候广告主甚至会发现做了联动以后，整体免费流量还出现了下跌，所以免付费流量联动到底能给广告主带来多少免费流量增长一直是一个业界很难解释的问题。

广告流量策略从最开始的流量接入到流量分发再到免付费流量联动，每一个环节都必不可少。作为流量策略产品经理，应熟悉底层流量分发机制、模型学习目标、模型训练样本构建和模型特征构造等，因为流量策略工作非常底层，而且也是算法的专业领域，如果流量策略产品经理完全不懂机器学习和底层技术，很容易在工作中迷失，无法贡献自己的核心价值。对于从事与流量相关工作的读者，建议仔细阅读本书第 2 章机器学习部分的内容。

5.6　广告竞价机制

在流量分发中，一个广告位同时面临大量广告主的出价竞争，那么广告竞价机制是什么？广告竞价本质上是一个资源拍卖的过程，拍卖行是广告平台，卖家是媒体，买家是无数个广告主，各方进行利益博弈。那么如何设计科学的广告竞价机制以实现各方的利益平衡，最终达到动态稳定的状态？本节将详细介绍广告的竞价机制。

5.6.1　传统竞价拍卖机制

在正式介绍广告竞价机制前，我们先了解在非互联网广告领域的竞价拍卖机制有哪些，因为互联网广告竞价拍卖机制都是在此基础上演化出来的。传统竞价拍卖机制一般分为以下 4 种。

1. 英式拍卖

英式拍卖 (English auction)，又叫公开增价拍卖 (open ascending bid，OAB)。在整个竞拍过程中，买家报价从低到高，逐渐加价，直到无人加价为止，最终出价最高者为赢家，获得拍卖物，按照最终报价进行支付。

● 优点

对于拍卖方来说，可能会出现超高拍卖价。

● 缺点

对于买方来说，可能会出现恶意竞价，导致最终报价远超拍卖物实际价值。当然也可能出现反面情况，即拍卖物以低价被捡漏。此外，成交过程可能很长。

● 应用场景

目前，各类拍卖场所基本都采用英式拍卖。

2. 荷兰式拍卖

荷兰式拍卖 (sealed-bid auction)，起源于荷兰，又叫公开减价拍卖 (open descending bid)，整个拍卖过程和英式拍卖完全反过来，由卖方先报价格，然后逐渐降价，直到第一个买家应价成交。

● 优点

成交过程迅速，不会因为起拍价过低而导致成交价很低，同时杜绝恶意竞价。但是拍卖方有时候更希望出现超高恶意竞价，尤其是拍卖价值很高的物品。

● 缺点

对于拍卖方来说，不会出现超预期拍卖价。

● 应用场景

如图 5-38 所示，目前社区生鲜"钱大妈"就采取此类拍卖方式，所有门店每天 19 点开始打 9 折，过半小时打八折，以此类推，直到 23:30 免费送。

图 5-38 "钱大妈"每日折扣

3. 第一价格密封拍卖

第一价格密封拍卖 (the first-price sealed auction)，即所有买方将自己的出价密封在信封里，然后大家一起投标，同一时间揭晓大家的价格，出价最高者竞价成功，按照实际竞价支付。后来由这种拍卖方式衍生出互联网广告的 GFP(generalized first price，广义一阶价格) 扣费方式。

4. 第二价格密封拍卖

第二价格密封拍卖 SPSA(the second-price sealed auction)，其拍卖过程和第一价格密封拍卖过程一样，仍然由出价最高者竞价成功，但是他只需要支付所有投标者中的第二高价。后来由这种拍卖方式衍生出互联网广告的 GSP(generalized second price，广义二阶价格) 扣费方式。

5.6.2 广告竞价机制应用

1. 引入

互联网广告本身就是一个多方利益博弈的领域，参与方一般有用户、广告主、媒体和广告平台，有时候媒体和广告平台为同一方。广告平台作为一个整体的广告资源宏观调控中心，需要平衡媒体、广告主和用户三者之间的关系，用户追求媒体传播的内容，广告主追求媒体带来的用户转化，媒体追求广告收入的最大化，广告平台追求广告主的预算。广告平台整体的宏观调控依赖的就是广告竞价拍卖机制。

一个好的竞价拍卖机制应能兼顾平台收入、竞价公平和广告主出价稳定性等多个方面。设计拍卖机制的目的主要分为两个方面：**一方面是实现社会效益层面的全局最优，把拍卖物分配给那个对他来说最有用的人；另一方面是帮助拍卖行赚更多的钱，毕竟竞价机制的设计者是拍卖行。**

具体到落地执行层面，竞价拍卖机制需要解决两个核心问题。

问题一：如何让广告主尽可能地表达真实出价意愿？既不过高出价，也不心存侥幸钻系统漏洞调低出价。

问题二：如何针对广告主的出价进行扣费？

很多不了解互联网广告竞价机制的读者可能会有疑惑，竞价不应该是价高者得，然后按照实际出价来收费吗？这还需要专门设计一个复杂的机制吗？

互联网品牌广告售卖模式基本都是这样，央视春晚每年的广告售卖也是如此。这种竞价机制可以大幅提升广告主的声誉，但并不适合互联网 RTB 广告。互联网 RTB 广告的广告位众多，广告主数量众多，所以一般竞价的时候都采用暗拍方式，即拍卖的时候既不公布竞价的广告主和也不公布广告主的出价，由广告平台统一决定广告资源的拍卖，同时广告平台也会提出多种扣费模式，比如 GFP、GSP 和 VCG，直接按照出价进行扣费的机制就是 GFP，早期的互联网广告都采用此机制，但是此机制存在系统出价不稳定的弊端，所以基于此机制慢慢演化出 GSP 和 VCG 机制，下面我们分别展开介绍。

2. 广义一阶价格

广义一阶价格 (generalized first auction, GFP) 的竞价逻辑是由第一价格密封拍卖机制衍生而来的。所有买方同时出价，而且是保密出价，彼此不知道对手有多少，也不知道对手的出价水平，最终出价最高者竞价成功，按照实际竞价进行支付。互联网广告早期都采用 GFP 竞价机制。这种机制整体逻辑简单，但是出价水平稳定性比较差。广告主为了获得最佳收益，可能会通过不断调价来确定在获量不变的情况下该平台的最低出价水平。

如表 5-2 所示，目前有一个广告位，A、B、C 三个广告主分别来竞价。A 出价 10 元，B 出价 5 元，C 出价 2 元。假设这个广告位一天有 1400 次展现的机会，系统按照 CPC 出价来排序，最终广告主 A 获得了 50 次点击和 1000 次展现，广告主 B 获得了 50 次点击和 400 次展现，广告主 C 一分钱都未能消耗。广告主 A 为了试探系统其他广告主的出价水平，降价到 8 元，发现仍然可以获得 50 次点击，而此时他只需要支付 400 元；广告主 A 继续降价，降到 5 元以下时，他发现无法获量，于是他将价格定为 5.1 元。广告主 A 需要支付的总金额为 $5.1 \times 50 = 255$ 元，但是广告主 A 获得的展现和点击数完全不变。

表 5-2　GFP 机制下的广告竞价表

广告位	广告主	广告预算/元	CPC出价/元	点击数	展现数	点击率	GFP
1	A	500	10	50	1000	5%	50×10=500
—	B	400	5	50	400	12.5%	50×2=100
—	C	500	2	0	0	—	—

优点: 竞价和计费过程简单直接。

缺点: 广告主出价稳定性较差,系统整体波动较大。

应用场景: 早期的互联网广告都采用此种竞价机制。

3. 广义二阶价格

一个好的竞价机制应该是**激励相容**的。该机制理论是由诺贝尔经济学奖获得者里奥尼德·赫维茨提出的。何为激励相容?在市场经济中,每个理性经济人都有自利的一面,其个人会按自利的规则来行动。如果能有一种制度安排,使经济人追求个人利益最大化的时候,也能够与集体价值最大化的目标相吻合,那么这一机制就是激励相容。在广告竞价机制中,我们需要设计一种激励相容机制,因此互联网广告公司在 GFP 的基础上推出了新的竞价机制——GSP。

● 理论基础

广义二阶价格 (generalized second auction,GSP) 的竞价逻辑是由第二价格密封拍卖机制衍生而来的。所有买方对出价保密,彼此不知道对手有多少,也不知道对手的出价水平,最终出价最高者竞价成功,按照所有投标者中的第二高价进行支付。GSP 又被称为**维克里拍卖** (Vickrey auction),由哥伦比亚大学教授威廉·维克里于 1961 年提出。在 GSP 机制下,投标者的竞标出价和实际成交价格是相互独立的,每个投标者的最优策略就是完全按照自己对于本次拍卖物的估价来出价。以表 5-2 中的广告主 A 为例,A 完全不需要担心自己的出价比第二名出价过高,因为系统就是按照所有投标者中的第二高价来扣费的,广告主只需要按照自己的真实意愿来出价即可。低于这个价格,将降低投标者赢标的概率;而高于此价格,虽然可以提高赢标的概率,但投标者可能获得了一场无利润的交易,因为他必须支付的价格可能高于其对商品的估价。

在 GSP 机制下,投标者的最优竞拍策略就是依照自己对标的物价值的真实评价而给出标价,因此不管是从个人收益还是从整体资源配置考虑,它使得投标者对其他竞争对手的出价情况、投标策略和整体市场的评估变得多余。每个投标者只需要专注于自己对商品价值的评价即可,因此能大量节省脑力劳动和费用支出。这种节约可以促进更好的资源配置,并增加可被买卖双方分享的总收益。因为投标者的信息收集费用减少了,收益就增加了,从而吸引更多人参与竞标,对卖者而言也可能产生更高的价格。

如表 5-3 所示,在 GSP 模式下,广告主 A 只需要支付总金额 250 元即可。虽然对比 GFP 模式,平台整体的收入降低了,但是当平台整体的广告主越来越多时,GSP 模式可以激励广告主以接近流量真实价值的估价来出价,这样可使系统出价更加稳定,长远来看,GSP 模式是一种对广告主和媒体侧都更加有利的模式。

表 5-3 GSP 机制下的广告竞价表

广告位	广告主	广告预算/元	CPC出价/元	点击数	展现数	GSP
1	A	500	10	50	1000	50×5=250
—	B	400	5	50	400	50×2=100
—	C	500	2	0	0	—

● 实际应用

2002 年，Google 首先将 GSP 机制引入到互联网广告中，但在实际应用时，Google 对计费公式做了一点改变：第一名实际扣费 = 第二名的出价 × 第二名广告质量分 / 第一名广告质量分 + 最小货币单位 (如 0.01 元)；第二名的广告价格 = 第三名的出价 × 第三名广告质量分 / 第二名广告质量分 + 最小货币单位 (如 0.01 元)，以此类推。

Google 在对广告进行排序时，并不是完全以出价为主导，而是引入一个质量分，它也是最早引入质量分的互联网广告公司。Google 基于广告内容素材的质量、广告与用户兴趣的相关性、落地页的体验 (如加载速度) 对广告进行综合打分，得到广告质量分 Q，所有广告依据广告主出价 $bid \times Q$ 得到的分数进行综合排序。质量分的引入表明广告平台不再只看广告主的出价，还要关注广告素材本身的质量以及与用户兴趣的匹配度等。

表 5-4 Google GSP 机制下的广告竞价表

广告位	广告主	广告预算/元	CPC出价/元	点击数	展现数	质量分	GSP
1	A	500	5	50	1000	1	50×6×0.8/1=240
—	B	400	6	50	400	0.8	50×2×0.5/0.8=62.5
—	C	500	2	0	0	0.5	—

表 5-4 为 Google 的 GSP 计费模式。采用此种计费模式，需要将广告质量分加入扣费公式里，否则会出现特殊情况，因为广告是按照 $bid \times Q$ 进行排序的，这样有可能导致排序第二的广告主出价比排序第一的广告主出价还要高。比如表 5-4 中，虽然广告主 A 排序第一，但排序第二的广告主 B 出价更高，如果直接按照广告主 B 的出价对广告主 A 进行扣费，则会超过广告主 A 的原始出价，所以扣费公式就变为

$$实际扣费_{ad1} = \frac{出价_{ad2} \times 质量分_{ad2}}{质量分_{ad1}} \tag{5-1}$$

广告主 A 的总扣费为：50(总点击数)×6×0.8 / 1 = 240。实际应用时，Google 还加入了最小货币单位，需要在原有计费上加入一厘钱。

$$实际扣费_{ad1} = \frac{出价_{ad2} \times 质量分_{ad2}}{质量分_{ad1}} + 0.01 \tag{5-2}$$

为什么需要再单独加上一个最小货币单位？这是因为如果不加这一厘钱，将公式 (5-1) 左右同时乘质量分 $_{ad1}$，会得到

$$实际扣费_{ad1} \times 质量分_{ad1} = 出价_{ad1} \times 质量分_{ad2} \tag{5-3}$$

公式 (5-3) 的左边其实是排序第一的广告的 eCPM，右边是排序第二的广告的 eCPM，两者是相等的，也就是说，排序第一和排序第二的广告的 eCPM 完全相同，那么排序第一的广告没有胜出的优势，所以我们在实际扣费时需要再多扣一厘钱，以确保排序第一的广告的 eCPM 一定大于排序第二的广告的 eCPM。

优点： 激励相容，鼓励广告主按照真实意愿来出价，整体出价相对比较稳定。

缺点： 在系统相对比较稳定时，平台整体收入会略微低于 GFP 竞价机制；GSP 机制可

能会陷入局部最优。

应用场景： 目前互联网广告基本都采用 GSP 竞价机制。

4. VCG

竞价机制应能实现社会效益层面的全局最优，从经济学的角度来看，有一种机制比 GSP 更优，它可以真正实现社会效益层面的全局最优，那就是 VCG。VCG 相比 GSP 更加晦涩难懂，目前世界头部互联网公司中，只有 Facebook 在大规模使用 VCG。VCG 的全名是 Vickrey-Clarke-Groves，由三位经济学家的名字组合在一起，VCG 的思想也是由这三位经济学家一起推广壮大的。VCG 的核心思想是实现社会效益的**帕累托最优**，鼓励广告主说真话，按照真实意愿来出价。帕累托最优是意大利社会学家维弗雷多·帕累托提出的，是社会资源分配的一种最理想状态。了解帕累托最优之前，需要先了解**帕累托改善**，即给定固有的一群人和可分配的资源，如果从一种分配状态到另一种分配状态的变化中，在没有使任何人情况变坏的情况下，至少有一个人变得更好了，这就是帕累托改善。而帕累托最优即为整个社会中不可能再有帕累托改善的状态，也就是不可能存在在不影响任何人利益的情况下改善某些人的情况。VCG 本身也是一种激励相容机制。

● 理论基础

在 VCG 机制下，所有买方同时保密出价，彼此不知道对手的出价水平，最终出价最高者竞价成功。VCG 不像 GSP 机制那样，基于排序第二名广告主的出价来扣费，而是参考系统里多个广告主的出价，基于广告主竞价成功后对其他广告主造成的收益损失来扣费。

如表 5-5 所示，我们在举例计算时，有一个假设前提就是该广告位最终产生的整体点击数固定为 100，最终 A 需要支付 190 元，B 需要支付 100 元。

表 5-5　VCG 机制下的广告竞价表

广告位	广告主	广告预算/元	CPC出价/元	点击数	展现数	VCG
1	A	500	10	50	1000	假如 A 不参与竞价，则 B 获得 80 个点击，价值为：80×5 = 400 元；C 获得 20 个点击，价值为：20×2 = 40 元；共计 440 元。 假如 A 参与竞价，则 B 只能获得 50 个点击，价值为：50×5 = 250 元；C 一无所获。 收益损失为：440-250=190 元
—	B	400	5	50	400	假如 B 不参与竞价，则 C 获得 50 个点击，价值为：50×2 = 100 元； 假如 B 参与竞价，则 C 一无所获。 收益损失为：100-0=100 元
—	C	500	2	0	0	—

对于相同的案例，在 GFP 机制下平台收入为 350 元 (见表 5-3)，在 GSP 机制下平台

收入为 302.5 元 (见表 5-4)，在 VCG 机制下平台收入为 290 元 (见表 5-5)。所以，在广告主预算和出价不变的情况下，平台整体广告收入 GFP ≥ GSP ≥ VCG。

● 实际应用

上文介绍的是 VCG 的理论计算方法，但现阶段，互联网 RTB 广告实际竞价时可能有上万个广告主同时参与，我们不可能计算上万个广告主的收益损失，所以一般仅取排序前几名的广告主的出价作为参考。比如，Facebook 在应用 VCG 时只取该广告位下出价排名靠后的 2 个广告主来计算收益损失。假设现在有 5 个广告主竞争 2 个广告位，其中广告主 A 和 B 竞价成功，Facebook 实际应用 VCG 的扣费逻辑如表 5-6 所示。

表 5-6　VCG 实际落地应用

广告位	广告主	CPC出价/元	广告位点击率	每个点击应支付金额
1	A	0.8	6%	[(6%-4%)×0.4 +(4%-0%)×0.3]/6% = 0.33 元
2	B	0.4	4%	[(4%-0%)×0.3]/4% = 0.3 元
—	C	0.3	—	—
—	D	0.2	—	—
—	E	0.15	—	—

优点：整个机制中广告主按照真实预估价值来出价是最优策略，整个系统相对更加稳定。

缺点：计算相对复杂，同时可解释性较差，广告主很难理解。

应用场景：目前只有 Facebook 大规模使用该机制。

从平台整体广告收入来考虑，GFP ≥ GSP ≥ VCG。如果单从收入视角来看，GFP 是最优的，那么为什么大部分广告平台都使用 GSP，甚至还有部分平台使用 VCG 呢？因为平台从整体生态来考虑，希望整体生态能够相对稳定，广告主能够给出相对稳定的价格，虽然 GSP 和 VCG 会让平台收入略微下降，但会使平台整体竞价水平更加稳定。GSP 和 VCG 模式也可以适当提升广告主的投资回报率，广告主的体验会更好，从长远来看，可以吸引更多的广告主进行广告投放，所以平台愿意牺牲部分收入来换取整体生态的稳定和更加长久的利益。VCG 是经济学家站在整个社会效益最大化角度设计出来的，在理论上更加符合全局帕累托最优，而 GSP 容易陷入局部最优，但是广告平台本身肯定更希望广告收入多一些，目前各大互联网公司基于 GSP 的竞价机制运行多年且非常完善，规则更加清晰、容易理解，广告主接受度也很高，所以各大互联网公司并没有动力将平台的竞价机制由 GSP 切换到 VCG。

5.7　广告出价策略

广告主基于对流量价值的预估来出价，广告主出价的高低决定了广告获量水平的高低，出价过低拿不到流量，出价过高虽然可以获得很多流量，但由于广告面向的用户中有一部分不是目标用户，会导致广告的 ROI 很低。那么广告主到底该如何出价？常见的广告出价策略有哪些？本节将详细展开介绍。

5.7.1 基本知识

我们以"欢乐斗地主"这款游戏的推广为例，介绍广告出价的基本知识。现在广告主在华为应用商城投放"欢乐斗地主"的广告，希望为游戏拉新。

如图 5-39 所示，游戏 App 从广告展现到最终用户充值付费需要经历 5 个环节，即展现、点击、下载、激活和付费。

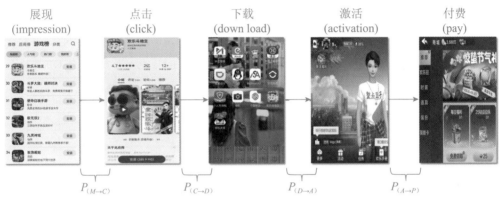

图 5-39 "欢乐斗地主"广告的全流程

1. 4 个基本点

基于上述游戏广告案例，我们来介绍广告出价机制的 4 个基本点。

● 竞价点

竞价点，也可以称为排序点，就是广告最终是在哪个点上进行排序的。目前互联网竞价广告不管是以 CPM、CPC 出价，还是以 CPA 出价，最终都以 eCPM 来排序，所以互联网竞价广告的竞价点处于展现这一层，也就是 impression 这一层。

● 计费点

计费点，即广告实际按照什么来扣费。CPM 计费模式，即按照展现来计费，计费点就是展现；CPC 计费模式，即按照点击来计费，计费点是点击；CPA 计费模式，即按照广告主所要求的行为计费，计费点是激活。虽然 CPC 和 CPA 计费都以 eCPM 来排序，但两者的计费点和竞价点不一致。

● 出价点

出价点，即广告主在系统里按照什么来出价。CPM、CPC 和 CPA 的出价点和计费点一致，按照什么出价即按照什么来计费。只有在智能出价 oCPX 系列中，出价点和计费点是不一致的，关于智能出价系列，5.7.3 节会详细展开介绍。

● 考核点

考核点，即广告主如何考核广告的投放效果。大部分广告投放的考核点都处于整个链路中相对比较靠后的阶段，获得广告展现和点击不是广告主的核心目的。对于电商广告来说，广告主的核心诉求是通过广告带来更多的订单，所以考核点是最终的订单转化。对于游戏广告来说，广告主希望有更多用户注册账号并激活，而且能够在游戏里消费，考核点是最终的付费 (pay)。

2. 3 个比率

广告出价存在 4 个基本点，每两个基本点之间存在一层转化，相应便产生 3 个比率。

● 出价点到考核点

出价点到考核点之间的比率是我们在广告出价中需要关心的第一个比率，出价点到考核点之间的比率决定了广告主最终出价的高低。广告主在出价前会设置一个底限值，我们以图 5-39 的游戏广告为例，广告主的心理预期是最多花 100 元拉进一个新客户，这里广告主的考核点是用户激活。假设本次广告按照 CPM 来出价，出价点就是展现，如何将这100 元转换为对应的 CPM 出价呢？计算公式为

$$CPM = 100 \times P_{(M \to A)} \times 1000$$

$$= 100 \times P_{(M \to C)} \times P_{(C \to D)} \times P_{(D \to A)} \times 1000$$

式中：$P_{(M \to A)}$ 表示此案例中出价点到考核点的比率。我们可以将其拆解为 $P_{(M \to C)} \times P_{(C \to D)} \times P_{(D \to A)}$，假设比率值都是 0.1，则 CPM = 100 元，广告主按照 100 元来出价即可。出价点到考核点之间的比率预估得越准确，广告主的 ROI 越有保证。

● 竞价点到计费点

第二个需要关注的比率值就是竞价点到计费点之间的比率。对于 CPM 来说，竞价点和计费点都是展现，但采用 CPC 计费模式时，竞价点是展现，计费点是点击，竞价点和计费点之间存在一个比率，在 CPC 计费模式里，这个比率就是 CTR。平台对于竞价点到计费点的比率预估得越准确，平台整体的收入就越高，越有利于广告主获得符合自己价值的流量，同时对于用户体验的影响也越小。

● 计费点到出价点

市场上常见的计费方式有展现出价展现计费方式和点击出价点击计费方式，这两种方式的计费点和出价点之间的比率都是 1。此外还有一种出价方式，即计费点和出价点分离，比如转化出价点击计费，也就是 CPA 出价 CPC 计费，5.7.3 节介绍的智能出价产品的 oCPC 就是这种模式，此时计费点和出价点之间多了一个比率，也就是 CVR。原则上 CTR 和 CVR 预估得越准确，媒体和广告主越容易实现双赢，同时用户体验也越有保证。如果是阿里和京东这类平台的站内全闭环广告，媒体侧可以掌握整个广告转化链路上的所有数据，CVR 预估相对简单一些；如果是那些站外广告，媒体侧掌握用户行为数据，广告主侧掌握转化标签数据，双方需要一起建模共同预估 CVR 数据，此时 CVR 的预估准确度就相对较低。

上文介绍了广告出价策略的 4 个基本点和 3 个比率，接下来本书将结合实际，详细介绍各种出价方式。

5.7.2 手动出价

早期广告主在互联网广告平台投放广告时，都需要广告主进行人工出价，系统可能会给予一个建议出价，但是具体出价多少由广告主自己决定。那么广告主如何决定本次广告竞价应该出多少钱呢？一般可采取价值预估法或经验试错法。

● **价值预估法**

首先广告主需要对本次广告投放有一个心理预期，比如花费多少钱引进一个新用户才是合算的。然后基于这个价值进行出价倒推，乘每一个环节的比率。价值预估法是一种非常理想的方法，实际很难操作，因为我们无法科学预估每一个环节的比率值，尤其在不同媒体上投放广告时，各个媒体的 CTR、CVR 差异都很大，广告投手无法在投放广告之前对这些比率值进行科学预估，所以实际落地时一般都使用经验试错法。

● **经验试错法**

广告投手先根据在该媒体上的广告投放经验设定一个初始出价，如果之前没有广告投放经验，则设置一个相对比较低的出价，先去试探该平台的广告拿量能力。然后计算实际用户成本，如果用户成本高于 100 元则调低出价，如果用户成本低于 100 元则适当抬高出价以获得更多的流量。同时广告投手可以针对不同的人群、地域、时间段和广告位，设置不同的基础出价和溢价比例，通过精细化的出价设置达到广告主预期的广告投放效果。

5.7.3 智能出价

随着互联网广告的发展，系统智能出价将慢慢代替人工手动出价，因为采用人工手动出价时，广告投手也要基于实际广告投放情况不断调整广告出价。当广告 ROI 没有达到预期时，广告投手会进行策略调整，比如调整广告基础出价、广告定向人群、参与竞价的广告位等，甚至会针对不同的定向人群调整出价。广告投手的这些基础策略调整已经具备了一定的智能出价思想，智能出价发展至今，已经演变为广告平台自动调整出价，自动分配广告预算，从而帮助广告主更好地达成业务目标。

我们将智能出价定义为：**系统以广告物料为基础，以广告主设定的出价目标为核心，对每次流量价值进行动态预估并动态出价，确保广告主目标达成的一种出价方式。**智能出价所做的各种调整，相当于现实中广告投手对广告基础出价、人群定向、竞价广告位、流量价值预估等所做的一系列调整。智能出价更加容易大规模复制应用，从而降低整体的人工经验门槛。

目前，市场上常见的智能出价产品一共有 3 个系列，分别是目标成本控制型、出价增强型以及预算消耗达成型。目标成本控制型也是最早的智能出价产品，目前各家互联网大厂的 oCPX 产品就属于目标成本控制型，oCPX 又细分为 oCPM 和 oCPC；后来慢慢发展出出价增强型，可细分为 eCPM 和 eCPC；又发展出预算消耗达成型，可细分为最大化点击 (Maximize Click) 和最大化转化 (Maximize Conversion)。下面本节分别展开介绍。

1. 目标成本控制型

● **产品出现的背景**

很多广告主在投放广告时有对应的广告转化预期。比如电商广告，广告主预期一笔订单的转化成本不能超过 20 元，超过 20 元此笔订单没有盈利空间，所以广告主的目标转化成本上限就是 20 元。按照手动出价的方法，广告主还需要基于目标转化成本上限推算对应的 CPM 和 CPC 应该是多少，此时广告主需要人工预估 CTR 和 CVR。广告主希望平台可以提供一个出价工具，他们只需要设定一个目标转化成本值，由系统保证目标值的达成。在此大背景下，目标成本控制型产品诞生了。

● **产品基本逻辑**

图 5-40 是阿里妈妈万相台智能出价示例。当广告主选择"控成本投放"出价方式且控成本类型为"直接成交"时，可以设置每一单的目标成交成本，也就是 tCPA，系统最终会帮助广告主达成这个目标。oCPX 产品系列一共有两个细分的子产品：oCPM 和 oCPC。oCPM(optimized cost per mile) 是一种 CPA 出价、CPM 计费和竞价的模式。广告主在系统里设置一个基础的 tCPA 目标，系统实时计算 CPM 出价，计算公式为

$$eCPM = tCPA \times P_{CVR} \times P_{CTR} \times 1000$$

式中：tCPA 表示广告主在系统里设置一个基础 tCPA 目标，假设为 100 元，即广告主认为花 100 元买一笔成交订单是合算的；P_{CVR} 表示 CVR 模型实时预估的 CVR 值；P_{CTR} 表示 CTR 模型实时预估的 CTR 值。

图 5-40　阿里妈妈万相台智能出价示例图

依据该公式计算出来的实际是二价扣费，是实际计费结果，但是广告主在参与竞价时应该使用一价来进行竞价，我们需要将二价折算为一价，基于上述计算公式加入 bid_ratio，最终计算公式为

$$eCPM = tCPA \times P_{CVR} \times P_{CTR} \times 1000 \times bid\_ratio$$

式中：bid_ratio 早期的含义是计费比，即一价 / 二价，它是系统设置的一个默认值，后来 bid_ratio 也可表示对 P_{CVR} 和 P_{CTR} 预估偏差的校准。

上述 4 个因子相乘得到的 CPM 就是一价竞价 CPM。

(1) CTR 预估。eCPM 计算公式里的 P_{CTR} 由智能出价的 CTR 模型预估得出，此处的 CTR 预估和精排模型的 CTR 预估完全一致，所以此处不再赘述。

(2) CVR 预估。CVR 预估模型和 CTR 预估模型特征差异不大，两者在训练数据方面存在差异。CVR 预估模型的训练数据是线上用户的点击下单数据，正样本为用户点击且下单数据，负样本为用户点击但未下单数据。因为 CVR 预估模型可以使用的数据较少，线上的点击和转化数据都相对较少，实际训练时，由于正负样本都不够充足，最终得到的 P_{CVR} 值与真实值存在较大的误差。虽然有 bid_ratio 可以进行一定程度的校准，但仍需进行更加精细化的校准。常见的校准方法是构建一个保序回归模型，首先将整个 CVR 值拆解为 1000 个桶：(0,0.001], (0.001,0.002], (0.002,0.003], …, (0.999,1]，针对每一个桶统计实时线上预估 CVR 的点击落入该桶以后的后验 CVR。比如桶 (0.002,0.003]，实际线上预估 P_{CVR} 落入到该区间有 100 个点击，这 100 个点击对应的后验 CVR 为 0.23%。然后构建一个坐标系，纵坐标是每个桶对应的后验 CVR 值，横坐标是每个桶对应点击当时的预估 CVR 值的平均值，得到一个散点图，基于散点图构建一个单调函数去拟合先验 CVR 和后验 CVR，最终得到一个函数：$P_{CVR \text{校准}} = f(P_{CVR})$。因为这个模型的横坐标和纵坐标的关系是横坐标越大，纵坐标也越大，所以此处使用保序回归模型 (isotonic regression) 构建一个单调递增函数，使得预测值与实际值之间的均方误差达到最小，模型的输入就是 [先验 P_{CVR}，后验 CVR] 一整串序列，并且这串序列是从小到大排序的。模型拟合完以后，当线上实时进行 CVR 预估时，得到的 P_{CVR} 值需要再经过保序回归模型进行校正，才能运用到 eCPM 计算公式里。

(3) **成本控制模块**。即使对 CVR 进行了一定的校准，实际 CPA 完成结果和广告主设置的 tCPA 仍会存在一定误差，尤其是在一个新广告物料冷启时，很多时候 P_{CVR} 和 P_{CTR} 的结果都不准。为了保证广告主设置的 tCPA 可以达成，还需要一个成本控制模块，核心思路就是对 bid_ratio 进行动态调整。如果线上实际 CPA 大于 tCPA，则下一个阶段系统的出价就需要调低，降低 bid_ratio；如果线上实际 CPA 小于 tCPA，则下一个阶段系统的出价可以适当调高。我们一般使用 PID 控制方法动态调整 bid_ratio 的值，PID 控制方法是常见的工业过程控制方法，控制实际值与给定值之间的误差比例。其中，P 是比例项，I 是积分项，D 是微分项。

P 全称为 proportional，反映实际 CPA 与 tCPA 之间的差值，计算公式为

$$proportional = error = (实际CPA - tCPA) / tCPA$$

I 全称为 integral，表示过去 3 个时间窗口误差项的累积，反映稳态误差，计算公式为

$$integral = error_1 + error_2 + error_3$$

此处的时间窗口没有标准定义，各个平台可以基于正常的广告消耗速度来定，比如 20 分钟为 1 个标准窗口。

D 全称为 derivative，表示当前窗口误差项与前一时间窗口误差项的差，反映误差的变化趋势，计算公式为

$$derivative = error_1 - error_2$$

基于上述 3 个子项，可以得到针对原有 bid_ratio 的调整值，计算公式为

$$delta = a \times proportional + b \times integral + c \times derivative$$

实际 bid_ratio 的调整计算公式为

$$bid\_ratio = bid\_ratio + \alpha \times delta$$

式中：α 表示表示学习率。

基于上述公式，不断动态调整 bid_ratio 的值，从而确保 tCPA 的达成。

(4) 流量控制模块。正常情况下，CVR 校准机制和成本控制模块可以保证 tCPA 的达成，但是实际线上的竞价环境和流量变化非常复杂，有时候外部竞价环境突然恶化，广告主即便出很高的价格也拿不到量，而有时候可能会爆量，这些变化最终可能导致 tCPA 无法达成，所以目标成本控制型产品在实际应用时还需设置流量控制模块。流量控制模块的整体思想是在广告冷启阶段，系统底层先设置一个较低的预算，先进行冷启探索，当广告播放效果稳定后开始增加预算。同时为了保证消耗平稳，当预算消耗过慢时，针对高 P_{CVR} 的流量提高竞价；当预算消耗过快时，丢弃低 P_{CVR} 流量，不参与竞价。

通过 CVR 校准及成本控制和流量控制模块，基本就可以保证在广告匀速消耗的前提下达成 tCPA 目标。

- **oCPC 和 oCPM 的对比**

前文介绍过 oCPM，此外不再赘述。oCPC(optimized cost per click) 是一种采用 CPA 出价、采用 CPC 计费和 CPM 竞价的模式。下面以欢乐斗地主广告为例，介绍两种方式的差异点。

如图 5-41 所示，两者的竞价点都是广告展现 M，考核点都是最终游戏的用户付费 P，出价点都是基于 CPA 来出价，但是 oCPM 基于 CPM 来计费，而 oCPC 基于 CPC 来计费，两者的最大差异就是计费点不同。平台是提供 oCPC 还是 oCPM，取决于平台希望广告流量以何种方式计费。如果平台认为以点击计费是最佳计费方式，既能够照顾平台收入又能够考虑用户体验，那么平台就会重点推广 oCPC 产品。如果平台以 CPM 来计费，比如短视频平台视频信息流的广告基本都以 CPM 计费，这种情况下平台主推 oCPM 产品。oCPC 和 oCPM 本身没有优劣之分，主要看在一定的场景下广告以哪种方式计费更加合理。

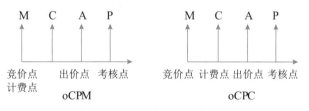

图 5-41　oCPM 与 oCPC 的对比

- **超成本赔付机制**

一般互联网广告平台对于 oCPX 系列产品都会建立超成本赔付机制。何为超成本赔付？即对于广告投放成本中实际超出目标 CPA 成本的那部分进行赔付。比如，广告主设置的 CPA 是 20 元，实际广告消耗了 200 元，带来了 4 笔订单，那么实际 CPA 成本为 50 元，需要赔付广告主 (50−20)×4=120 元。

为什么广告平台需要设置超成本赔付机制？主要有以下两个原因。

第一个原因是可以吸引更多广告主来使用 oCPX 产品，因为平台设置了超成本赔付机制，如果 CPA 不达标，广告主是可以获得赔付的。在 oCPX 产品上线初期，通过此机制可以吸引更多广告主尝试使用 oCPX 产品。

第二个原因是通过超成本赔付机制去约束广告平台本身，如果有大量的广告主需要进行超成本赔付，则代表 oCPX 产品本身出现了问题，说明 P_{CTR} 和 P_{CVR} 的预估误差很大。通过此机制，能不断推动广告平台内部去优化 oCPX 产品的效果。

在实际应用时，对于 oCPX 产品的超成本赔付有一定的限制条件，常见的超成本赔付说明如图 5-42 所示。

首先，转化成本超过广告主设置目标成本 20% 以上才会进行赔付。其次，对于赔付时间范围、转化订单数量以及单元修改次数等都有一定的要求，一方面是为了让订单转化积累到一定量，这样模型才能更好地进行学习和控制成本；另一方面对于出价期间广告主的操作也有一定约束，这样可以保证系统平稳地进行出价调控，避免广告主钻产品的漏洞。

■ 超成本赔付规则介绍

赔付规则：（以下条件缺一不可）

1. 赔付单元类型：首次开启成本控制的单元（当前仅支持下单投放目标）
2. 赔付时间范围：开启成本控制当天及之后7个自然日
3. 转化数量要求：累计订单量 > 10
4. 开启状态&修改次数要求：
   a. 赔付时间范围内保持对应的计划、单元均为开启状态
   b. 每天修改出价、人群定向、分时折扣和地域的次数 累计不超过3次
5. 超成本比例：转化成本超目标转化成本20%以上

图 5-42 常见的超成本赔付说明

● oCPX 和 CPA 的对比

平台为广告主提供了 oCPX 系列产品，为了保证广告主 tCPA 目标的达成，系统需要设置 CVR 预估模型、成本控制、流量控制等多个模块，甚至需要建立超成本赔付机制。那么平台为什么不能直接提供以 CPA 出价、以 CPA 计费的产品呢？这样整个出价机制就会简单很多，也不需要设置那么多复杂的模块。

如图 5-43 所示，CPA 与 oCPC 最大的差异点就是计费点不同，CPA 完全以转化来计费，而 oCPC 以点击来计费。目前国内除了拼多多曾经提供过类似以 CPA 出价、以 CPA 计费的产品外，京东和阿里都不提供此类产品。主要是因为以 CPA 出价、以 CPA 计费的产品对于广告主来说有非常大的吸引力，但是对于广告平台来说风险很高，具体体现在以下几方面。

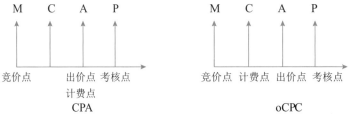

图 5-43 CPA 与 oCPC 的对比

(1) 计费点过于靠后，会导致扣费延时。比如电商广告用户大部分并不是在点击后立

取出下单，广告扣费会存在严重的滞后性，也会导致广告超播。假设广告主账户预算只有 100 元，广告设置 CPA 为 20 元，1 个小时内该广告展现了 500 次，结果在之后的 1 小时内之前的 500 次展现带来了 6 笔订单，此时应该对广告主扣费 120 元，但由于余额不足无法扣费。而以 CPM 和 CPC 扣费的模式就不存在此类问题，因为 CPM 和 CPC 都是在广告展现和广告点击时实时扣费，一旦账户余额不足以支持下一次计费，该广告就会立即停播。

(2) 按照转化来扣费会对订单归因产生异议。如果订单是紧跟着广告点击转化链的，则依据此笔订单对广告主扣费没有任何争议，但实际情况是很多订单的转化是受到多次点击影响的，有一些点击是自然流量带来的，这时候对于到底应该如何扣费并没有很好的解决方案。关于广告归因策略，本书将在第 5.8 节详细介绍。

(3) 对于拼多多、阿里的站内广告，平台可以全流程监控广告的转化情况。但是对于那些投放广告引导用户到广告主自己网页上的广告，广告平台无法对后续转化进行跟踪，具体带来多少转化，广告平台无法确定，完全凭广告主自觉，广告平台的收入风险很高。计费点越靠近竞价点，广告平台整体的收入风险越小。

● oCPX 模式下广告主是否应该回传真实行为数据

对于媒体侧无法全链路监控广告转化的广告，需要广告主自己回传后链路的数据。那么对于广告主来说，到底是如实回传对它长期更有利，还是漏传一部分对它长期更有利？下面我们基于不同情况来探讨。

情况一：广告主只随机回传部分广告转化数据。

在 oCPX 模式下，广告最终参与竞价的排序公式为

$$eCPM = tCPA \times P_{CVR} \times P_{CTR} \times bid\_ratio \times 1000 = CPC \times P_{CTR} \times bid\_ratio \times 1000$$

广告主使用 oCPC，设定 tCPA 为 20 元，如果广告主将所有转化数据都回传，那么系统对该广告的 P_{CVR} 预估就会更准确，假设 P_{CVR} 为 0.02。现在只回传一半数据，模型自然会认为该广告的转化很低，调低 P_{CVR} 的值。假设调整后模型给出的 P_{CVR} 为 0.01，此时广告主如果一直希望获得相同的流量，模型就只能调高 bid_ratio 的值，调整为原来的 2 倍。因为广告平台最终是按照 CPC×bid_ratio 来进行扣费的，所以从长期来看，对媒体侧的收入影响不大。但因为模型学习的样本少，P_{CVR} 的预估会变得不准，本来应该争取的优质流量没有去争取，最终影响的是广告主的 ROI。虽然 oCPX 产品有超成本赔付机制，但是如果 P_{CVR} 过低，广告主从媒体侧拿不到更多的展现量，对于那种希望长期投放的广告主来说可谓得不偿失。

情况二：广告主回传更深度或更浅度数据，而不是出价点数据。

比如游戏广告应该回传激活 (activation) 数据，结果广告主回传付费 (pay) 数据。假设该游戏广告按照激活来出价、按点击来计费，结果广告主回传的是激活下一个阶段付费用户的数据，将导致整体激活数据大幅下降。这里的底层逻辑和随机回传部分广告转化数据是一样的，都会导致广告平台对比例预估不准确，如果广告主希望长期在该媒体上进行广告投放，此种做法都是得不偿失的。

所以在 oCPX 出价中，广告主按照约定，回传完整真实的用户行为数据，是一种有益

于广告主和媒体侧双方的共赢行为。

● oCPX 产品实际应用

首先，系统会提供一个 tCPA 值供广告主参考，如果广告主设置的 tCPA 值过低，比如希望以 1 元成本带来一笔订单，这很明显是不现实的，即使该笔广告能够投放基本也不能获取广告展现。如果广告主设置的 tCPA 值相对合理，一般情况下系统都会有广告展现，但会存在广告获量问题。一个好的 oCPX 产品既能保证 tCPA 目标的达成，又能尽可能多地为广告主获量。而实际情况大多是 tCPA 目标达成了，但广告获量不达预期，因为 oCPX 产品出价都非常谨慎。为了确保 tCPA 目标的达成，系统会增加成本控制和流量控制模块，限制模块越多，最终广告主获量越难，核心还是 tCPA 目标和广告获量之间的平衡。

2. 出价增强型

● 产品出现的背景

虽然 oCPX 系列产品可以帮助广告主尽可能地达成目标 CPA 成本，但普遍存在获量问题，且 CPC 相对较高。CPC 相对较高是因为系统为了让广告主获得更多优质的流量，会大幅提升出价水平，最终反映在结果上就是 CPC 较高。可能有读者会问为什么广告主还需要单独关注 CPC 成本，系统确保 CPA 成本达成不就行了吗？严格意义上，CPC 只是过程指标，CPA 才是结果指标，如果 tCPA 产品可以保证广告主在大量获量的前提下控制 CPA 成本，那么广告主就不会介意 CPC 成本，但实际情况一般是虽然保证了 CPA 成本，但获量较少且 CPC 成本很高，与广告主的期望不符。

在实际广告投放过程中，很多品牌商有专门的广告投手，专门研究如何在各个广告平台上高效地投放广告。如果仅设置一个 tCPA，广告投手不需要再去定时监控广告投放效果，广告投手的价值就会大幅下跌。未来，随着全自动智能化投放的发展，广告投手的价值会慢慢降低，但是目前互联网广告领域 oCPX 系列产品还没有做到完美，所以在此基础上出现了半智能的出价增强型产品，需要广告投手和系统一起进行出价调控。

● 产品基本逻辑

出价增强系列一共有两个子产品：eCPC(增强 CPC) 和 eCPM(增强 CPM)。此处的"e"不是 effective，而是 enhanced(增强)。

图 5-44　阿里妈妈直通车智能调价示例

图 5-44 为阿里妈妈直通车智能调价示例。当广告主选择投放策略为"自定义"时，系统支持分人群、分流量包设置 CPC 基础出价，还可以再设置一个智能调价比例。智能调价有两种方式：一种方式是交给系统全智能托管，直通车就是此种方式。在这种情况下，调价也会设置一个默认上限，比如 100%。另一种方式是广告主设置一个调价上限，比如 50%，假设 CPC 基础出价为 1 元，系统最高出价为 1×150% = 1.5 元。通常情况下，系统可依据基础出价调高出价或调低出价。对于 PCVR 高的流量应提高出价，争取获得此次流量，为广告主带来转化；对于 PCVR 低的流量则应适当降低出价。出价增强型产品的出价计算公式为

$$CPC = CPC_{base} \times \frac{P_{CVR}}{CVR_{base}}$$

首先计算 CVR_{base}，有基础的参考值作为对照，模型才能决定针对本次出价要不要调价。比如电商领域，模型可以分三级类目来统计一个基础的 CVR_{base}，针对每次流量请求，模型先针对广告物料预估一个实时的 P_{CVR}，然后再和广告物料对应类目的 CVR_{base} 进行比较，$\frac{P_{CVR}}{CVR_{base}}$ 即为相应的调价比例。

广告平台为了让广告主明显地看出 eCPC 产品带来的效果提升，一般情况下都会提供一个 AB Test 实验，将流量分为实验组和对照组，实验组由系统接管进行智能调价，而对照组全部按照广告主设定的基础出价来进行出价。通过 AB Test 实验，广告主可以明确感知到 eCPC 带来的效果。同时因为 eCPC 机制长时间运行，可能会使 CVR_{base} 越来越高，最终 eCPC 的溢价比例将不再明显，所以在 eCPC 模式下一般都使用对照组来统计 CVR_{base}。

广告主对于 eCPC 产品的考核，核心还是 CPC 和 CPA 成本以及相应的拿量能力。但是因为 eCPC 并没有严格限制 CPA 成本，所以 eCPC 产品对比 oCPX 系列产品拿量明显更多，而且 CPC 成本本身基于广告主设置的出价和调价比例，广告主也是可控的。出价增强型产品对于那些希望干预出价的广告主吸引力更大。出价增强型的另一个细分子产品是 eCPM，其本质和 eCPC 没有太大差异，只是将基础出价改为 CPM，此处不再赘述。

3. 预算消耗达成型

预算消耗达成型又称为 No bid，字面意思就是不需要设置出价。广告主只需要设置固定的预算和投放时间，平台会在设置的时间范围内，尽可能平稳高效地将这些预算全部消耗，并且为广告主带来更多点击或转化。No bid 系列细分为两个子产品：maximize click(最大化点击) 和 maximize conversion(最大化转化)。No bid 的核心是预算消耗达成，而不是目标成本达成。

● **产品出现的背景**

oCPX 系列产品广告主的核心诉求是达成目标的转化成本，有很多大广告主的预算基本不设限，但是他们对于转化成本有要求；而有一部分广告主，他们每日预算有限制，希

望通过投放广告为自己带来尽可能多的转化，对于转化成本并没有特别严苛的要求；还有一些场景，比如直播，由于持续时间比较短，广告主已经提前设置好广告预算，其核心诉求是在直播这段时间里尽可能地将所有钱花出去，为直播间引入更多的流量同时控制成本。这些广告主的诉求就是 No bid 系列产品需要达成的目标。

● 产品基本逻辑

图 5-45 为阿里妈妈直通车 No bid 出价方式示例。广告主需要设置日预算上限，基础出价有两种方式：一种方式是完全由系统托管，广告主不干预，直通车就是此种方式。另一种方式是广告主设置一个出价上限，系统出价不能超过上限，但此种情况下，系统仍然会给出 一个建议出价上限，确保广告主可以给到平台更多的操作空间。比如，广告主将 CPC 上限设置为 1 元，平台基本上没有调价空间。不管采用何种出价方式，最终都要转化为 eCPM 来进行排序，No bid 的核心是将预算在指定时间消耗出去。

图 5-45　阿里妈妈直通车 No bid 出价方式示例

对于 maximize conversion 产品来说，$eCPM = tCPA \times P_{CVR} \times P_{CTR} \times bid\_ratio \times 1000$。虽然广告主没有设置 tCPA，但是系统会基于历史数据情况，设置一个默认的 tCPA 值，在这个默认值基础上，根据实际消耗情况动态调整 bid_ratio 的值。

对于 maximize click 产品来说，$eCPM = CPC \times P_{CTR} \times bid\_ratio \times 1000$。虽然广告主没有设置 CPC 值，但是系统会基于历史数据情况，设置一个默认的 CPC 值，在这个默认值基础上，根据实际消耗情况动态调整 bid_ratio 的值。

No bid 的做法是先基于广告主设置的投放时间，制订一个分小时维度的预算消耗计划，提前计算好每个小时应该消耗多少预算。如果实际消耗的预算比计划消耗少，那么此时需要提高出价，也就是提高 bid_ratio。如果实际消耗的预算比计划消耗多，那么此时需要降低出价，也就是降低 bid_ratio。如何制订一个合理的预算消耗计划，是 No bid 出价方式的关键，No bid 的消耗一般有 5 种类型，如图 5-46 所示。

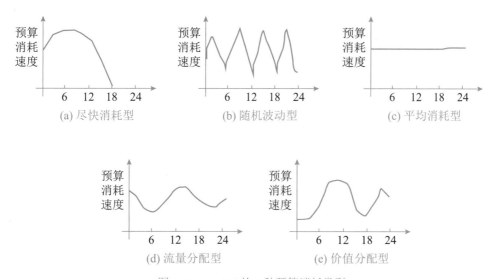

图 5-46 No bid 的 5 种预算消耗类型

(a) 尽快消耗型。没有按照时间把控预算的消耗，很多时候，设置的广告投放时间还没到，预算已经提前消耗完了。在剩下的时间里，对于一些 P_{CVR} 比较高的流量，该广告无法参与竞价。

(b) 随机波动型。投放时间内的消耗非常随机，忽高忽低，消耗不平稳。

(c) 平均消耗型。按照小时粒度，每个小时的消耗完全一样，但是平台每小时的广告流量并不平均。如果在某一个时间段，广告流量很少，为了达到和广告流量比较多时同等的消耗，系统势必需要出更高的价格，因此这也不是一种最佳消耗方式。

(d) 流量分配型。按照每个时间段广告流量的分布情况，依据广告流量大小来决定该时间段广告的消耗。基于历史情况，基本上可以合理推断出每个时间段广告流量的分布，一般变化不会特别大。这种消耗方式是目前国内互联网广告 No bid 较为常见的消耗方案。

(e) 价值分配型。按照每个时间段内广告流量的性价比来分配流量。比如，晚上的流量更适合某广告，且流量竞争没有那么激烈，平台就可以多消耗一些。这是一种最佳消耗方式，但是流量性价比很难预知，影响因素太多，此种方式很难落地。

4. 小结

oCPX 产品适合转化目标明确且广告预算充足的广告主，适用范围较广。

No bid 产品适合预算有限的广告主，可防止预算较早消耗完，也适合批量推广场景或者固定时间内需要尽快将预算消耗完的场景，比如直播广告。

eCPC 系列产品适合想要对广告出价有一定干预权的广告主，尤其适合一些广告代理公司。目前智能出价在各大互联网广告平台的消耗占比都很高，在字节巨量引擎其占比甚至超过 90%。越来越多的广告主选择将出价权交给系统来托管，当然这一结果的产生离不开产品和运营对智能出价产品的持续宣推，以及一系列效果保障机制，比如超成本赔付等。

5.8 广告归因策略

通过广告投放和流量分发策略，广告最终呈现在用户面前并吸引用户点击。广告展现、点击这些数据指标都可以直接进行统计，它们都是过程指标，而广告主更加关心的是后续转化效果。如何对广告投放的转化效果进行科学归因一直是广告界棘手的问题。很多广告主会问，本次广告投放带来了多少笔转化订单？不同广告重合在一起对用户产生作用时，每个广告的贡献度应该如何区分？比如，广告主 A 在阿里妈妈上同时使用直通车、引力魔方和万相台进行同一个 SKU 的广告投放，三条广告都曾触达用户，同时自然推荐也曾经将该 SKU 推荐给用户，最终用户下单购买了该 SKU。那么，此笔订单到底应该归因给广告还是自然推荐？如果归因给广告应该归因给哪一条产品线？如果不能科学地对广告投放效果进行归因，就无法评估广告投放的 ROI，无法科学地指导广告主进行下一次广告投放。本节将对广告归因策略展开详细介绍。

5.8.1 整体介绍

广告归因策略一共有 3 个关键点，即归因方法、归因模型和归因周期。归因方法是指通过什么行为来归因，是广告曝光还是广告点击？归因模型是指使用何种方式来科学评估每一个行为对最终转化带来的影响。归因周期是指使用多长时间来跟踪最终的转化订单。

1. 归因方法

在介绍归因方法之前，需要先了解待归因事件和归因源事件，归因的本质是这两个事件之间的匹配。

待归因事件： 需要对哪一个事件进行归因，比如电商场景产生的订单、游戏场景的用户注册，此类事件发生在归因源事件之后。

归因源事件： 需要被匹配的源头事件，此类事件发生在待归因事件之前，先有归因源事件，才会有后续的待归因事件。广告归因源事件有多种口径，一般分为点击口径和曝光口径。

- **点击归因**

点击归因即后续一系列待归因事件必须发生在该广告点击后，用户必须要有实际的点击行为。比如，用户 A 浏览淘宝首页推荐，其中有一个广告商品 B，虽然用户 A 浏览了广告商品 B，但是并没有点击，最终用户 A 通过其他流量场下单了商品 B。在点击归因口径下，此单转化和本次广告投放毫无关系。目前，市场上大部分互联网广告的归因方法都是点击归因。

- **曝光归因**

曝光归因即后续一系列待归因事件必须发生在该广告曝光后，用户必须浏览过该广告但可以不点击。比如，用户 A 浏览淘宝首页推荐，其中有一个广告商品 B，用户 A 浏览了广告商品 B，但是并没有点击，最终用户 A 通过其他流量场下单了商品 B。在曝光归因的口径下，此单转化和本次广告投放存在一定的关联。因为曝光归因口径使得每次归因时可以匹配的归因源事件众多，而且不同曝光之间差异也不大，最终使得归因极其复杂，不能将此次转化归因到真实产生作用的归因源事件上，所以曝光归因口径很少被采用。

2. 归因模型

下面以点击归因口径来介绍不同的归因模型，如表 5-7 所示。

表 5-7　广告归因的 5 种方式

归因方式	模型表示	描　述	应用场景	市场使用情况
last-click（末次归因）		所有的转化都归因到最后一次点击上	适用于转化路径少、决策周期短的场景，比如电商，点击后直接进入商品详情页	电商场域基本都使用
first-click（首次归因）		所有的转化都归因到第一次点击上	适用于重视带来新用户线索的业务场景	较少
linear model（线性分摊）		转化平均到本次转化的所有链路上	适用于广告主期望在整个链路中都与用户保持联系，并维持品牌认知度的业务场景	较少
position based（位置归因）		转化按照渠道所在的位置进行分配，一般第一个和最后一个最重要	适用于重视线索来源和促成渠道的业务场景	较少
time decay（时间衰减归因）		各个渠道对于转化的贡献按照时间衰减	适用于销售周期非常长的业务场景	较少
multi-touch attribution（多触点归因）		科学预估每次转化中各个渠道的贡献	理论上适合各种场景，每次转化中每个渠道的贡献都是动态的，需要科学预估	处于探索阶段

参考资料：神策数据

● 末次归因

末次归因即不管在此之前经历了多少次点击，所有的转化全部归因到最后一次点击上。此种归因模型适合决策周期短、转化路径少的场景。目前，电商业务基本上都采用此种归因模型，比如拼多多广告和阿里妈妈广告。

● 首次归因

采用此种归因模型，所有的转化全部归因到第一次点击上。此种归因模型更看重首次触达，适用于重视带来新用户线索的业务场景。目前，应用首次归因比较多的是销售领域，比如健身房销售健身卡，某位销售员首先联系客户，如此客户最终成交，则将其计入该销售员的业绩。

● 线性分摊

采用此种归因模型，最终的转化平均分摊到每一个链路、每一次点击上。此种归因方式适用于广告主期望在整个链路中与用户保持联系的场景。此归因模型有平均主义倾向，实际生活中应用得很少。

● 位置归因

采用此种归因模型，按照转化渠道所处的不同位置来归因。一般情况下，首次触达和最后一次触达被认为是最重要的。此归因模型适用于重视线索来源和促成渠道的业务场景。

● 时间衰减归因

各个渠道对于最终转化所起到的作用按照时间衰减，时间越近的渠道，所起到的转化作用越大。此归因模型适用于销售周期非常长的业务场景。

● 多触点归因

前文介绍的 5 种归因模型都有其局限性，目前互联网广告领域正在探索一种新归因方式——多触点归因 (multi-touch attribution，MTA)。这种模型能够科学预估每次转化中各个渠道的贡献，科学动态地预估每个渠道对于最终转化发挥的作用，从而更好地指导下一次广告投放的顺序和不同渠道的预算分配。MTA 理论上适用于所有业务场景，在后面的章节中本书将会对 MTA 展开详细介绍。

3. 归因周期

归因策略中最后一个需要确认的点就是归因周期，何为归因周期？归因周期是指从广告被曝光到带来转化的时间间隔，即从用户点击广告到真正完成购买所需要的时间。比如，在点击口径和末次归因下，用户 A 浏览淘宝首页推荐时点击了广告商品 B，进入商品详情页以后，用户进行加购，但并没有立即下单，14 天后才下单。如果归因周期是 14 天以内，那么此笔订单则无法归因到上一次的广告点击上；如果归因周期大于等于 14 天，则此笔订单可以归因到上一次的广告点击上。目前业界常见的归因周期有 1 天、7 天和 15 天，阿里妈妈甚至有 30 天归因周期。归因周期越长，可以归因的事件就越多，广告投放的 ROI 相应也会越高。关于归因周期如何设置，平台侧一般会提供多种口径，广告主自主选择即可。

5.8.2 多触点归因

在 2022 年阿里妈妈 m 峰会上，阿里妈妈首席算法架构师玺羽介绍了阿里妈妈的全新归因技术——multi-touch attribution，即多触点归因技术。京东和字节都有对应的 MTA 技术，但通过阿里妈妈 m 峰会的大规模宣传，该技术进入更多广告主的视野。

1. 为什么要做多触点归因

在全域营销的时代，传统的归因技术无法满足品牌商家对降本增效的追求，末次点击归因的方式已经不再适合这个时代。消费者的购买路径越来越多元化，媒体触达消费者的方式也越来越多元化，消费者最终的购买决策会受到非常多渠道的影响。玺羽提到，在淘系平台上，一个用户在最终下单某个商品的前一天，至少会和这个商品或这个商品背后的品牌有多达 60 次的交互行为，成交前的 15 天平均要点击 8 次以上广告。在这种情况下，科学地预估每一次触达对于最终转化起到的作用越来越明显，这有助于广告主科学地分配每一个渠道的预算，而不是把所有预算投放在最后一次触达的渠道上。

2. 多触点归因技术详解

阿里妈妈公布的 MTA 技术是由阿里妈妈技术团队和中国科学院计算所毕经平研究员与姚迪博士团队合作完成的。此项研究成果提出了名为 Causal MTA 的 model-agnostic 框架。该框架一共有两大关键模块：一个模块是用户浏览路径重加权，该模块的作用是还原用户在平台上的真实浏览路径；另一个模块是因果转化预测，该模块的作用是科学地评估用户浏览中的每一个触点对于最终转化起到的作用。关于两大模块具体模型的构建本书不展开详细介绍，感兴趣的读者可以阅读原文 *Causal MTA*: *Eliminating the User Confounding Bias for Causal Multi-touch Attribution*。

3. 多触点归因技术实际应用案例

依据阿里妈妈 m 峰会上展示的案例，一些知名品牌比如安德玛、OPPO 采用 MTA 技术后都取得了比较不错的效果。安德玛通过 MTA 站内外联动分析后，在站外投放广告，再通过站内渠道承接，转化率提升 4 ～ 10 倍。OPPO 通过 MTA 分析后，使用站外投放产品 Uni Desk，与站内引力魔方产品联动，最终流转成本下降 15% ～ 90%。

当广告主采用站内外联合投放，同时站内也有多条产品线来承接时，使用 MTA 技术可以帮助广告主找到站内外预算分配的最佳策略，以及站内外联动的最佳产品线组合。

5.8.3　跟单设置

上述所有介绍都是从待归因事件的视角出发，基于已经转化的订单，为它归因是由哪一次点击或者哪几次点击共同完成的转化。但是换作从广告主的视角出发，此次广告投放到底哪一些转化是广告主希望广告带来的。下面以电商广告为例，某广告主投放了一个商品广告，希望为该商品带来更多的点击和销量。此广告的投放效果与该商品的最终销量挂钩，该商品通过广告点击带来的销量越多，则广告投放效果越好。但有一种情况例外，比如瑞幸咖啡将代言人广告投放在横版 Banner 位置，这类广告可能只是一个横幅，并不和某一个具体商品挂钩，点击后可能会出现一个品牌聚合页，用户无法直接下单具体商品。广告主如果也希望能有一个数据可以直接评估此次广告投放带来的效果，那么就需要明确本次广告投放用哪些商品来跟单。因广告投放带来销量提升的商品一般称为跟单商品。投放品牌类广告，广告主需要在平台上设置具体的跟单商品，否则品牌类广告无法进行有效的效果归因。广告主可以设置一个跟单商品，也可以设置多个跟单商品。比如，瑞幸咖啡的品牌广告为瑞幸咖啡做宣推，那么后续瑞幸咖啡品牌下所有商品销量的增长都应该和此次宣推有关，所以不应该只跟踪几个单品的效果。再如直播类广告，直播间里售卖的所有商品都应该作为跟单对象，而不应该仅拿其中某个爆品来跟单。如何合理设置跟单商品，也是广告主需要重点考虑的问题。

在互联网广告领域，归因最难的不是如何确定合适的归因方法、归因模型和归因周期等，而是如何解决归因冲突。流量场太多，各个流量场的所属业务方不一样，每个场域都希望将更多的订单归因给自己，提高自己场域的转化效率，所以就会存在归因冲突。以淘宝为例，淘宝 App 最大的三个流量场是搜索、推荐和广告，假如三个流量场分别制定一套归因方法，可能就会导致三个流量场归因的订单数总和超过该商家在淘宝的总订单数。

例如，用户下了一笔订单，广告认为是由它转化的，推荐和搜索也分别认为是由它们转化的，这样一笔订单拆到各个流量场上就变成了三笔订单。可能读者会问，如果已经定好采用末次归因，为什么还会存在一笔订单归因多个流量场的情况？这里的核心问题不在于末次归因，而在于没有一个全局的统一方来制定适用全站的归因方法、归因模型和归因周期，导致各个业务方在归因时偏重于自己的业务产生的点击行为，从而产生冲突。

针对以上问题，目前互联网领域的解决办法是各方可以拥有自己独立的一套归因逻辑，专门用于向商家展示各自流量场的转化效果，但全站会有一个独立的部门单独进行整体跟单归因，但此部门的数据一般仅供公司内部查看，不会向商家披露。商家如果想查看总订单，可向其单独提供订单数据，但这里的订单并没有按照流量场进行拆分。

广告归因是广告投放效果跟踪的重要环节，归因策略设计的逻辑和科学性将严重影响广告投放的 ROI，从而进一步影响广告主的投放。广告平台一般会在广告投放效果中加入各种各样的非 ROI 指标，尽可能地丰富广告投放效果，引导广告主不要只关注 ROI 指标。比如，抖音视频广告中加入视频完播率、点赞次数、分享次数等指标。广告平台这样做的目的是让广告主综合评估广告投放效果，然后持续投放广告。但对于投放效果广告的广告主来说，他们关注的核心指标只有 ROI，即使加入再多其他指标，他们也只会辅助性关注，这些指标并不会影响他们后续的投放决策。

5.9　广告创意策略

本书在第 3 章和第 4 章都曾介绍过相关创意策略，但实际上，在互联网公司内部的搜索、推荐和广告三个方向里，一定是广告部门在创意方向上投入最多，主要原因有以下两点：一是因为广告主的需求。广告主在投放广告时，由于时间、场景和位置等不同，需要制作不同的广告创意图，因而需要广告平台提供一些智能快捷的工具，从而提升制作创意的效率，同时提升平台整体创意的丰富度，进而提升用户体验。二是因为创意可以带来更多的广告收益。通过优化创意，可提升广告的点击率，进而提升广告收入。在头部互联网公司，优化广告创意可带来几十个百分点的 CTR 增长，这使得广告部门有充足的动力和财力在创意方面投入更多。广告部门也会专门设置相应的创意策略产品经理负责整个平台创意能力的建设，在很多头部互联网广告公司，比如字节，甚至有专门的策略组来负责创意工作。本章节将针对广告创意策略展开详细介绍，从创意设置、图片生成、文案生成和创意优选 4 个方面为大家讲解头部互联网广告公司是如何精细化、智能化地实施创意管理的。

5.9.1 创意设置

广告主投放广告需要先进行创意设置，可以使用系统默认的创意，也可以重新进行创意设置，还可以使用系统提供的智能创意功能。一般情况下，广告主的创意分为默认创意、自定义创意、程序化创意和智能创意。

1. 默认创意

默认创意是指广告标的物在平台上原有的创意素材，该素材并不是专门给广告使用的。默认创意在电商广告中比较常见，其他广告场景一般不会使用默认创意。

以淘宝为例，商家在淘宝卖货的时候，需要在商品中台上传商品封面，设置商品标题，否则商品无法在前端展示。当商家对该商品投放广告时，商家输入该商品的 SKU ID，广告平台会自动呈现该商品的默认封面和标题信息。

如图 5-47 所示，在阿里妈妈直通车产品线投放商品广告时，系统直接回显该商品的默认封面和标题，广告主可以修改，也可以直接使用默认创意投放广告。当广告标的物除了投放广告之外，还需要通过自然流量露出，就需要有默认创意。

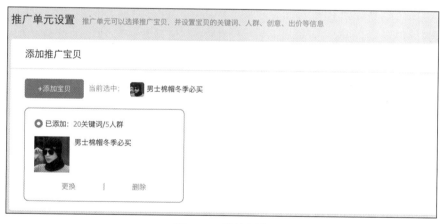

图 5-47　默认创意

2. 自定义创意

以男士棉帽为例，虽然系统从商品中台获取了该商品的默认创意，但广告主仍然可以在广告平台上对该商品设置更多的创意，设置新的商品标题和商品封面。

如图 5-48 所示，在阿里妈妈引力魔方产品线，广告主可以针对该商品添加自定义创意，这里的"自定义创意"是相较于"默认创意"而言的。如果广告主希望该商品广告更加出彩，可以设计多组封面图和标题添加到广告平台上。一般情况下，商品中台只要求单个商品设置一组创意，但是广告平台可以设置多组创意。

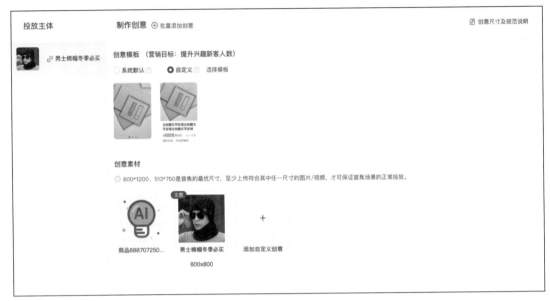

图 5-48　自定义创意

3. 程序化创意

自定义创意功能支持设置多组创意，但每一组创意可能包括多个创意元素。比如男士棉帽这个商品广告，在设置自定义创意时，需要同时设置一个商品标题和一个商品封面，这样一组创意里就有两个创意元素。假如广告主设置了两组自定义创意，第一组是标题 A 和封面 A，第二组是标题 B 和封面 B，那么广告在实际展示时，标题 A 和封面 A 是强绑定的，不会出现展示标题是 A 而封面是 B 的情况。但是有一种特殊的创意功能设置，就是多个创意元素之间可以互相组合，不存在明确的固定搭配，此种创意功能就是程序化创意。

图 5-49 展示了京东京准通购物触点产品线的程序化创意设置功能。广告主可以针对一个商品设置多组标题元素和图片元素。最终该广告实际展示时，对于每一次请求，不同用户看到的广告创意不完全一样。可能用户 1 看到的是标题 A 和封面 C 组合，用户 2 看到的是标题 B 和封面 A 组合。具体向每一个用户展示哪种创意是由创意优选模型来决定的，关于创意优选策略，本书将在 5.9.5 节详细介绍。程序化创意功能可让广告主更多地创建创意素材，同时给予平台一定的创意发挥空间。比如广告主设置了 3 组不同标题和封面的自定义创意，最终广告展示时只有 3 组创意，但如果是 3 组标题和 3 组封面，运用程序化创意功能，就可以有 9(3×3) 种不同的创意展示。对于整体的线上广告展示效果来说，程序化创意的效果更好。但有时候广告主有自己对创意搭配的把控和价值主张，尤其是一些品牌广告主，此种情况就适合使用自定义创意功能。

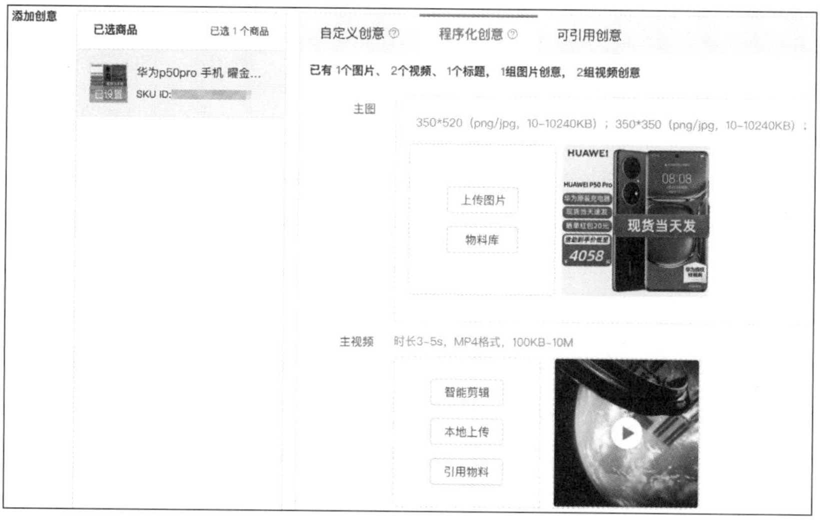

图 5-49　程序化创意

4．智能创意

上述所有创意需要广告主自主上传创意素材。目前，互联网广告平台还提供另外一种功能——智能创意。

如图 5-50 所示，阿里妈妈引力魔方产品线有一个"智能创意"开关，打开该开关，平台会基于广告主的默认创意和自定义创意，智能生成图片和标题，提高广告创意的丰富度。图 5-50 下方展示的 4 张图片就是平台基于广告主设置的创意，通过智能生成得到的 4 种不同风格的图片。广告主可预览平台生成的新图片和新标题，视效果决定是否使用该智能创意。

图 5-50　智能创意

　　智能创意除了可以提升广告整体创意的丰富度，还有另外一个作用就是帮助广告主匹配线上各种不同尺寸的广告位，降低广告主的操作成本和设计费用。以淘宝推荐场景的焦点图为例，淘宝推荐场景的焦点图有多种尺寸，流量最大的焦点图尺寸为513×750，而其他位置的焦点图尺寸与该图不一致。如果广告主想一次性投放所有焦点图场景，需要设计各种尺寸的焦点图再上传，此时广告主的设计费用和操作成本都很高。智能创意功能可以解决该问题，广告主只需要设置一个主尺寸为513×750的图或者基于其他非焦点图位置的封面图即可，智能创意功能可在这些图片基础上进行尺寸裂变。智能创意本质上属于AIGC(AI generate content)领域的一个细分，只是智能创意需要基于广告主的默认创意来进行二次创作，而不是从0到1生成。比如图片生成，智能创意需要基于广告主的默认图片创意或者自定义图片创意，当然这并不是因为互联网广告公司没有从0到1的生成能力，而是因为自由发挥生成的图片有可能不符合广告主对品牌调性和创意规范的要求。智能创意策略可以细分为图片生成、文案生成和附加创意生成。关于附加创意生成策略，本书在推荐策略章节里详细介绍过，下面本书重点介绍图片生成和文案生成策略。

5.9.2　图片生成

　　图片创意是广告创意中非常重要的一部分，图5-51呈现了广告主在阿里妈妈旗下广告平台上传的部分创意图片。

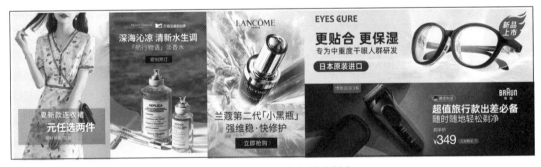

图5-51　广告主自定义图片创意

　　这些创意图通过整体的美感吸引用户注意，再通过简洁的元素和有力的品牌宣传语向用户传达产品功效和品牌主张等，最终促使用户下单。目前，设计一张精美图片需花费500元左右，交付时间需要2～3天。如果可以通过AI生成图片，那么既能帮助广告主节约成本，提升交付效率，同时也可以提升整个平台创意的出彩度。但现阶段AI模型所面临的挑战非常大，需要考虑图片整体的构图、配色、布局和文案等。如何设计图片色彩、布局、文案，使图片整体美感十足而不是模板化，这是互联网广告行业需要研究和解决的问题。目前行业内常见的图片创意生成技术有两种：一种是程序化拼接模板创意，另一种是全自动无模板图片创意。

1.程序化拼接模板创意

程序化拼接模板创意是较早的图片生成方式，也是目前应用较多的图片创意生成方式。在一些对图片美感要求不高的场景下，此种生成方式简单高效。

图 5-52 是阿里妈妈创意中心的图片创意模板，平台针对不同的行业提供了非常多的创意模板，这些模板都是由设计师事先设计好的。如图 5-53 所示，广告主可以基于选中的模板，对文案和元素进行修改，但是图片整体的布局和色调已经确定，广告主不可再修改。

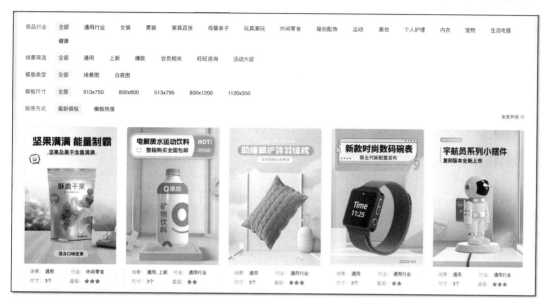

图 5-52　阿里妈妈创意中心图片创意模板

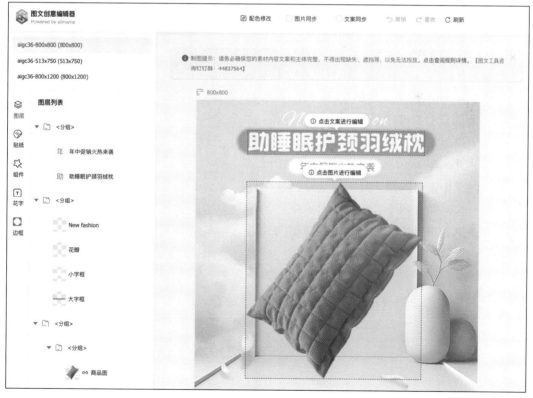

图 5-53　图文创意编辑器

这种图片创意生成方式整体操作比较简单，也可以进行大规模生成，但是生成的图片对比设计师设计的图片美感相对较差，且拼接感严重。即使有上千个模板，但是匹配平台几百万个商品以后，就会降低平台整体的创意丰富度。目前，这类图片创意生成方式在互联网广告平台应用较多，很多互联网广告平台的图片生成技术还没有演化到第二代技术的水平。

2. 全自动无模板图片创意

用户能不能脱离设计师设计的模板，完全由模型来实施智能化设计？2022年，阿里妈妈技术团队推出了一项新技术——全自动无模板图片生成，用户可完全脱离设计师设计的模板，由模型代替设计师进行创作。图5-54呈现了阿里妈妈全自动无模板图片生成技术生成的部分图片创意。

图5-54中的图片是针对一个商品生成的多张创意图，在美感方面对比图5-51中的图片还是差一些，但是整体的创意对比拼接模板图片会更强一些，而且生成的样式类型也更多，整体的布局和文案也更加灵活。全自动无模板图片创意的生成步骤包括素材挖掘与生成、图片布局生成、图上文案生成和元素属性预估与渲染。

图 5-54　阿里妈妈全自动无模板图片生成示例

- 步骤一：素材挖掘与生成

创意生成必须要有基础素材，不管采用怎样的图片创意生成方式，模型仍然需要输入一些基本信息。那么这些基础素材从哪里来？广告主可以直接使用商品原始的创意素材，比如原始标题、主副图、透底图、功能属性信息等。这部分信息不需要广告主在广告平台上单独输入，广告系统可以直接从商品中台获取。对于基础素材，还需要使用分类模型将纯文字图、拼接感明显的小图等进行过滤，以保证素材的质量。模型再基于挖掘的图片素材做出进一步处理，常见的处理方式有尺寸拓展、抠出图片主体元素、擦除图片中的文字等。对图片进行预处理是为了更好地生成创意。图5-55即为对原图处理后得到的预处理图片示例。

- 步骤二：图片布局生成

当模型完成对素材的预处理，下一步就是对图片进行整体设计。此处要使用图片布局生成模型，它基于海量的创意来学习，从中提取共有的设计规范，再基于底图设计全新的图片布局。在这一步骤也需要做元素检测工作，针对图片原有的主体元素、品牌标志、文字等元素进行定位识别。只有明确当前图片中各个元素的所在位置，才能明确后续增加其他元素时应该将其摆放在什么位置。

图 5-55 阿里妈妈全自动无模板图片生成技术对图片的预处理

● 步骤三：图上文案生成

在图片上增加一些文案信息，可向用户传达更多的信息，进而提高用户的点击率。图上文案生成是指基于第一步挖掘出来的素材信息，采用多模态文案生成算法，综合考虑商品信息、图片信息以及文案位置信息来自适应地生成文案。这些文案有些能突出商品品牌，有些能突出商品利益点。关于图上文案生成策略，本书将在 5.9.3 节展开详细介绍。

● 步骤四：元素属性预估与渲染

对图上添加的各种元素，比如 logo、文字、图片等进行渲染，可提升图片整体效果，吸引更多用户点击。以文字为例，第三步生成了相应文案，但是字体和字色设置要在第四步完成。

3. 实际应用效果

阿里妈妈公开数据显示，针对同一个商品，使用全自动无模板生成的创意对比基于模板生成的创意，首页焦点图位置 CTR 提升了 19.26%，首页"猜你喜欢"位置 CTR 提升了 18.94%。CTR 提升主要是站在广告平台视角的评价，而站在广告主视角，借助这一工具可节省更多的设计费用，如果 CTR 提升也可以带来 CVR 提升，那么广告主就会更加高兴。但本书在第 3 章也介绍过，CTR 和 CVR 并不是完全正相关，所以创意优化到一定程度可能还会对广告主的 ROI 造成一定负向影响。(部分内容参考阿里妈妈技术公众号)

5.9.3　文案生成

文案生成是创意生成策略另一个重要的方向，即使是以图片和视频为载体的广告，文案创意也是非常重要的一部分。好的标题可以快速吸引用户的眼球，激发用户的观看欲望。那么，如何生成一个好文案让用户产生进一步点击阅读的欲望？如何将文案和图片内容结合起来以达到 1+1>2 的效果？本节将详细介绍文案生成的相关策略。

1. 素材挖掘

要生成文案首先需要输入基础素材。正常情况下，广告主会使用广告的原始标题、广告图片上的文案等。对于电商广告来说，还可以使用商品名、商品介绍、商品卖点和利益点信息等。商品卖点如"充电 5 分钟，通话两小时"，利益点信息如"两件八折"。这些信息都是模型可以使用的素材。有一些简短的文案，广告主可以直接使用，比如"两件八折"；而有一些比较冗长的文案则需要模型进行预处理，对该文案进行结构化解析，比如商品的原始标题为"SK-II 小灯泡美白精华液 50mL(新一代) 烟酰胺护肤品套装"，模型需要将该标题进行切词和实体识别，此部分处理流程本书在搜索策略章节有过详细介绍，这里不再赘述。将原始文案进行预处理以后，需要将这些文案进行归类，如表 5-8 所示。

表 5-8　文本信息分类

文案类型	举例
品牌名	欧莱雅、赫莲娜、华为
商品属性	产地：国产、进口 规格：500mL、50 英寸 适合肤质：混油型、干皮 内存：256G
功能卖点	手机类：6400 万超清三摄 护肤品类：敏感肌适用
价格利益点	买 1 赠 1 买两件打九折 包邮、保修
价值评价	菜量很足、包装精美

表 5-8 中的分类比较笼统，实际应用时可以按照商品品类进一步细分。为了将原始信息划分到对应的文案类型里，系统需要构建对应的分类模型。有了这些基础素材后，模型就可以进行下一步的文案生成。当然现阶段也存在文案生成模型，比如 ChatGPT，在没有任何基本文案输入的前提下，给模型一个命名主题，模型就可以生成大量的营销文案。ChatGPT 能够智能化生成营销文案的前提也是之前输入了大量的营销文案供其训练学习。但是此类完全自由发挥式的文案生成并不完全适用于广告创意场景，因为广告受到广告法的严格监管，夸大或者吹捧产品不存在的功能，都会涉及虚假宣传的问题，最终带来的舆情风险和监管处罚都是非常严重的。目前部分互联网广告公司在和 ChatGPT 或者文心一言的合作中，都先给予一定的基础文案输入，再由 AI 模型生成后续的智能文案，而不是完全由 AI 自由发挥。

2. 标题生成

标题生成是文案生成的一个重要应用方向。现阶段互联网广告公司都在通过文案生成模型生成商品标题或视频标题。常见的智能标题有 3 种，如图 5-56 所示。

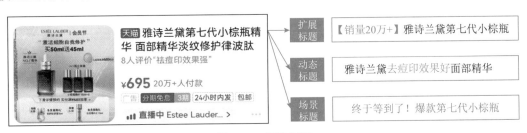

图 5-56　智能标题

● 扩展标题

基于广告原始标题，添加一些卖点文案或者利益点信息等即为扩展标题，这些基本信息源于素材挖掘。例如，商品原始标题为"雅诗兰黛第七代小棕瓶"，加入销量信息生成全新的标题"【销量 20 万 +】雅诗兰黛第七代小棕瓶"。通过销量来凸显该商品的热度，有助于获得用户信任，促使用户下单。

● 动态标题

动态标题是指打破原有标题结构，在保持商品名原有重点信息的基础上，将一些功能点、利益点、营销卖点等组合在一起加入到标题中。例如，将产品功效加入标题中，生成一个全新的动态标题"雅诗兰黛去痘印效果好面部精华"。

● 场景标题

场景标题是指完全脱离原有商品名，由模型学习挖掘的素材信息和商品介绍，而后全新编写的一个商品名。场景标题相对更加贴近实际场景，比如新品场景、爆款场景等。例如，图 5-56 中的"终于等到了！爆款第七代小棕瓶"。目前，阿里妈妈创意中心提供此类场景化标题的生成工具，此种文本生成的技术难度是最大的。

3. 图上文案

文案生成的另一个应用领域就是图上文案。为创意图片配上特定的文案能够突出重点，提升广告整体的信息量和吸引力，进而促进用户点击。

图 5-57 展示了淘宝和京东 App 的部分商品图，通过添加"一拍就遮瑕，持妆一整天"的文案，简单明了地告诉用户此款化妆品的功效；通过添加"一件显白的牛油果绿"的营销文案，可快速告诉用户此颜色可以衬托肤色，从而激起用户的下单欲望。那么如何为图片添加文案？整体的解决方案包括以下 3 个环节。

图 5-57　淘宝和京东 App 商品图示例

● 环节一：图上位置识别

为原始图片增加文案前，需要确定文案加在哪里，需要识别图片上的空白区域。如果随意添加，会遮挡原始图片的重要信息。模型需要将图片的所有信息坐标化，一般会设置 X、Y 轴，然后将可以添加文案的位置以坐标的形式标注出来。

● 环节二：图上文案生成

图上文案生成和标题生成的底层逻辑是一致的，广告主可以将素材中的产品功效、营销卖点、利益点等信息添加到图片中，也可以基于素材进行全新创作，生成一个新文案。

● 环节三：图上文案渲染

选好基础文案素材和添加文案的位置以后，广告主需要基于位置来确定文案的长度和字体大小，同时需要基于图片整体的背景色决定文字的颜色。广告主可以根据图片的空间添加多行文案。即使一张图只添加一行文案，也可以生成多张不同的图片，配多种不同的文案。没有最好的文案，生成模型可尽可能多地生成不同类型的图片，交由创意优选模型根据用户的偏好度来进行动态优选。需要特别注意的是，图片上添加太多文案会降低整张图片的美感，添加文案应适量。为了避免线上出现 bad case，前期广告主需要对模型生成的图片和文案进行人工检查，符合要求的创意才可以在线上使用。对于模型生成的 bad case 需要进行归类，然后不断优化模型，直至模型生成的创意可直接在线上使用。

图上文案生成一般和图片生成结合使用，它是图片生成的一个子项。但很多公司不具备图片生成的能力，只能先在图片上加一些简单的文案。此种方式结合创意优选模型，可以在一定程度上提升线上点击率。

5.9.4 创意优选

1. 创意优选的概念

创意优选是指基于用户的兴趣为其推荐内容时，在当前内容所有创意组合中，挑选最可能吸引用户的一组创意组合。广告主自己上传创意或者系统智能生成创意，都是为了给后续的创意优选环节提供更多候选物料。创意生成和创意优选是相辅相成的，如果只有创意生成没有创意优选，则生成的大量创意无法实现价值最大化；如果只有创意优选没有创意生成，那么创意优选发挥的空间也极其有限。

创意优选的本质还是从用户体验来考虑，最终的效果评估指标是场域的 CTR。那么，创意优选能不能提高 CVR？在推荐系统优化的后半段，CTR 和 CVR 已经不呈正相关，而创意优选选出来的创意标题和图片可能很吸睛，用户也会点击，但是商品本身不一定和用户需求相匹配。所以创意优选策略会带来 CTR 和广告收入的提升，但不一定会带来 CVR 的提升，甚至有可能带来 CVR 的下降，进而在一定程度上影响广告主的 ROI。

2. 创意优选策略

创意优选策略的建立，一般分为以下两个阶段。

阶段一：统计优选

假设当前某个 SKU 有 5 组标题和 5 张图片，共 25 种组合，线上随机轮播，确保每一种组合都能够得到置信数据的曝光量，比如至少曝光 100 次，然后统计每种组合的后验 CTR，基于后验 CTR 的高低进行排序，后续线上主要播放后验 CTR 排序在前的创意组合。这种基于统计维度的优选策略实现的是千人一面的效果，不过也可以在模型优选策略完善之前上线统计优选策略，统计优选策略也可以在一定程度上提升线上广告的 CTR。

阶段二：模型优选

统计优选实现的是创意维度的千人一面，系统如果希望实现创意维度的千人千面，则必须通过模型优选。模型优选的整体机制是在每一次请求中，针对已经确定推荐内容的所有创意组合进行模型打分，最终选择得分排名第一的创意组合进行展示。

● 模型优选整体机制

模型整体采用 EE(exploration & exploitation，探索与利用) 机制。首先设置一个探索比率 α；然后针对用户请求，对所有创意组合打分；最终对排名第一的创意组合以 $(1-\alpha)$ 的概率进行利用。假设 $\alpha=10\%$，则有 90% 的概率在线上露出得分排名第一的创意组合，但仍然有 10% 的机会随机轮播。

设置 EE 机制的原因包括两方面：一方面，在优选模型冷启阶段对于创意的打分不一定准确，需要让更多创意有露出机会，让用户给予实际反馈；另一方面，创意更新迭代比较快，每天会有大量新创意上线，新创意上线后就会面临冷启问题，通过 EE 机制可以让新创意有更多的露出机会。

在前期，探索比率 α 可以设置一个相对较高的值，当所有创意组合均得到充分曝光后，模型可以基于历史数据科学地对创意组合进行 CTR 预估。此时模型预估的准确率足够置信，系统机制可以更少地探索、更多地基于模型预估的最优创意组合进行分发。

● 模型优选整体架构

模型优选整体架构分为召回和精排两个环节。创意优选本质上是选出一组最佳的创意组合。假设现在模型需要选出最佳的标题、图片和附加创意组合，标题、图片和附加创意各有 10 个，那么创意组合的全集就是 10×10×10=1000 个。创意优选模型的复杂度很高，如果候选创意组合过多，会导致线上耗时过多，所以在一般情况下，模型首先针对每一个创意元素打分，比如分别对标题、图片和附加创意打分；然后选择最优元素进行组合，比如每个创意类型里仅选择得分排名前三的元素进行组合，得到 3×3×3 = 27 种组合；最后创意优选模型再针对这 27 种组合统一打分，选择排名第一的创意组合进行展示。

● 模型训练的正负样本

模型训练的正样本即为用户点击过的创意，而负样本即为向用户曝光但用户未点击的创意。

● 模型算法及特征工程

创意优选模型使用的算法基本都是 DNN。创意优选模型的特征如表 5-9 所示。

表 5-9 创意优选模型的特征

特征类别	特征举例
用户特征	用户 ID、个人基本信息、品牌品类偏好等
物料特征	物料 ID、品类信息、品牌信息等
创意特征	元素 ID、创意组合 ID、元素类型 (比如智能合图、利益点标题、短标题)、颜色特征、风格特征等
用户物料协同特征	用户 ID 与物料 ID 的交叉
用户创意协同特征	用户 ID 与创意组合 ID 的交叉

这里的用户特征、物料特征以及用户物料协同特征和推荐系统精排模型的 CTR 预估模型的特征基本一致，区别在于新增了创意特征和用户创意协同特征。因为创意优选模型的核心是预估用户对创意的兴趣度，所以模型中需要新增和创意有关的特征。首先创意特征主要围绕用户对创意内容的理解来构建，核心特征有元素 ID、创意组合 ID、元素类型等。创意素材和视觉相关的特征也非常重要，比如素材颜色、素材风格等。除了创意特征本身，还需要基于用户和创意之间的互动行为构造用户创意协同特征。比如，按照时间窗口来统计用户近 3 天点击过的元素中占比最高的元素类型、用户近 3 天点击过的最多的合图类型等。

3. 创意优选与推荐系统排序

平台的推荐系统排序机制有两种方式：第一种方式是先确定物料本身的顺序，然后针对特定的物料进行创意优选；第二种方式是直接在排序环节考虑创意元素，综合用户对物料和物料创意的兴趣度整体打分，然后根据得分高低进行排序。此种排序方式鼓励广告主在平台上传更多精美的创意。如果有两个比较相似的内容，广告主 A 的内容有 100 条创意，广告主 B 的内容只有 1 条创意，平台在排序层仅考虑用户对内容本身的兴趣度，那么广告主 A 和广告主 B 的内容获得的曝光机会差不多，这样广告主 A 就没有动力去持续上传更多精美创意。平台如果希望广告主持续上传更多精美创意，就需要在整个排序和流量分发机制中将广告主上传的创意数量和创意质量作为排序因子进行考虑，而不是只在最后展示时才进行创意优选。

对广告创意策略进行总结，即为通过广告投放平台的创意上传工具和智能编辑工具引导广告主上传和制作更多的创意，再结合 AI 帮助广告主不断生成更多精美的创意，广告主自定义创意结合智能生成的创意作为整体的创意候选物料集，再通过创意优选模型为用户选择其最感兴趣的创意组合，最终提升线上广告的 CTR。虽然本章介绍的是广告创意策略，但这一思路同样可以应用到自然推荐和搜索场景中。

5.10 广告用户体验策略

广告用户体验策略整体上和自然推荐搜索差异不大，因为现在基本上都是原生广告，用户侧根本不知道到底哪一部分是广告内容，哪一部分是自然内容，所以本书在推荐策略和搜索策略篇章介绍的所有用户体验策略在广告策略中都是可以复用的，此处不再赘述。但用户体验策略在不同流量场落地时有不同的方式，常见的落地方式是平台制定一套整体的用户体验标准，各个流量场全部遵循该标准进行把控。此种方式统一管理更加高效，但很多时候并没有一个主牵头方来统一管理，最终就变成各个流量场单独建设。比如推荐场域的自然推荐和推荐广告，双方的用户体验策略建设方向基本是一致的，但在策略落地时可能各自会有一套标准。各大场域在进行用户体验策略落地时，首先需要明确本次策略升级是为了改变哪一类现象，为了优化用户的哪一种体验，此种体验应该使用哪一个效果指标来评估。如果有现成的效果指标可以使用，则直接使用；如果没有现成的效果指标，则需要再进行单独的数据统计。不管是哪一种用户体验策略落地，自然推荐都会关注 CTR 指标，而推荐广告都会关注广告收入指标，最终策略能否推全上线还需要基于双方的评估结果对主核心业务指标的影响。如果本次优化的体验是线上严重问题，比如涉黄、涉暴等问题，即使双方的评估结果对主核心业务指标影响比较大，也是必须要上线的。如果本次优化的体验并不是硬伤，各方对于此类用户体验有不同的见解，比如类目集中度等，对于此种情况，应在双方的主核心业务指标下降不大的前提下，尽可能地对类目进行打散。很多时候，广告侧在用户体验方面所需做的主要工作是配合。广告用户体验策略相关的工作一般由流量策略产品经理兼任。

5.11　广告审核策略

广告投放和自然搜推存在流程上的差异，即所有投放广告的物料都需要经过广告审核团队的审核，因为互联网广告投放受到《中华人民共和国广告法》(以下简称《广告法》)和《互联网广告管理办法》的严格约束，各个平台投放的广告都要受到严格监管，所以互联网广告平台必须配备专门的审核团队来保证广告物料的合规性，审核团队隶属于广告部门而非中台。那么广告审核有哪些明确的要求？

首先，《广告法》明确规定了不允许投放广告的商品，比如烟草和 1、2 段奶粉；也明确规定了需要审查的商品，比如医疗器械。广告审核人员需要严格把控这些商品的广告投放。

其次，《广告法》严格规定了哪些字样不可以使用，比如国家级；同时规定了广告创意中使用到的一些销量或者利益优惠数据等，也需要广告主提供资质并进行核对。

广告审核标准是由专门的审核团队和法务团队来制定的，而策略产品经理主要负责帮助审核人员进行审核提效，将一些审核需要重点关注的地方比如禁用词、禁投商品等，通过系统自动化进行识别或者拦截。比如，可以通过 OCR 技术识别禁用词，可以使用商品类目 ID 自动拦截禁投商品。互联网公司一般设置专门的策略产品经理来负责整个审核系统和审核策略设计。

5.12　广告数据管理平台

不管是合约广告还是竞价广告，投放平台都为广告主提供了人群圈选的功能，这个功能是通过广告数据管理平台 (data management platform，DMP) 实现的，本节以阿里妈妈达摩盘为例展开介绍。

1. 人群包构建

阿里妈妈达摩盘界面如图 5-58 所示。人群包构建分为 3 种方式：第一种是交集，即各种标签圈定人群的交集；第二种是并集，即各种标签圈定人群的并集；第三种是差集，即排除包含任何标签特征的人。对于 3 种构建方式，广告主各取所需。例如，勾选男性用户和 25 ～ 29 岁年龄段的用户后，右上角出现预估覆盖的人群规模为 74 060 400。广告主可以使用该工具圈选各种类型的目标人群，然后基于人群包进行定向投放，提高广告投放效果。

图 5-58　阿里妈妈达摩盘界面

2. 标签分类

如图 5-59 所示，阿里妈妈达摩盘的标签分为 4 类，即用户特征、品类特征、渠道特征和私域特征。其中，用户特征围绕用户的基本信息，比如身高、年龄、体重等。品类特征主要按照不同的品类拆分了多个细分特征，比如服饰风尚、大快消、消费电子等。如图 5-60 所示，服饰风尚标签还可以将人群拆分为品质生活、潮流人群、大众实用等多种类型，具体如何细分以及每个细分标签对应的人群画像是由数据策略产品来定义的，每个标签的底层都是用户在品类行为上的差异，比如购买频次、购买商品的价格、购买商品的风格等。渠道特征基于用户在不同 App 和不同

图 5-59　阿里妈妈达摩盘的标签分类

流量渠道的行为圈选用户，比如近 30 天在天猫超市渠道上比较活跃的用户。私域特征主要围绕用户在商家店铺内的行为进行人群划分，比如近 30 天在店铺下单超过 3 单的用户。电商广告业务领域常见的特征大类就是用户、品类和私域 3 个方向，至于 DMP 平台是否增加其他特征大类，可以根据广告主的实际需求来定，但用户、品类和私域 3 个方向是必不可少的。

3. 标签生成

广告主可以通过标签来筛选目标用户群体，这里的标签有性别、年龄段、职业甚至收

入等。那么 DMP 平台如何知道用户的这些属性？这就涉及标签生成。标签可分为两类：一类是属性标签，比如性别、年龄、职业等，这些标签短时间内不会有太大变化；另一类是行为标签，随着用户行为变化而不断变化。行为标签又可以分为偏好类和纯行为结果类，偏好类标签如喜欢浏览短视频的用户标签，纯行为结果类标签如近 3 天浏览过生鲜类目商品。针对上述两类标签，平台分别需要构建以下两种模型。

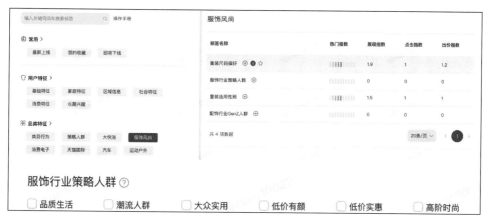

图 5-60　阿里妈妈达摩盘用户品类特征服饰风尚标签

● **属性分类模型**

用户的固定属性信息有性别 (男、女)、年龄 (10 岁以下、15 ~ 20 岁、20 ~ 25 岁等)、职业 (老师、医生、公务员等) 等。识别用户属性，有两种方法。第一种方法是由用户自己提供。对于大型互联网集团来说，很多内部数据互相打通，以用户的注册手机号为关联 key，可以将金融业务、电商业务等全部关联起来，尤其是金融业务，注册用户都需要提供真实的身份信息。当然，在集团内部将各个子业务数据关联打通，需要从上往下推动，可能会存在一定的数据安全合规问题。第二种方法是构建分类模型，预测用户的基本属性，基于用户在平台上的行为，筛选各个类目对应的正负样本供模型学习，然后由训练好的分类模型对用户属性进行归类。

● **行为统计模型**

行为统计模型基于用户历史行为数据进行数据统计。此类模型需要先将历史数据处理好，然后才能实现快速的统计和用户圈选。以电商平台上偏好短视频内容的用户为例，首先需要定义偏好短视频内容的用户特征，比如近 30 天内点击短视频内容次数超过某个阈值；然后统计此类点击数据并进行倒排，基于平台用户整体的点击情况确定合理的阈值；最后设置定时数据处理任务，对于符合此类标签的用户人群包进行每日更新。

标签生成固然重要，但标签覆盖的人群规模同样重要，如果一个标签很精准，但是覆盖的人群规模很小，那么此标签的价值就很低。以淘宝 App 为例，其 DAU 有 3 亿多，如果一个标签仅能覆盖 5 万人，占淘宝 App DAU 比例很低，那么广告主圈选此部分人群后每天可以获得的曝光量也是微乎其微的，同时还会存在和其他广告主圈选人群的重叠，会面临其他广告主的竞争，所以如果广告主想获得更多广告曝光量，需要尽可能地圈选更多的人群包，同时每一个人群包覆盖的人群规模也要尽可能大一些。

DMP 平台在广告平台中非常重要，但是 DMP 平台的权限并不向每一个广告主开放。因为 DMP 平台的目的是让广告主对广告投放进行更加精细化的操作，广告主圈选的人群包有可能很小，覆盖的用户很少，进而导致平台上很多流量无法进行商业化变现，所以在一些广告平台上，比如拼多多，DMP 平台的权限仅向中大型广告主开放，小型广告主只能使用平台的智能定向功能，由平台决定将广告曝光给哪些用户，而不是由广告主自己来决定。这里广告平台侧是更加强势的一方，当然平台侧对于自己的智能定向能力比较自信，相信平台圈选的用户群体比广告主自己圈选的用户群体要好。不过对于中大型广告主来说，DMP 功能是不可或缺的，他们有专业的广告投手来针对每一次广告投放圈选特定的目标人群，很多时候一次广告投放会圈选几十个人群包，同时基于实际的广告投放效果对人群包进行汰换。

5.13　广告诊断工具

广告主在平台投放广告时经常会遇到各种各样的问题，比如广告投放没有展现、广告拿量不足、广告投放效果不好等。此时广告主就会通过对接的广告销售或者广告客服来进行沟通或者投诉等，希望平台侧进行排查或者给予投放建议，平台侧处于被动接收的状态。而平台侧有时也会发现广告主在广告投放中的一些问题，比如广告预算不足、定向人群过窄、出价太低等，这些问题平台侧也希望及时告知广告主，这样广告主就可以及时对投放计划进行调整。在此大背景下，互联网广告平台一般都会向广告主提供投放诊断工具，如图 5-61 所示。

图 5-61　引力魔方的投放诊断工具

图 5-61 为阿里妈妈旗下引力魔方产品的首页，首页将当前所有投放计划的状态进行披露，告诉广告主哪些计划投放正常，哪些计划绑定的 SKU 已经下架，哪些计划即将到期，哪些计划预算不足可以增加预算等。广告主可以对当前在投的所有计划进行概览，点击每一个诊断类型即跳转至对应页面。而在京东京准通和字节巨量引擎中，广告诊断工具作为一个单独的入口，广告主可以点击进去查看详细记录。

总体来说，广告诊断工具可以帮助广告主快速诊断广告投放存在的问题并提供解决方法，从而帮助广告主投放提效。广告诊断工具还可将广告底层的一些黑盒策略向广告主披露，帮助广告主更加科学地进行广告投放。

广告整体的结构分为计划—单元—创意 3 个层级，其中计划是最高层级。在实际诊断时，需要将广告拆分到对应层级分别进行诊断，具体分为 3 个维度。

1. 计划维度

计划维度的诊断主要是预算诊断，预算诊断一般分为两种情况。

● *预算即将消耗完，需要提醒广告主预算不足，应增加预算*

在这种情况下，一般是从预算所剩的比例和绝对值两方面进行评估，比如广告主的日预算仅剩下 10% 或预算已经低于系统预算播放的最低值，这时可以提醒广告主增加预算。充足的预算能够增加线上广告播放的概率，因为 RTB 广告多数采用实时竞价，按照 CPC 来扣费，当广告预算不足时，很容易出现预算瞬间花完的情况，导致用户点击 10 次，但是广告预算仅够支付 5 次点击费用的情况。系统为了避免此类情况发生，对于预算不足的广告计划，会降低广告曝光概率。

● *针对线上一些投放效果比较好但是预算设置比较少的计划，建议广告主增加更多预算，以获得更多流量*

比如，广告计划的 CTR 和 ROI 等效果指标都比较好，超过同行业或者同类目 90% 的计划，但是整体预算设置却处于同行业或者同类目计划的后 30%。在这种情况下，就可以建议广告主适当增加预算。

2. 单元维度

广告的获量能力与投放效果与广告标的物本身以及定向出价设置等息息相关，所以单元维度的诊断主要围绕广告标的物、定向和出价 3 个方向进行。

● 广告标的物

针对广告标的物，主要诊断标的物有无异常情况导致广告无法展现。对于此种异常情况，广告主可以自行处理。比如在电商广告中，商品标的物存在下架、没有库存等情况，都会导致广告无法展现，广告主可以去商品管理后台处理。在内容广告中，内容一旦违规，广告会被禁播。有一些禁播策略可以向广告主披露，比如敏感词，提醒广告主修改广告标题和图片中涉及敏感词的文案。禁播策略的输入其实源于用户体验策略中对敏感内容的识别能力。

● 定向

定向诊断一般诊断当前计划面向的人群受众以及覆盖人群和其他广告的重合度。首先针对广告主通过 DMP 平台圈选的人群进行覆盖人群量预估，如果覆盖人群量在某个阈值以下，可以提醒广告主添加更多人群，广告主可以基于平台 DAU 来预估阈值。其次平台会对比广告主投放的所有计划的定向人群，如果不同计划的定向人群的重合度非常高，则意味着各个计划之间彼此抢量，最终可能导致各个计划获量都不明显。对于此种情况，系统一般会建议广告主针对每个计划进行差异化人群定向。

● 出价

广告主的出价也是影响广告获量的一个重要因素。虽然系统在广告主开始创建计划时会提供建议出价，广告主按照该出价进行设置，出价一般不会成为该广告与其他广告竞争失败的主要原因，但毕竟整体竞价环境一直在变化，如果其他广告主提高出价会带动整体广告大盘，所以系统会基于大盘整体出价水平以及同行其他广告主的出价重新计算建议出价，比较简单的计算方法就是计算当前的平均出价。当广告主的出价低于同行的平均出价时，系统会建议适当提升出价，同时系统也会引导广告主使用智能出价产品，将出价流程交给系统智能托管。

3. 创意维度

创意维度的诊断主要是评估创意素材的质量，如果创意素材的质量很差，会影响广告的获量和用户的点击。创意诊断主要围绕以下几个方面进行：创意元素不完整，比如人物显示不完整，文字信息显示不完整；创意布局不合理，整体拼接和堆砌感很强；创意元素过于密集，加入太多文字信息和各种元素，导致整个创意变成"牛皮癣"广告；外页创意信息与落地页信息不一致。对于这些创意诊断，系统提供不同的解决方案，同时提供创意库工具的快捷入口。一般情况下，创意诊断页面也会分行业提供一些比较精美的创意设计，供广告主学习参考。

广告主投放广告只是第一步，如何帮助广告主更好、更高效地投放广告，同时解决投放过程中出现的各种问题，这是广告平台需要重点关注的方面，所以说广告诊断工具是广告平台不可或缺的一部分。策略产品经理需要思考如何将投放过程中的常见问题和对应的解决方案以标准化产品的形式提供给所有广告主，帮助广告主快速定位问题并解决问题，以标准化产品来代替人工。

5.14 小结

本章先从广告基础知识介绍入门，然后以百度凤巢和阿里妈妈为引例介绍了最近 20 年国内互联网广告的风云变化史，最后拆解广告策略的各个模块，如投放策略、流量策略、竞价机制、出价策略、归因策略、创意策略等，分别展开详细介绍。广告策略相对于推荐策略和搜索策略有更多的细分策略模块和业务知识，同时也有一部分策略体系建立在自然推荐和搜索的基础之上。读者阅读本章时，需要结合第 3 章和第 4 章的知识，广告策略产品经理也应了解自然搜推策略体系，因为搜广推三者是不分家的。

第 6 章

工业界前沿技术应用

前面章节介绍了搜广推领域的实践策略和大规模应用算法，本章节将介绍目前工业界应用的一些前沿技术，比如强化学习、联邦学习和边缘计算等。这些技术受到内外部环境变化的影响，未来将会在工业界得到广泛应用，其中有些技术已经在行业内得到了广泛应用，比如 ChatGPT 就应用了深度强度学习技术。作为策略产品经理，需要提前关注一些行业先进技术，以便在工作中高效地解决业务问题，带来更好的业务效果。

6.1 强化学习

2016 年 3 月，谷歌旗下的 DeepMind 公司开发的 AlphaGo 与围棋世界冠军李世石进行人机大战，最终以总比分 4:1 获胜。2017 年 5 月，中国乌镇围棋会上，AlphaGo 与当时世界排名第一的中国棋手柯洁对战，最终以总比分 3:0 获胜。从此以后，AlphaGo 以及 AlphaGo 背后的技术"强化学习"开始被世人广泛知悉。后来，强化学习在王者荣耀中被应用，王者荣耀团队上线了 AI "觉悟"，在顶级期刊 AAAI 甚至发表过强化学习在王者荣耀中应用的论文。2023 年爆火的 ChatGPT 4.0 的底层技术也有强化学习。在工业界，强化学习的应用领域越来越广泛，覆盖场景包括推荐系统和广告场景的智能出价等。那么强化学习到底是什么？

6.1.1 案例引入

强化学习是机器学习的一种学习方式。在进行强化学习训练时，需要环境给予反馈，并对应具体的反馈值。下面以两个实例展开介绍。

1. AlphaGo 下棋

AlphaGo 是强化学习的训练对象，AlphaGo 走的每一步棋不存在对错之分，但存在好坏之分。强化学习的训练基础在于 AlphaGo 的每一步行动，环境都能给予明确的反馈，是"好"还是"坏"？"好""坏"的程度都需要进行量化。强化学习在 AlphaGo 这个场景中的最终训练目的就是让棋子占领棋面上更多的区域，赢得最后的胜利。

2. 马戏团耍猴

驯兽师通过敲锣训练猴站立敬礼，猴是训练对象。如果猴完成了站立敬礼的动作，就会获得一定的食物奖励；如果猴没有完成或者完成得不对，就没有食物奖励甚至会遭到鞭子抽打。时间久了，每当驯兽师敲锣，猴自然而然地就知道要站立敬礼，因为这个动作是当前环境下获得收益最大的动作。

强化学习的灵感源于心理学领域的行为主义理论。

一切学习都是通过条件作用，在刺激和反应之间建立直接联结的过程。

强化在"刺激 — 反应"的建立过程中起着重要的作用。在"刺激 —反应"联结中，个体学到的是习惯，而习惯是反复练习与强化的结果。习惯一旦形成，只要原来或类似的刺激情境出现，习得的习惯性反应就会自动出现。

基于上述案例和心理学理论，**强化学习是指训练对象如何在环境给予的奖励或惩罚的刺激下，逐步形成对刺激的预期，产生能获得最大利益的习惯性行为。**

6.1.2　强化学习概述

1. 强化学习的特点
强化学习具有以下几个特点。

● 试错学习

在强化学习训练过程中，训练对象不停地和环境交互，通过试错的方式去总结每一步的最佳行为决策，整个过程没有任何指导，只有冰冷的反馈。所有的学习基于环境反馈，训练对象据此调整自己的行为决策。

● 延迟反馈

在强化学习训练过程中，训练对象的"试错"行为能够获得环境的反馈，但有时候可能需要等到整个训练结束以后才会得到反馈。比如 Game Over 或者 Win。对于这种情况，在训练过程中可对反馈进行拆解，尽量将反馈分解到每一步。

● 时间是强化学习的一个重要因素

在强化学习训练过程中，一系列环境状态的变化和环境反馈等都和时间强挂钩，随着时间的变化，状态和反馈也在不停变化，所以时间是强化学习的一个重要因素。

● 当前的行为影响后续接收到的数据

在监督学习和半监督学习中，每条训练数据都是独立的，相互之间没有任何关联。但在强化学习中并不是这样，当前状态以及采取的行动将会影响下一步接收到的数据。数据与数据之间存在一定的关联性。

2. 强化学习的基本组成要素
下面介绍强化学习的基本组成要素，此处以加州大学伯克利分校的一个开源项目——pacman(吃豆人) 小游戏为例。pacman 是由日本南梦宫制作的一款街机游戏，如图 6-1 所示。

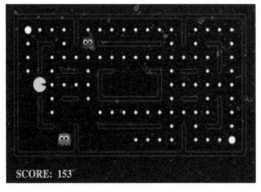

游戏的主体

怪兽，一直在捕捉游戏的主体

 豆子，pacman的进食对象

 score pacman得到的分数

图 6-1　pacman 游戏界面

pacman 游戏的目标很简单，就是 pacman 要把屏幕显示的所有豆子全部吃完，同时又不能被怪兽碰到，被怪兽碰到则游戏结束。pacman 每走一步，每吃一个豆子或者被怪兽碰到，分数都会发生变化。依据这个小游戏，可以将强化学习分成以下几个核心部分。

● agent(智能体)

强化学习训练的主体是 agent，有时候翻译为"代理"，这里统称为"智能体"。在 pacman 游戏中，agent 就是这个张开大嘴的黄色扇形移动体。

● environment(环境)

整个游戏的大背景就是环境，pacman 中的 agent、怪兽、豆子以及各个隔离板块组成了整个环境。

● state(状态)

因为怪兽一直在移动，豆子数目在不停变化，agent 的位置也在不停变化，所以整个 state 处于变化中。这里特别强调一点，state 包含 agent 和 environment 的状态。

● action(动作)

基于当前的 state，agent 可以采取哪些 action，比如向左或向右，向上或向下。action 和 state 强挂钩，比如图 6-1 中很多位置都有隔板，很明显 agent 在此 state 下是不能往左或者往右移动的，只能上下移动。

● reward(奖励)

agent 在当前的 state 下，采取某个特定的 action 后，会获得环境的反馈，即为 reward。在强化学习中，reward 只代表环境给予的"反馈"，可能是奖励也可能是惩罚。比如在 pacman 游戏中，agent 碰见了怪兽，环境给予的 reward 就是惩罚。

3. 强化学习的训练过程

如何让 agent 通过强化学习在特定环境 (environment) 和特定状态 (state) 下做出最优的动作 (action) 选择？强化学习整个训练过程符合马尔可夫决策过程 (Markov decision process，MDP)。本书第 4.7.2 节提到过马尔科夫假设，此处详细介绍马尔可夫决策过程，如图 6-2 所示。

图 6-2 马尔科夫决策过程

Markov 是一位俄国数学家，为了纪念他为马尔可夫链所做的研究，以他名字命名了"Markov decision process"。MDP 的核心思想就是下一步的 state 只和当前的 state 以及要采取的 action 有关，只回溯一步。比如在图 6-2 中，state3 只和 state2 以及 action2 有关，和

state1 以及 action1 无关。模型已知当前的 state 和将要采取的 action，就可以推出下一步的 state，而不需要继续回溯上一步的 state 以及 action，再结合当前的 state 和 action 才能得出下一步的 state。实际应用中，基本场景都符合马尔可夫决策过程，比如 AlphaGo 下围棋，通过当前的棋面和棋子准备落在哪里，模型就可以清晰地知道下一步的棋面。为什么要先定义好整个训练过程符合 MDP ？因为只有训练过程符合 MDP，模型才能根据当前的 state 以及要采取的 action 推出下一步的 state。如果在训练过程中模型连每一步的 state 变化都推理不出，那么也就无从训练。

6.1.3　基于价值的强化学习

强化学习的算法有很多种，每一种算法指导 agent 行动的方式存在一定差异，本书主要介绍基于价值的强化学习算法。

1. 基于价值 (value-based) 的算法

● 说明

基于每个 state 下可以采取的所有 action 以及这些 action 对应的 value 来选择当前 state 如何行动。强调一点，这里的 value 并不是指从当前的 state 进入下一个 state 时环境反馈的 reward，它只是 value 的一部分。因为模型实际训练时既要关注当前的收益，也要关注长远的收益，所以这里的 value 是通过计算公式得出来的，而不仅仅是状态变更环境立即反馈的 reward。value 的计算较为复杂，通常使用贝尔曼方程，后续会详细介绍。

● 如何选择 action

简单来说，选择当前 state 下对应 value 最大的 action。比如在图 6-3 中，agent 在 state 1 状态下，可以采取的 action 有 3 个，但是 action2 带来的 value 最大，所以最终 agent 进入 state 1 状态时最佳的选择就是 action2。强调一点，这里的 value 值，在强化学习训练开始时是未知的，一般设置为 0。然后让 agent 不断去尝试各类 action，不断与环境交互，不断获得 reward，再根据 value 更新公式，不停地更新 value，最终在训练多轮以后，value 值会趋于一个稳定的数值，才能确定在具体的 state 下，采取特定的 action，对应的真实 value 是多少。

● 代表性算法

Q-learning，SARSA(state-action-reward-state-action)。

● 适用场景

action 空间是离散的，比如 pacman 的动作空间基本是"上下左右"，但有些 agent 的动作是一个连续的过程，比如机械臂的控制，整个运动是连续的。如果要强行将连续的 action 拆解为离散的 action 也是可以的，但是拆解后维度太大，往往达到指数级，不适宜训练。在 value-based 场景中，完成学习后，每个 state 对应的最佳 action 基本固定。但在有些场景下，即使最终完成学习，每个 state 对应的最佳 action 也是随机的，比如剪刀石头布游戏，最佳策略就是出剪刀、石头、布的概率各为1/3。

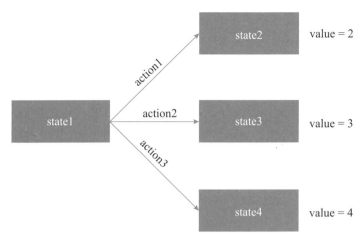

图 6-3　基于价值的强化学习算法

2. 强化学习的探索与利用 (explore & exploit)

机器学习中有一个经典问题就是探索与利用，这个问题在强化学习中尤其突出。比如在 value-based 中，以图 6-3 为例，在 state1 的状态下，action1、action2、action3 开始对应的 value 都是 0，这是因为模型训练前根本不知道在当前的 state 下选择每个动作可以得到的真实 value 是多少，故初始值均设为 0。如果第一次随机选择了 action1，这时 state1 转化为 state2，得到 value=2，系统记录在 state1 下选择 action1 对应的 value=2。如果下一次 agent 又一次回到 state1，此时如果模型选择可以返回最大 value 的 action，那么一定还是选择 action1，因为此时 state1 下 action2 和 action3 对应的 value 仍然为 0。agent 根本没有尝试过选择 action2 和 action3 会得到的 value 是多少，所以在强化学习训练的时候，一开始会让 agent 偏向于探索 (explore)，而不是哪一个 action 带来的 value 最大就执行哪一个 action。选择 action 时具有一定的随机性，目的是覆盖更多的 action，尝试每一种可能。等到训练很多轮以后，尝试了在各种 state 下选择各种 action，这时候会大幅降低探索比例，尽量让 agent 偏向于利用 (exploit)，哪一个 action 返回的 value 最大，就选择哪一个action。

在机器学习领域，探索与利用是经常出现的问题，除了强化学习，在推荐系统中也会出现这个问题。比如用户对某个商品或内容感兴趣，系统是否应该一直为用户推送？推送时是否要适当搭配一些其他商品或内容？

3. Q-Learning 算法

下面详细介绍 value-based 的 Q-learning 算法，这也是工业界常用的强化学习算法。

● Q-table

在 Q-learning 算法中，除了强化学习的基本要素 ——agent、environment、state、action 和 reward，还有一个要素就是 Q-value。Q-value 是由 state 和 action 组合在一起决定的，这里的 value 不是 reward，reward 是 value 的一部分，具体如何生成 Q-value 下面会单独介绍。在实际落地中，我们会存储一张表，称它为 Q-table。key 是 (state, action)，value 就是对应的 Q-value。每当 agent 处在某个 state 中，查询 Q-table，选择当前 state 下对应

value 最大的 action，执行这个 action 进入下一个 state，然后继续查表，选择 action，一直循环，如表 6-1 所示。Q-value 的价值就在于指导 agent 在不同 state 下选择哪个 action。

表 6-1　pacman 游戏中的 Q-table 部分示例

key(键)	value(值)
(state1，向上)	100
(state1，向左)	−20
(state1，向下)	10
(state2，向上)	30
(state2，向右)	45
(state2，向下)	−25
(state3，向上)	60
(state3，向下)	70
(state3，向左)	80

那么如何知道在整个训练过程中，agent 会遇到哪些 state？每个 state 可以采取哪些 action？以及如何将每个 (state, action) 对应的 Q-value 从训练中学习出来？

● Bellman 方程的思想

在介绍如何学习出 Q-value 之前，首先要了解贝尔曼方程，这是后续迭代学习 Q-value 的基础。贝尔曼方程是由美国科学家理查德·贝尔曼发现并提出的。它的核心思想是，当我们在特定时间点和状态下去考虑下一步的决策时，我们不仅要关注当前决策立即产生的 reward，也要考虑当前决策衍生的持续性 reward。简单地说，就是既要考虑当前收益最大化，还要关注未来收益的持续性。

● Bellman 方程的 Q-value

在 Q-learning 算法中，如何更新 Q-value？

Q-value 的更新公式如图 6-4 所示，模型通过该公式更新 $Q(s,a)$ 时，既关注当下增量收益，也关注未来增量收益。当下增量收益就是状态变更时环境立即反馈的 reward；未来增量收益就是状态变更后，达到新状态时，新状态对应可以采取的 action 能够得到的最大 value，再减去当下状态的 value。在更新表达式中，需要加上学习率 α 和折扣率 γ。设置学习率和折扣率是希望学习更新过程缓慢一些，避免某一步的学习跨度过大，从而对整个学习结果造成比较大的偏差。因为 $Q(s,a)$ 会更新迭代很多次，所以不能因为某一次学习对最终的 Q-value 产生非常大的影响。

在实际训练中，Q-table 所有的初始值都为 0，然后让 agent 进行探索，每一次训练都根据 Q-value 更新公式不断更新 Q-table 每个键值对 (state, action) 对应的 Q-value 值，直到整个 Q-table 的 Q-value 值趋于稳定。正常模型训练时，我们会设置训练次数，比如 1000 次，最终得到一张数值稳定的 Q-table 表，后续 agent 再选择 action 时查询这张表即可。在当前 state 下，采取哪一个 action 得到的 Q-value 最大，那么就采取哪一个 action。不过正式应用时，需要设置一定的探索比例，即便已有 Q-table 表可供参考，仍然要设置一定的比例让 agent 进行随机动作探索。

$$Q(s,a) \leftarrow Q(s,a) + \alpha[\underbrace{reward}_{\text{当下增量收益}} + \underbrace{\gamma Max_{a'}\, Q(s',a') - Q(s,a)}_{\text{未来增量收益}}]$$

- $Q(s,a)$ 表示的是在状态s，采取了动作a，得到的value值；

- $Q(s',a')$ 表示的是在状态s'，采取了动作a'，得到的value值；

- reward 表示的是在状态s，变为s'，环境立即给予的reward反馈；

- $Max_{a'}\, Q(s',a')$ 表示的是在状态s'下，可以采取的所有动作中a'，能够得到的最大value值；

- α是学习率，γ是折扣率

图 6-4　Q-value 的更新公式

4. 强化学习实际开展中的难点

虽然强化学习很强大，但在实际应用时，仍存在很多棘手的问题。

● reward 的设置

如何设置 reward 函数，如何将环境的反馈量化都是非常棘手的问题。比如 AlphaGo 如何衡量每一步棋下得"好"还是"坏"并将其最终量化，这是非常棘手的问题。有些场景下，reward 函数是很难设置的。

● 采样训练耗时过长，工业实际应用难

强化学习需要尽量探索每一个 state 下的每一个 action，然后进行学习。实际应用时，在部分场景下，训练时长过长，算力开销庞大。选择使用其他算法也能获得同样的效果，而训练时长大幅缩短，算力开销节约很多。强化学习的上限很高，但如果训练不到位，很多时候下限特别低。

● 容易陷入局部最优

在部分场景中，agent 采取的行动可能是当前局部最优，而不是全局最优。经常有游戏玩家反映打游戏时碰到了王者荣耀 AI，明明此时推塔或者推水晶是最合理的行为，但 AI 却去打小兵，这是因为 AI 采取的是局部最优行为。这说明再合理的 reward 函数设置都可能陷入局部最优。

6.1.4　实际应用案例

在工业领域，强化学习经常和深度学习结合在一起应用，人们称之为深度强化学习。AlphaGo 背后的技术实际就是深度强化学习。目前，深度强化学习在以下领域得到了广泛的应用。

1. 游戏

目前市场上的一些 MOBA 游戏基本都应用了强化学习版的 AI，最知名的就是王者荣

耀"觉悟"AI。在游戏环境下，模型训练可以随便交互，随便试错，没有任何真实成本。同时 reward 也相对比较容易设置，存在明显的奖励机制。AI 在游戏领域的应用可以提升游戏的趣味性，在排位时如果人员不够，AI 可以快速补位，缩短游戏的等待时长。

2. 自动驾驶

自动驾驶领域的部分场景也应用到深度强化学习，比如轨迹优化、运动规划、动态路径等。因为强化学习需要和环境交互试错，现实世界中这项技术成本太高，所以在真实训练时需要加入安全员进行干预，及时纠正 agent 采取的错误行为。

3. 推荐系统

现阶段，推荐系统应用的主流技术是深度学习。目前部分互联网大厂将强化学习引入推荐系统中，比如美团。引入强化学习的目的是提升推荐系统与用户在多轮交互过程中的长期收益。2018 年，美团首页的"猜你喜欢"场景使用了深度强化学习进行推荐效果优化，如图 6-5 所示。根据美团点评技术团队披露的公开数据，首页周效果 CTR 相对提升 0.5%，平均停留时长相对增加 0.3%，浏览深度相对提升 0.3%，而且整体实验效果非常稳定。因为美团"猜你喜欢"的排序模型已经是业界领先的 DNN 模型，虽然上述指标整体提升幅度不是很大，但是美团技术团队认为这个提升也是较为显著的。目前，强化学习主要应用于推荐场景重排环节的序列推荐中，而不是单个物料的兴趣度预估中，只不过目前强化学习整体还处于探索阶段，并没有取得较高的正向收益。

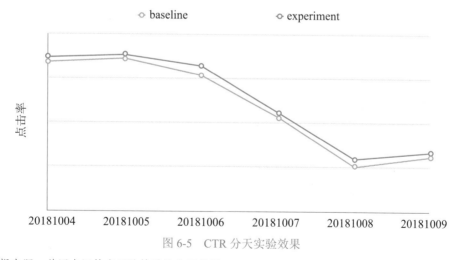

图 6-5　CTR 分天实验效果

数据来源：美团点评技术团队披露的公开数据

4. 广告场景

除了上述推荐系统，广告场景在序列推荐中尝试了强化学习。目前，强化学习在广告场景的序列化投放和实时竞价策略中得到了应用。根据阿里妈妈披露的公开数据，2019 年阿里妈妈将强化学习应用到整个序列化投放中，帮助广告主解决如何基于固定广告预算提升广告投放的 ROI。该项研究被 ICML-2020 接收，论文全名为 *Dynamic Knapsack Optimization Towards Efficient Multi-Channel Sequential Advertising*。如图 6-6 所示，该策略优化上线后，在小流量实验阶段，实验组 2 和对照组对比，在花费相同的情况下，广告成交 GMV 提升了 10% 以上，即广告主的 ROI 提升了接近 10%。

category	cost	buycnt	GMV	cvr	roi	cost+	buycnt+	GMV+	cvr+	roi+
base	612w	10.7w	1492w	0.0193	2.437	0%	0%	0%	0%	0%
test1	592w	10.7w	1506w	0.0202	2.542	-3.26%	0.18%	0.91%	4.78%	4.31%
test2	611w	11.5w	1643w	0.0209	2.688	-0.2%	7.48%	10.08%	8.52%	10.31%
test3	609w	11.3w	1592w	0.0204	2.611	-0.44%	5.16%	6.67%	6.04%	7.15%

图 6-6   小流量实验数据

数据来源：阿里妈妈披露的公开数据

总体来说，强化学习在游戏领域得到了广泛应用，大语言模型训练借助强化学习也取得了突破性进展。但是在其他领域，比如推荐系统和搜索引擎中，目前整体还处于探索阶段。未来当深度学习在各大场景得到广泛应用且优化效果几乎接近上限时，与其他技术手段比如强化学习相融合，将成为主流的效果提升方案。

6.2   联邦学习

联邦学习 (federated learning)，字面直译就是多方参与，共同学习。联邦学习是谷歌在 2017 年 4 月提出的。联邦学习是策略产品经理必知的技术之一。作为策略产品经理，日常工作就是设计策略，基于效果表现不断优化调整策略。在策略优化中，数据决定模型效果的上限，算法和算力只是不断去逼近这个上限。现实生活中，用户有很多数据，但是数据分布在不同的公司，比如腾讯有用户的社交数据，阿里和京东有用户的电商数据，携程有用户的出行数据。这些数据彼此是不互通的，而且各家公司也不愿意与其他公司分享原始数据。但如果模型想要充分了解用户，就需要综合用户的所有数据进行评估。联邦学习就是为了解决各家公司在不交换原始数据的前提下，彼此使用对方数据完成模型训练最终提升模型效果的技术。

6.2.1   联邦学习概述

1. 联邦学习的定义

微众银行发布的《联邦学习白皮书》将"联邦学习"定义如下：**在进行机器学习的过程中，各参与方可借助其他方数据进行联合建模。各方无须共享数据资源，即在数据不出本地的情况下，进行数据联合训练，建立共享的机器学习模型。**

2. 联邦学习的分类

联邦学习可细分为 3 个领域，如图 6-7 所示。

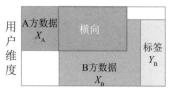 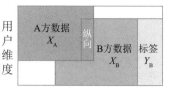 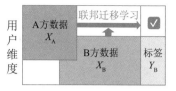

图 6-7 联邦学习的 3 个细分领域

● 横向联邦学习

横向联邦学习适用于两个场景下用户的特征重合度高，但是用户重合度很低的情况。谷歌最早提出来的联邦学习就属于横向联邦学习。

● 纵向联邦学习

纵向联邦学习适用于两个场景下用户的特征重合度低，但是用户重合度很高的情况。目前，工业界不同企业在不分享原始数据的基础上进行联合建模的方式就属于纵向联邦学习。

● 联邦迁移学习

联邦迁移学习适用于两个场景下用户的特征和用户本身重合度都很低的情况。

3. 联邦学习的特征

联邦学习具有以下 4 个核心特征。

● 多方协作

有两个或两个以上的联邦学习参与方协作构建一个共享的机器学习模型，每一个参与方都拥有若干能够用来训练模型的训练数据。

● 各方平等

联邦学习各参与方之间都是平等的，并不存在高低贵贱之分。

● 数据隐私保护

在联邦学习模型的训练过程中，每一个参与方拥有的数据都不会离开该参与方，即数据不离开数据拥有者。

● 数据加密

联邦学习模型相关的信息能够以加密方式在各方之间进行传输和交换，并且需要保证任何一个参与方都不能推测出其他方的原始数据。

6.2.2 横向联邦学习

2017 年，谷歌第一次提出联邦学习是为了解决 C 端用户终端设备的模型训练问题。C 端用户手机上的智能软件在提供服务时需要依靠模型，而模型的训练学习要基于用户的数据。比如，基于不同人的打字拼音习惯，输入法会不停更新，慢慢和用户的打字习惯进行匹配，用户会觉得输入法越来越智能。那么过去手机输入法是如何进行模型训练的？过去用户每天产生的行为数据会全部上传至云端服务器，部署在服务器上的模型基于上传的数

据进行训练，然后更新模型，最终实际应用时，本地需要请求云端服务，这种训练方式称
为集中式模型训练，其流程如图 6-8 所示。

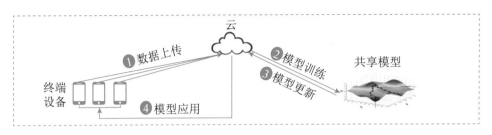

图 6-8　集中式模型训练流程

集中式模型训练有两个弊端。

● **无法保证用户的数据隐私**

服务商将用户的数据全部采集到服务器上进行统一管理。这种方式在个人数据隐私管
控越来越严的情况下，会越来越受限。

● **实时性难以保证**

模型在应用时需要通过网络请求云端模型，在网络延迟或者没有网络的情况下，模型
无法发挥它的作用。

为了解决上述弊端，谷歌提出了一种新的解决方案，并将它命名为"federated learning"。
用户数据不出本地，所有模型训练都在设备本地进行。本地模型训练完毕，将得到的模型
参数或下降梯度经过加密上传至云端，云端模型接收所有上传的加密参数或梯度后，结合
所有的参数值进行统一聚合，比如通过加权平均得到新的模型参数或下降梯度，然后将新
结果再下发到本地，本地更新得到一个全新的模型。这种方式又称为"分布式模型训练"，
大致流程如图 6-9 所示。

这种模型训练方式有一个基本要求：**本地模型 -local model 和云端模型 -global model
的特征必须一致**。这是因为模型汇总了无数本地模型的参数，基于这些参数对云端模型进
行更新。如果这些模型的特征不一致，那么参数之间没有任何参考意义。比如一个预测身
高的模型，本地模型用"性别＋年龄"特征，云端模型用"体重＋肤色"特征，将本地模
型训练得到的模型参数上传到云端，对云端来说根本毫无参考价值。

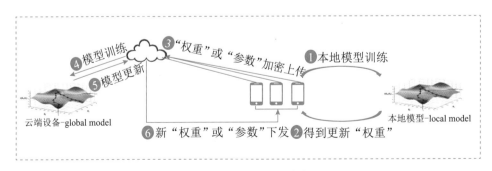

图 6-9　分布式模型训练流程

上述联邦学习又称为"横向联邦学习"，模型之间的特征一样，只是使用的样本数据
不一样。比如在图 6-10 中，本地模型使用的用户特征都是一样的，但是每个本地模型只

能使用本地这一个用户的数据进行训练，无法使用其他用户的数据进行训练。

横向联邦学习

(用户特征一样，样本数据不一样)

模型特征					
	性别	年龄	肤色	体重（KG）	学历
用户A	M	28	白	89	本科
用户B	M	20	黑	76	高中
用户C	F	39	黄	55	博士
…	…	…	…	…	…
…	…	…	…	…	…

（左侧竖排标注：用户样本）

图 6-10　横向联邦学习示例

"分布式模型训练"的新模式一方面保护了用户隐私，另一方面将训练好的云端模型下放到本地进行应用，不受网络限制。此外，将数据源不同、特征相同的模型联合训练，可以提升单个模型的效果和泛化性。

读者可能还会对上述联邦学习方案存在以下几个疑惑。

● 本地模型如何训练更新？

当用户的手机处于闲置状态时，本地模型可以开始训练和上传加密参数。就像人一样，利用睡眠的时间更新大脑认知系统。

● 模型部署本地会不会占据太多资源？

很多时候部署在云端服务器的模型很大，特别占内存，需要经过压缩和部分特征删减，将大模型变成一个极小模型才可以使用。

● 上传的数据可以是模型的特征参数或模型训练的下降梯度吗？

这两者均可，模型的特征参数本来就是通过梯度下降法计算出来的，所以通过下降梯度也可以得到最终模型的特征参数。

● 上传的数据为什么要加密？加密的数据又如何使用？

如果这些数据不加密，系统可通过这些数据进行反推导，将原始数据推导出来，这样做虽然难度很大，但为了保险起见，还是应将所有数据加密上传。

云端得到的是一个加密数据包，在加密状态下，云端模型基于数据包开始更新计算，采用"同态加密"的算法。在整个计算过程中，云端模型均不知道加密数据包的具体内容。

6.2.3　纵向联邦学习

谷歌提出联邦学习是为了解决 C 端用户上传数据隐私问题，但是在工业界，更常见的是 B 端企业之间的数据孤岛问题。假设淘宝和腾讯进行合作，淘宝和腾讯的用户肯定有一部分是重叠的，淘宝有这部分用户的电商数据，腾讯有这部分用户的社交数据。如果两者共享数据，那么两者的模型效果都会有大幅提升，但在实际中，两者肯定不会共享数据。那么如何让双方在不交换原始数据的前提下，提升各自模型的效果呢？

谷歌的联邦学习方案是**"横向"**的，本地模型和云端模型的特征都是一样的，模型的目标也是一样的。但是 B 端企业之间的模型目标不一样，特征也不一样，比如淘宝和腾讯，两者的用户存在重叠，但是场景不同，采集到的用户特征也存在一定差异。在这种情况下，联邦学习方案是**"纵向"**的。

如图 6-11 所示，假设淘宝和腾讯有 A、B、C、D、E 5 个用户是重叠的，腾讯有用户的"性别"和"年龄"数据，淘宝有"常住区域""消费水平"和"购物频次"数据，两者结合起来，可以使用样本数据的所有特征构建一个效果更优的模型。纵向联邦学习的研究是由第一位华人国际人工智能协会 (AAAI) 院士和 AAAI 执行委员会委员——杨强教授牵头发起的。

纵向联邦学习

(样本数据一样，用户特征不一样)

		模型特征				← 标签 →
		性别	年龄	常驻区域	消费水平	购物频次	是否点击
用户样本	用户A	M	28	合肥	月消费＞1000	月平均＞5	是
	用户B	M	20	上海	月消费＞5000	月平均＞20	否
	用户C	F	39	北京	月消费＞10000	月平均＞10	是
	用户D	F	18	杭州	月消费＜500	月平均＞5	否
	用户E	F	45	南京	月消费＞3000	月平均＜3	否

图 6-11　纵向联邦学习示例

纵向联邦学习架构如图 6-12 所示。

本书以淘宝和腾讯合作的案例来讲解。如图 6-13 所示，纵向联邦学习过程分为 4 个步骤。

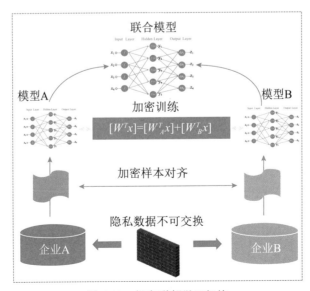

图 6-12　纵向联邦学习架构

背景：淘宝希望结合腾讯的数据，更好地预测用户对于淘宝App推荐的商品是否感兴趣，是否会点击。腾讯拥有用户的"性别"和"年龄"特征数据，淘宝拥有用户的"常驻区域""消费水平""购物频次"特征数据，以及每个数据的标签，即"是否点击"。

	← *Tencent 腾讯* →		←		淘宝	→
	性别	年龄	常驻区域	消费水平	购物频次	是否点击
	X1	X2	X3	X4	X5	Label
用户A	M	28	合肥	月消费>1000	月平均>5	是
用户B	M	20	上海	月消费>5000	月平均>20	否
用户C	F	39	北京	月消费>10000	月平均>10	是
用户D	F	18	杭州	月消费<500	月平均>5	否
用户E	F	45	南京	月消费>3000	月平均<3	否

图 6-13　腾讯 & 淘宝联邦学习合作案例

● **第一步：样本对齐**

腾讯和淘宝都不愿意共享自己的原始数据，所以两者要联合建模，首先需要对齐两者重叠的样本数据。在不暴露原始数据的前提下，双方要对齐重叠的样本数据，核心是对齐共有用户。这一步需要应用基于加密的用户 ID 对齐技术。

● **第二步：标签统一**

样本对齐以后，需要结合腾讯的数据来训练淘宝的模型，所以在整个训练过程中，数据标签即"是否点击"label 由淘宝侧管控。所有需要 label 值参与的计算，都由淘宝侧来完成，腾讯侧不参与任何需要 label 值的计算。

● **第三步：加密训练**

最终要构建的联合模型具备 X1 ～ X5 的所有特征，但是 X1 ～ X2 的特征数据在腾讯侧，X3 ～ X5 的特征数据在淘宝侧，同时 label 在淘宝侧。在模型开始训练时，两边模型各自使用独有的特征和数据，初始化自己的参数 ω，然后开始计算。训练时需要引入一个第三方，也就是"协作者 C"，这并不是说要引入一家新公司来参与训练，第三方仅作为一个中间方来处理数据。协作者 C 开始需要下发一个公钥给到腾讯和淘宝，腾讯计算出来的中间结果经过公钥加密发给淘宝，淘宝也是如此，然后双方计算各自的下降梯度，再加密上传给协作者 C。在这一环节，一般淘宝和腾讯都会加一些随机数，以防止协作者 C 直接获取梯度信息。协作者 C

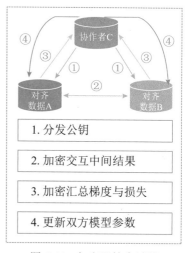

图 6-14　加密训练全过程

解密后汇总双方结果，得到一个最终的梯度值，再回传给淘宝和腾讯，两者收到梯度值后减去开始加上的随机数得到真实的梯度值，再更新模型的参数。加密训练全过程如图 6-14 所示。

● **第四步：训练结束，联合模型更新**

循环步骤三，直到最终模型收敛训练完毕。淘宝和腾讯侧的模型参数更新完毕，两者结合在一起就是一个联合模型。淘宝侧可应用该联合模型，后续有用户来访问淘宝 App，如果该用户在两者重叠的样本中，就访问联合模型，从淘宝和腾讯两侧获取加密数据，最终给出预测结果。

目前，LR 模型、决策树模型和神经网络模型已经被证明可以建立在纵向联邦体系上。

6.2.4 联邦迁移学习

联邦迁移学习是更加前沿的细分联邦学习领域。联邦迁移学习其实就是将联邦学习的思想和迁移学习的思想结合在一起。横向联邦学习的用户特征一样，样本数据不一样；纵向联邦学习的样本有重叠，用户特征不一样。在工业界，还会存在一种情况，就是用户特征不一样，样本数据没有重叠。这种情况下，能否联合建模？传统做法是采用迁移学习，将这些数据升维或者降维，在子空间中可能会存在特征重叠或者用户重叠，通过子空间的交互可以进行迁移学习。那么，如何在迁移学习过程中保护各方的数据隐私呢？这时引入联邦学习的思想即可。

6.2.5 实际应用案例

联邦学习比强化学习更晚出现，目前国内工业界比较领先的联邦学习框架是微众银行牵头的 FATE 开源框架，它覆盖三大联邦学习类型，工业界常用的算法如 LR、GBDT、DNN 等均可以使用。联邦学习的核心应用场景为金融风控场景和广告场景，它与这两个场景的业务特性息息相关。

1. 金融风控场景

很多用户在多家银行拥有信贷记录，甚至在一些互联网金融机构上也拥有借贷记录。单个金融机构想要对该用户做出全面、客观的资质评判，需要参照用户所有的金融记录。但是各大金融机构之间除了央行统一管理的个人征信，对于其他数据彼此是不互通的，这些数据既是用户的个人隐私，也是银行重要的数据资产。联邦学习可以让各大金融机构之间联合建模，对用户的资质进行全面、客观的评价，从而降低贷款违约率和资产不良率。微众银行发布的《联邦学习白皮书》2.0 版本里面的金融场景案例显示，通过联邦学习联合建模，可帮助一家消费金融机构提升风控模型效果约 12%，同时使整个信贷审核成本下降 5% ～ 10%。

2. 广告场景

互联网企业的 RTB 广告基于用户的实时请求，为用户推荐其感兴趣的商品，采用的推荐模型就需要大量使用用户的特征数据。而很多互联网企业只拥有用户的一部分特征数据，如果可以接入更多其他互联网企业的数据，或者是广告主自身拥有的用户数据，那么既能提升点击率，也可以提升广告主的 ROI。联邦学习的出现就很好地解决了这个问题。

模型效果的优化工作越到后期，算法和算力可以发挥的空间就接近上限，除非有突破性的算法出现。此时我们更需要在数据侧挖掘更大的潜力，而联邦学习可以解决各个企业之间的数据孤岛问题。未来联邦学习在工业界的应用会越来越广泛。

6.3　隐私计算

策略优化离不开数据，互联网企业无时无刻不在采集用户数据，但有时候，互联网企业在使用这些数据时会在不经意间暴露用户的隐私数据。史上最大的用户隐私数据暴露事件就是 "Facebook——剑桥分析数据丑闻事件"。2018 年 3 月，Facebook 承认英国数据分析公司——剑桥分析在 2016 年美国总统大选前违规获得了约 8700 万 Facebook 用户的信息，并成功地帮助特朗普赢得了美国总统大选。为此 Facebook 在 2018 年遭遇集体诉讼，被指控未能妥善保护用户的个人敏感信息并侵犯用户隐私。同时，美国联邦贸易委员会也对 Facebook 展开调查。而 Facebook 的 CEO 扎克伯格也曾出席美国参议院联合委员会举行的听证会。2019 年，Facebook 与 FTC 最终达成了罚款 50 亿美元和解协议。

因为这些层出不穷的用户隐私数据暴露事件，各国都在颁布对应的法律条例来保护用户隐私安全。2018 年 5 月 25 日，欧盟正式开始执行《通用数据保护条例》(General Data Protection Regulation，GDPR)。任何收集、传输、保留或处理涉及欧盟所有成员国内的个人信息的机构组织均受该条例的约束，即使该组织的主体不属于欧盟成员国。该条例规定对违法企业的罚金最高可达 2000 万欧元或者其全球营业额的 4%，以高者为准。

我国监管机构也相继出台了保护用户数据隐私安全的条例。2021 年 9 月 1 日，《中华人民共和国数据安全法》正式开始施行。2021 年 11 月 1 日，《中华人民共和国个人信息保护法》正式开始施行。2021 年被称为我国个人信息 (隐私) 保护 "元年"。

但实际上，信息市场存在强烈的数据流通需求和使用需求。在这样的背景下，隐私计算技术就变成各大公司重点建设的能力。如何在合规的前提下，通过隐私计算技术使用更多的数据，让数据流通起来，同时保护参与方的数据安全，基于各方数据来实现联合建模，不断提升模型效果，已成为未来研究的重点。

6.3.1　案例引入

我国第一位图灵奖获得者，清华大学姚班的创办者——姚期智院士，在 1982 年提出了一个百万富翁问题，如图 6-15 所示。

两位富翁在都不透露自己具体财产金额的情况下，
如何比较谁更有钱？

 VS

胡首富　　　　　　　孙首富

图 6-15　百万富翁问题

两位富翁都希望知道他们两个谁更有钱，但是都不愿意透露自己的财产金额。如何在不公开参与方数据的情况下，实现数据之间的计算？也就是如何实现"数据可用不可见"？可能读者会问，为什么不引入一个第三方？参与方将真实数据告诉第三方，由第三方来进行计算，最终告诉参与方结果。采用这种方法，有一个前提就是能找到一个可信的第三方，这个第三方值得信赖且后续也不会泄露任何数据，但这种第三方在现实生活中是不存在的。那么如果没有可信的第三方，这类问题应该如何解决？我们将这类问题归纳总结为：**在无可信第三方的情况下，多个参与方共同计算一个目标函数，并且保证每一方仅获取自己的计算结果，同时无法通过计算过程中的交互数据推测出其他任意一方的输入数据**。这类问题也被称为多方安全计算问题。

为了解决上述问题，至少要有两个基本保证。

● 安全的环境

将参与方的原始数据存储在一个安全可信的环境里，任何人都无法窃取。

● 安全的数据交互，不可解析的中间数据内容

参与方在实现数据可用的过程中，不能直接使用原始数据，必须将原始数据转化为中间数据，基于中间数据也可以实现计算目的。在整个数据交互过程中，数据是完全安全的，即使中间数据暴露，他人也无法基于中间数据反推出原始数据。

隐私计算的出现，就是为了解决多方安全计算问题。

6.3.2　隐私计算概述

1. 隐私计算的定义

隐私计算从 20 世纪 70 年代开始被研究，慢慢发展到现在，已经成为一门非常复杂的技术集合，融合了密码学、人工智能、计算机硬件等众多学科，逐渐形成以多方安全计算、联邦学习、可信执行环境为代表，以混淆电路、秘密分享等为底层密码学技术，以同态加密、差分隐私等为辅助技术的一整套技术体系。

隐私计算要解决的核心问题其实就是如何让数据更合规、更安全地流通和应用。在工业界，互联网公司利用隐私计算技术更加合规地采集和使用用户的隐私数据。不同的公司之间可以在不交换原始数据的前提下，使用隐私计算技术实现联合建模，从而提升各自模型的效果。

2. 隐私计算的技术体系

隐私计算发展至今，可分为三大核心研究方向，如图 6-16 所示。

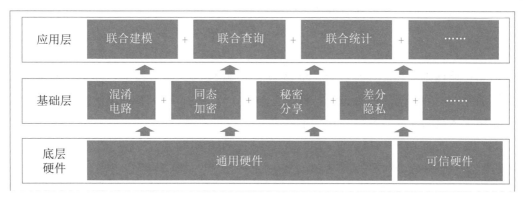

图 6-16　隐私计算技术体系

三大研究方向为底层硬件、基础层的多方安全计算体系、应用层的实际落地。下面分别展开介绍。

● **底层硬件：可信执行环境**

可信执行环境 (trusted execution environment，TEE) 通过软硬件在中央处理器中构建一个安全的区域，保证其内部加载运行的程序和数据在机密性和完整性上得到充分保证。TEE 是一个完全隔离的环境，可信执行控制单元被预置集成在 CPU 计算芯片中，后续所有的联合建模、联合查询、联合统计等均在 TEE 中执行。目前芯片厂商发布的 TEE 技术方案主要以英特尔 X86 指令集体系的 Intel SGX(software guard extensions) 技术和以 ARM 指令集架构的 Trust Zone 技术为代表。

可信执行环境是为了解决如何构建安全环境的问题，但在实际应用中，有一些场景使用普通的通用硬件即可，无须使用专门的可信硬件。基础层有非常严格的数据安全保护，可以确保数据安全。使用可信执行环境还是通用硬件，具体看实际场景中的业务诉求，类似云计算中的公有云与私有云。有些银行采买云服务时必须使用私有云 (类似可信执行环境)，而对有些企业来说，公有云也可以满足其需求 (类似通用硬件)。

● **基础层：多方安全计算**

有了底层硬件后，如何保证数据计算、数据交互、数据流通的安全？如何确保在不暴露原始数据的前提下，各方均可以实现同等效果的计算？多方安全计算可以解决这些问题。多方安全计算是多种密码学基础工具的综合应用，除混淆电路、秘密分享等以密码学原理构造的经典多方安全计算协议外，还加入了新的同态加密等密码学算法。通过密码学，将原始数据加工成中间数据供各方使用，同时保证各方无法基于中间数据反推出原始数据。多方安全计算保证整个计算过程是绝对安全的。

● **应用层：联合建模、联合查询与联合统计**

基于底层硬件环境，加之多方安全计算体系保证数据交互和数据计算的安全，便可以落地应用。在实际应用过程中，因为业务场景不同，涉及的隐私计算技术组合也不一样。在应用层，业务需求主要有联合查询、联合统计、联合建模等，不同的业务需求对应的隐私计算技术组合不一样。业务需求如果是联合建模，涉及的技术主要是联邦学习(详见本书第 6.2 节)。联邦学习融合多方安全技术，一般以通用硬件作为底层基础设施，不需要专门的可信执行环境，除非业务方要求必须在可信执行环境中计算。对于普通的联合查询和联合统计等，一般采用多方安全计算即可，是否搭配可信执行环境应依据业务方的要求而定。

隐私计算技术的核心还是计算，但是为了实现"计算"，融合了大量的技术体系，从最底层的硬件，到中间层的密码学，再到上层的联邦学习，同时辅助区块链技术。目前隐私计算技术体系的各项技术如表 6-2 所示。

表 6-2　隐私计算技术体系各项技术汇总

技术	性能	通用性	安全性	可信方	整体描述	技术成熟度
多方安全计算 (MPC)	低、中	高	高	不需要	通用性高，计算和通信开销大，安全性高，研究时间长，性能不断提升	已达到技术成熟的预期峰值
可信执行环境 (TEE)	高	高	中、高	需要	通用性高，性能强，开发和部署难度大，需要信任硬件厂商	快速增长的技术创新阶段
联邦学习 (FL)	中	中	中	均可	综合运用 MPC、DP、HE 等，主要用于 AI 模型训练和预测	快速增长的技术创新阶段
同态加密 (HE)	低	中	高	不需要	计算开销大，通信开销小，安全性高，可用于构造 MPC 协议	快速增长的技术创新阶段
零知识证明 (ZKP)	低	低	高	不需要	广泛应用于各类安全协议设计，是各类认证协议的基础	快速增长的技术创新阶段
差分隐私 (DP)	高	低	中	不需要	计算和通信性能与直接明文计算几乎无区别，安全性损失大小依赖于噪声大小	快速增长的技术创新阶段
区块链 (BC)	低	中	中	不需要	基于带时间戳的块链式存储、智能合约、分布式共识等技术辅助隐私计算，保证原始数据、计算过程及结果可验证	逐渐接近技术成熟的预期峰值

备注：上述内容部分参考中国信息通信研究院云计算与大数据研究所与隐私计算联盟于 2021 年发布的《隐私计算白皮书》

目前，工业界隐私计算的应用核心和策略主要集中在联邦学习上，本书第 6.2 节对联邦学习在工业界的应用进行了详细介绍，此处不再赘述。在策略产品经理的工作内容中，与隐私计算息息相关的是收集和使用用户隐私数据的环节。App 在采集和使用用户数据时，都需要以合规为前提，必须得到用户授权才能进行相关数据采集，同时对采集到的数据必须进行严格保护，否则可能因为一个小小的失误导致巨额罚款。2018 年，欧盟

GDPR(General Data Protection Regulation，通用数据保护条例) 颁布以后，执行的第一个案例就是以泄露客户数据为由处罚了英国航空公司 1.83 亿英镑。

6.4　边缘计算

目前，互联网公司大多使用云计算，而 AI 模型需要大量的算力作为支撑，国内比较著名的云计算服务商有阿里云、华为云、百度云，国外比较著名的云计算服务商主要有亚马逊的 AWS 和微软的 Azure。为云计算提供辅助的就是近些年得到快速发展的边缘计算，尤其是在物联网时代，边缘计算能力是每个智能硬件厂商和互联网公司必备的能力。

6.4.1　案例引入

人体的中枢神经系统主要由脑和脊髓构成，对于听、说、读、写这些高级动作，都需要汇总到大脑，由大脑来统一做出反应。大脑是中枢神经中最复杂的结构，是意识、精神、语言、学习、记忆等高级神经活动的基础。但有一部分动作不需要由大脑来指挥，比如膝跳反射，它是直接由脊髓里的神经系统进行控制的。人体脊椎里面的脊髓可以控制四肢和躯干的反射动作，这些应急反应动作不需要由大脑来发号施令，这种机制加快了应急速度，降低了外界环境突然变化对人体造成伤害的可能性。复杂的行为由高级的神经系统来负责，那些相对比较简单但是对反应速度要求很高的行为可以由更靠近四肢和躯干的低级神经系统来负责。这种机制更加科学，也更加符合人们在实际生活中的需求。

在现实工业界，云计算相当于人体中枢神经系统中的大脑，汇总来自各方的信息进行复杂智能计算。而边缘计算就相当于脊髓，离场景和躯干更近，可以快速做出反应。云计算和边缘计算的互补丰富了 AI 的计算体系。

6.4.2　云计算概述

在正式介绍边缘计算前，需要先清楚什么是云计算。云计算的出现是为了解决传统基于物理服务器来获取计算资源而产生的各种问题。传统基于物理服务器的计算方式，运营成本比较高，部署麻烦，算力空闲也会造成浪费，整个架构不够灵活。而云计算通过分布式架构、虚拟化等技术手段，将物理服务器集群整合为云端虚拟资源池，形成一种弹性计算服务。"云"本质上是一种网络，使用者可以通过网络随时获取"云"上的计算资源，按需求量使用，并且可以无限扩展，只要用户按使用量付费就可以。"云"就像自来水厂一样，用户可以随时接水，并且不限量，只需按使用量付费给自来水厂就可以。

云计算有以下几个基本特点。

● **数据离开本地，集中在云服务器上统一计算**

所有数据都需要上传到云服务器上，然后由云服务器统一计算。云服务器可以提供高性能、大规模的算力，实现极其复杂的计算。

● 网络通信要求很高

因为所有的数据都需要上云，在数据传输过程中，对网络通信要求很高，在网络不畅或者没有网络的地方无法实现数据传输。

云计算的弊端就在于所有数据都要离开本地，存在数据安全问题。同时云计算极其依赖网络通信，因此也有网络延时问题。

6.4.3　边缘计算概述

在物联网时代，智能终端设备数量激增，常见的终端设备有手机、智能音箱、智能摄像头、智能健身设备等。用户需要实时响应，服务商需要使计算服务更靠近终端设备的位置，提供更快速、可靠的服务，降低服务的延迟程度。对于有些简单的程序处理，完全不需要上云，通过终端设备自身算力或者靠近设备点的物联网关即可完成计算，这样既能减少隐私数据的泄漏风险，又能大幅缩短系统的响应时间，这就是边缘计算。

1. 边缘计算的定义

边缘计算是指**在靠近设备或者数据源头的网络边缘侧，通过融合网络、计算、存储、应用核心能力的分布式开放平台，就近提供边缘智能服务**（定义参考 HUAWEI 的 IP 知识百科）。简单来说，就是终端采集到的数据，直接在靠近产生数据的终端设备或者边缘计算节点直接进行计算，无须传回云端，可满足实际应用落地时对响应速度、应用智能、数据安全与隐私保护等方面的基本需求。边缘计算架构如图 6-17 所示。

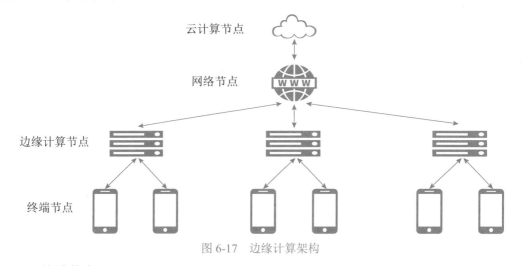

图 6-17　边缘计算架构

● 终端节点

终端节点指各种终端设备，比如手机、摄像头、传感器等，主要收集原始数据并完成上报。

● 边缘计算节点

合理部署和调配网络边缘侧节点的计算和存储能力，实现基础服务的快速响应。这里需要特别注意的是，在很多场景下，终端节点和边缘计算节点是同一个，比如手机。

● 网络节点

网络节点负责将边缘计算节点处理后的数据传输至云计算节点，供后续统一进行更加复杂的计算。

● 云计算节点

边缘计算节点上报的数据将在云计算节点进行永久性存储，同时边缘计算节点无法处理的计算任务和综合全局信息的计算任务仍然需要在云计算节点完成。云计算节点还可以动态调整部署在边缘计算节点的 AI 模型与策略。云计算与边缘计算的异同点如表 6-3 所示。

表 6-3　云计算与边缘计算的异同点

比较项目	云计算	边缘计算
计算方式	集中式计算	分布式计算，聚焦实时计算
处理位置	云端服务中心	终端设备或者边缘计算节点
延时性	高	低
数据存储	存储所有数据	只存储和计算相关的有用数据
部署成本	高	低
隐私安全	低	高

备注：上述内容部分参考 HUAWEI 的"边缘计算"知识百科

2. 边缘计算和横向联邦学习的差异

部分读者阅读了 6.2.2 节内容，可能会觉得"横向联邦学习"与"边缘计算"非常相似。横向联邦学习的出现是为了解决数据隐私的问题，将一些敏感数据在不离开数据原有方的基础上，让模型在本地完成训练，然后上传加密参数；而边缘计算的本意是将计算能力部署在设备上，设备请求实时响应，减少云计算中的网络延迟，在此期间数据不离开本地。边缘计算也可以保护用户数据隐私，但它和联邦学习的出发点完全不一样。

6.4.4　实际应用案例

关于边缘计算，本书重点介绍其在互联网领域的应用。对于互联网公司来说，运用边缘计算的思想将 AI 模型直接部署在用户手机上实现计算本地化，既能确保用户隐私数据的安全，又能缓解云计算过载问题，降低云端系统的请求通信成本，同时可以更好地利用用户在端上的交互，提供实时、个性化的服务体验。这种解决方案也称为"端智能"。下面本节以美团点评的端智能应用为例展开介绍。

用户在大众点评 App 上发起搜索时，App 每次返回 10 个结果给到客户端，每屏展示约 4 个，那么用户需要滑动 2 ~ 3 屏，才能触发新的分页请求到云端获取下一页结果。而用户在实时浏览时发生的行为，云端的排序系统无法感知，也就无从知晓用户的兴趣变化，从而无法改变结果排序。

美团点评技术团队为了解决上述问题，在 App 客户端建设了重排序的系统架构，融入 App 安装包里，使得客户端具备深度模型推理能力。该方案支持页内重排，对用户反馈做出实时决策，具备本地重排、智能刷新等实时决策功能。同时能无延时感知用户实时偏好，无须通过云端的计算平台处理，不存在反馈信号感知延迟问题。最重要的是，在端上排序可以将相关数据存储在客户端，无须将敏感数据上传到云端，可以更好地保护用户的隐私。

端智能重排在大众点评搜索和美食频道页上线后，搜索流量点击率提升了 25BP(基点)，美食频道页点击率提升了 43BP，检索词平均点击数提升 0.29%。(部分内容参考美团技术团队公众号)

6.5 小结

本章是对第 2 章内容更深层次的拓展。第 2 章讲解了基础的机器学习知识，而本章介绍了目前行业前沿的技术领域，这些技术领域都是策略产品经理必须了解的方向，未来这些技术将会在搜广推领域进行广泛应用。AI 时代，是拼高精尖技术的时代，创新高效的技术会让我们的策略落地如虎添翼。

总结与致谢

至此本书内容全部结束。本书包含 6 个核心章节，收录了我最近 3 年创作的核心文章，加上新撰写的三十多万字。我想分享给大家的知识和经验都汇总在本书里，希望本书对广大读者的实际工作或求职有一定帮助。

首先，我要感谢阿哲、曾老师、阿羽、丹雪、Rika、富贵、冰艳作为本书的第一批试读者，为本书提出诸多宝贵建议。同时感谢前领导王总和沈晔为本书推荐作序，也要感谢行业专家川哥、晶哥、盛哥、谨持、吴吉、李彪、周兴、Datawhale 为本书推荐作序。谢谢大家对我的信任以及对本书的认可。

其次，我要感谢我的家人，尤其是我女朋友对我的理解和大力支持，在此附上她为本书的题词：

卅载丘壑赋笔锋，鲲鹏扶摇化北冥；

文辞何必羡古意，我辈亦有建安风；

坐看徐徐风帆起，时闻诜诜修竹生；

却顾来时路漫漫，明朝万象终解晴。

最后，感谢购买本书的读者。读者朋友们在阅读本书过程中如有任何问题都可以发送至邮箱 souguangtui@163.com，以便促进本书不断完善。读者也可关注公众号"KingJames 讲策略"，后续我将在公众号更新科技发展的前沿动向和行业内策略优化实践的经典案例。

再次感谢大家的支持！

徐修建

2023 年 10 月